トラジャ

JR「革マル」三〇年の呪縛、労組の終焉

西岡研介

東洋経済新報社

NISHIOKA KENSUKE

TORAJA

トラジャ

JR「革マル」30年の呪縛、労組の終焉

目次

第1章 3万5000人の大量脱退……10

JR東労組は崩壊するのか

「昭和の問題は昭和で」……10／「労使共同宣言」の失効……12／JR東日本の「労政転換」……14／
「人格的代表者」松崎明の死……16／乗務員基地再編成……18／全組合員による一票投票……21／
組合脱退という「破格のベア」……23／「労働組合」そのものに対するアレルギー……25／
「官邸の意向」と冨田社長の「怒り」……28／「主流派」と「非主流派」の逆転……30／
現役、OBを交えた三つ巴、四つ巴の内部闘争……33／内部闘争は「出来レース」なのか……34／
「順法闘争」再び……36／オリンピックを人質に「列車妨害事案」も……41

第1部 JR東日本「革マル」30年の呪縛

第2章 裏切られた「革命」……46

国鉄「改革派」と手を握った動労……46／生来のカリスマ性と類稀なる人心掌握能力……48／
「革マル派最高幹部」としての顔……50／「松崎のコペルニクス的転回」……53／もぐり込み、のりこえ、食い破り……55／
相次いで発生した内ゲバ……59／異常な労使関係を作った「元凶」……62／松崎氏に完全に屈した松田氏……67／
「もっと癒着していいはず」発言……72／JR東労組による人事権への容喙……75／「松崎体制」のみが生き残る道……77

第3章 失われた「20年」の犠牲者……80

新組合結成をいち早く潰そうとした会社側……80／徹底した切り崩し……85／「JR東日本の天皇」……87／
「一企業一組合」の論理……91／盗聴犯のターゲット……96／「オウムの次はZ」……98／
革マル派「綾瀬アジト」の捜索……101／コードネームは「ガメラ」……104／ウソだった〝転向宣言〟……107／
「トラジャ」と「マングローブ」……109／革マル派最大の資金源……113／秘密裏に行われていた「管理者教育」……114／
遠大なJR東日本の対革マル戦術……116

第4章 労政転換に向けた宣言……120

力ずくの「奪還」作戦……120／「芋煮会」参加が「組織破壊行為」……124／見て見ぬふりをする管理職……126／

第2部 「JR革マル」対「党革マル」の「内ゲバ」

第5章 カリスマの腐敗と転落と死……162

最低限のモラルからも逸脱……129／労政転換の兆し……131／「この組合、おかしいんじゃないか」……134／キャンプ参加も「組織破壊行為」……136／「東労組には〝言葉の暴力〟ってもんがあるんだよ」……138／7割以上の組合員が参加した『カゴメ・カゴメ』……143／積極攻撃型組織防衛論……146／労政転換に向けた経営側からの宣言……152／「来るべき労政転換の日」のための「切り札」……154／JR東労組の変わらぬ前近代的体質……158
カリスマの腐敗と転落……162／鬼の咆哮……165／JR東労組幹部からも異論……167／独裁者の嫉妬……169／JR東労組の内部資料……172／反旗を翻した「松崎の右腕」……179／「JR革マル43人リスト」……182／JR革マルの内部構造……185／JR革マルの〝母体〟となる組織「労研」……191／松崎氏「辞世の句」とJR東労組の弱体化……198

第6章 革マル派「分裂」最大の危機……202

党中央とJR産別との対立と確執……202／JR東労組元幹部の証言……205／
革マル派党中央と沖縄革マルとの対立……208／「沖縄」への強い思い……211／関係修復に動いた首領……212／
カンパ上納停止と拉致監禁……216／奪還計画「桜島作戦」……218／「酒鬼薔薇事件」の調書を入手した男……219／
松崎の「豹変」……221／革マルによるリンチ……223／「JR労研」結成に至る経緯……226／
「ユニバーシティ」という党「分派」組織……231／革マル派への上納方法……234／誰一人信用していない〈決別〉宣言……237

第7章 利用されたナンバー2の「拉致」事件……240

JR九州労組への「潜り込み」戦術……240／革マル派党中央の激怒……243／松崎に次ぐナンバー2の大幹部拉致……247／
「不倶戴天の敵」警察に告発状を提出……250／革マル派からJR総連への「脅迫状」……255／
松崎明氏の「見解」と坂入氏の「自己批判」……260／被害者が救出者を〈満腔の怒りをもって弾劾〉……263／
JR総連傘下単組の消滅……267／松崎氏は関知していなかったのか……269／
『小説』で描かれた大量脱退事件の真相……272／坂入氏の帰還と告訴取り下げ……276／
「JR総連＝革マル派」疑惑の払拭に利用……278／刑事告発した側とされた側の「座談会」……292／
「この組合はもはや御用組合だ」……294／「松崎明」の不在……296／「JRひがし労」のスタンス……298／
スト戦術失敗の「総括」……302／今なお続く「労労」対立……305

第3部 ＪＲ北海道「歪な労政」の犠牲者

第8章 ある組合員の死……308

検視に3日かかった「転落死」……308／北の「松崎」の帰還……312／
「トラジャ」から「マングローブ」への復帰……316／ＪＲ北海道労組を批判する「公開書簡」……317／
「本工主義」と高い組合費……321／〈木暮〉氏1人に集中する批判……323／
佐々木氏による「革マル派批判」……325／ＪＲ北海道経営陣との親密ぶり……331／
相次ぐ事故と不祥事……333／「組合の垣根を取り払って話し合いをすべき」……336／
「結婚式」を妨害する方法……337／「異常な組織」の異常な干渉……343／
「平和共存否定」路線が招いた事態……344／組合の方針として結婚式に「介入します」……346／
経営陣による「組合間差別」……349／ＪＲ北海道労組に偏重した歪な労政……352／
生き残りのための「癒着」……356／組合による「ガサ入れ」と「除名処分」……362

第9章 異常な転勤命令……366

組合による除名処分の経緯……366／北海道警の「失態」……369／
「報本反始」と名付けられた組合批判文書……372／転勤後も組織に抵抗……373／
実名入りの除名処分記事……380／「釧路不当配転問題」……382／「不当労働行為」と認定……385／
釧路は革マルの牙城……389／人道にもとる人事……392／「SLAPP」の被告と原告……397／
「人殺しの組合にはいられない」……403

第10章 「人事権」と「車両選定」への「介入」……406

2人の社長の自殺……406／「弟分」の自殺……409／石勝線の脱線・火災事故の経緯……410／36協定違反……412／
中島社長の「失踪」……416／「技術の天皇」……420／中島社長の遺書……422／
不可解な36協定違反問題の浮上……427／労使双方に追い詰められた中島社長……431／
組合による「人事権への介入」を招く……433／アルミ製車両導入に反対した理由……436／
組合による「車両選定」圧力……439／「フローチャート」による恫喝……441／
「設備投資権」への介入を招いた……446／柿沼氏を直撃……448／T氏の証言……454

第11章 労政改革の否定が招いた「2人の社長の死」……460

死の「引き金」になった労使の「合意文書」……460／労政改革を否定する「現場協議」の復活……464／総務部発の文書……466／中島社長就任前の労政に逆戻り……469／「佐々木だけは呼ばないで下さい」……472／取締役ではない相談役や顧問が取締役会に出席……474／国会でもＪＲ北海道を追及……477／坂本元社長の「自殺」とその理由……481／ＪＲ東日本元常務が会長に就任……486／菅官房長官と故・中島社長の親交……488

第12章 「ＡＴＳ破壊」「アル検拒否」「覚醒剤運転」……492

労政改革いまだならず

ＪＲ北海道への質問状……492／「合意文書」の全文……494／アルコール検査をボイコット……499／覚醒剤を打ちながら列車を運転……505／ＪＲ北海道労組と革マル派の「関係」……510／本当に「故中島社長の意志」だったのか……515／労組側が作成した合意文案……519／「故中島社長に責任を負わせている」……522／「『合意』文書の現状と解説について」……526／「送り主」とニーロクヨン（２６４）体制……534

終章　戦闘的国鉄労働運動の「完全なる死」……544

革マル「呪縛」からの解放と「労組不要論」

170億円に抑えられたJR貨物の「レール使用料」……544／株式上場と経営自立の兆し……546
「貨物悪者論」の復活……548／「外様」経営者への牽制……550／最大労組に偏向していた労政……553
所属組合による待遇差別……555／貨物鉄産労に対する事実上の「謝罪」……558
「トラジャ」の介入が内部対立のきっかけ……560／革マル派の著書が組合員の「学習教材」……562
3万5000人の一般社員に愛想を尽かされたJR東労組……568
戦闘的国鉄労働運動の「完全なる死」……571／広がる「組合不要論」……573
「ロスジェネ」に見捨てられた労働組合……575
「官邸」「労基署」「SNS」に取って代わられた労働組合……578／神津連合会長の警鐘……582
今後の労政のモデルケースとなるJR東日本……591

あとがき……593
主要な引用・参考文献……601
JR東日本・JR北海道関連年表……606
巻末資料

第1章 3万5000人の大量脱退

JR東労組は崩壊するのか

「昭和の問題は昭和で」

国鉄分割・民営化から30年を迎えた２０１７年11月、東日本旅客鉄道株式会社（ＪＲ東日本）では、労使間の緊張関係がピークに達していた。

そんなある日、平成採用の執行役員の一人が、冨田《とみた》哲郎《てつろう》社長（当時、現会長）と深澤《ふかざわ》祐二《ゆうじ》副社長（当時、現社長）にこう進言し、決断を迫ったという。

「今こそ『彼ら』を切る時です。昭和の問題は、昭和（採用の世代）で片を付けて下さい」――。

その３カ月後の18年２月６日、ＪＲ東日本社員の約８割が加入する最大労組「東日本旅客鉄道労働組合」（ＪＲ東労組、同日時点の組合員数は約４万６９００人）は、団体交渉の席上、会社側に

「ストライキ権の行使を含めた、あらゆる戦術行使に必要な手続きに入る」と通告した。

ＪＲ発足後30年の歴史で、ＪＲ東労組が、ＪＲ東日本に対しスト権行使の通告をするのは、これが初めてのことだった。

ＪＲ東日本では12年４月から、新たな賃金制度を導入。定期昇給を等級ごとに金額で管理する「所定昇給額」を新設し、この所定昇給額を、ベースアップの算出基礎としていた。

これに対しＪＲ東労組は、所定昇給額をベアの算出基礎にすれば、組合員の給料「格差」が拡大していくとの理由から、この算出方法を「格差ベア」と呼称。18年の春闘で「格差ベアの永久根絶」を掲げ、すべての組合員一律に同じ金額のベアにする「定額ベア」を求め、さらにそれを将来的にも実施することを要求したのだ。

しかし会社側は、この組合側の要求について〈入社間もない若手と経験値の高いベテランのベアが常に同額でなければならないことは、実質的に公平を欠く結果を招来しうる〉と批判。〈予測しえない将来の時々の諸事情を考慮して賃金決定をする柔軟性を、現時点において完全に否定するもので、到底認めることはできません〉（18年２月16日付冨田社長名「社員の皆さんへ」）と拒否した。

さらにスト権行使を通告してきた組合に対し、〈当社としては、組合の主張の不合理を指摘し、安易に妥協することなく、（中略）全力を挙げてストライキ実施の回避に努める所存であります〉（18年２月12日付「ストライキ権行使等にかかる会社見解について」）と、全面的に対決する姿勢を内外に示したのだ。

これを機に、ＪＲ東日本本社・東京支社管内の社員を中心とした数万人規模の、ＪＲ東労組からの大量脱退が始まったのだが、ＪＲ東日本はその後も、組合との対決姿勢を緩めることなく、全社員に対し、冨田社長名で４回にわたって通達を発信。会社側の主張の正当性を訴えた。

「労使共同宣言」の失効

この会社側の強硬姿勢に組合側は、前述のスト権行使の通告から1カ月も満たない同月24日に「スト予告の解除」を会社側に通告した。つまりは「白旗」を揚げたわけだが、ＪＲ東日本はさらにその２日後の26日、ＪＲ東労組に対し、「労使共同宣言」の失効を通知した（図表１－１）。

労使共同宣言とは、国鉄分割・民営化前年の１９８６年、国鉄当局が、分割・民営化に反対していた最大労組「国鉄労働組合」（国労）以外の、「鉄道労働組合」（鉄労）や「国鉄動力車労働組合」（動労）など分割・民営化に賛成、協力した労組と結んだものに端を発する。

国鉄当局と労働組合との「不毛な労使対立」によって国民の信頼を失い、国鉄の解体に繋がった――との反省に立ったもので、国労は当然のことながらその締結を拒否した。

そして分割・民営化から４カ月後の87年８月、ＪＲ東日本は、前述の鉄労と動労などが一緒になって新たに設立したＪＲ東労組と、改めて労使共同宣言を結んだ。労使がともに〈鉄道事業の再生と経営基盤の確立〉、〈社員の幸福と誇りに満ちた社風の醸成〉、そして〈健全な新しい労使関係の確立〉を目指すとし、その後も2次、3次と締結を重ねた。両者はさらに01年8月、第4次「21世紀労使共同宣言」を結び、宣言の中で〈新たな企業文化の醸成〉と〈一段と質の高い労使関係の構築〉を掲げ、共にこう謳った。

〈会社発足以来、今日まで築き上げてきた労使関係のもと、会社内における問題は経営協議会や団体交渉の場等を最大限活用し、あくまで平和裡かつ自主的に労使間の真摯かつ率直な話し合いにおいて解決を図る〉

JR東日本にとって、18年春闘における、JR東労組のスト権行使の通告は、この宣言の精神を踏みにじるものだった。

組合に対する通知の中で、会社は〈JR東労組が明らかに事実に反する労使間の交渉内容に係る見解を喧伝したのみならず、争議行為を予告したことは、まさに、会社との間の信頼関係を破壊し、「労使共同宣言」の趣旨・精神を否定した〉と厳しく指弾。その上で〈このようなJR東労組の行動に鑑みれば、「労使共同宣言」は既に失効したものとみなさざるを得ない〉と通告したのだ。

このJR東日本による、約30年に及ぶ労使共同宣

図表1-1　2018年2月26日に通告された「労使共同宣言」の失効通知

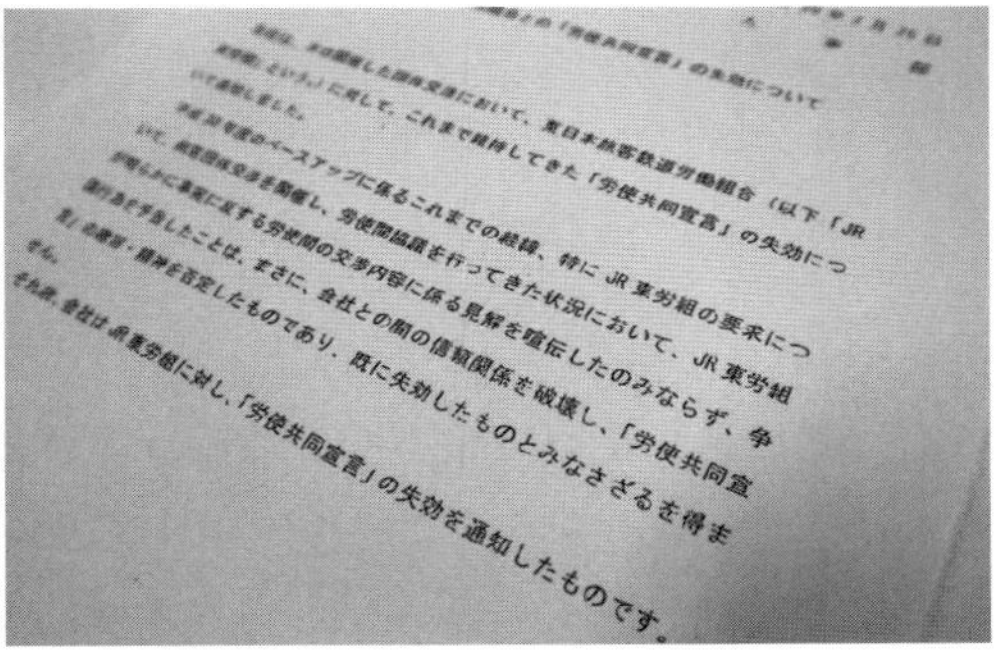
これまで維持してきた「労使共同宣言」の失効につ
アップに係るこれまでの経緯、特にJR東労組の要求につ
労使間協議を行ってきた状況において、JR東労組
に反する労使間の交渉内容に係る見解を喧伝したのみならず、争
したことは、まさに、会社との間の信頼関係を破壊し、「労使共同宣
否定したものであり、既に失効したものとみなさざるを得ま
JR東労組に対し、「労使共同宣言」の失効を通知したものです。

出所：「東洋経済オンライン」2018年4月10日

言の実質的な破棄が決定打となり、ＪＲ東労組からの組合員脱退の動きは仙台や新潟、長野などＪＲ東日本管内全域に拡大。３月に約１万３０００人、４月にはさらに約１万４０００人が脱退し、翌19年1月時点で脱退者は約３万５０００人に達した。

スト権行使を会社に通告する前の時点で、約４万６９００人の組合員数を誇っていたＪＲ東労組は1年足らずの間に、その数を約１万１９００人まで減らしたのだ。

優に7割以上の社員がＪＲ東労組を脱退したわけだが、実は、国鉄分割・民営化・ＪＲ発足から約30年の歴史で、ＪＲ東日本がＪＲ東労組に対し、公然と対決姿勢を示したのも、これが初めてのことだった。

ＪＲ東日本の「労政転換」

国鉄時代、「スト権スト」（公共企業体だった「国鉄」の労働者に認められていなかったスト権を要求して行われたスト）など過激な闘争方針で知られ、「鬼の動労」と呼ばれた「国鉄動力車労働組合」（前身は「日本国有鉄道機関車労働組合」）。国鉄労働者の中でもエリート意識の強い運転士たちが国労から独立して作った組合だ。

その動労を率いていたのが新左翼セクト、警察当局からは「極左暴力集団」とみなされる「革マル派」（日本革命的共産主義者同盟革命的マルクス主義派）の「ナンバー2」といわれた松崎明《まつざきあきら》氏（10年12月9日に死去）だった。

国鉄分割・民営化前年の86年、動労委員長だった松崎氏は、それまでの分割・民営化反対の方針を１８０度転換。賛成に転じ、激しく敵対してきた鉄労と手を組み、ＪＲ東労組やその上部団体である「全日本鉄道労働組合総連合会」（ＪＲ総連）を結成した。ＪＲ発足後は、ＪＲ総連の副委員長を務めるとともに、ＪＲ東労組の執行委員長に就いた（その後はＪＲ東労組の会長、顧問となった）。

このような歴史的経緯から、ＪＲ東労組をはじめとするＪＲ総連傘下労組は今も、旧動労の血を色濃く残すと同時に、警察庁警備局をはじめとする公安当局も〈影響力を行使し得る立場に革マル派活動家が相当浸透している〉（18年2月23日付政府答弁書）とみている。

ちなみに冒頭で、冨田社長、深澤副社長に進言した執行役員が言うところの「彼ら」とは、ＪＲ東労組をはじめとするＪＲ総連傘下労組に〈浸透している〉革マル派の活動家、いわゆる「ＪＲ内革マル派」のことを指している（以下、本書では「ＪＲ革マル」と呼ぶ）。

ＪＲ東日本発足後、前述の労使共同宣言に象徴される「労使協調」の美名の下で培われてきた、住田《すみだ》正二《しょうじ》会長（後に相談役、最高顧問を経て、17年に死去）、松田《まつだ》昌士《まさたけ》社長（後に会長、相談役。82歳）をはじめとする同社の歴代経営陣と、松崎氏との労使癒着は、組合による人事権への容《よう》喙《かい》を招き、「ＪＲ東労組（組合員）ニアラザレバ（ＪＲ東日本）社員ニアラズ」という悪しき企業風土を〈醸成〉してきた。

そして、その企業風土は職場規律の乱れを生み、過去には刑事事件にまで発展。逮捕、起訴され有罪判決を受けた組合員の中には、当然のことながら、革マル派の活動家も含まれていた。

この30年に及んだ、JR東日本の異常な労使関係については後章で詳述するが、それだけに、今回のJR東日本の「労政転換」は、他のJR各社や他の労組、そして警察庁警備局をはじめとする公安当局関係者に大きな驚きをもって受け止められた。

しかし、JR東日本のベテラン社員によると、「会社は数年前から、組合に対する攻勢を強め、彼らが〝ハネる〟機会を窺っていた」という。

「人格的代表者」松崎明の死

その最大の転機はやはり、JR東労組・JR総連の精神的支柱で、両組合の「人格的代表者」とまで称された松崎明氏の死（10年12月）だった。

「松崎の死去を組合弱体化のチャンスと見た会社はすぐさま（11年1月）、人事制度の見直しに手を付け、これまであった『助役職』（『管理職』の一つ手前の職階）を『主務職』とし、主務職以上については、会社の評価によって、助役や駅長に就かせることとした。人事における会社の権限を強化したのです。

さらに従来の『インフォーマル活動』（本来業務以外に職場を活性化させるための活動）や『My Project』（小集団・提案活動）などの社員の『自己啓発活動』を積極的に推し進めた。

これらの活動には予算が付き、さらには評価の対象にもなることから、社員の目は自ずと会社に向く。会社側はこれらの活動の目的を『社員の意識改革』としていましたが、社員を組合

活動から引き剥がし、組合の弱体化を狙ったことは間違いありません」(同前)

さらに12年4月には、「運転士見習」の技能訓練にあたる「教導運転士」の選任に際し、会社側が「組合色」という調査項目を設けていたことが発覚したという。前出のベテラン社員が続ける。

「教導運転士には、『指導操縦者』の資格を持つ経験豊富な運転士が、職場の推薦を経て、会社から〈運転士見習い技術指導担当〉という辞令を受けて就きます。

教導運転士は訓練期間中、見習い運転士と文字通り寝食を共にしながら、マンツーマンで、運転士に必要な技術を身に付けさせる訓練を行うだけでなく、精神的に成長させるための教育にあたる。このため運転士にとって、教導が『生涯の師』となるケースがほとんどなのです」

旧動労の流れを汲み、幹部の大部分が、運転職場出身者で占められるJR東労組ではこれまで、この教導運転士に組合役員や活動家を送り込み、次世代の役員や活動家を獲得してきたという。つまりこの運転士見習訓練制度は長年、彼らの重要なオルグの場となっていたわけだ。

「この訓練制度で、若手運転士が組合に取り込まれる状況に楔を打ち込むために会社は、11年の初めごろから、教導運転士となる指導操縦者から、現役の組合役員や活動家、つまりは『組合色』の濃い運転士らを排除すべく、特別な調査項目を秘密裏に設定し、現場の管理者に報告を求めていた。それが1年近く経って組合側に発覚したわけです」(同前)

JR東労組はこの「組合色調査」に猛反発し、会社側に数回にわたる申し入れと、団交を行った。これに対し会社側は、「『組合色』という表現は不適切であった」と認め、この項目についての調査は中止するとした。だが、この調査がそれまでの人選にどう影響したかについては、「指導操縦者の人選は任用の基準に則り総合的に判断している」、「(組合色調査を)判断材料に使ったかどうかは答えられない」などとして、回答を拒否したのだ。

「しかし、その後、『下十条運転区』(東京都北区。後述する「乗務員基地再編成」によって16年3月に廃止)で、JR東労組の役員に就いていた指導操縦者の『指導指定』が解除された。また『中野電車区』では、実質的に運転士の指導の業務を行っていたJR東労組の組合員に対し、1年以上にわたって『指導担当』の発令が行われないなど、JR東労組の役員や組合員に対する不利益行為が相次いだのです」(同前)

これに対し、JR東労組は13年2月、前述のJR東日本による「組合色調査」が組合活動に対する介入であり、不当労働行為に当たるとして、東京都労働委員会に救済申し立てを行った(16年3月に会社側、組合側双方が和解)。さらに15年9月には、JR東労組東京地方本部(地本)の組合員13人が「組合色調査」によって不利益を被り、団結権を侵害されたなどとして、会社を相手取り損害賠償請求訴訟を起こすなど、組合側は会社への反発を強めていった。

乗務員基地再編成

だが、会社は、これら組合側の抵抗などものともせず、今度は旧動労の〝本丸〟ともいえる運転職場の再編に乗り出したのだ。

13年12月、JR東日本本社はJR東労組本部に対し、「京浜東北・根岸線および横浜線の乗務員基地再編成」についての施策説明を行い、翌14年1月には、JR東日本東京支社がJR東労組東京地本に対し、同様の概要提案を行った。

それまで首都圏を走る京浜東北・根岸線および横浜線の運行は、運転士が所属する「浦和」、「蒲田」、「東神奈川」の3「電車区」と「下十条運転区」、車掌が所属する浦和、蒲田、東神奈川の3「車掌区」の計7区所が担当していた。

再編計画は、この7区所を「大田」、「横浜」、「相模原」の3「運輸区」と、「さいたま運転区」、「さいたま車掌区」の計5区所に集約（図表1－2）。さらに浦和電車区にある検修部門を分離して「さいたま車両センター」を新設するというものだった。

東京、大宮、横浜の3支社にまたがって職場の廃止と新設を行うもので、社員の支社間異動が伴う大規模な本社施策だった。

JR東日本は当初、この再編計画を、16年3月に予定していたダイヤ改正までの約2年で完了させたいとしていた。前出のベテラン社員が再び語る。

「会社は、基地再編の目的に『女性社員をはじめとした要員の適正配置』、さらには『都内跡地の有効活用』などを挙げていました。が、もう一つの狙いは、運転区と車掌区を運輸区に統合することで、運転士と車掌の壁を取り払うこと、でした。

両者ともJR東労組に所属しているのですが、ご存知の通り運転士の組合員は、過激な運動で知られた旧動労の影響を色濃く受けている。これに対し車掌の組合員は、もともと車掌職が

図表1-2　乗務員基地の再編・統合が対立の引き金に

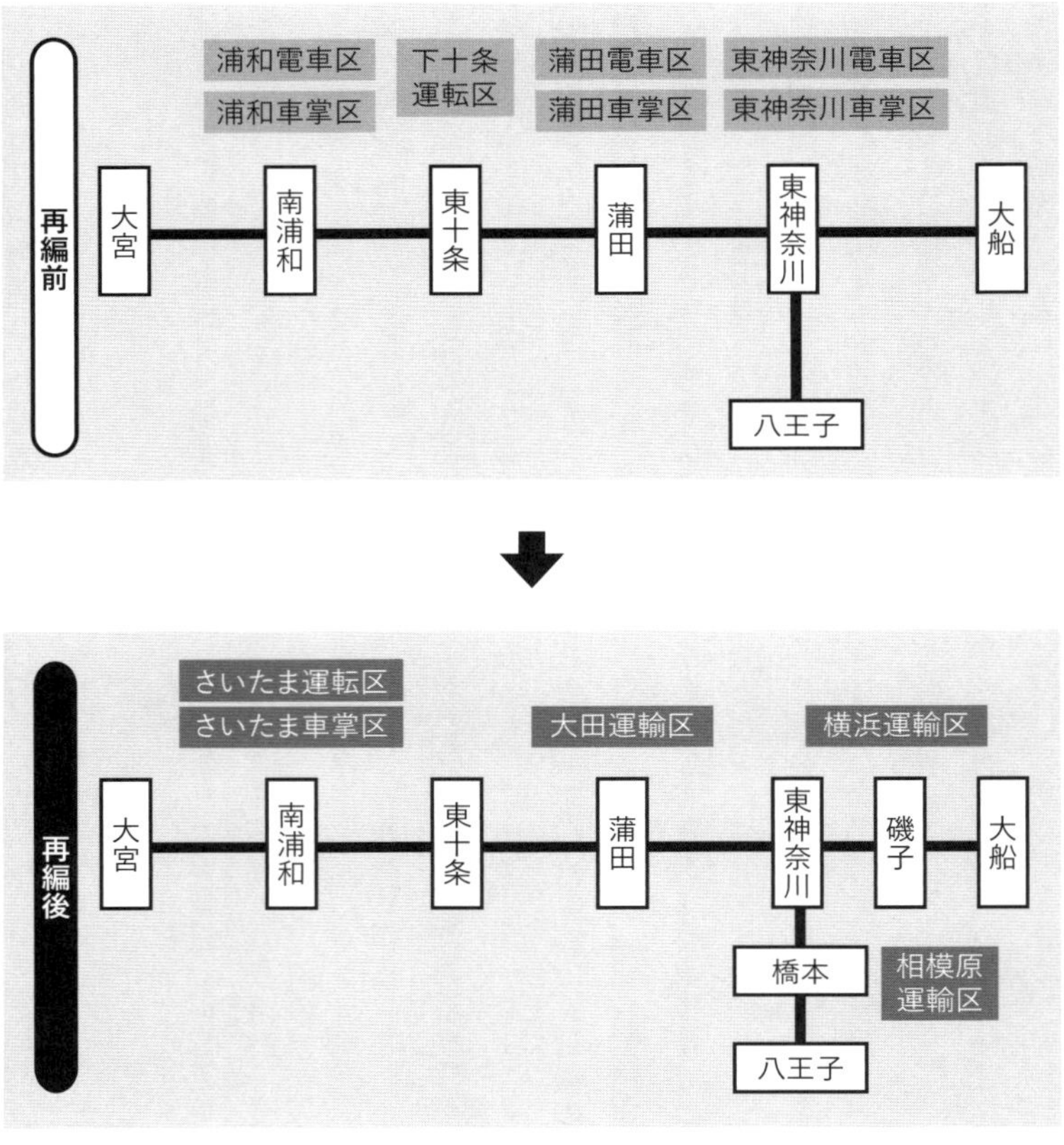

出所：「週刊東洋経済」2018年6月16日号

『営業系』だったため、国労穏健派や鉄労の流れを汲む穏やかな組合員が多い。両者を融合させることによって、JR東労組の骨抜きを図ろうとしたのです」

JR東労組はこの施策に反発したが、会社側は組合に概要提案を行った直後から、東京支社管内の全運転士・車掌を対象とした概要説明を行うとともに、組合の頭越しに、廃止が予定されていた「下十条運転区」で、運転士を対象とした面談を行うなど「粛々と進めていった」（前出・社員）という。

この会社側の動きに反発を強めた組合は14年5月、JR東労組東京地本が「京浜東北・根岸線および横浜線の乗務員基地再編成」の施策の進め方に対し、〈同業罷免（ストライキ）の戦術行使でたたかう〉と執行委員会で確認。1カ月後に行われるJR東労組の定期大会で〈同業罷免方針の決定〉を要請することを決定した。

つまりJR東労組によるスト権行使の動きは、すでにこのころから芽生えていたわけだ。

全組合員による一票投票

しかし、この再編計画は終始、会社ペースで進められ、最終的には15年11月に双方が妥結（計画は当初予定から1年遅れの17年3月に完了）するのだが、この間に生じた労使対立は決定的なものとなった。

JR東労組ではその後、16年12月までに「全組合員による一票投票」を行い、82・3％の賛成でスト権を確立。翌17年2月の臨時大会で「代議員による直接無記名投票」を実施し、96％の賛成で「格差ベア反対」に限定したスト権の確立を行った。

そして、年が明けると労使間の緊張関係は、さらにその度合いを増していく。

18年1月、JR東日本労使は2月以降の「36協定《サブロク》」（労働基準法第36条に基づく、時間外・休日労働に関する労使間の協定）についての交渉を開始した。

労働基準法は、事業者に対し、36協定を事業場（職場）ごとに締結するよう規定している。具体的には、事業者（経営者、または事業場の長）は各職場において、過半数で組織されている労働組合があればそれと、そのような組合が無い場合は、各職場の労働者の過半数を代表する者（過半数代表者）と、36協定を結ぶことが定められている。

ところが、JR東労組は1月11日、JR東日本に対し、異例の「破棄条項」付きの36協定締結を要求した。これに会社は態度を硬化させ、同月25日の勤務指定日までに翌2月以降の36協定が締結できないという異常事態が起こり、各職場は混乱に陥った。

JR東労組は「緊急事態宣言」を発令し、会社側を非難。一方、JR東日本は翌26日、人事部長名の「社員の皆さんへ」を職場に掲出し、〈（36協定の）有効期限を定めながら、その協定がいつ破棄されて失効するかもしれない状況に置くことは（中略）業務運営と社員の生活を不安定な状況に置くこととなり、認めることはできません〉【（　）内は筆者補足】と、JR東労組が求める「破棄条項」付きの36協定締結を、改めて拒否する姿勢を示したのだ。

この労使対立の高まりが、2月6日のJR東労組によるスト権行使通告、同組合からの組合員の大量脱退という事態に発展していくわけだが、ＪＲ東日本のある若手社員はこう振り返る。

「僕たち一般社員の〝組合アレルギー〟がピークに達したのが、あの『全組合員による一票投票』でした。いまどき自分たちの要求が通らないからと言って『ストを打つ』などという時代錯誤ぶりにはうんざりしました」

組合脱退という「破格のベア」

この若手社員も、前述のＪＲ東日本がＪＲ東労組に対し、「労使共同宣言」の失効を通知したことを機に、ＪＲ東労組から脱退した一人だ。若手社員が続ける。

「ＪＲ東日本に入社すると同時に、ＪＲ東労組に入る（加入する）というのは、この会社では〝常識〟だったんです。

入社の際に、この会社がオープン・ショップ制（経営者が労働者を雇用する際に、労働組合員か否かを雇用条件としない協定。組合への加入・非加入の判断は労働者に任せられ、組合選択の自由も保障されている）を採っているのは聞いていましたし、会社や組合からＪＲ東労組への加入を強制されるようなこともありませんでした。

ただ、入社当時から『ＪＲ東日本に入るなら、ＪＲ東労組に入ること』が当たり前だった。というのも、この会社で『組合』と言えば、事実上、ＪＲ東労組しかありませんでしたから。

もちろん入社後、JR東労組以外の少数組合が複数あることも知りましたし、実際、それらの少数組合に加入している先輩方に職場でお世話になったこともありました。

それらの先輩方は、それぞれに信念をお持ちで、また過去の様々な経緯から、JR東労組を脱退され、少数組合に移られたことは理解できました。しかし、僕にとって、彼らはやはり〝常識外れ〟の存在でした。寄らば大樹の陰ではないんですが、実際のところ、JR東労組に加入してないと、この会社では昇進が望めませんでしたから。

でも、もはや会社がJR東労組を見限った以上、こんな組合にいるメリットは全く無い。会社の後ろ盾があってこそのJR東労組で、それがなくなれば、僕らにとって、彼らの存在意義はありません。

会社の威を借ったような（JR東労組）組合役員の態度にもいい加減、うんざりしていましたし、これからは給料から組合費を天引きされることもありませんし、正直、清々しています」

JR東労組組合員の組合費は〈基本給×2・2％〉。年2回のボーナス月を含む14カ月分が徴収される。例えば基本給30万円の場合では、組合費は年額9万2400円となり、毎月7700円が給料から天引きされる計算となる。組合員平均の月額は約8000円程度で、上限はないという。

ちなみに、JR西日本の第一組合の「西日本旅客鉄道労働組合」（JR西労組）では、基本給30万円なら、月額6500円（上限7000円）、JR東海の「東海旅客鉄道労働組合」（JR東海ユニオン）では月額5600円（上限6000円）と、JR他社の組合費と比較しても割高感は否めない。若手社員は最後にこう言った。

「組合を脱退した社員は皆、『破格のベアを勝ち取った』って喜んでますよ。これからは月（平均）8000円の組合費が（天引きされず）給料に〝上乗せ〟されるわけですから。

ただ、僕自身はJR東労組を辞めたからといって、別の組合に移るつもりもありません。なんか、もう、『労働組合』という存在自体に嫌気がさしているんで……」

「労働組合」そのものに対するアレルギー

では、彼と同様に、18年2月から今日（19年1月）までに、JR東労組を脱退した約3万5000人の社員は現在、どのような状況にあるのか。

前述の「スト騒動」から1カ月後の18年3月、東京総合車両センター（大井工場）と大宮総合車両センター（大宮工場）に所属する車両系統の社員が中心となって、新組合「JR東日本新鉄道労働組合」（新鉄労組）を結成し、同年7月時点で約470人が加入した。

その2カ月後の5月には、新潟支社管内で、元JR東労組新潟地本の役員らを中心に約30人の新組合「JR東日本新潟労働組合」が誕生し、さらに6月には高崎支社（群馬県）管内で、元JR東労組高崎地本の組合員ら百数十人が、「JR東労働組合」（JRひがし労）を結成したという。

しかし、いずれの組合も19年1月時点で約50人～500人規模で、3団体の組合員数を合計しても、ＪＲ東労組からの脱退者総数の３％にも満たない。

また、前出の若手社員が話していたような「労働組合」そのものに対する〝アレルギー〟を反映してか、従来からある「国労東日本」（約５１００人）や「ＪＲ東日本労働組合」（東日本ユニオン、約１５００人）、「ジェイアール・イーストユニオン」（ＪＲＥユニオン、約１６０人）など、ＪＲ東労組以外の組合に移る社員もほとんどいないという（図表１－３）。

その一方で、ＪＲ東日本では４月末に前述の「36協定」の締結期限が迫っていた。

ＪＲ東日本ではこの30年、ほとんどの職場で、ＪＲ東労組組合員が過半数を占めていたため、ＪＲ東日本の各支社が、ＪＲ東労組の各地本と36協定を締結してきた。

ところが、前述の大量脱退の影響で、ＪＲ東労組組合員が過半数を割る職場が続出。このため会社は、脱退者の受け皿として、各職場に「社友会」（社員会）という親睦団体を作らせ、その代表者と36協定の締結を進めていった。

しかし、「脱退者のうち社友会に参加した社員は半数にも満たない」（前出・ベテラン社員）といい、残り約１万７５００人以上の社員は未だに「無所属」の状態だというのだ。が、「ここまでは会社が描いていたシナリオ通り」（同前）だという。ベテラン社員が続ける。

「国鉄の歴史は、労使対立のそれであると同時に、『労労対立』の歴史でもありました。ＪＲになってからも労労対立は続き、職場が混乱したことは（ＪＲ東日本の）現経営陣もよく知っています。ＪＲ東労組を切り、彼らの勢力を３分の２に削いだからといって、会社主導で新たな労働組合を作れば、新組合とＪＲ東労組との対立が起こるのは必至です。

図表1-3　JRの労働組合分布図

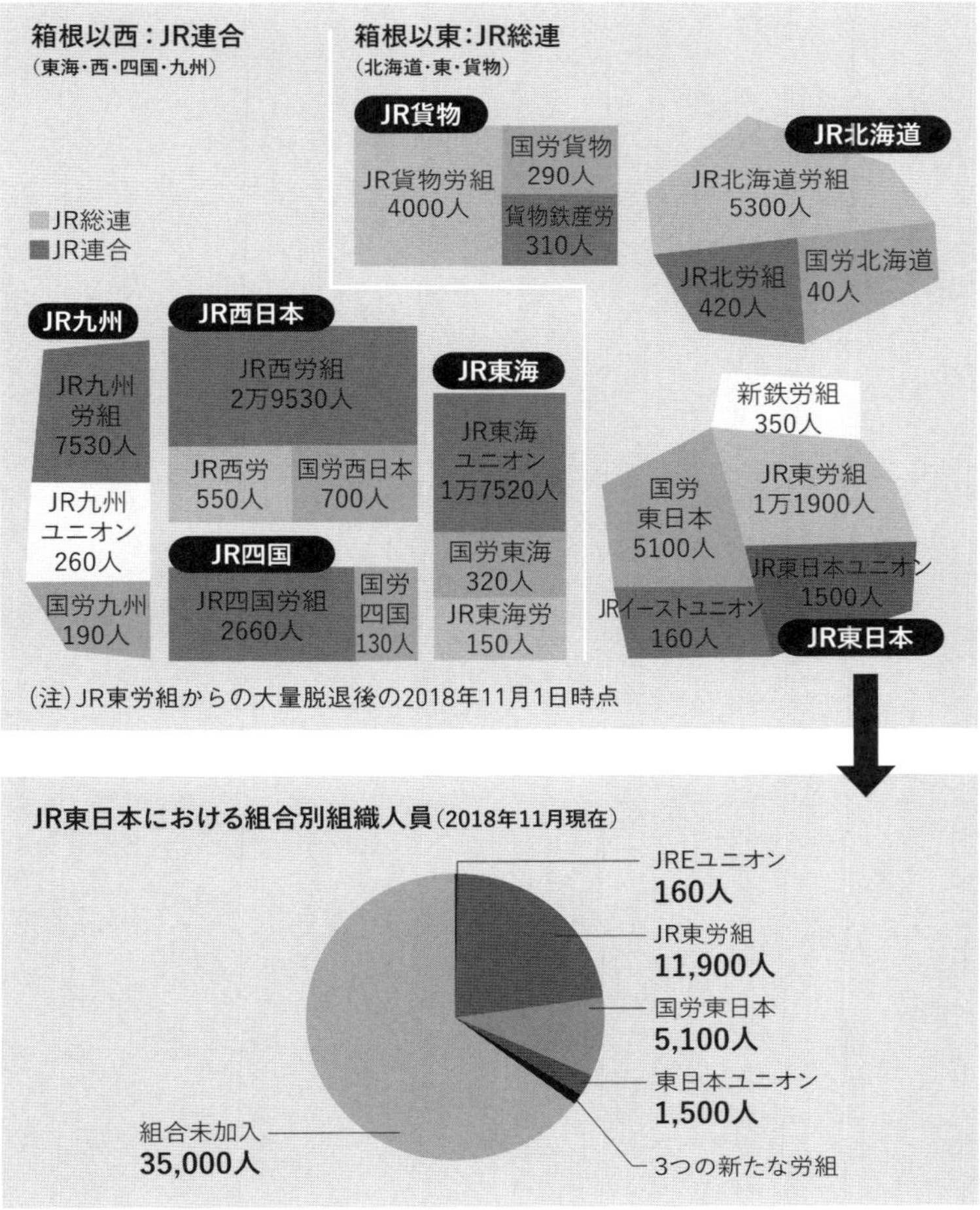

出所：「週刊東洋経済」2018年6月16日号などを基に作成

よって会社は、『新鉄労組』や新潟の地域組合など小規模なケースを除き、『脱退者を大母体とする新組合は作らないし、作らせない』というスタンスで、その代わりに、管理職を中心にあくまで社員の『親睦団体』である『社友会』を作らせた。まさにソフトランディングです。当面のところは、社友会を主たる交渉団体とし、賃金も含めた労働条件については、社友会に説明し、理解してもらえば良いと考えているのでしょう」

「官邸の意向」と冨田社長の「怒り」

松崎氏の死を機に、数年かけてJR東労組の弱体化を図るとともに、追い込まれた彼らがスト権行使へと走ると、それを逆手にとって真っ向から対決する方向に舵を切る。さらにはその会社の労政転換に伴って、大量に脱退するであろう社員を、新たな組合ではなく、「社友会」で吸収することによって、労労対立による職場の混乱を防ぐ――。

現役、OBを含め複数のJR東日本関係者によると、今回の「ソフトランディング」とも言えるシナリオを書いたのは、平成元年に採用され、主に人事畑を歩んだ複数の大卒幹部だという。その中には、本章の冒頭に登場した執行役員も含まれている。

「平成採（用）の大卒（幹部）は、JR東日本発足以降の会社と組合の関係や歴史を熟知している一方で、若手社員、特に大卒社員に根強い〝組合アレルギー〟も皮膚感覚で理解している。彼らが今回のシナリオを描き、冨田（社長）、深澤（副社長）が決断を下したのは間違いない」（J

R東日本OB）

一方、ある政府関係者は、今回、現JR東日本経営陣が組合との全面対決に踏み切った背景には「官邸の意向」もあったと指摘する。

「来年に東京オリンピック・パラリンピックを控える官邸としては、首都圏で最大の鉄道網を持つ、JR東日本の最大労組に、いまだ暴力革命を志向する極左セクトが浸透しているという事実は、『治安上の懸念』以外の何ものでもない。

よってオリンピックの東京開催が決定した13年以降、JR東日本に対し、非公式に『革マルを切れ』というメッセージを送り続けていた」（政府関係者）

JR東労組がスト権行使の準備に入り、「産経新聞」が1面で「JR東労組、スト検討」（18年2月12日付朝刊）と報じた翌日、複数のJR東日本の幹部らは、先に引用した「ストライキ権行使にかかる会社見解について」との文書を手に、国交省や厚労省など関係省庁をはじめ、与野党問わず150人近くの衆参国会議員を回り、「全力を挙げてスト実施の回避に努める」と説明した。

さらに22日には、冨田社長自ら首相官邸に出向き、現状を報告するとともに、会社の姿勢を示したという。

「その際、冨田社長は、菅（義偉）官房長官に直接、『JR東労組によるスト権通告に対しては毅然とした態度で臨みます』と伝えたそうだ」（前出・政府関係者）

ただ、JR東日本の中堅幹部によると、今回、会社側が前述のJR東労組との「労使共同宣言」の実質的な破棄まで決断した最大の要因は、スト権確立から行使通告までの組合側の態度に対する、冨田社長の「怒り」だったという。

「東労組は昨年（17年）段階ですでにスト権を確立していたにもかかわらず、会社側に対してそれを曖昧にしてきた。ところが東労組が今年（18年）1月に発行した機関紙で、彼らがやはり昨年段階でスト権を確立していたことが判明し、冨田社長は激怒した。この組合側の信義にもとる態度が、会社に（JR東労組に対し）労使共同宣言の失効を通知するほどの不信感を抱かせた」

「主流派」と「非主流派」の逆転

会社側に「スト予告の解除」を通告してから約3週間後の18年3月16日、JR東労組はベアについて、会社側の〈基本給改定を実施し、基本給に0・25％を乗じた額〉、〈定期昇給後の基本給改定による平均改善額は1328円となる〉などの春闘回答を受け、即日妥結した。が、今回のスト戦術の失敗による組合員の大量脱退は、当然のことながらJR東労組にとって大きな痛手となった。

JR東労組は同年4月6日、臨時執行委員会を開き、今回のスト戦術の最高責任者である、中央執行委員長と執行副委員長（東京地本執行委員長）に対する制裁申請と執行権停止、および組合員権の一部停止の緊急措置を決定した。

さらに10日には、今回のスト戦術を主導し、大量脱退を招いたとされる東京・八王子・水戸の3地本選出の執行委員12人に対する制裁申請と、執行権・組合員権の停止を決定。12日に開かれた「第35回臨時大会」で、前述の計14人に対し「制裁審査委員会」を設置することを賛成多数で可決したのだ。

そして6月13日に開かれた「第36回定期大会」で、執行部をはじめとする役員人事を刷新。〈17春闘と変わらない回答と3万人を超える脱退者をつくり出してしまった18春闘は「敗北」である〉と総括し、〈発足以来最大の危機に直面しているJR東労組の再生に向けて12地本が総力を挙げてたたかう〉と宣言した。

JR東労組関係者によると、同労組はこの定期大会の前まで、今回のストを主導した東京・八王子・水戸の3地本で構成する「(JR東労組)本部派」▽これら3地本に対する「制裁審査委員会」の設置と「新執行部の確立」を求めた大宮・横浜・仙台・盛岡・秋田の5地本と千葉地本から成る「反本部派」▽当初からストに反対を表明し、本部と距離を置いていた高崎・新潟・長野の3地本――と三派に分かれていたという。

しかし、前述の定期大会では、執行部から「本部派」が一掃され、中央執行委員長、執行副委員長、書記長の三役には全て、「反本部派」の最大勢力である大宮地本出身者が就任した。

「執行副委員長には仙台や高崎地本の出身者も就きましたが、実質的には、大宮地本が実権を握り、『主流派』となりました」(JR東労組関係者)

つまり前述の定期大会で勢力が逆転し、それまでの反本部派＝大宮を筆頭とする仙台、盛岡

図表1-4　JR東労組の組織内部の覇権争い

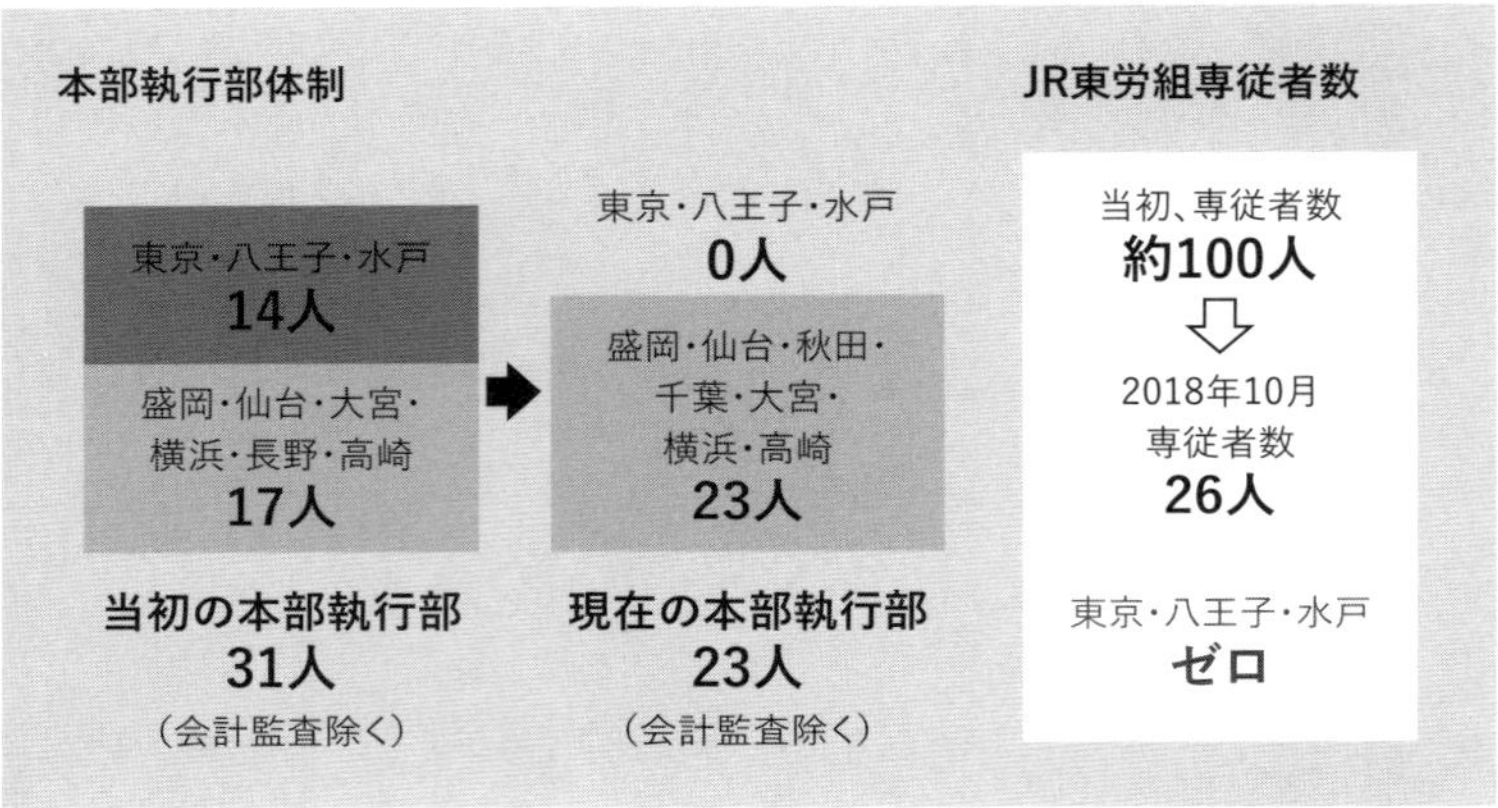

など6地本が新たに「主流派」となり、旧来の本部派＝東京・八王子・水戸の3地本は「非主流派」に転落したわけだ（図表1−4）。

「しかし、高崎・新潟・長野の3地本はいまだに主流派、非主流派とも一定の距離を置いていることから、基本的に『三派構造』は変わっていません。また〈今春闘は『失敗』であり『大敗北』を喫した〉と総括した主流派に対し、東京・八王子・水戸の3地本の非主流派は反発。大会以降も、主流派の総括を批判する積極的な情宣活動を展開しています。

またJR東労組はOBとの結びつきが強く、その影響力も強いのですが、今回も複数のOBの集まりが、主流派による、非主流派に対する制裁などに異を唱えているのです」（同前）

現役、OBを交えた三つ巴、四つ巴の内部闘争

前述の臨時大会終了から2週間後の4月26日、複数のJR東労組OBが「JR東労組を憂う会」という団体を結成。同日付で発行した「憂う会」通信で、スト戦術を主導した前・中央執行委員長と執行副委員長、東京・八王子・水戸の3地本選出の執行委員計14人を支持し、彼らに対し、制裁委員会を設置するとしたJR東労組の決定を〈制裁のための制裁〉、〈出鱈目極まりない〉と批判した。さらに同労組の現役、OBらに対し〈原点に立ち返り正常で健全な東労組を再構築しよう！〉と呼びかけ、こう述べたのだ。

〈我々OB有志一同は、臨大（臨時大会）を区切りに、さらに追い打ちをかける会社の、凶暴な組織破壊攻撃と、内部の裏切りに抗して、歯を食いしばって奮闘する組合員の皆さんにエールを送り、全力を挙げて支援するものである〉【（ ）内は筆者補足、以下同】

このOBの動きに対し、JR東労組の主流派は猛反発。前述の定期大会で、以下のように宣言したのだ。

〈組織の団結を乱す一部OB会員による「憂う会」通信なる情報配布は、臨時大会で決定した方針に反し、12地本の団結を乱し組織を混乱させ、破壊する行為であり断じて許すことはできない。JR東労組はこの組織を〝組織破壊集団〟と規定し、断固としたたたかいをつくり出していく〉

ところが、この定期大会が開かれる前日の6月12日、前述の「憂う会」とは別に「JR東労

組の現状を糺し、国鉄改革の精神を忘れないためのＪＲ東労組ＯＢの連絡会準備会」（ＪＲ東労組ＯＢの連絡会）という、なんとも長い名称の別のＯＢ集団が〈結成声明〉を出した。

声明の中で「連絡会」は今回のスト戦術の失敗、大量脱退についてＪＲ東労組が壊滅的事態に陥った根拠は、意見の異なる組合員を統制し、排除するという組織路線です〉と断じ、次のように述べた。

〈実際、それは（過去に）我々を「組織破壊者」とレッテル貼りし、ＯＢ会から排除した組織路線と同根です。今度は、かつて我々を排除した（旧）東京地本執行部が（新）本部によって排除され、それに対して本部と（上部団体の）ＪＲ総連を糾弾する「憂う会」が首をもたげ、ＪＲ総連は、「現体制の破壊を目指す組織」と規定しました。排除の連鎖です〉

つまり「連絡会」は、ＪＲ東労組の主流派やＪＲ総連だけでなく、スト戦術を主導した非主流派やそれを支持する「憂う会」まで批判しているわけで、ＪＲ東労組内部の争いは現役、ＯＢを交えた三つ巴、四つ巴の様相を呈している。

「さらにＪＲ東労組は現時点で、普通預金や定期預金などの流動資産約46億に加え、土地、建物など約5億円相当の固定資産を保有しています。この（計）51億円の資産を巡っても今後、内部で激しい主導権争いが繰り広げられると思います」（前出・ＪＲ東労組関係者）

内部闘争は「出来レース」なのか

18年2月から続く、組合員の大量脱退＝組合費の大幅減少で、ＪＲ東労組では、前述の第36回定期大会で計上した活動費の予算確保が難しくなった。そこで同労組本部では、発足以降約30年にわたって積み上げてきた〈組合基金〉約24億円の取り崩しを検討。約５億円を一般会計に補填する補正予算を組み、約10億円を〈組織拡大に特化した〉特別会計に回すとして、その承認を得るため同年12月19日、「第37回臨時大会」の開催を決議した。

ところが、この本部の方針に対し、東京、八王子、水戸の非主流派３地本は「財政が厳しい中で、なぜお金をかけて（臨時大会を）開催するのか」「財政が厳しいなら、専従者数を減らすべき」などとして、本部に対し臨時大会の中止を強く求め、一時はボイコットする動きも見せていた。

結果的に臨時大会は予定通り開催され、非主流派３地本の代議員も出席した。しかし前述の、組合基金から約５億円を一般会計に補填する補正予算案については賛成155票、反対96票、また組織拡大に特化した特別会計約10億円の設立についても賛成154票、反対96票と票が割れた。さらに３地本からは議長や議事運営委員会、執行部に対する不信任動議も提出されたが、いずれも否決された。

「これまで一枚岩だった東労組で、票が割れたり、議長や議運に対する不信任動議が提出されるなど異例のこと。主流派と非主流派の対立は日に日に激しくなり、内部では分裂の危機まで囁かれています」（同前）

しかし、このＪＲ東労組内部の争いを「出来レース」とみる向きもある。02年に前述のＪＲ

東労組の首領、松崎明氏と対立し、同組合を除名されたJR東労組元幹部だ。この元幹部が語る。

「JR東労組の主流派、非主流派問わず、(組合)幹部や役員連中、またそれを批判するOBも含め全員が松崎の〝信奉者〟だ。今は争っているように見えるが、元は同根で、いずれは一つに収斂される」

そしてこう続けるのだ。

「(JR東労組)組合員が今後、どれだけ減ろうが、運転士を中心に7000人前後は残る。また組織は少数になればなるほど、先鋭化していくというのが世の常だ。しかもその先鋭化した組織で役員になるようなのは、ゴリゴリ(の組合活動家)ばかり。そんな奴らがその気になれば、僅か数人でも首都圏をマヒさせることができる」

「順法闘争」再び

前例がある。

87年の国鉄分割・民営化以降、それに最後まで反対した国労が壊滅状態に追い込まれる一方で、賛成に回った鉄労や動労などは勢力を強め、新たに全国組織「全日本鉄道労働組合総連合会」(鉄道労連、後のJR総連)を結成した。

松崎氏はその副委員長に就任するとともに、下部組織である「東鉄労」(「JR東労組」の前身)

の委員長に就いたのだが、4年後の91年、そのJR総連が分裂する（図表1－5）。

きっかけは後に「1047人問題」と呼ばれる国労組合員の再就職問題だった。

国鉄からJRへの移行に伴い、旧国鉄の資産や負債などを引き継いだ「国鉄清算事業団」（現在の独立行政法人「鉄道建設・運輸施設整備支援機構」の前身）はJR発足後、JRに採用されなかった旧国鉄職員を、90年3月末の期限付きで引き取り、再就職を斡旋していた。

しかし期限までに約1500人の再就職先が決まらなかったことから、旧運輸省はJR各社に追加採用を要請。これに対し、JR西日本、東海などは応じたものの、JR東日本は拒否した。

約1500人の大半が分割・民営化に最後まで反対した国労組合員だったため、旧動労勢力が支配していた主要労組のJR東労組が「なぜ国鉄改革に反対した者を再雇用する必要があるのか」と猛反発。松田昌士・JR東日本社長（後に会長）ら、当時のJR東日本経営陣も、これに同調したのだ。

さらに松崎氏は、同年3月に開かれたJR東労組の臨時大会で「ここまで築き上げたJR東日本の労使関係を破壊するような政治介入に対しては、『スト権の行使』を含む断固たる態度で阻止する」と表明。JR総連も同年6月の定期大会で、「加盟各単組におけるスト権の早期確立」と「JR総連へのスト指令権の委譲」を提起した。

「スト指令権の委譲」とはつまり、JR各社の労組が打つストはすべて、上部団体のJR総連が指令できるよう、権力の一極集中を図ることだった。これが実現されれば、JR総連はJR

図表1-5　JR主要労組の変遷

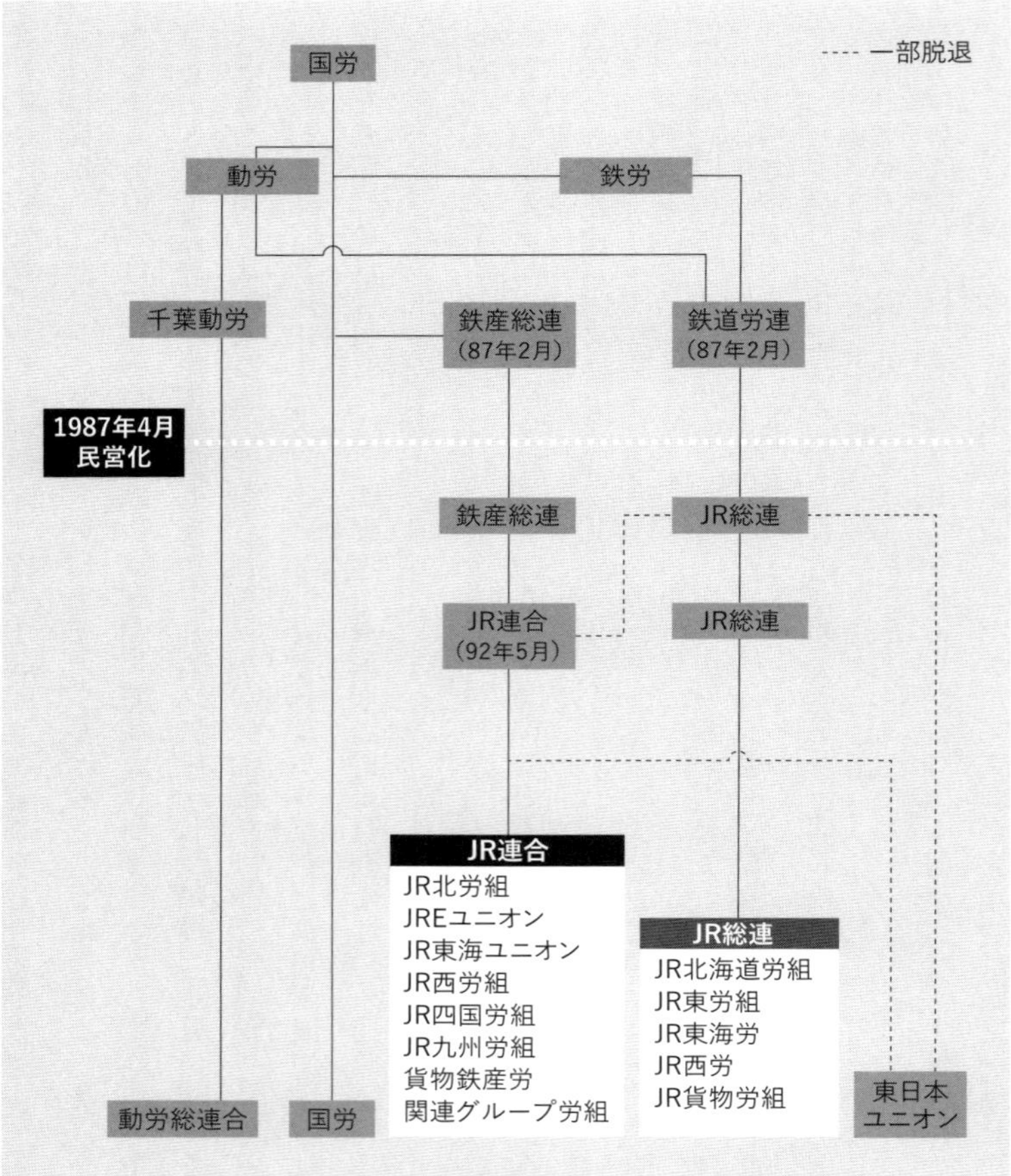

(注)主要労組の1980年代以降の系譜をまとめた

出所:「週刊東洋経済」2018年6月16日号

東日本だけでなく、西日本、東海、九州など全国のＪＲで「いつでも、どこでも」ストが打てるわけだ。

このＪＲ総連の提起に対し、ＪＲ西日本、東海、九州では労使ともに猛反発。３社の最大労組は次々とＪＲ総連を脱退し、ＪＲ総連はその勢力を半減させた。脱退したＪＲ西日本や東海の主要労組は92年5月、新たに「日本鉄道労働組合連合会」（ＪＲ連合）を結成し、以降、四半世紀にわたってＪＲの二つの産別組合は、その勢力を拮抗させ、「箱根の関」を境に激しく争うこととなる。

一方、ＪＲ総連へのスト指令権の委譲の方針を支持していたＪＲ西日本や東海、九州の旧動労系組合員はＪＲ総連に留まり、各社で新たに「ＪＲ西日本労働組合」（ＪＲ西労）、「ＪＲ東海労働組合」（ＪＲ東海労）、「ＪＲ九州労働組合」（ＪＲ九州労）を結成した。

そして各社で「少数組合」となったこれらの旧動労系組合は、ＪＲ総連がスト指令権の委譲を提議した2年後の92年3月、ＪＲ西日本、東海、九州3社の管内で「統一スト」を実施。さらにこれらの組合は、93年9月まで断続的にストを行うのだ。

また東海道新幹線を擁するＪＲ東海のＪＲ総連傘下単組、ＪＲ東海労は93年5月、のぞみの「安全確保」を理由に、意図的に減速させダイヤを乱す「のぞみ減速闘争」を展開した。いわゆる「順法闘争」の一つである。

「順法闘争」とは、スト権が認められていない官公労働者などの組合で、「法令順守」と称し、規則などを完全に励行することによって、正常な業務を停滞させ、合法的にストライキと同様の効果を狙うサボタージュの一種だ。

旧国鉄では、運転士が列車を運転中、カーブや駅などで意図的に減速し、列車を遅らせ、ダイヤを乱すことによって、当局に様々な要求をのませようとした。しかし、あくまで法令・規則を遵守しているため、形式的には「通常の業務行為」であり、国家公務員法などにより、争議行為を禁止されている公務員がこれを行っても違法とはならない。

このため公共企業体だった「国鉄」時代に、国労や動労によって多用されてきたが、この順法闘争は利用客の猛烈な怒りを買い、73年には、埼玉県の上尾駅を中心に、乗客による暴動「上尾事件」が起こった。

ＪＲ東海の旧動労系組合は93年、その順法闘争を、上尾事件から20年ぶりに復活させたわけである。ＪＲ東海の関係者は当時を振り返り、こう語る。

「91年当時、ＪＲ総連に留まった『ＪＲ東海労』の旧動労系組合員は約１２００人。もし彼らがストや順法（闘争）を行ったとしても、乗務員の入れ替え等で、列車の運行に支障が出ないようにするためには、彼らの勢力を最低でも、百人単位まで減らすことが必要だった。しかし東海では、１２００人を２００人に削ぎ落とすまでに10年かかった。

一方、組合員が大量に脱退したとはいえ、ＪＲ東労組には、旧動労系を中心に1万人以上の組合員がいる。万が一、彼らがストや順法を行っても、運行に支障が出ない程度に彼らの勢力を抑え込むには、最低でも今後20年はかかるのではないか……」

オリンピックを人質に「列車妨害事案」も

そして、もう一つ、JR東日本経営陣が大きな懸念を抱いている問題がある。JR東労組からの組合員の大量脱退に合わせるように頻発した列車妨害事案だ。

大量脱退が始まった18年2月下旬から3月にかけて、JR東日本管内の駅構内の備品が何者かに持ち去られ、あるいは壊されるなどの不審事象が50件近く発生したが、それらはその後3カ月にわたって続く列車妨害事案の〝序章〟に過ぎなかった。

4月12日には、郡山駅（福島県郡山市）構内で、停車中の車両の車輪止めが何者かに外され、約500メートル先の別の車両に衝突。21日には小山駅（栃木県小山市）で停車中の列車から発車ベルが何者かに盗まれたほか、同月下旬には内房線の車内トイレなどで、トイレットペーパーが燃える火災が相次いで起こった。線路内にベニヤ板やトタン板、自転車などが放置される事案も複数発生し、4月に入って不審事案は約150件と一気に3倍に跳ね上がった。

5月に入ると、列車妨害事案はさらにその数を増やすと同時に、乗客の生命や安全を脅かす危険性・悪質性も高まっていった。

同月1日には、東海道線の車両で、乗務員室扉の内側が、何かで叩かれたようにへこんでいる痕が複数見つかり、同様の乗務員室扉を内部から損傷した事案は、首都圏の複数路線で計約40件に及んだ。12日には埼玉県川口市の宇都宮線で、線路上に放置された自転車に列車が衝突し、3時間止まるという事件が発生。31日にも、さいたま市見沼区の東北線で、踏切内に放置されていた植木に列車が接触するなど、列車妨害事案は約210件に達した。

6月末までにこれらの不審事案、列車妨害は計530件にのぼり、JR東日本では、駅構内などの監視カメラを増設するなど警戒を強めるとともに、複数の悪質な列車妨害事件について、威力業務妨害罪等で警察に被害届を提出。各都県警の鉄道警察隊が参加する「東日本鉄道連絡協議会」を開催するなど対策を強化したが、不審事案はその後も続き、9月時点で約760件にのぼった。

実は前述の91年のJR総連分裂後も、JR東海や西日本の管内で、不審事案や列車妨害が頻発していた。93年6月には岐阜県関ケ原町の東海道新幹線上り線のレールに、ワイヤーロープが巻かれるという悪質な列車妨害事件が発生。同年8月には滋賀県彦根市の東海道新幹線下り線のレールにチェーンが巻かれるという事件が再び起こった。

またこの2件目の列車妨害事件の直前から、東海道新幹線やJR西日本管内の山陽新幹線の座席から縫い針が見つかるという不審事案が起こり始め、この置き針事件はその後約1年に及び、発見された針の数は322本にも達したという。

これらの列車妨害事件や不審事案の犯人は結局、分からないままに終わったが、それから四半世紀後、今度はJR東日本がターゲットになったわけだ。

約7400キロの線路網を有し、1日約1790万人が利用する「世界最大級の公共交通機関」であるJR東日本。同社の経営陣は、JR東労組の崩壊から、1年半が経った今も、東京オリンピック・パラリンピックの開催を控え、列車の安全運行の確保に日々、神経を張り詰め、安定した労使関係の確立に腐心している。

だが、それでもやはり、国鉄分割・民営化以来、初めて「革マル系労組」との訣別を宣言した今回の彼らの決意は、「英断」と称されるべきだと私は思う。

それは30年にわたって、この会社の歴代経営陣が囚われ続けてきた、JR革マルによる呪縛の歴史を振り返れば、理解していただけるはずだ。

第1部

JR東日本「革マル」30年の呪縛

第2章

裏切られた「革命」

国鉄「改革派」と手を握った動労

後に「昭和の大改革」と評され、今なお、行財政改革のモデルケースとして取り上げられる国鉄分割・民営化。

この国家的プロジェクトを最終的に断行した中曽根内閣には、長期にわたって膨れ上がった国鉄の37兆円もの債務の解消という目的と同時に、もう一つの狙いがあった。約20万人の組合員（当時の国鉄職員の約8割）を擁し、「日本最大・最強の組合」といわれた「国鉄労働組合」（国労）潰し。そして、その国労が中核をなし、社会党をはじめとする革新勢力の原動力となっていた「日本労働組合総評議会」（総評）の解体である。

この国鉄分割・民営化を内部から推し進めたのが、後に「国鉄改革三人組」と呼ばれる井手正敬《まさたか》・元ＪＲ西日本相談役（84歳）、松田昌士《まさたけ》・元ＪＲ東日本相談役（83歳）、葛西敬之《よしゆき》・元ＪＲ東海・元名誉会長（78歳）をはじめとする、当時の「改革派」の若手幹部たちだったことは、よく知られているところだ。

改革派は、分割・民営化の最大の障害となっていた国労の力を殺ぎ、改革を加速させるため、旧民社党系で穏健路線を採っていた「鉄道労働組合」（鉄労）だけでなく、当時から〝革マル派の最高幹部〟といわれていた松崎明氏率いる「国鉄動力車労働組合」（動労）とも手を組んだ。

鉄労は、１９５７年の「国鉄新潟闘争」（後述する新潟で起こった大規模争議）で、国労の過激な闘争方針に批判的だった組合員が、脱退して結成した「国鉄職能別労組連合会」（国鉄職能労連）を母体にした組合だ。62年に「新国鉄労働組合連合」（新国労）を結成し、68年に「鉄道労働組合」と改称した。

労使協調路線を基本として、ストや順法闘争を行わないとしていた運動方針や、思想信条の違いなどから、動労と激しく対立していたが、国鉄分割・民営化を機に両者は合併し、「全日本鉄道労働組合総連合会」（鉄道労連、ＪＲ総連の前身）を結成した。

そして、これをきっかけに革マル派は分割・民営化後のＪＲ各社に浸透し、その勢力を拡大していくのだが、それを率いた松崎氏とは、どんな人物だったのか。

生来のカリスマ性と類稀なる人心掌握能力

36年2月2日、松崎氏は埼玉県比企郡高坂村（現在の東松山市）に生まれた。その月の終わりには、〝国家改造〟を志向した陸軍青年将校が部隊を率い、クーデターを試みた「2・26事件」が起こり、帝都全域に戒厳令が敷かれるなど、その後の日本の行く末を暗示するような年だった。

翌年には、この国が日中戦争の泥沼に入り込むきっかけとなった盧溝橋事件が起こり、彼が5歳になった年には太平洋戦争が始まった。そして、この戦争で松崎氏は兄を失くしている。

敗戦後の54年、県立川越工業高校を卒業した松崎氏は18歳で国鉄に就職。翌年、臨時雇用員として松戸電車区（千葉県）に配属された。その後、品川客車区などを経て56年、尾久機関区（東京都北区）に配属された際に、動労の前身、「日本国有鉄道機関車労働組合」（機労）に加入した。

機労は、機関士らへの待遇をめぐる国労の組織運営や運動方針への反発から51年、国労内の機関士らの職能別協議会「機関車協議会」が国労から独立し、新たに結成した組合だった。蒸気機関車の運転には、熟練を要する技術を要したことなどから、極めてエリート意識が高かったといわれ、59年に「国鉄動力車労働組合」と改称した。

一方、貧しい農家に生まれ、幼いころに兄を戦争で失くした松崎氏は、高校時代から社会主義思想に傾倒。卒業と同時に、日本共産党系の「日本民主青年同盟」（民青）に加入し、国鉄入社後は日本共産党に入党した。

さらに国鉄に就職後、動労に加入した松崎氏は、生まれ持ったカリスマ性と、類稀《たぐいまれ》なる人心掌握能力で頭角を現す。61年には、若手機関士らを組織し、動労全国青年部を結成。25歳で初代青年部長に就任するのだ。

「動労は右派の『労働運動研究会』（労運研）と、左派の『政策研究会』（政研）という二大派閥に分かれていました。両派はともに、松崎が動労全国青年部を作った61年に結成されたのですが、結成当時は、『労運研』が大勢を占めていた。

しかし『政研』の有力メンバーでもあった松崎が、青年部で力をつけるのに従って、彼を慕う若手運転士が続々と政研に流れた。さらに世代交代が進むにつれ、労運研と政研の勢力が逆転。松崎を中心として、過激な闘争方針を打ち出す政研がヘゲモニーを握るに至って、動労は旧国鉄関係者から『鬼の動労』と恐れられる組織になっていった」（旧国鉄関係者）

松崎明氏（2008年7月4日、東京都内にて撮影）

そして動労尾久機関区支部委員長時代の63年、ストライキによる公労法（公共企業体等労働関係法）違反で解雇された松崎氏は以降、「首なし専従」（国鉄を解雇され組合専従となった職員）として、組合運動に専念。その後の当局との闘争で中心的な役割を果たしていく。

「革マル派最高幹部」としての顔

国鉄が債務超過に陥り、その経営が傾き始めた68年、政府は「国鉄財政再建推進会議」を設置し、最初の再建計画を策定。国鉄に対し、生産性の向上などの企業努力を求めた。

これを受け69年、当時の磯崎叡《いそざきさとし》・国鉄総裁は、全国鉄職員の意識改革を図る「生産性向上運動」を導入し、翌70年から全国で推し進めた。この合理化政策は、国鉄当局が関係書類に「生」の字を○で囲んだスタンプを押したことから、「マル生」と呼ばれた。これに対し71年、松崎氏率いる動労は、国労とともにストやサボタージュなどの「反マル生闘争」を展開し、生産性向上運動を中止に追い込んだのだ。

さらに松崎氏は、動労東京地本委員長だった75年、公務員や、国鉄などの公共企業体の職員に禁止されていたスト権の奪還を目指してストを起こすという「スト権スト」を決行。全国の国鉄路線の主要部分を8日間、約200時間にわたってストップさせたこのスト権ストは、日本労働運動史上稀にみる大規模ストライキとなり、国鉄労使は世論の猛批判を浴びた。

しかし、それと同時に、列車が8日間止まったにもかかわらず、日本経済や国民生活はさほど大きな影響を受けなかったことから、国鉄の落日を示した象徴的な出来事にもなったのだ。

松崎明の経歴	
1936	2月2日、埼玉県生まれ
1954	3月9日、埼玉県立川越工業高校卒
1955	3月1日、国鉄松戸電車区臨時雇用員として入社
	日本共産党に入党
1956	11月、国鉄に正式採用
1957	12月、法政大学二部中退、革共同に加入
1959	8月29日、革共同全国委員会結成大会において政治局員に選出
	日本共産党を離党
1961	動労(国鉄動力車労働組合)の初代青年部長に就任
	12月11日、日本社会党に入党
1962	10月1日より組合専従
1963	黒田寛一らと共に革マル派を結成
	12月28日、公労法違反により国鉄解雇処分
1971	マル生反対闘争をはじめ数多くの闘争を指揮(〜1972)
1985	6月28日、動労中央執行委員長に就任
1987	2月2日、鉄道労連(JR総連の前身)中央執行副委員長に就任
	3月3日、東鉄労(JR東労組の前身)中央執行委員長に就任
1991	日本鉄道福祉事業協会の理事長に就任
1995	6月20日、JR東労組会長に就任
1998	日本鉄道福祉事業協会の理事長を退任
2001	6月24日、JR東労組顧問に就任。10月10日、(株)さつき企画取締役に就任
2002	5月31日、(株)さつき企画取締役を辞任。JR総連特別顧問に就任
	7月9日、JR東労組顧問を退任
	引き続き同労組、東京・横浜・八王子・大宮4地本の顧問に就任
2003	(JR総連の資料では)勇退
2008	2月、間質性肺炎を発症
	4月、『松崎明秘録』(同時代社)刊行
2010	12月9日、自治医大病院で特発性間質性肺炎で死去。享年74
	(敬称略)

このスト権スト後も松崎氏は、動労内でヘゲモニーを握り続け、85年には動労トップである中央執行委員長に就任するのだが、彼にはもう一つの顔がある。「革マル派最高幹部」としてのそれだ。

「日本革命的共産主義者同盟革命的マルクス主義派」、略称「革マル派」。「帝国主義打倒、スターリン主義打倒」、いわゆる「反帝、反スタ」を掲げ、共産主義暴力革命を目指す新左翼セクトである。

63年の結成以来、10年余にわたって、「革命的共産主義者同盟全国委員会」(中核派)や「革命的労働者協会」(革労協)など対立セクトと陰惨な〝内ゲバ〟を繰り返していたが、70年代後半からは組織拡充に重点を置き、党派性を隠して基幹産業の労組やマスコミなど各界各層に浸透。現在も全国に約5500人の「同盟員」を擁するといわれており(18年1月現在　警察庁「極左暴力集団の現状等」)、極めて非公然性、秘匿性、排他性の強い思想集団だ。

その創設者で、議長在任中は同盟員に対し絶対的な指導力を発揮し、議長退任後もなお、亡くなるまで同派に多大な影響力を持っていたのが「クロカン」こと黒田《くろだ》寛一《ひろかず》氏(06年6月に78歳で死去)だった。

黒田氏は57年、日本共産党から離脱。「日本革命的共産主義者同盟」(革共同)を結成し、議長に就任した。同年に黒田氏と出会い、彼を「革命運動における師」と仰いでいた松崎氏は黒田氏と行動を共にし、革共同の再分裂後も、黒田氏が新たに結成した「革命的共産主義者同盟全国委員会」に参画。政治局員に選出された。同委員会が63年に分裂した後は、黒田氏と革マル派を創設し、「倉川篤」というペンネームで、議長の黒田氏に次ぐナンバー2の副議長に就き、革マル派内では、「理論の黒田、実践の松崎」といわれた。

その後、革マル派は中核派と血で血を洗う内ゲバを繰り返すのだが、松崎氏も黒田氏と並んで中核派から名指しで「処刑宣告」を受けることになる。

「松崎のコペルニクス的転回」

話を国鉄分割・民営化に戻そう。

前述の通り、70年代後半まで国鉄当局と激しく対立していた松崎氏も、国鉄改革派の攻勢に「分割・民営化は不可避」と判断。組織防衛のため、それまでの方針を180度転換し、分割・民営化賛成に回った。

そして、それまで激しく対立していた鉄労と〝和解〟し、鉄労など3労組とともに前述の鉄道労連を結成する。

松崎氏が自ら、それまでの方針を転換したことを、内外に示した象徴的な出来事がある。今も旧国鉄・JR関係者の間で語り伝えられる「松崎のコペルニクス的転回」、通称「松崎のコペ転」だ。

分割・民営化前年の86年7月9日、動労委員長だった松崎氏は、鉄労の全国大会に、「来賓」として初めて出席。動労組合員がそれまで、鉄労組合員や、鉄労出身の管理職に対して行ってきた数々の暴行、傷害行為などについて謝罪した上で、次のように述べた。

「私らの理念は階級闘争でありました。そして、現実をいかに改革するか、組合員・家族の利益をいかに守るか、この切実な問題よりも、ある意味でイデオロギーを先行させて精一杯闘ってきた歴史を持っております。（中略）

しかし、今、必要な国鉄改革とは、そこに働く労働者とその家族の利益が完全に保証されるものでなければならないのだと、そう思うのであります。その意味で、鉄労の皆さん方が選択してきたこれまでの道筋に則って、私たちはその経験に学びながら一生懸命がんばりたい、そう思っているわけであります。

（ここで会場から「『鉄労解体』はどうした！」のヤジ）もちろん、昨年の大会において「鉄労解体」の方針を掲げてきた私たちは、この大会（同日、箱根で開催中だった動労全国大会）において、鉄労と共に歩もうという方針を掲げているのであります。

皆さん、もうここまで来た以上、退路はないのであります。松崎は嘘っぱち言っているんじゃねえかとか、偽装じゃねえかとか、いろいろ言われます。それは私の人格の然らしむるところでありまして、誰も恨む必要もありませんし、真っ裸で堂々と進んでいきます。

皆さん方、これまでいろいろ数々の失礼を、重ねてお許しをいただきたいと思います。動労と致しまして、皆さんと兄弟的な関係をしっかりと結び合ってがんばりぬいていきたいと思います……」

この演説の途中から最後にかけては、会場の鉄労組合員による盛大な拍手で聞き取りにくいほどだったという。が、公安当局によると、この「松崎のコペ転」は、彼一人の判断でなされたものではなく、その背後には革マル派の戦略があったという。

「これまで警視庁公安部が革マル派の拠点『解放社』（本社は東京都新宿区早稲田。このほかに支社が全国に6社）や非公然アジト等を捜索した結果、この『松崎のコペ転』は松崎や動労だけで決定したものではなく、党派としての決定だったことが判明している。

革マル派は分割・民営化前年の昭和61（86）年ごろ、松崎のほか、党幹部、弁護士も交えた協議の結果、分割・民営化は不可避と判断。それを前提に『組織温存・拡大戦略』と『革命戦略』を練り直した。

その結果、分割・民営化に賛成する方針が決定し、それが『コペ転』に繋がる。彼らの戦略は、その後の総評解体も織り込み済みで、分割・民営化後の旧国鉄の組合を足がかりにして、松崎が日本の労働運動の頂点に立つスケジュールまで描いていた」（公安当局関係者）

もぐり込み、のりこえ、食い破り

だが、この公安当局の見方に異を唱える向きもある。ほかでもない。松崎氏本人である。

後章で述べる、JR東労組の内部分裂に端を発し、松崎氏らが原告となった民事訴訟で、原告側が提出した準備書面（10年6月30日付）の中で、彼らは〈国鉄＝JRの組合内には、かつて、革マル派に関与した組合員が存在し、グループ（組織）をつくって活動してきた事実はあり、原告らの中にはこれに関与していたものもいる〉と認めた上で、次のように主張している。

【（　）内は筆者補足】

〈国鉄の分割民営化を巡り、原告松崎《まつざき》（松崎氏の苗字の戸籍上の表記）は、もはや、これを避けられないと判断し、組合員の雇用の確保のためには国鉄の分割民営化を受け入れるばかりか、これに積極的に協力して進めることにし、「職場と仕事と生活を守る」というスローガンの下に、国鉄当局の提案した雇用調整策である三本柱《派遣、退職前提の休職、復職前提の休職》に応じ、国鉄との間で、雇用安定協約や労使共同宣言などを締結した。これらは、革マル派中央にはかることなく独自に転換を決め、推進をしたものである。革マル派ももはやこの原告松崎らの選択をとめることができず、実質的に放任したに等しかった。

動労内で革マル派のグループに参加していたものの大半は、原告松崎の判断に賛成し、行動を共にした。こうして、動労内《後ＪＲ総連やＪＲ東労組内》の革マル派のグループは、いわゆる国鉄改革に邁進《まいしん》していった〉

つまり「コペ転」は革マル派の機関決定ではなく、松崎氏独自の判断で為されたものだと主張しているわけだが、そのコペ転から9日後の86年7月18日、分割・民営化賛成に転じた動労は、前出の鉄労など4労組とともに「国鉄改革労働組合協議会」（改革協）を結成。さらには社会党支持を撤回し、総評からの脱退に踏み切ったのだ。

この約3カ月後、革マル派の機関紙「解放」（86年10月6日付）に「戦闘的国鉄労働運動の終焉」と題した論文が掲載される。筆者は革マル派「国鉄委員会」だ。

論文の中で、国鉄委員会は〈わが政府・支配階級によってかけられているこの国鉄分割＝民営化攻撃は、それにたいする国鉄の戦闘的・革命的労働者の奮闘にもかかわらず、いま成功的に貫徹されようとしている〉として、そこに至った総評の〈ダラ幹〉や、社会党や共産党など既成政党の〈腐敗した対応〉と〈無為無策と無展望と無責任〉を批判。その上で、〈わが同盟革マル派は、中曽根自民党政府が強行しようとしている国鉄の七分割・民営化に断固反対し、あくまでも中曽根の国鉄七分割攻撃をうち砕くために奮闘するものである〉と従来通りの分割・民営化反対の姿勢を表明するのだ。

ところが、その分割・民営化に賛成に転じ、国鉄当局と「労使共同宣言」まで結び、さらには総評を脱退するに至った動労＝松崎氏に対しては一切批判することなく、事実上、容認しているのである。

この論文を読む限り、「コペ転」はやはり、前述の松崎氏の主張通り、彼が〈革マル派中央にはかることなく独自に転換を決めたもの〉で、〈革マル派も実質的に放任したに等しかった〉と捉えるほうが正しいのかもしれないが、国鉄委員会は「戦闘的労働運動の終焉」をこう総括している。

〈日本労働運動の帝国主義的再編に抗し、春闘、反合理化、マル生粉砕、スト権スト、そして反戦反安保闘争を、総評労働運動のうちにあって終始戦闘的に牽引してきた国鉄労働組合・動力車労働組合の戦闘的労働運動は、国労の消滅と総評それ自身の現実的崩壊に象徴される日本労働戦線の総体としての帝国主義的再編の完成というまさにこの点において現実に終焉し、動

力車労働組合の歴史的使命はここに終わったのである〉

そして、その上で革マル派は〈全国の同志諸君！〉、〈すべての労働者・学生諸君！〉に〈国鉄戦闘的労働運動の生きた伝統を継承せよ〉と、こう呼びかけるのだ。【（ ）内は筆者補足】

〈国鉄戦線の戦闘的労働運動は終わったけれども、それをつくりだしてきた動労の戦闘的・革命的労働者や、困難な闘いを切りひらいてきた国労の戦闘的・革命的労働者たちを先頭にし、あらゆる産別の戦闘的・革命的労働者たちは、ネオ・ファシズム下における日本労働運動の再構築に向けて、より広く、わが革命的ケルン（核）を創りだすために、いまあらたな戦闘配置についているのだ。そしてあらゆる産別において、わが戦闘的・革命的労働者（中略）組合運動の左翼的展開と組合組織の戦闘的強化を実現するために、原則的かつ柔軟な闘いを展開するのでなくてはならない。

日本労働運動の危機を根底からつき破るために、われわれはあらゆる産別のわが革命的ケルンを強化し拡大し、全民労連（ナショナルセンター「連合」の前身）をその内側から食い破ってゆく巨大な力を、いまあらたに創りだしていこうではないか〉

ちなみに、労働組合など既成組織への〝もぐり込み〟、それら組織の理論や運動の〝のりこえ〟、さらにはそれら組織内部からの〝食い破り〟は、「加入戦術」で知られるトロツキズムの影響を色濃く受けた、革マル派の基本戦略といわれている。

相次いで発生した内ゲバ

87年2月、改革協の4労組は、分割・民営化を2カ月後に控え、鉄道労連を結成。松崎氏はその副委員長に就くとともに、鉄道労連の下部組織である「東日本鉄道労連」（東鉄労、JR東労組の前身）の委員長に就任した。

分割・民営化後のJR各社の中で、最大規模となるJR東日本の労働組合を手中に収め、さらには東日本以外のJR各社の労働組合をも支配下に置き、最終的には日本の労働運動の頂点に立つ——独自の判断で「コペ転」を行ったとする松崎氏と、それを事実上、追認したとされる革マル派の〝遠大な戦略〟のスタートだった。

そして同年4月、JR各社が発足。前出の「国鉄改革三人組」のうち、井手氏はJR西日本の取締役副社長に、松田氏はJR東日本の常務取締役兼総合企画本部長に就任し、葛西氏はJR東海の取締役総合企画本部長に就いた。

ところがJR発足から3カ月後の7月、鉄労が、突如として鉄道労連からの脱退を表明する。分割・民営化を機に、松崎氏率いる動労と和解し、ともに鉄道労連を作った鉄労はなぜ、脱退に動いたのか。旧鉄労幹部が語る。

「そもそも我々鉄労と、彼ら動労とは水と油のようなものでした。思想信条の違いもさることながら、様々な職種の人たちが加入しているいわば『デパート組合』だった我々と、エリート意識の高い機関士の職能組合的な性格を持つ彼らとは、組織の性格が全く違う。

確かに『一枚岩の結束力』という点では、とても彼らに太刀打ちできませんが、その結束力は、独裁的な組織運営と秘密主義に支えられたもので、とても民主的な議論や、組合運営を望める相手ではなかった。

彼らはまず選挙を嫌った。選挙を行うことは不信感の表れだというのです。また議事の進行、採決についても、予定された発言者が、与えられた役割を忠実に果たし、発言者は皆、判で押したような、同じ内容の発言しかしない。議長は、他の人間が挙手しても、あらかじめ定められた発言者にしか発言の機会を与えない――等々、彼らの独善的な組織運営の例は、枚挙に暇《いとま》がありませんでした。

しかし、鉄労が当時、鉄道労連を脱退しようと決意した最大の理由は、『革マル問題』でした。松崎のコペ転以降も、鉄労内部では『松崎は本当に転向したのか』、『動労は本当に革マルと手を切ったのか』という疑惑が燻《くすぶ》っていた。その疑惑が分割・民営化前後に、相次いで発生した内ゲバで、一気に噴出したのです」

前述の松崎氏のコペ転、そして改革協結成から約2カ月後のことだった。

86年9月1日午前4時ごろ、ヘルメットにガスマスク姿の男4〜5人が、兵庫県伊丹市の「国鉄北伊丹アパート」C棟2階、国鉄大阪保線区員、前田正明氏（当時37歳）宅のベランダに、アルミ製ハシゴをかけ、台所の窓ガラスを叩き割って侵入。就寝中の前田氏夫妻を鉄パイプで滅多打ちにし、前田氏は約2時間後に脳挫傷で死亡。妻も全治1カ月の重傷を負った。男たちは2人に鉄パイプを振り下ろす前に、妻に手錠をかけるという念の入れようで、アパート周囲の電話線はすべて、切断されていたという。

前田氏はその年の4月に、新たに結成された「真国鉄労働組合」（真国労）の大阪地本書記長だった。

真国労は、分割・民営化反対の姿勢を崩さなかった国労本部の方針に反発した、国労支部の青年部長経験者や分会長クラスを中心に、組合員1200人が集団脱退し、東京で結成。その後、大阪をはじめ全国で12地本が作られ、この襲撃事件当時は、組合員数2000人を超えるまで勢力を拡大していた。さらにこの日は未明から早朝にかけて、大阪や埼玉など他府県の5カ所でも、真国労や動労組合員宅に鉄パイプで武装した複数の男たちが押し入り、襲撃。これら計6件の被害者は、死者1人、負傷者8人にのぼった。

そして同日、革マル派と対立する「中核派」は以下のような犯行声明を出した。

〈わが革命軍は、本九月一日、午前一時三八分、埼玉、午前四時、大阪、兵庫の三府県、計六カ所で一斉に決起し、満身の激怒をもって、中曽根の国鉄分割・民営化攻撃の反革命先兵、松崎明を頭目とするカクマルに対して、正義の鉄槌を打ち降ろし、計11名をせん滅し、多数の重要文書を奪取した。

せん滅したカクマル分子は、左の通りである
前田正明（カクマル真国労大阪地本書記長、完全せん滅）……〉

これら一連の襲撃事件について、警察当局も「中核派の計画的犯行」と断定。新聞各紙は「同時多発の内ゲバ事件」と報じた。

「革マルは以前から、動労だけでなく、国労にも潜り込んでいた。それら『国労内革マル』が、国鉄改革絶対反対を掲げていた国労との〝心中〟を避けるため、分割・民営化直前に国労を脱退し、結成したのが『真国労』だった。真国労はその後、改革協にも加わるのだが、中核は彼らが革マルだったからこそ、ターゲットにした」（旧国鉄勤労課長経験者）

真国労は後に、国鉄・JR関係者から、鉄労の前身である「新国労」と区別する意味で、頭文字をとって「マコト」と呼ばれることになるのだが、結成から30年以上たった今なお、JR革マル内部では、この元国労内革マル＝「真国労《マコト》」出身者が重要な位置を占めている。

異常な労使関係を作った「元凶」

この真国労《マコト》大阪地本書記長襲撃事件の後も、中核派や革労協による内ゲバは続き、93年までに東鉄労やJR東労組、JR総連、そして今なお、組合員の多くが運転士で構成され、旧動労勢力の強い「JR貨物」の最大労組「日本貨物鉄道労働組合」（JR貨物労組）の幹部ら6人が死亡。3人が重傷を負った。

その中でも88年3月3日、中核派に襲撃され死亡した東鉄労高崎地本委員長の松下勝氏は、松崎氏の「愛弟子」といわれ、松崎氏が弟のように可愛がっていたという。

「松崎以上の親分肌で、茶目っ気もあった松下の、オルガナイザーとしての能力や統率力は、当時の動労幹部のなかでも群を抜いており、ゆくゆくは松崎の後継者になると目されていました。
それだけに松下を失ったときの松崎の悲しみは大きく、訃報を聞いて松下の自宅に駆けつけた松崎は、人目もはばからず、それこそ獣のように慟哭《どうこく》していました。あんな彼の姿を見たのは、後にも先にもあの時だけでした」（JR東日本高崎支社関係者）
松下氏の葬儀は、彼の死から3日後の3月6日、群馬県渋川市で行われた。ところが松崎氏は、その愛弟子の葬儀で、なんとも異様な弔辞を述べるのだ。
〈絶対に逮捕されることのない余裕を持った虐殺者たちを、おれは「何者か」と呼ぶ。「何者か」による虐殺をおれたちは許さない……〉（松下氏の葬儀での松崎氏の弔辞の一節）
松下氏が殺害された事件では、その翌日に中核派が犯行声明を出し、後に警察も中核派の犯行と断定した。にもかかわらず、なぜ松崎氏は、その犯人を「何者か」などと呼んだのか。
「コペ転以降、革マル派との関係を否定し続けていた松崎やJR東労組、JR総連にとって、自らの組合員が、革マル派と対立するセクトとの内ゲバで殺害されたという事実を認めるわけにはいかない。よって、犯人を『絶対に逮捕されることのない虐殺者たち』などとする謀略論を展開せざるを得なかった」（前出・勤労課長経験者）
だが、この松崎氏をはじめとして、JR東労組やJR総連が、その後も唱え続ける「謀略論」には、松崎氏が副議長に就いていた革マル派の思想も大きく影響しているという。
「革マル派は70年代前半まで、中核派や革労協などと凄惨な内ゲバを繰り返していた。しかし70年代後半に入って、革マル派は、対立セクトに壊滅的な打撃を加えたことによって、中核派や革労協にはもはや自分たちを襲撃する戦力は残っていないと判断し、一方的に『勝利宣言』を出した。

ところが、革マル派が勝手に『勝利宣言』を出したところで、対立セクトからの攻撃が止むはずもなく、革マル派側の犠牲者は増え続けた。

だが、革マル派は『勝利したはずの我々が、もはや戦闘能力のない対立セクトにやられるはずがない』として、内ゲバの犯人を『絶対に捕まることのない何者か』、つまりは『国家権力内部の謀略グループによる犯行だ』などと、超現実的な『権力謀略論』を展開していくようになった。松崎やＪＲ東労組、ＪＲ総連の唱える『謀略論』もこれに基づいている」（公安当局関係者）

ちなみに内ゲバが沈静化した90年代に入ってもなお、革マル派は、この「権力謀略論」に固執し続け、この荒唐無稽な論理を、社会的反響の大きな事件でも展開し始める。例えば95年のオウム真理教による「地下鉄サリン事件」や、97年に神戸で発生した「連続児童殺傷事件」、90年代後半から２０００年代初めにかけて起こった「Ｏ《オー》１５７による集団食中毒事件」にまで、この超現実的な論理を当てはめ、「国家管理体制の強化を目論む権力謀略グループによる策略」、「米ＣＩＡによる謀略」などと主張していたのだ。

よって、その革マル派の最高幹部だった松崎氏も、愛弟子を殺害した犯人が、中核派であることが明らかだったにもかかわらず、〈絶対に逮捕されることのない「何者か」〉などという奇妙な弔辞を読まざるを得なかったわけだが、ＪＲ東日本は、この内ゲバで死亡した松下氏の葬儀を、組合と「合同」で行っていたというのである。

「故松下氏の葬儀に際しては、JR東日本の経営幹部と東鉄労幹部が発起人となってJR各社から弔慰金を募り、（葬儀）当日は、山之内秀一郎《やまのうちしゅういちろう》副社長（当時。後に会長を経て、宇宙航空研究開発機構の初代理事長に就任。08年に死去）ら経営幹部が多数参列しました。

また4月10日に高崎市中央体育館で行われたJR東日本高崎支社と東鉄労との合同葬儀には、住田正二《すみだしょうじ》社長自らが弔辞を読み上げるなど、異例の手厚い扱いがなされたのです」（JR東日本OB）

旧動労が分割・民営化に積極的に協力したとはいえ、内ゲバで死亡した革マル派活動家の「弔慰金」を、組合と一緒になってJR各社に募ったという当時のJR東日本経営陣の姿勢には、さすがに他のJRや他労組から疑問視する声が上がったというが、このころにはすでにJR東日本の労使癒着が始まっていたのであろう。

そして複数の国鉄、JR関係者から、この異常な労使関係を作った「元凶」と名指しされるのが、前出の「改革三人組」の一人で、JR発足後、JR東日本の労務担当常務に就任した松田昌士氏（83歳、現JR東日本顧問）である。

松田氏は36年、北海道の国鉄職員の家に生まれた。北海道大学大学院法学研究科を修了し、61年に国鉄に入社した。

職員局の能力開発課長時代（81〜83年）から、当時、すでに多額の債務を抱え、経営難に陥っていた国鉄の抜本的な経営改革の必要性を訴え、国鉄上層部に内密に改革案を練っていたとい

松田昌士氏（JR東日本元代表取締役会長）
写真：時事

う。

分割・民営化前年の86年には国鉄再建実施推進本部事務局長に就任し、国鉄内部から分割・民営化を推し進めた一人だった。

そしてJR発足後は、前述の通りJR東日本の常務に就き、90年に代表取締役副社長に昇格、93年6月に代表取締役社長に就任した。00年からは会長に就いていたが、06年、前年末（05年12月25日）に起こったJR羽越本線脱線事故の責任を取って会長職を辞任。しかし、その後も取締役相談役を経て、顧問に就いている。

もっとも、今でこそ、複数の関係者から「JR東日本労使癒着の元凶」と名指しで批判される松田氏だが、国鉄時代は組合に対し厳しい態度で臨み、JR発足当初は松崎氏、そして革マル派排除に動いていたという。国鉄時代から松田氏を知るJR東日本OBはこう語る。

「能力開発課長時代の松田さんはことあるごとに、『構内の石ころ一つ動かすのも国労の了解を得られなければできない』とまで言われていた当時の国鉄の労政を、『こんなことを続けていては、国鉄は潰れる』と批判し、組合に対しても、毅然とした態度で臨んでいたのです」

松田氏自身も、02年に上梓した自著『なせばなる民営化　JR東日本』（生産性出版）の中で、国鉄時代を振り返り、次のように述べている。【（　）内は筆者補足】

〈職場規律は相変わらず悪かった。（中略）当時（82年）、私は職員局の能力開発課長と調査役を兼務して、この職場規律問題に真正面から立ち向かうことになった。労働組合とは大論争になったが、悪慣行の温床となっていた現場協議制度は見直されることとなった。現場調査についても、組合の反対を押し切って、強引に進めさせた。

当時、国鉄の現場では、職員のサボタージュが常態化していた。現場長が職員に何か指示しても、それをすぐには実行しないのである。（中略）そういう状態を是正するために、私は特に職場規律の悪い現場には自ら乗り込んで、職員の目の前で、「点呼に返事しない者は、無断欠勤と見なしていい」と現場長に指示して歩いた〉

松崎氏に完全に屈した松田氏

68年、労使紛争が激化し、違法ストや順法闘争などが頻発していた国鉄では、当局が、ストによる混乱を回避したいあまり、国労が要求していた「現場協議に関する協約」を締結した。

だが、この「現場協議」は実質的には、各職場における「団体交渉」で、全国のあらゆる駅や待機所は、駅長や区長、助役ら管理職を国労組合員が取り囲む〝吊るし上げ〟の場と化した。

それは国鉄末期まで十数年にわたって続き、この間、職場の荒廃は進み、国鉄が崩壊する一因ともなった。

前出のJR東日本OBが続ける。

「もちろん、松田さんら『国鉄改革三人組』も、松崎が革マルの最高幹部で、動労が革マルであることは百も承知でした。3人の中で最も動労アレルギーが強かったのが井手さん、その次に松田さんでした。実は葛西さんはそれほどでもなかったんです。

というのも、分割・民営化当時、職員局次長として、松崎と直接交渉したのは葛西さんでした。当時、動労と手を組むことに消極的だった井手さん、松田さんの2人を『動労を巻き込まないと、国鉄改革はできない』とまで言って説得したと聞いています。

けれども、改革が成功を収めれば、これほど危険な存在はない。そして3人の中で真っ先に、革マル切りに動いたのが、JR東日本常務として労務を担当していた松田さんでした」

JR発足から3カ月後の87年7月、動労の独善的な組織運営や相次ぐ内ゲバ事件を受け、鉄労が鉄道労連からの脱退を表明したことは前述したが、その脱退表明からわずか2週間後、鉄労は白紙撤回を余儀なくされたのだ。

この騒動の責任を取って、当時の鉄労組合長で、鉄道労連の委員長にも就いていた志摩好達《しまよしたつ》氏（故人）ら鉄労系役員9人は、鉄道労連を辞任。志摩氏は労働界からも去るのだが、この志摩の背後で、鉄労の鉄道労連からの脱退を画策していたのが、松田氏だったという。

私は05年、関西で引退生活を送っていた志摩氏にインタビューを申し込んだが、入院中のため、お会いすることができなかった。その後も彼の回復を祈念していたのだが、残念なことに翌06年9月に亡くなられた。

このため直接取材は叶わなかったが、私の手元には、93年4月ごろ、志摩氏がJR東日本の将来を憂えて複数の政府関係者に出した手紙がある。私信であることから、志摩氏のご遺族、志摩氏から手紙を受け取った政府関係者、双方の了解を得た上で公表させていただく。

志摩氏の手紙はこんな〈結論〉から始まっている。

〈結論から申し上げますと、JR東日本会社の労働組合が、世上、革マル派最高幹部と言われ、少なくとも本人もそうであった事を認めている、松崎明率いる旧動労に執行部を完全に抑えられていること、会社側の労務担当責任者の筆頭である松田副社長（93年当時）は、全面的に松崎の言いなりになっているということなのです。

その結果として、この体制を放置すれば、JR東日本は極左全体主義労働組合に、会社の経営を牛耳られることになり、革マル派の資金ならびに人材供給の温床になってしまうことが目に見えているということです。

労使で必死になって表面をつくろってはいますが、一皮むいたJR東日本労使関係の実態は、国鉄の悪名高い労使関係すらも色褪せて見えるほどのものであり、しかもそれは単に労使問題の域にとどまらず、治安問題の様相を見せていることをご認識いただきたいと存じます……〉【（ ）内は筆者補足、以下同】

そして手紙には、松田氏が画策していた鉄労脱退の舞台裏が綴られていた。

〈JR東日本の松田副社長は「松崎は革マルだ。職員局は動労革マルを甘やかして、けしからん」ということを言い続けていました。（中略）

松田副社長とはほとんど毎日のように会って話をしていましたが、話題は、松崎は革マルだということと、旧職員局の悪口でした。

組合（鉄労）を解散しないで（動労との）「緩やか連合」でもう1年いけないかとも思いましたが、結局、時の勢いはとても止められないと知り、それでは解散はするが、松崎グループを排除し、国労の穏健主流派である鉄産労（鉄道産業労働組合）と組むことを思い立ったわけです。松田副社長に話すと直ちに賛成してくれました〉

分割・民営化当時、職員局次長として、松崎氏と直接交渉に臨んだのが葛西氏だったことは前述した。つまり松田氏は暗に葛西氏の労政を批判していたわけである。志摩氏の手紙はこう続く。

〈いよいよ行動を起す決心をし、その打ち合わせのために松田副社長と会ったのは（87年）6月27日土曜日、浅草のビューホテルでした。9時過ぎ頃から始めて3時間位だったと思います。松田副社長が「俺は志摩ちゃんの味方だ。何をやればいいんだ。何でもするよ」「会議を開いて俺から言っておく」というので「お前は経営者だから黙っていろ。会議では『労労問題が起こっても手を出すな』ということだけ言っておいてくれ。あとは何もしなくて良い」と言いました。

「そこまで志摩ちゃんが言うのなら俺が段取りするから（住田）社長に会ってくれ。その方が俺はやりやすい」と言うので「会わない。お前はもう何もするな」といって別れました。（中略）ところが7月1日の夕方、鉄労が「鉄道労連」から脱退し、鉄産労を含めた非動労グループの大同団結を目指すというニュースがテレビに出てしまいました。

それをたまたま目にした政府筋がスタートしたばかりのJRで、労働組合が再分裂ということにでもなれば、行革の成果に傷がつくということで直ちに、JR東日本にストップの指示が入ったということです。

ここでJR東日本のトップ、特に松田副社長の態度は豹変するわけです。もともとJR西と東海は分裂に反対でしたし、東の松田副社長が態度を変えたとなれば、（鉄労の勢力が強い）仙台や新潟まで、経営側の圧力で切り崩されることになり、私達の計画は挫折しました。

そして私は責任を取って、潔くやめようと決心致しました。松田副社長からは一言の挨拶もありませんでした……〉

詰まるところ、鉄労の脱退を阻止したのは、国鉄分割・民営化という〈行革の成果〉に傷がつくことを恐れた時の政府だったわけだ。一方の松田氏は、松崎氏を頂点とするJR革マル排除に向けて志摩氏をけしかけた末、形勢不利と見るや、ハシゴを外したのである。

志摩氏ら鉄労系役員の辞任後、鉄労、動労など4労組は当初の予定通り、相次いで解散し、8月末には組織の完全統一を宣言した。だが、前述の脱退騒動を機に、旧鉄労系役員の発言力が急速に弱まる一方で、松崎氏率いる旧動労系役員のそれが、より一層強まったという。

そして前述のJR東日本OBの証言によると、志摩氏と結託し、松崎並びに革マル排除に動いていたことが公になった松田氏は、松崎氏に完全に屈したというのだ。

「松田さんが志摩さんの背後で、ＪＲ東日本からの革マル排除に動いていたことを知った松崎は激怒したといいます。しかし、不思議なことに、松崎はその後一切、松田さんを追及しようとはしなかった。おそらく松崎はこの件を不問に付し、松田さんに大きな〝貸し〟を作ることによって、松田さんを屈服させたのでしょう」（前出・ＪＲ東日本ＯＢ）

「もっと癒着していいはず」発言

だが松田氏が、松崎氏に屈した後も、当時のＪＲ東日本にはまだ、松崎氏による経営権への介入をよしとしない〝良識派〟の幹部がいたという。その一人が、ＪＲ東日本発足当時、松田氏の「片腕」といわれた初代勤労課長の野宮《のみや》一樹《かずき》氏（故人）だった。勤労課とはまさに、組合と相対するセクションである。野宮氏の元部下が語る。

「野宮さんは、松田さんが『鉄労脱退工作』に失敗した後も、松田さんが再び、松崎、革マル排除に動いてくれるものと信じていました。野宮さんが東北地域本社（国鉄時代の仙台鉄道管理局、現在の仙台支社）の総務部長に就任した90年、側近の部下たちを鄙《ひな》びた温泉旅館に呼び出し、『山は必ず動く。覚悟はいいな』と檄《げき》を飛ばしていたほどです。

しかし、91年のあの松田さんの挨拶を聞いて、野宮さんは心底落胆し、『これで、この会社ももう終わりだ……』と漏らしていました。そして心労がたたったのか、その4年後、失意の下に病死されたのです」

91年9月、当時、副社長だった松田氏は、山形県「天童ホテル」で開かれたJR東労組「ユニオンスクール」で、松崎氏をはじめとするJR東労組組合幹部の前で挨拶。JR西日本やJR東海の労政を批判した上で、こう発言するのだ。

「我々は経営協議会で、会社の基本的な政策をパートナーである皆さんと議論し合意に達したあと、労働条件を団体交渉で決める。山形新幹線であろうと、やるかやらないかということから、投資問題に至るまで、議論させていただいている。（中略）そうであれば、松崎委員長と私だけじゃなくて、皆さん方と会社全員が、経営陣がもっと癒着していいはずであります」【傍点部は筆者】

ちなみに「経営協議会」（経協）とは、労働協約に基づいて設置される、経営者と組合側が経営全般について話し合うための機関だ。が、経協はあくまで、経営側が組合に対し、今後の経営方針や施策を説明する場であって、松田氏の言うようにそれらについて組合と「議論し合意」を求める場ではない。

にもかかわらず、松田氏は社長就任後もこのように理解していたことから、東日本の経協は、JRの他社から「経営側と組合との癒着の温床」と見做《みな》されていたのだ。

ところで松田氏はなぜ、この「癒着」発言の前に、JR東海やJR西日本の労政を批判したのか。

91年9月といえば、前章でも触れた通り、その前年にJR総連が「加盟各単組におけるスト権の早期確立」と「ＪＲ総連へのスト指令権の委譲」を提起したことを機に、ＪＲ西日本やＪＲ東海の最大労組が分裂。ＪＲ総連の方針を支持する旧動労系組合員が新組合を結成し、これら新組合と、ＪＲ西日本とＪＲ東海の経営陣が激しく対立していた時期だ。

松田氏はつまり、ＪＲ総連傘下労組との対決を選んだかつての同志、井手氏や葛西氏を批判していたのである。

その「スト権委譲」問題で、ＪＲ総連から脱退したＪＲ西日本やＪＲ東海の主要労組は92年5月、新たに「日本鉄道労働組合連合会」（ＪＲ連合）を結成した。

これによって、「東日本以外のＪＲ各社の労働組合も支配下に置き、最終的には日本の労働運動の頂点に立つ」――という松崎氏の戦略は頓挫したわけだが、ＪＲ内にできた二つの産別はその後、四半世紀にわたって、ＪＲ総連＝約７万３０００人（２０１７年12月時点）と、ＪＲ連合＝約８万２０００人（同前）と、「箱根の関」を境にその勢力を拮抗させてきた。

ところが、第１章で詳述した、18年２月のＪＲ東労組の「スト権行使通告」をきっかけに始まった組合員の大量脱退により、ＪＲ総連はその勢力を２万３０００人と、これまでの３分の１にまで激減させることになるのだ。

とはいえ、かつてのＪＲ東日本と同様に、ＪＲ北海道やＪＲ貨物では未だに、ＪＲ総連傘下の「北海道旅客鉄道労働組合」（ＪＲ北海道労組、約５３００人）や、「日本貨物鉄道労働組合」（ＪＲ貨物労組、約４０００人）に、社員の約８割が加入し、最大労組となっている。

これら２社、特にＪＲ北海道労使の癒着ぶりと、「ＪＲ北海道労組」の異常な体質は、かつてのＪＲ東日本やＪＲ東労組のそれ以上なのだが、それについては後章で詳述するとして、話を再び、ＪＲ発足当初の東日本に戻そう。

ＪＲ東労組による人事権への容喙

松田氏が松崎氏との癒着を深めていく一方で、前述の初代勤労課長の野宮氏以外にもう一人、経営側の〝筋〟を通し続けた人物がいた。ＪＲ東日本初代人事課長だった内田重行《うちだしげゆき》氏（故人）である。

「内田さんは旧国鉄時代、『総裁候補』の一人に数えられたキャリア組のエースでした。ところが、ＪＲ発足直後の87年、当時、常務だった松田さんが『全社総務部長会議』に松崎を呼ぼうとし、これに（内田氏が）反対したことから、〝パージ〟されたのです。

全社総務部長会議といえば、ＪＲ東日本の労務政策を決める非常に重要な会議で、組合の委員長が出席する種のものではない。よって内田さんは松崎の出席に頑として反対した。このため、会議に参加しようと来た松崎は結局、会議終了後の懇親会だけの参加になったのです」（かつて内田氏の部下だったＪＲ関係者）

内田氏に面子《メンツ》を潰された松崎氏は「内田の小僧っ子野郎め！　絶対許さん！」と激怒したというが、松崎氏の逆鱗に触れた内田氏は1年足らずで人事課長から外され、その後は関連会社をたらい回しにされたという。

「しかし、閑職に追いやられてもなお、内田さんは、松崎と癒着したJR東日本の労政を正そうと、政府関係者らとの接触を続けていました。これに対し、松田さんら当時のJR東日本経営陣は、（内田氏が）関連会社に出向となった後も、内田さんに〝監視〟を付けたのです。内田さんもこれにはさすがにうんざりしたようで、『トイレに行くときにも（監視が）付いてくるんだよ』と苦笑いしていました」（同前）

この内田氏への待遇そのものが、組合による人事権への容喙《ようかい》を、JR東日本が許してきた証左だといえるが、後述する、松崎氏に支配されたJR東日本の実態を告発した連載記事「JR東日本に巣くう妖怪」（週刊文春）の筆者で、ジャーナリストの小林《こばやし》 峻一《しゅんいち》氏の取材に、内田氏が協力していたことが発覚するに至って、彼は退社を余儀なくされたという。

「内田さんが、小林さんの取材に協力していたことは、革マル（派の非公然部隊）が、小林さんの自宅から盗み出した取材資料を基に作られ、複数のJR東日本関係者に送り付けられた怪文書で発覚しました。その後、内田さんは東日本社内で徹底したパージに遭い、退社に追い込まれたのです」（同前）

ちなみに、96年2月に発生したこの「小林峻一宅侵入事件」では、事件から9カ月後の同年11月、神奈川県警が「革マル派の犯行」と断定し、窃盗、住居侵入の容疑で、同派の非公然アジト「大和アジト」（神奈川県大和市）を家宅捜索。捜査員に椅子を投げつけるなど抵抗した非公然活動家4人を公務執行妨害の現行犯で逮捕した。

一方、JR東日本を退社した内田氏は、かねてから東日本社内で彼が冷遇されていることを気にかけていた、内田氏の国鉄時代の上司で当時、ＪＲ西日本の社長を務めていた井手氏の招請に応じ、ＪＲ西日本のグループ会社「京都駅ビル開発」の取締役に就いた。

しかし、自らが退職に追いやられてもなお内田氏は、古巣の労政の正常化を目指し、ＪＲ関係者に様々な働きかけを続けていたというが、03年4月、京都駅の階段から転落し、志半ばで亡くなった。

「松崎体制」のみが生き残る道

ただ、野宮氏や内田氏ほどではないにせよ、松田副社長時代、常務取締役人事部長に就いていた大塚睦毅《おおつかむつたけ》氏（00年に社長、06年に会長に就き、12年から相談役。76歳）や、松田社長時代に取締役人事部長に就いていた清野《せいの》智《さとし》氏（06年に社長、12年に会長に就き、18年から顧問。71歳）ら、後にＪＲ東日本のトップに就いたキャリア組の幹部らも、ＪＲ東日本発足当初は、松崎氏ら旧動労勢力と癒着したＪＲ東日本の労政に危機感を募らせていたという。前出の野宮氏の元部下が再び証言する。

「90年のことです。仙台のメトロポリタンホテルに大塚さんや清野さん、野宮さんら当時の人事、勤労関係の幹部が極秘に集まり、今後のＪＲ東労組対策について話し合ったことがありました。

その席で大塚さんは『せめて（旧鉄労の勢力が強い）仙台（東北地域本社）だけでも、我々が望む（旧動労に支配されない）労使関係を維持してほしい』と話していました。

ただ、その一方で、当時、旧動労系組合員と対決し、最終的には最大労組から彼らを叩き出したJR東海やJR西日本の労政を『あのような単純な手法は少なくとも、JR東日本にとっては愚の骨頂だ』と評し、彼らと正面から対決することについては消極的でした」

だが、JR東日本では、発足3年目にしてすでに、若い社員の間で、松崎氏や旧動労勢力のシンパが出始めていたという。野宮氏の元部下が続ける。

「この現実に、清野さんは『社員教育をしっかりやれば必ず防げる』と語っていました。極秘会議に出席した若手幹部の中には清野さんに対し、『いつこの異常な労使関係から抜け出せるんですか？』と問いかける者もいましたが、清野さんは『なんとか軟着陸を目指すしかない。時機を待つことだ』と答えるのが精一杯でした。

しかし大塚さんも清野さんも、少なくとも90年時点までは、松崎と癒着した住田―松田体制の見直しを図らなければ、と真剣に考えていたことは間違いありません」

ところが、前述の松田氏の「癒着発言」以降、大塚氏、清野氏らも労政転換に及び腰になり始めたという。

「あの『癒着発言』以降、清野さんは『異常な労使関係の軟着陸を目指すことは大切だが、正直、その時機がいつになるのか分からない。あるいはそういう時機は来ないかもしれない』とトーンダウンし始めたのです。

そこである若手幹部が清野さんに『本当にこの労使関係を変えるつもりはあるのですか』と

詰め寄ったところ、彼は苦渋の表情を浮かべ、こう答えたのです。

『今のJR東日本には、旧国鉄時代の本社採用（いわゆる「学士採用」、「キャリア組」）のような使命感はないんだ。もう「松崎体制」を前提にしてすべてを考えるしか、我々が生き残れる道はないんだよ。これは本社幹部の共通認識だ。確かに君の考えはその通りだし、全く同じ思いだが、もう、どうすることもできないんだ……』

これを聞いた我々は、目の前が真っ暗になりました」

こうして、野宮氏や内田氏ら数少ない良識派を失った後の、JR東日本の幹部は住田、松田両氏ら当時のトップにならい、癒着の度合いを深めていったという。その結果、JR東日本には「JR東労組（組合員）ニアラザレバ（JR東日本）社員ニアラズ」という悪しき企業風土が醸成されていったのだ。

第3章

失われた「20年」の犠牲者

新組合結成をいち早く潰そうとした会社側

会社のトップが組合と癒着し、良識派の幹部らがパージされ、キャリア組が労政の正常化を断念しても、JR東日本のすべての社員が東日本旅客鉄道労働組合（JR東労組）に屈したわけではなかった。

JR東日本発足から6年8カ月後の1993年12月、仙台支社で約100人の旧鉄道労働組合（鉄労）組合員が、JR東労組仙台地本を脱退し、新組合「東日本旅客鉄道新労働組合」（JR東新労。後の「JR東日本ユニオン」。現在の「ジェイアール・イーストユニオン」の前身）を立ち上げた。

当時、JR東新労副委員長に就いていた吉田《よしだ》正良《まさよし》氏（故人）は2006年、私のインタビューに、脱退、新組合結成に至る経緯をこう語った。

「87年の、志摩さんら旧鉄労グループによる『鉄道労連脱退未遂事件』以降、JR東労組からは旧鉄労の役員が〝パージ〟され、執行部のほとんどが旧動労出身者で占められました。

それまでも東労組の執行部には、自らに対する批判を許さない体質があったのですが、91年のJR総連の分裂後、その傾向がより一層、顕著になってきました。

執行部による一方的な組合員の統制処分が罷《まか》り通り、独善的な組織運営を批判する組合員に対しては、傍聴者を大量に動員して怒号と罵声を浴びせるなど、自由にモノが言える雰囲気はありませんでした。

我々は何度も内部から改革を試みたのですが、そのたびに執行部や、それに手を貸す会社に妨害され、潰されてきました。

それで、もはや東労組には、組合民主主義や言論の自由は望めないと、旧鉄労の仲間とともに、新組合を立ち上げたのです」

吉田氏ら鉄労系組合員は半年間の準備を経て、JR東労組から脱退したという。

「新組合結成までの半年は、東労組や会社に潰されないよう、『学習会』という名目でカモフラージュし、脱退の準備を続けてきました。学習会には常時、約200人の旧鉄労組合員が出席していたのですが、新労組立ち上げとなると誰でも、会社からの圧力は怖い。よって脱退時には半数が脱落してしまいました」(同前)

そして93年12月12日に開かれたJR東新労の結成集会で、吉田氏と同じ鉄労出身の長沢昭夫氏（06年当時ですでに退職）が委員長に、吉田氏と小野一雄氏（同前）が副委員長に就任した。

当時のＪＲ東労組の組合員総数は約５万５０００人。それからすれば、鉄労系組合員１００人による新組合結成はコンマ0以下の〝反乱〟に過ぎなかった。が、この新組合結成の動きをいち早く潰しにかかったのは、脱退されたＪＲ東労組ではなく、会社側だったという。

「新労組結成の情報を事前に摑んでいた会社は、結成大会２日前の12月10日に突然、新労組の役員に就任する予定だった私や長沢さん、小野さんの３人に対し、出向や配転の『事前通知』を行ってきました。

長沢さんに対しては（ＪＲ東日本の）下請け会社に出向を命じ、私には『ＪＲ東京総合病院』（東京都渋谷区）への配転を通告。小野さんには仙台市内の子会社への出向を命じたのです。もちろん３人に対して何の打診も相談もない、あからさまな報復人事でした」（前出・吉田氏）

さらにＪＲ東日本東北地域本社（当時。現在の「仙台支社」）は、旧鉄労組合員による新組合結成の動きを支援していた旧国労主流派の「東日本鉄道産業労働組合」（東日本鉄産労。93年当時、約４０００人。後に「ＪＲ東日本ユニオン」に合流）の仙台地本に対し、新組合結成に協力しないよう要請した。

そして新組合の結成大会当日には、非現業の社員40～50人を動員し、出席者をチェックさせたという。

しかし、東日本鉄産労は会社側の要請を拒否し、新組合の結成大会が、ＪＲ東日本やＪＲ東労組に潰されないよう、支援動員を行った。これに対し、会社側は12月16日、東日本鉄産労に対し、「東北地域本社総務部勤労課長」名で、次のような内容の通告書を送付してきたという。〈12月11日（新組合結成大会の前日）、勤労課長が貴組合に対し、朝及び正午過ぎの二度に亘り、新組合結成の動きに貴組合が係わっているか否かを確認したところ、「全く係わりはない」との明確な回答があった。

しかるに、貴組合は（中略）組合員を動員し（中略）業務妨害を行うという行為に及んだことは誠に遺憾である。（中略）今後とも正常な労使関係を保つために、貴組合が信義・誠実の原則に従い行動することを、早急に具体的証をもって示されたい〉【（　）内は筆者補足】

ここでいう〈業務〉とは、前述の新組合結成大会の当日に、会社側が40～50人の社員を動員し、出席者をチェックさせていたことを指すのだが、これに対し東日本鉄産労は「仙台地本委員長」名で、次のような回答書を会社側に送り返している。

〈労働組合は会社から独立した組織であり、その運営、活動に支配介入されるいわれはなく、当地方本部組合員を動員したことをもって遺憾の意を表されたことは、むしろ今後の労使関係にとって有害である。労働組合結成に会社社員を多数動員し、調査活動を行うこと自体、異常といわざるを得ない〉

使用者による不当労働行為を禁じた労働組合法第七条に照らし、会社側、組合側、どちらの言い分に理があるか一目瞭然だろう。

この後、東日本鉄産労は通告書の白紙撤回を求め、宮城県地方労働委員会に不当労働行為の救済申し立てを行い、地労委はJR東日本の不当労働行為を認めた。

ちなみにＪＲ各社では旧国鉄時代から、使用者が労働者を雇用する際の条件に、労働組合員であることを求めない「オープンショップ制」が敷かれている。つまり社員は自由に労働組合を選び、結成することができるわけだが、なぜＪＲ東日本は不当労働行為のリスクを冒してまで、新組合を潰そうとしたのか。吉田氏はこう語った。

「87年の旧鉄労グループによる『鉄道労連脱退』を政府筋が潰したのと同じ理屈です。会社としては分割・民営化から６年、ようやく経営が軌道に乗りかけたときに、国鉄時代を彷彿とさせるような、鉄労と動労との『労労対立』を起こせば、『国鉄改革の成果に傷がつく』と考えたのでしょう。

ただ、会社側が、新組合のみを一方的に潰そうとした背景には、『鉄道労連脱退未遂事件』以降、急速に進んだ、ＪＲ東日本経営陣とＪＲ東労組との癒着の構図があったのです」

新労組が結成された翌日、当時の東北地域本社の運輸部長は、社員に対しこう訓示したという。

「新組合が結成されたようだが、会社は迷惑だ。会社のスタンスは、ＪＲ東労組のみだ。だから皆も（ＪＲ東労組を）脱退するな」

新労組結成後も、ＪＲ東新労に対する会社の切り崩しは続いたという。吉田氏が続ける。

「新組合が結成されてから約１カ月、現場長や管理者、つまり駅長や助役たちが、新組合に加入した組合員の家を一軒一軒、戸別訪問し、ＪＲ東労組に戻るよう説得してきました。

彼らのやったことは明らかに不当労働行為なのですが、彼らは管理者であると同時に、ＪＲ

東労組組合員でもあった。だから『組合員としての活動で、社員としてやっているわけではない』と言い訳ができる。

けれども事情を知らない組合員の家族からすれば、駅長や助役から『おたくの息子さんは、会社にえらいことをしてくれた』と言われれば、飛び上がるわけです。（東新労組合員に対する会社側の）切り崩しはその後も続き、当時の組合員の8割が転勤や出向など不当な差別待遇を受けました」

吉田氏によれば、当時のJR東日本経営陣が最も恐れていたのは、この新労組結成の動きが、仙台以外の地に及ぶことだったという。

「その中でも特に会社が懸念していたのが新潟への波及でした。新潟支社は国鉄時代から〝鉄労の牙城〟といわれ、当時から反松崎、反動労色が強かった。しかも会社にとっては仙台に次ぐ主要支社で、ここに飛び火してはたまらないと、（会社は）早い段階から新潟の鉄労系組合員の動きを牽制していました」（同前）

ちなみにJR東新労結成時のJR東日本社長は松田昌士氏だった。そして松田氏をはじめとするJR東日本経営陣の「懸念」は2年後に現実のものとなる。

徹底した切り崩し

95年12月22日、仙台と同様、「旧動労勢力による非民主的な組織運営」に反発した旧鉄労系組合員が、新潟支社を中心に、ＪＲ東労組から集団脱退し、新組合「ＪＲグリーンユニオン」（後に前出のＪＲ東新労と合併し、「ＪＲ東日本ユニオン」となる）を結成。その数は2年前に仙台で結成されたＪＲ東新労の10倍、約１０００人に及んだ。

この鉄労系組合員の脱退、新組合結成の動きを事前に察知していた会社側は、ＪＲ東労組と合同会議を開催。会議には本社の役員と新潟支社の幹部、そしてＪＲ東労組新潟地本の委員長、副委員長、書記長の三役が出席し、「新組合結成阻止」で一致。労使共同で徹底した新組合潰しを行ったという。

私の手元に一通の鉄道電報用紙がある。それには〈平成七（95）年十二月二二日〉付で出された、当時のＪＲ東日本本社人事部長名の談話が、次のように記載されている。

〈国鉄における荒廃した労使関係に対する厳しい反省の上に立ち、昭和六二（87）年四月以降、当社は健全かつ安定した労使関係を確立するため、真剣な努力を重ねてきただけに、今回の事態は誠に遺憾である〉

つまりは本社の人事部長自ら、ＪＲ東労組新潟地本からの鉄労系組合員の集団脱退と新組合結成を非難しているわけだ。そして、これを受けてＪＲ東日本新潟支社の総務課長が、支社内の各課長に送った「指令ＦＡＸ電報」には〈人事部長『談話』について（連絡）〉と題し、以下のように記されている。

〈昨日12月22日、新組合結成「ＪＲグリーンユニオン」に関し、人事部長から別紙のような談話が発表されました。談話の中で、今回の事態に対し「誠に遺憾である」と表明しています。「談

話」の内容について各箇所において掲示をするとともに、点呼等において速やかに社員周知徹底を図ってください〉

当時の人事部長は、少なくとも90年の段階では、JR東労組と癒着した労政の是正を目指していたとされ、後に社長となる清野智《せいのさとし》・現JR東日本顧問（前章参照）だった。

この清野氏の「談話」というお墨付きを得た会社側は、前述の仙台のときと同様、JRグリーンユニオンの結成大会に管理者20人を張り付け、出席者をチェック。その後も徹底した切り崩しを行い、当初1000人で結成されたJRグリーンユニオンは、JR東新労と合併する約8カ月の間に、その勢力を約380人まで削ぎ落とされたのだった。

「JR東日本の天皇」

年が明けた96年1月18日、JR東労組主催の「新春祝賀会」で挨拶に立ったJR東日本の住田正二《すみだしょうじ》会長（当時）は、同社やJR東労組幹部らの前で、前年末に新潟で起こった鉄労系組合員による集団脱退、新組合結成の動きをこう批判した。

「JR東労組に対する外圧で分裂策動が起きた。いま会社にとって何が必要なのか分かっていない。社員としての自覚に欠ける行為である。これまでのように労使一体でがんばろう」

住田氏の言う「JR東労組に対する外圧」が何を指しているのかについては後述するとして、氏は22年、東京都副知事などを務めた住田正一の次男として、兵庫県神戸市に生まれた。敗戦

故・住田正二氏（JR東日本元代表取締役会長）
写真：時事

から2年後の47年に東大法学部を卒業後、旧運輸省に入省。官房長、鉄道監督局長などを歴任し78年、事務次官に就任。その政治力から同省の「大物次官」といわれた。

退官の81年、次期社長含みで全日本空輸（ANA）に招聘《しょうへい》され、常勤顧問に就任したが、会長の若狭得治《わかさとくじ》氏から「ロッキード事件」の証言を変更するよう求められたことに反発し、翌年に退社したという。

その一方で、81年に国鉄を含む3公社（国鉄、電電公社、専売公社）の民営化を検討する政府の第二臨調（第二次臨時行政調査会、「土光臨調」とも呼ばれた）の専門委員に就き、83年には5人のメンバーから成る「国鉄再建監理委員会」の委員に就任。85年に「旅客6社と貨物1社への分割・民営化」を中曽根首相に答申した。

そして分割・民営化に際し、当時の橋本龍太郎運輸相の要請で、JR東日本の初代社長に就き、93年に会長に就任。96年に会長から退いた後も00年6月まで「最高顧問」を務め、その後は相談役に就任した。

ところが、相談役に退いてからも住田氏は、JR東日本本社ビル（東京都渋谷区）の最上階に専用個室を構え、07年ごろまで、ほぼ毎日のように出勤していたという。このため、旧国鉄やJR関係者から「JR東日本の天皇」とも呼ばれていたのだが、17年、95歳で死去した。

前述のJR東労組主催の「新春祝賀会」から1カ月後の96年2月16日、今度は集団脱退の舞台となったJR東労組新潟地本主催の「新春講演会」に招かれた住田氏は再び、JR東労組を脱退し、JRグリーンユニオンを結成した旧鉄労組合員を、次のように口を極めて非難するのだ。

「私はJR発足以来、社員会で皆が仲良くと呼びかけていました。しかし、この5、6年、外からの中傷が多い。これはJR東日本の経営がうまくいくと困る連中が足を引っ張っているのであり、この動きに乗ってお先棒を担ぐ社員がいるのは残念だ。

JR東日本がごたごたし、いちばん喜ぶのは他のJRと国労なのだ。

この迷える子羊に言いたいのは、『人生はたった一度の貴重なものであり、定年がやってきて退職する前に、JR東日本の足を引っ張ったという慚愧《ざんき》の思いをもって去ることのないように』ということだ。組合員である前に社員であり、社員である前に人間なのだ」

住田氏らが推し進めた国鉄分割・民営化に最後まで抵抗し、その後も、第1章で触れた1047人問題などを巡ってJR各社と対立していた国労はまだしも、だ。なぜ「JR東日本がごたごたし、いちばん喜ぶ」のが、「他のJR」なのか理解に苦しむ。

ただ、これらの発言や当時の状況から判断すると、住田氏の言う「JR東労組に対する外圧」

をかけている、あるいは「JR東日本の経営がうまくいくと困る連中」とはおそらく、91年のJR総連による「スト権委譲問題」を機に、旧動労系組合と対決する姿勢に労政を転じた、当時のJR西日本やJR東海の経営陣のことを指しているのだろう。

これ以降も住田氏は、このような〝被害妄想〟に囚われ続ける一方で、98年に上梓した自著の中で、そのころにはすでに前述の小林氏の連載記事「JR東日本に巣くう妖怪」などで広く知られていた労使癒着に対する批判に、次のように反論するのだ。少々長くなるが、住田氏の考える〈健全な労使関係〉とは何か、そして彼の経営者としての姿勢がよく分かる内容なので、以下に引用する。

〈国鉄時代には不毛の争いを絶えず繰り返す劣悪な労使関係が長く続いた。このため職場の荒廃は著しく、職員はやる気を全く失ってしまったことは、私たちの記憶に新しい。このような劣悪な労使関係の下で、企業の健全経営ができるわけはない。幸いJR東日本発足後安定した労使関係を築き上げており、職場の荒廃など全く起きていない。経営の安定をはかるためには、労使が対等の地位に立って、お互いを十分信頼し、十分議論をして意思疎通をはかり、健全な労使関係を築き上げることが絶対の条件である。

それだけに残念なことは、JR東日本の外部から、JR東日本の労使関係を混乱させるための工作や新聞、雑誌などの中傷記事が見られることである。順調な経営を続けているJR東日本の経営を混乱させるには、労使関係を不安定にすることが手っ取り早い方法であるという意図で、このような動きが出ているように思えて仕様がない。

（中略）私はJR東日本に十一年いて、JR東日本の労使関係が不正常であると思ったことは一度もない。JR東日本は発足以来毎月経営協議会を開き、労使のトップが出て経営問題について意思疎通を図っている。JR東日本の労使関係が不正常であるからこれを正常化しなければならないと言う人、現実にJR東日本の労使関係の攪乱《かくらん》をはかっている人々は、国鉄時代の古い労働組合の観念を引きずっている人々である。

（中略）JR東日本の労使関係が不正常であるというなら、JR東日本が経営上大きな成果を上げることができないはずである〉

〈一部の評論家やJR東日本に好意を持たない人々の中には、JR東日本の労使関係は安定しているように見えるが、実情は反対で経営サイドが主力組合であるJR東労組に抑え込まれ、人事権も組合の意のままになっていると主張する。全く根も葉もない話であるが、執拗にこのような風説をまいて、JR東日本の労使関係を混乱させ、JR東日本の経営がつまずくことを狙っているように思える〉【『官の経営　民の経営』（98年、毎日新聞社刊）より。傍点部は筆者】

「一企業一組合」の論理

どうやら住田氏の目には、前章で触れた、JR東日本の労使関係の〈正常化〉を図ろうと苦闘していた故野宮氏や内田氏の姿は映っていなかったようだ。

住田氏の言うように、98年時点でJR東日本において〈職場の荒廃など全く起きていな〉

かったか否かについては後述するが、彼が自著で述べている通り、国鉄時代の当局と国労との〈不毛の争い〉が、職場の荒廃を招き、国民の信用を失墜させ、国鉄崩壊の一因となったことは事実だ。

ただ、私が疑問に思うのは、自社の最大労組が、会社との対決姿勢を取らず、労使協調路線を歩み、自社の〈順調な経営〉に協力し、〈経営上大きな成果を上げる〉ことに貢献していさえすれば、その素性や実態、さらにはその行動については問わないとする住田氏の経営者としての姿勢である。

果たしてそれが、国鉄時代の膨大な債務を清算するために、20兆円もの国民の税金を投入した末に生まれたJR東日本という、「極めて公共性の高い私企業」のトップとして正しい姿なのか、ということなのだ。

国鉄時代から勤労畑を歩み、長らく労務政策に携わってきたJR東日本OBはこう語る。

「元運輸省のトップとして、また国鉄再建監理委員会のメンバーとして、中曽根政権の下、『分割・民営化』を推し進めてきた住田さんにとって、分割・民営化はまさに『自らの事業』でした。

それだけに最後まで反対し、JRが発足してからも抵抗を続けた国労に対しては、許せない感情があったのでしょう。

さらに言えば、初代社長に就いたJR東日本は『自分の会社』であり、その労使関係を批判する者は、たとえ同じJRの（他社の）経営者でも我慢がならなかった。

その住田さんの心情に巧みにつけ込んだのが松崎でした。彼は、松田さんに対しては時に恫喝めいたことを口にしても、住田さんには決して逆らわず、絶えず会社に協力する姿勢を見せ続けた。こと労使関係においては残念ながら（住田氏は）『松崎の手の上で踊らされていた』と言わざるを得ません」

また、このJR東日本OBによると、住田氏は社長時代、さらには会長時代にも、JR東労組を念頭に、「一企業一組合」というフレーズをよく口にしていたという。OBが続ける。

「これこそ住田さんが、組合側の論理に引っ張られていた証左です。というのも、そもそもこの『一企業一組合』論は、昭和20（1945）年12月に開催された日本共産党の全国大会で、当時の徳田球一《とくだきゅういち》書記長が、労働組合に関する決議を行い、『一企業に一組合、一産業に一単組、一国に全国組織』という組織方針を打ち出したのが始まり。よってあくまでも組合側の論理であって、経営側のそれではない。

本来、経営側にとっては、各労働組合をそれぞれ牽制する意味においても、企業には（労働組合が）複数あったほうが望ましい。にもかかわらず、『一企業一組合』を唱え続けた住田さんは、残念ながら労政においては『無知』としか言いようがなく、それをJR東労組に逆手に取られた。

現場の管理者や現場長が、旧動労系以外の、鉄産労や鉄労系の新組合にも一定の配慮を見せようものなら、JR東労組の役員がやってきて、『住田社長が「一企業一組合」と言っているではないか、社長の言うことが聞けないのか』と責め立てる。それが現場の管理者の萎縮を生み、組合に対してモノが言えない企業風土が形作られていったのです」

一方、松田氏も、住田氏と同様に、未だに自らの社長、会長時代の、JR東日本の労政の異常さを認めようとはせず、過去にそれを批判した小林氏や私のレポートは「他のJR」が「やらせている」という謀略史観に囚われ続けていた。

私は06年7月から半年間、講談社発行の「週刊現代」誌上で、計24回にわたって当時のJR東日本経営陣とJR東労組との歪《いびつ》な労使関係を問う連載記事を執筆した。

その第1回を掲載した06年7月29日号（同月15日発売）が店頭に並んだ4日後の7月19日、JR東日本系列の「ホテルメトロポリタン」（東京・池袋）で開かれた、旧国鉄・JR東日本OBと現役幹部との懇親会に出席した松田氏は私の連載に触れ、こう挨拶したという。

「『週刊現代』の記事は、JR東日本が立派な会社になったことを妬んでいる連中がやらせている。大したことはない。心配するな……」

ちなみに私は、前述の連載を始める前に、JR東日本を通じ、当時、同社相談役だった住田、松田両氏にインタビュー取材を申し込み、松田氏に至っては自宅まで訪ねたが、取材には応じてもらえなかった。そして今回、本書を執筆するにあたり、19年4月3日、松田氏の個人事務所を通じ、改めて彼にインタビューを申し込んだが、同月26日、秘書を通じて、「体調を壊しているため、取材は遠慮させていただきたい」旨の連絡をいただいた。

ただ、松田氏は、19年4月に上梓された、ジャーナリストの牧久氏の近著『暴君　新左翼・松崎明に支配されたJR秘史』（小学館）で、松崎氏との労使癒着に陥った〝理由〟について語っている。

牧氏は、「日経新聞」社会部の国鉄担当記者として、分割・民営化の現場に立ち合い、『昭和解体　国鉄分割・民営化30年目の真実』（講談社）の著書もある、国鉄・JR取材のエキスパートだ。その牧氏に対し、松田氏は、松崎氏との関係を次のように語った。『暴君』から引用しよう。

〈当時JR関係者に流布したのは、「松田は非公然部隊を持つ革マル派の松崎に脅かされて宥和策に追い込まれたのだ」という見方だった。松田が志摩を裏切り、松崎と手を握った裏には何があったのか。今回、改めて筆者の取材に対し、松田はこうした見方をはっきりと否定し、彼の〝本心〟をこう語った。

「私はこのころ、松崎と酒を酌み交わしながら、彼の〝革マル疑惑〟について単刀直入に問い質《ただ》しました。松崎は『自分は今でも革マル派である』ことを率直に告白し、『そのことで住田社長や松田さんにはいっさい迷惑はかけない』と誓ったのです。私と松崎はその場で『JR東日本の発展のために労使が協力して頑張る』ことを固く約束しました。私はこのことを今まで他人にしゃべったことはありません。それがさまざまな憶測を生んだのでしょう。それ以来私は、松崎を全面的に信用したのです。松崎という人間には情があり、決断力のある男でした。私は松崎がたとえ革マル派であっても、信頼して同じ船に乗り込める男だと判断しました」〉

そして牧氏は、松田氏から、初めて他人に明かしたという〝本心〟を聞いて、こう結んでいる。

〈松田はJR東日本発展のために「自らの意思で松崎と一緒の船に乗り込んだ」と言うのであ

る。松崎は以後、住田―松田体制に全面的に協力し、「松崎に裏切られたことは一度もなかった」と松田は振り返る。旧国鉄時代、松田が「動労の松崎」を強く批判したことを知る労務関係者の多くにとって「信じられない松田の変節」だった〉

盗聴犯のターゲット

話を再び、新潟の旧鉄労組合員が集団脱退し、JRグリーンユニオンを結成した95年当時に戻そう。

実はJR東労組やJR東日本以外にもう一つ、この鉄労系組合員による集団脱退、新組合結成の動きに、極めて強い関心を寄せていた集団がいた。松崎氏が最高幹部に就いていた「革マル派」である。

JRグリーンユニオンが結成される9日前、95年12月13日深夜のことだった。

新組合結成の舞台となった新潟から約300キロ離れた東京都北区。豊島区と境を接する同区内の路上に、複数の男女を乗せた1台の車が止まっていた。

その年の3月20日、「オウム真理教」が死者13人、負傷者6000人以上という日本犯罪史上最悪のテロ事件「地下鉄サリン事件」を起こし、5月16日には教祖の麻原彰晃《あさはらしょうこう》（本名・松本智津夫《まつもとちづお》 18年に死刑執行）が逮捕された。

しかし麻原逮捕後もまだ、一連のテロ事件に関わったとされる教団幹部が逃走を続ける一方で、残された信者が「教祖奪還」を目指し、新たなテロを計画しているのではないかとの懸念も払拭できなかった。

警察庁は、警視庁をはじめとする各都道府県警に引き続きオウム警戒を指示し、それを受けた各警察が巡回警備を強化する——95年12月といえば、そんな時期だった。

そんな折もおり、深夜にもかかわらず、複数の男女が乗ったままの車が、何時間も路上に停車していれば、誰もが不審に思っただろう。パトカーで巡回中だった2人の警察官は迷うことなく、車内の男女3人を職務質問したという。

「(3人が)車の中に録音機のようなものを隠し持っていたため、警官が(東京都北区南部を所轄する)滝野川署まで任意同行を求めた。滝野川署で車の中を調べたところ、盗聴に使われると思われる受信機や工具などが見つかった。

結局、その日は、それらのブツだけを押収し、彼らを釈放せざるを得なかったのだが、翌日、滝野川署からの連絡を受けた警視庁公安部が、車両が停車していた付近を捜索したところ、近くで(盗聴用の)発信機が発見された。

しかもそれは、電柱と電柱を繋ぐ電話線のちょうど真ん中あたりにかけられた、塩化ビニール製の防護カバーの中から見つかった。使用されたコネクター(電線と電線を接続するための部品)も防護カバーもNTTで使われているのと全く同じものだった」(捜査関係者)

電話の盗聴には通常、受話器や電話機本体に発信機を仕込むというやり方が用いられるが、今回の盗聴犯が用いた、電話線に直接、発信機を仕掛けるという手法は、彼らが極めて高度な技術力を有し、組織的にそれを行っていることを示していた。

発信機が仕掛けられていた電話線は、2本の電柱からさらに数十メートル離れた、豊島区駒込のマンションの一室に繋がっていた。その部屋は当時、「鉄労友愛会議」議長を務めていた瀬藤功氏（当時59歳）の自宅だった。

盗聴犯のターゲットは、この瀬藤氏だった。

「オウムの次はZ」

87年のJR発足を前に、動労と鉄労がそれぞれ解散し、JR総連の前身「鉄道労連」を結成したことは前述した。「鉄労友愛会議」は、鉄道労連発足に伴い解散した、鉄労の清算団体で、当然のことながら旧鉄労組合員で構成されている。

そして前述の、新潟で起こった鉄労系組合員によるJR東労組からの集団脱退、新組合結成を背後で支援していたのが、この鉄労友愛会議だった。

新潟県新発田市出身の瀬藤氏は、地元の国鉄に就職後、鉄労入りし、鉄労役員を歴任。87年、鉄労解散に伴い発足した鉄労友愛会議の議長に就任した。

それと同時に、旧鉄労の拠点だった「友愛会館」（東京都港区）で勤務するため、新潟から東京に単身赴任し、95年当時は「集団脱退、新組合結成を巡って、決行の何カ月も前から新潟の旧鉄労組合員らと電話で頻繁に連絡を取り合っていた」（瀬藤氏）という。

盗聴発覚から約2週間後の12月27日、警視庁公安部は電気通信事業法、有線電気通信法違反などの容疑で、革マル派非公然活動家Oを逮捕した。

実はOは、その3日前の12月24日、群馬県高崎市のビジネスホテルに、他の革マル派活動家2人と宿泊した際、偽名を使ったとして有印私文書偽造の疑いで、群馬県警に逮捕されていた。

「当時は、全国でオウムの幹部を対象とした『旅舎検』（ホテルや旅館などの一斉捜索を指す警察用語）が行われており、群馬県警のそれに引っかかったのがOだった」（前出・捜査関係者）

群馬県警からの通報を受けた警視庁公安部はその3日後、「鉄労友愛会議議長宅盗聴事件」の被疑者として、前述の容疑でOを逮捕。その後の調べで、Oをはじめとする革マル派非公然活動家らが、95年10月ごろから12月中旬にかけて、議長宅に繋がる電話線に発信機を仕掛け、電話の内容を盗聴していたことが判明した。

つまり革マル派は、JRグリーンユニオンが立ち上がる2カ月前から、集団脱退、新組合結成の動きを把握していたわけである。

「公安部がその後、Oが持っていたテープを分析したところ、Oが高崎市内に住む旧鉄労関係者宅も盗聴していたことが分かった。その狙いはやはり、旧鉄労グループの動きを探ることだった」（同前）

その後、警視庁などの捜査によって革マル派の非公然部隊が、JR東労組やJR総連と対立する、JR連合や国労幹部宅を組織的に盗聴していたことが明らかになるのだが、この事件をきっかけに警視庁公安部、警察庁警備局の間でこんな言葉が囁かれるようになったという。

「オウムの次はZ《ゼット》」

「Z」とは革マル派系の学生組織「全学連（全日本学生自治会総連合）」（ただし中核派系や革労協系など他セクトの全学連も存在する）の頭文字で、革マル派の活動家たちがデモなどで被るヘルメットに「Z」と記されていることからこう呼ばれる。

ちなみに旧動労系の活動家が被るヘルメットには「動力車」と記されているのだが、実はこの鉄労友愛会議議長宅盗聴事件が発覚するまで、公安当局の革マル派への関心は極めて薄かったという。警視庁公安部、警察庁警備局の要職を歴任した警察庁OBが語る。

「昭和61（1986）年に東京サミットが開かれた際、サミット開催に反対する中核派が、会場となった迎賓館にロケット弾を撃ち込むという事件があった。この事件を機に、公安部は250人から600人に増員されたものの、そのほとんどが中核派担当に回された。

これに対し、革マル派は70年代後半から内ゲバも止めたし、ゲリラ活動もしなくなったため、『当面の危険性は少ない』と判断され、革マル派担当捜査員は管理官以下30人程度にまで縮小された」

ところが、前述の鉄労友愛会議議長宅盗聴事件をきっかけに、革マル派が公安当局の想像をはるかに凌ぐレベルの情報収集能力と高度な技術力を有し、それをもってJRの労働問題に深くコミットしていることが分かったという。

そして後ほど詳述する警視庁の内部資料には、次のような記述がある。

〈平成7（95）年12月の滝野川署管内での鉄労友愛会議議長宅に対する革マル派非公然活動家

による「盗聴事件」の発覚によって、「JR総連指導部＝革マル派」ということが鮮明となった〉

前出の警察庁OBが続ける。

「まさに『失われた十年』と言わざるを得なかった。が、この段階でも、警察内部で彼らの危険性に気づいていた幹部はわずか数人に過ぎなかった。というのも当時はまだ、警察庁も警視庁もオウム（捜査）一色だったから。それでも警視庁では、この盗聴事件を受け、数人の極左担当のベテラン捜査員をピックアップ。彼らをオウム捜査から外し、潜らせた」

そしてこの翌年、警視庁公安部は東京都足立区綾瀬のマンションの一室にあった革マル派の非公然アジトを摘発するのだが、それと同時に、「失われた十年」の大きさを思い知らされることになるのだ。

革マル派「綾瀬アジト」の捜索

捜査の端緒は96年1月、警視庁綾瀬署の公安係が、アパートのローラー捜査で聞き込んできた情報だった。前述の通り当時は、地下鉄サリン事件発生から1年足らずで、警察が組織を挙げて、オウム逃走犯の行方を追っている時期だった。

「当初の情報は『東京都足立区綾瀬所在のマンションの新規入居者の中に、入居後1年が経つのに住民票登録をしていない人物がいる』という、よくあるものだった。

ところが、このマンションの名義人『S』の身元照会をしたところ、実際は東村山市に住んでいる会社員であることが分かった。

さらにSの氏名が、昭和50年（75年）9月に（革マル派の対立セクト）革労協のアジトを捜索した際に押収した『革マル派調査資料』に記載されているものと一致し、革マル派のシンパである可能性が高まった。

シンパを名義人にしてマンションを契約し、それをアジトとして使うというのは革マル派に限らず、極左（セクト）の常套手段だ」（警視庁公安部関係者）

この直前に発覚した「鉄労友愛会議議長宅盗聴事件」で、警察当局が、それまで「中核派一辺倒」となっていた体制の見直しを迫られたことは前述した。

このため警視庁公安部は、オウム捜査から極左担当のベテラン捜査員数人を外し、このアジト捜査に投入。綾瀬署と合同で24時間の「視察」、つまりは監視に入ったという。

「そのうち、革マル派幹部Kら4人の非公然活動家の出入りが確認できたことから、このマンションが革マル派のアジトである可能性が高まった。

そこで、いつでもガサ（家宅捜索）がかけられるように、平成3（91）年4月に杉並区で発生した、革マル派による中核派に対する襲撃事件で、傷害などの容疑で捜索令状を取り、踏み込むタイミングを狙っていた。

ところが、視察を開始して半年以上が過ぎた（96年）8月、こちらの動きを気取られたのか、転居する兆候が見えたため、捜索に踏み切った」（前述・公安部関係者）

そして8月10日午前7時59分、警視庁公安部はこの革マル派の非公然アジト「綾瀬アジト」

の捜索に入った。

綾瀬アジトは足立区の10階建てマンションの8階にあり、玄関には表札がかかっていなかったものの、1階の郵便ポストには「S」と、名義人の姓を書いた紙が貼ってあった。

間取りは6畳の和室と、6畳と4畳半の洋室、そして9畳のリビングとダイニングキッチンという3LDK。家賃は管理費込みで月額9万8000円と、当時の足立区内の賃貸マンションとしては高額な部類に入るほうだった。

玄関には鍵が2個設置され、その近くには、このアジトを利用する活動家がいつ、誰の訪問を受けても、名義人のSになりすますことができるよう、Sの氏名と生年月日、本籍が書かれた紙が貼り付けてあったという。

公安部は、この綾瀬アジトから革マル派の内部資料やフロッピーディスク、ノートや録音テープなど約1400点を押収した。

「押収物の中には革マル派の組織構成や活動、財政に関する書類、そして革マル派の〝教祖〟といわれる黒田寛一《くろだひろかず》に関する文書や黒田の肉声テープもあった。

そのほかにも革マル派同盟員による『自己批判書』や規律・防衛に関する書類、さらには会議の議事録なども押収した。

極左（セクト）のほとんど（の党派）は基本的に（当局の）摘発に備え、アジトには記録を残さない。文書も水溶紙などに記録し、ガサの際にはトイレなどに流す――というのが常道だが、猜疑心《さいぎ》が強く、『記録魔』的な性格を持つ革マル派は、何でもかんでも文書に残してしまう。

このため非公然アジトを摘発された際のダメージは他党派より大きく、だからこそ、彼らは必死にアジトを隠そうとする」(同前)

なかでも、特にこの綾瀬アジトの摘発は彼らにとって、かなりの痛手だったと思われる。というのも、同アジトは革マル派党中央直轄の非公然アジトであり、組織運営に関する膨大な資料を保管していた極めて重要な拠点だったからだ。そしてこの綾瀬アジトの摘発によって、それまでヴェールに包まれてきた同派の実態が明らかになったのである。

コードネームは「ガメラ」

私の手元に、数十ページからなる警察の内部資料がある。警視庁公安部が綾瀬アジトの摘発後、前述の約1400点の押収物の分析結果から判明した革マル派の実態をまとめたもので、その後の警視庁の革マル派捜査の〝教本〟となったものだ。

この内部資料によると、革マル派党中央には議長、副議長の下に▽政治組織局▽書記局▽機関紙編集局▽労働者組織委員会▽学生組織委員会という5つの機関があり、それぞれが下部組織や地方組織を統括、指導しているという。革マル派の実態に詳しい公安関係者が解説する。

「この政治組織局が、革マル派における実質上の最高意思決定機関だ。労働者組織委員会と学生組織委員会などからの選抜メンバーで構成され、党大会や全国委員会総会での決定事項を実践するほか、組織・運動・理論のすべての問題にわたり、下部組織を統括、指導するとともに、

図表3-1　革マル派組織図

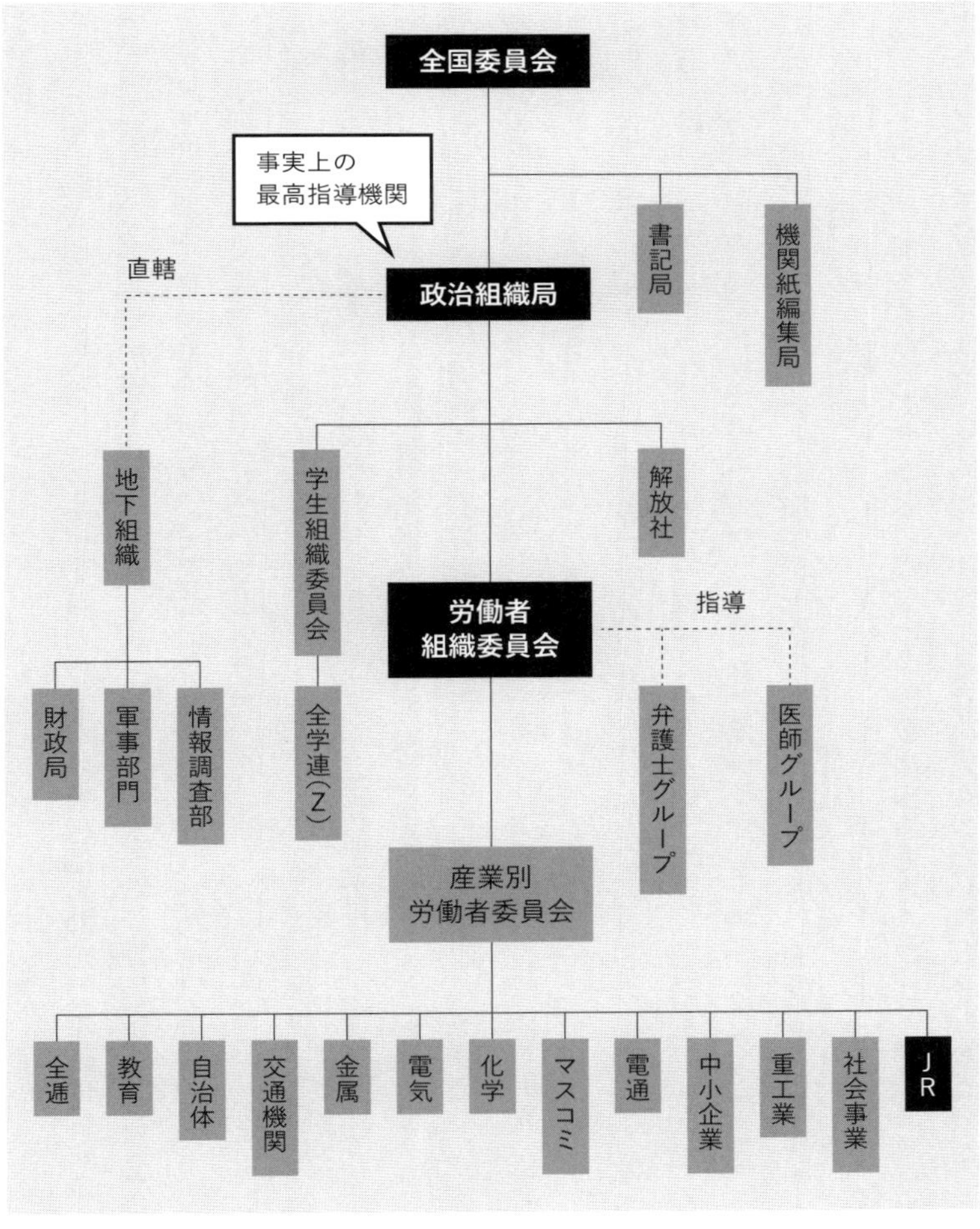

出所:警視庁公安部の内部資料を基に作成

人事権を掌握している」

その中でも「労働者組織委員会」は、小中学校の教諭や高校教師ら教職員で構成される「教育労働者委員会」や、各都道府県や市町村の職員らで組織される「自治体労働者委員会」、さらにはメディア関係者で作られる「マスコミ労働者委員会」など、13の産別委員会によって構成され、各産別の代表によって運営されているという。

「革マル派は、これら13の産別にそれぞれ樹木のコードネーム（暗号名）を付けていた。例えば教育労働者委員会は『楠木《くすのき》』、（旧郵政省職員で組織する）全逓委員会は『椎木《しいのき》』、マスコミ労働者委員会は『ヒマラヤ杉』、（NTT職員で組織する）電通労働者委員会は『欅《けやき》』などだ。

そしてこれら13産別の代表で構成される労働者組織委員会で長年、組織の中核をなしてきたのが、昭和62（87）年の国鉄分割・民営化以降、その名を『JR委員会』に改称した『国鉄委員会』だった」（前出・公安関係者）

公安関係者によると綾瀬アジトは、その労働者組織委員会が使用していた非公然アジトで、組織内では「ガメラ」というコードネームで呼ばれてきたという。

「押収資料からは、この『ガメラ』のほかに、『ラドン』や『ネッシー』、『コング』や『モスラ』など怪獣のコードネームで呼ばれる非公然アジトが複数存在することが判明したが、残念ながらこれらの摘発には至らなかった」（同前）

非公然アジトのコードネームに、懐かしい怪獣の名前をあてるところなど、同派構成員の世代を感じさせるが、この綾瀬アジトからは、次のような文書が大量に押収されたという。

〈松嵜《まつざき》が組織幹部に指示した内容等を記載した文書〉、〈松嵜が幹部の学習会で党建設等について指導した文書〉、〈反党活動をした幹部が松嵜に提出した謝罪文・自己批判書〉、〈組織指導部の各幹部が松嵜に報告した事項を記載した文書〉、〈松嵜が組織幹部を権利停止等の処分にした事実を記載した文書〉、〈松嵜の指示を下部組織に徹底するよう指導した文書〉……。

ここに登場する〈松嵜〉とは、この綾瀬アジトが摘発される前年の95年にＪＲ東労組の委員長を辞任し、新たに設けた「会長」職に就いた松崎明氏の戸籍上の苗字だ。

警察や検察などの捜査機関は、調書や報告書など関係書類を作成する際、関係者の住所や氏名について、戸籍上の記載に忠実に表記することから、この内部資料でも「嵜」の字が使われているのだろう。

ウソだった〝転向宣言〟

前章で述べた、国鉄分割・民営化前年の86年7月の「コペ転」以降、松崎氏は積極的にメディアに登場し、このように革マル派との関係を否定していた。

〈私が一時期、(革マル派)幹部をしていたのは事実ですよ。転向したのはいつかと聞かれると困るけれど、十年くらい前(76年ごろ)かな〉(「週刊朝日」86年8月8日号)

〈これまでも申し上げてきたように、以前(革マル派と)関係があったが、今は全くない、ということです。(中略)動労が貨物安定化宣言を出した(昭和)五十三年(78年)十月以前にもう切

れてますよ〉（「サンデー毎日」86年8月17日号）【（　）内は筆者補足】

松崎氏が率いた旧動労が運転士（乗務員）中心の組合だったことは前述したが、その中核をなしていたのは旅客列車ではなく、貨物列車に乗務する運転士だった。

77年、国鉄当局は、積み荷をトラックなどに奪われて業績不振に陥り、累積赤字に苦しんでいた貨物部門の合理化案を提示した。

これに対し動労や国労は当初、24時間ストなどで抵抗した。だが、それから1年も経たないうちに、「貨物輸送が減少し、トラック輸送に振り替えられていくモータリゼーションの進展は避けられない」と判断した松崎氏は、戦術を転換。中核である貨物運転士の雇用を守るため78年7月、岡山県津山市で行われた「第34回定期全国大会」において、ストの対象から貨物を除外するとした「貨物安定輸送宣言」を出した。

松崎氏の言う〈貨物安定化宣言〉というのは、このことを指しているのだが、前述の週刊誌のインタビューに答え、革マル派との関係を打ち消していた松崎氏は、その後も10年近くにわたって、雑誌や書籍で同派との関係を否定し続けたのだ。

しかし、綾瀬アジトからの押収物は、彼が国鉄分割・民営化前年から10年にわたって、JR内外に繰り返していた〝転向宣言〟がすべてウソだったことを証明した。前述の内部資料にはこうある。

〈松嵜明は、昭和38（63）年2月の革マル派結成当時の副議長で、議長の黒田寛一と共に同派を指導してきたといわれてきたが、今回の押収品から、松嵜は、（96年）現在も組織内では、「理論の黒田、実践の松崎」といわれ、「黒田に次ぐ最高幹部として組織内では絶大な権限を有しているほか、革マル派幹部を指揮・指導し、党建設に向けて積極的に取り組んでいる」ことが判明した〉【( )内は筆者補足、以下同】

資料はさらにこう続く。

〈松崎明は、黒田寛一と同様、革マル派の組織全般にわたって指揮・指導している。特に、同派のJR産別組織に対しては絶対的権限を有し、JR内活動家からは黒田以上に尊崇されている。

松崎は、革マル派幹部の学習会に出席し、党建設の方針等について講演や指導を行っているほか、参加者にレポートを提出させ、それにコメントを付すなどして、同盟員を厳しく指導しており、また、松崎の講演や論文は、「同盟員の必読学習資料」的な位置付けにあり、これを基に各種学習会や会議等で検討や討議をしている〉

「トラジャ」と「マングローブ」

そしてこの内部資料は、〈革マル派とJR労組との関係〉についても、次のように言及している。

〈昭和62(87)年4月1日の国鉄分割・民営化以降、松崎明を筆頭に、JR総連傘下の旧動労系のすべての労組は、表見的には革マル派との「無関係」を強調し、機関紙等でも「国鉄委員会」に替わる「JR委員会」の存在については一切明らかにしていなかったが、今回の押収資料により「JR委員会」の存在を確認したほか、JR各社内に革マル派組織が建設されていることを確認した〉

〈JR総連内の革マル派構成員は約600人とみられるが、この中から選ばれた約120人が、JR総連傘下の各労組内革マル派組織を指導している〉

さらに、この綾瀬アジトの摘発によって、JR革マル内部の秘密組織の存在も明らかになったのだ。

〈(革マル派党)中央労働者組織委員会の中には、「トラジャ」と呼ばれる「JR出身の常任委員」約10名がいて、これらの者が「マングローブ」と呼ばれる「JR委員会」に所属する約150人の指導的メンバーを指導してきた〉

JR革マルの〈指導的メンバー〉については、同資料の中でも約120〜150人とその数に開きがあるが、それだけ、その特定が容易でないということだろう。

インドネシア・スラウェシ島の山岳地帯に住む少数民族や、亜熱帯地域の河口の潮間帯に生息する植物の名前を冠したこれらの組織は一体、誰が、何の目的で作ったのか。前出の公安関係者はこう解説する。

「その後の(警視庁)公安部によるJR総連などへの捜査で、これらの組織はいずれも、松崎が作ったものであることが確認された。

国鉄分割・民営化前年の昭和61(86)年、松崎は動労出身の有能な革マル派の構成員を『職業革命家』として党中央に送り込み、その1年後に、これらのメンバーを〈革マル派党中央〉労働者組織委員会の中で『トラジャ』と名付け、同派傘下のＪＲや教職員、郵政等各産別労組の指導にあたらせた。

そして、このトラジャとは別に、国鉄から分割・民営化されたＪＲ各社の労働組合における『革マル派組織の防衛と拡大』を目的に、ＪＲ内革マル派の優秀な幹部活動家を集め、『マングローブ』と呼ばれる組織を結成。マングローブがＪＲ総連傘下の各単組を指導することとした」

革マル派が、労働者組織委員会傘下の13の産別労働者委員会に、それぞれ樹木のコードネームを付けていたことは前述した。このためＪＲの産別である「ＪＲ委員会」にも「マングローブ」というコードネームが与えられたのだろう。

ただ、そのマングローブを指導する〈動労出身の有能な革マル派の構成員〉たちは、どのような意図をもって「トラジャ」と名付けられたのか。内部資料もこの点には触れておらず、前出の公安関係者や、かつて私の取材に応じてくれた複数のマングローブの元メンバーに尋ねても、残念ながら、このコードネームの由来は分からなかった。

インドネシアに関する複数の書籍や学術論文によると、「トラジャ」とは、インドネシア・スラウェシ島の中央や西南の山岳地帯に暮らすマレー系の先住・少数民族の名称で、現地の言葉で〈高地の人々〉を意味するという。島の海岸部で暮らす「ブギス族」が、山岳に住む彼らをそう呼んだことに由来する。

トラジャ族は、舳先《へさき》のように反り返った屋根を持ち、色鮮やかで精巧な木彫り装飾が施された高床式住居「トンコナン」や、死者（遺体）と共に過ごす「殯《もがり》」が数カ月にわたって続くといわれる壮大な葬儀で知られ、南スラウェシ州はバリ島と並ぶインドネシアを代表する観光地となっている。

また、標高約600〜1500メートルで、2000〜3000メートル級の山々に囲まれ、総人口約65万人の約7割が居住しているといわれる同州の山間盆地、タナ・トラジャ県では、山の斜面を利用した棚田が広がり、住民の8割以上が、何らかの形で伝統的な稲作に従事しているという。

以上がにわか勉強で学んだ「トラジャ族」の概要だ。が、その一方で、前述の複数の元マングローブの証言によると、動労出身の「トラジャ」を含め、革マル派傘下の、教職員や郵政など各産別労組から党中央に送り込まれ、労働者組織委員会のメンバーとして、各産別の指導に当たっていた「職業革命家」たちは、彼らの中で「土方《どかた》」（土木工事や作業に従事する労働者）という隠語で呼ばれていたというのだ。

山岳地帯にすむ農耕民族と土木作業員、彼らに共通する作業といえば、「土を掘り、耕す」ということだろうか。

ただ、後章で明らかにする、過去にトラジャのメンバーが出席した会議も、JR革マル内部では「セイロン」や「ダージリン」など、南アジアに関係する名称で呼ばれていたのである。

革マル派最大の資金源

内部資料に戻ろう。資料は〈革マル派の資金源〉である、JR革マルをはじめとする〈労働者活動家〉による党中央への〈カンパ〉についても、次のように記述している。

〈労働者の場合は、各産別および活動家のランク等により額が異なるが、原則として、（給与の）総支給額《税金のみを除く》から一定の生活費を除いた金額に、ランク別のパーセンテージをかけた額のカンパが決められている。

このほか、「ボーナスカンパ」や「臨時カンパ」等も徴収されており、平成6（94）年には、東京工芸社（革マル派が経営する埼玉県にある印刷会社。機関紙「解放」などを印刷している）の設備拡張に伴う臨時カンパが提起され、一人10万円以上のカンパが要求されている。

これらカンパ以外にも、「解放」、「共産主義者」（革マル派の機関誌。99年に「新世紀」に改題）の購読料や集会カンパ金等も拠出しなければならず、年間一人当たり100万円以上を組織に納入していると思われるので、労働者活動家は苦しい生活を強いられている。これらのカンパは、納めることによって、組織の一員であることの意識付けを行うためとみられるが、カンパ金の捻出で悩んでいる活動家も多数いるものと認められる〉

さらに資料は、革マル派の財政状況を次のように分析している。

〈財政は、中核派や革労協狭間派等の他派と比べると、かなり安定していると思われるが、その要因は、産別同盟員から、同盟費とカンパが定期的に入ること、JR総連等の労働組合や大学の掌握自治会等からの流入金があること、またゲリラ等による支出が無いこと等によると思われる。
革マル派は（中略）「解放社」（革マル派の拠点。東京都新宿区早稲田鶴巻町所在の本社のほか、北海道や沖縄など全国に6支社がある）等の施設を、昭和57（82）年から平成元（89）年までの7年の間に約20億3000万円で新築したり購入していることから、これをみても同派の財政の豊かさが窺われる〉
そして、この内部資料は長年、「革マル派最大の資金源」（前出・公安関係者）と言われ続けてきた、JRの労働組合から同派への資金の流れについてもこう指摘するのだ。
〈松嵜は、昭和62（87）年ごろから平成5（93）年の間に数千万円を活動費として組織（革マル派）にカンパしているが、その他にも「必要な金は作るから、とにかく組織を作れ」などと指示していることから、かなりの金額がJR東労組《JR総連》の組合費等から革マル派に流出しているものとみられる〉

秘密裏に行われていた「管理者教育」

話を再び、JR東日本に戻そう。

警察当局が「失われた10年」を取り戻すべく、JR東労組やJR総連に浸透した革マル派活動家の実態解明を進めていたころ、JR東日本の歪な労使関係の是正を一度は諦めたかにみえた大塚陸毅《おおつかむつたけ》・常務取締役と清野智・人事部長（肩書はいずれも当時）も再び、「正常化」を目指して密かに動いていたという。

90年に仙台のメトロポリタンホテルで大塚氏や清野氏らが「JR東日本労使関係の正常化」を目指し極秘会議を開催。その中で、発足3年目のJR東日本で、若手社員を中心に松崎グループのシンパや、同調者が出始めていることに危機感を持った清野氏が『社員教育をしっかりやれば必ず防げる』と語っていたことは前章でも述べた。

そして実際に大塚、清野両氏はその数年後から、仙台などの地方支社で、大卒の幹部候補生を中心にした「管理者教育」を、JR東労組に知られぬよう秘密裏に行っていたというのだ。

「『是々非々で労働組合に対応し、言うべきことはきちんと言える、企業として当たり前の管理者づくり』というのが、管理者教育の目的でした。

実際には、旧国鉄時代の労務管理の歴史や、国鉄からJRに分割・民営化された後の組合の変遷を学ぶものでしたが、講習のメインテーマは『JR革マル問題』と、松崎に率いられた旧動労、JR東労組対策でした」

こう語るのは、実際に管理者教育を受けていたJR東日本の中堅幹部だ。この幹部によると、各地方支社での管理者教育は、JR東労組側に知られることなく、順調に行われていたというが、東京地域本社（当時。現在の東京支社）で実施されるに至って組合側に発覚。JR東労組本部から徹底的に追及されたというのだ。幹部が続ける。

「その後、この管理者教育は、新たにJR東労組公認の『リーダー研修』として、97年に再開されたのですが、労使妥協の産物だけあって、その目的は『企業として当たり前の管理者づくり』から、『将来労使のリーダーになりうる人材の育成』へと変わりました。

それでも会社側は、組合には内緒で当初の目的を全うしようと、小林峻一さんの『JRの妖怪』などを教材に使い、幹部候補生に『JR革マル問題』の危険性を認識させようとしていたのです」

遠大なJR東日本の対革マル戦術

94年6月、文藝春秋発行の「週刊文春」は、松崎氏に支配されたJR東日本の異常な労使関係にいち早く注目したジャーナリストの小林峻一氏によるレポート「JR東日本に巣くう妖怪」を掲載。それは同年6月23日号から7月14日号まで4回にわたる連載となった。

これに対しJR東日本は、第1回のレポートが掲載された「週刊文春」の発売（6月16日）直後から、青森から神奈川までの同社管内の駅構内でのキオスクで同誌の販売を拒否。それは約1カ月半も続いた。

さらにJR東日本は7月4日、発行元の文藝春秋と筆者の小林氏らを相手取り、1億円の損害賠償と謝罪広告の掲載を求める民事訴訟を東京地裁に起こしたのだ。

JR東日本によって雑誌販売の生命線ともいえる「流通」を止められ、さらには高額の損害賠償請求訴訟を起こされた文藝春秋は11月10日、同日発売の「週刊文春」（11月17日号）にページ3分の2という異例の大きさの「お詫び」を掲載。翌11日にJR東日本と文藝春秋との間で和解が成立した。

しかしJR東日本と文藝春秋との和解後も、記事の筆者である小林氏は、松崎氏やJR東労組、JR東日本に関する取材を継続。和解から約1年2カ月後の96年1月、前述の連載記事よりさらに、JR東日本の異常な労使関係や労使癒着の実態に踏み込んだ単行本を上梓した。それが『JRの妖怪――かくて男は巨大組織に君臨した』(イースト・プレス)である。

話を「リーダー研修」に戻そう。研修が進むにつれ、修了者の中から少しずつ、JR東労組の運動スタイルなどを批判する社員が現れ始めたことから、教材に『JRの妖怪』を使っていたことが組合側に発覚。これが松崎氏の逆鱗に触れたという。

「JR東労組は98年8月27日、会社に対し『リーダー研修即時中止の申し入れ』を行い、団交(団体交渉)を要求してきました。そして9月10日、24日、10月7日、23日と2カ月計4回に及ぶ激しい団交に晒《さら》された結果、大塚さんと清野さんは『リーダー研修』の中止に追い込まれたのです」(前出・中堅幹部)

旧国鉄関係者によると、前述の「生産性向上運動」が国労、動労の反対闘争によって中止に追い込まれ、国鉄当局の労務管理体制が最も弱体化した時代ですら、国鉄当局は「経営側の専権事項」である管理者教育だけは断固として実施し、組合側に干渉させることは一度たりともなかったという。が、JR東日本ではその管理者教育が、組合によって中止に追い込まれたわけである。

「しかし、それでもまだ大塚さんは（ＪＲ東日本の労使関係の正常化を）断念してはいませんでした。リーダー研修が中止となった後も大塚さんは、ことあるごとに『あの連中（ＪＲ革マル）にはアメ玉を食わせ、時間を十分にかけ、次第に牙がなくなるように対応し、ついには牙がなくなってしまう――というような遠大な計画が、ＪＲ東日本の対革マル戦術だ』と語っていました」（同前）

その「遠大な計画」がようやく実ったのが、第１章で詳述した18年の労政転換だったわけだ。が、その間の20年でＪＲ東日本という会社と社員が払った犠牲は、あまりに大き過ぎた。

第3章

第4章 労政転換に向けた宣言

力ずくの「奪還」作戦

「裏切り者め、責任取って組合辞めろ。組合辞めろってことは、会社も辞めろってことだ」「お前みたいな奴はすぐ裁判沙汰にするから、手は出さねえ。その代わり東労組には〝言葉の暴力〟ってもんがあるんだよ」

JR東労組の「組織の方針」に従わなかった「浦和電車区」の若手運転士（当時27歳）は、2000年12月から01年7月にかけての約半年間、同じ東労組の複数の組合員から、延べ十数時間にわたって、こんな罵声を浴びせ続けられ、組合からの脱退、果ては退職に追い込まれた。

だが、当時のJR東日本は、今どきの言葉で言えば、こんなJR東労組組合員による「パワハラ」の横行を、管理者が見て見ぬふりをする「ブラック企業」だった——。

1987年の国鉄分割・民営化以降、10年余にわたって続いた住田正二《すみだしょうじ》氏や松田昌士《まさたけ》氏らJR東日本トップらと、松崎氏を頂点とするJR東労組との労使癒着によって、同社内では幹部社員だけでなく、助役や現場長ら現場の管理者の間に、東労組に対して萎縮する空気が蔓延した。そして、それは末端組合員に至るまでの、この組合の増長と、国鉄時代を彷彿とさせる職場秩序の崩壊を招いたのだ。

住田氏が98年に上梓した自著に、JR東日本において〈職場の荒廃など全く起きていない〉と記していたことは前述した。が、その2年前の96年、JR東日本の主要支社の一つである高崎支社（群馬県高崎市）管内で、こんな事件が起こっていた。

同年8月4日、高崎駅の勤務を終えた若手車掌2人を、JR東日本の制服を着た約20人の社員が、利用客がいる駅構内で取り囲み、拘束。社員らは2人の車掌の腕を掴んだまま、ラグビーのモールのような状態で駅構内を駆け抜け、改札の外で待っていた私服姿の約30人の男たちに引き渡した。利用客はその異様な光景を、あっけにとられた様子で見ていたという。

「制服姿の社員らも、改札で待っていた私服姿の30人も全員、JR東労組の組合員でした」

こう振り返るのは当時の国労高崎地本幹部だ。

「この3日前、JR東労組の体質に嫌気が差し、（前出の2人を含む）3人の若手車掌が自主的に東労組を脱退。国労に移ったのですが、その直後から職場で、東労組組合員による凄まじいいじめに遭い、わずか6日間で国労を脱退させられたのです」

この幹部によると、3人とも当時、入社2年目の同期で、JR東労組から脱退者が3人同時に出るのは、前代未聞のことだったという。また3人が所属していた高崎車掌区は旧動労時代からのJR東労組の「牙城」の一つで、JR東労組高崎地本では、3人を奪還することが至上命題となった。

前述の光景は、その奪還作戦の一部だが、改札前で待つ約30人のJR東労組組合員に引き渡された2人の車掌はそのまま、高崎地本の事務所に連れていかれ、国労からの脱退届を書かされたという。幹部が続ける。

「なぜ、2人を連れ去ったJR東労組の組合員が制服姿だったたか。制服を着ていれば改札がフリーパスで通れるからです。このときの様子は、高崎駅の管理者たちも目撃していましたが、利用客の目の前での騒動にもかかわらず、見て見ぬふりをしていました」

残る1人の車掌はこの日、泊まり勤務で「新前橋電車区」（前橋市）の休養室で宿泊することになっていた。新前橋電車区は高崎支社の管轄する車両基地で、05年に高崎車両センターと統合され、「新前橋運輸区」となったが、当時は「旧動労の拠点の一つ」（前出・国労高崎地本幹部）といわれていた。

「案の定、車掌は（休養室のある）建物の中で待ち伏せしていた20人近くのJR東労組組合員に取り囲まれ、『（東労組を脱退し、国労に加入することは）個人の自由だと？　バカ言ってんじゃねえよ』などと、延々と罵声を浴びせられた。彼は身の危険を感じ、上司に『保護願い』を申し出ましたが、それもうやむやにされたのです」（同前）

このため車掌は、携帯電話で国労役員らに助けを求めたが、結局、一睡もできないまま、翌5日の早朝午前6時から乗務することになったという。

「これ以前にもJR東労組の組合員は20人から、多いときには40人もの集団で、3人の乗務中に発車ベルの前に立ちはだかって妨害。乗務後はホーム上で取り囲み、罵声を浴びせるなどの嫌がらせを続けていました。

車掌の役割は列車の運行と、乗客の安全を守ること。JR東労組はそれらを妨げる行為を乗客の目の前でも平気でやっていた。にもかかわらず、高崎支社では助役をはじめ管理者全員が注意することもなく、職場の秩序は完全に崩壊していました」

ちなみにこの事件の一部始終は、当時の国労組合員によって録画され、映像に残っている。国労高崎地本が製作したその映像のタイトルは「JR無法地帯」といい、現在もYou Tubeなどで視聴が可能だ。

この事件が発生した当時にはすでにJR東日本の最高顧問に就いていた住田氏にはやはり、〈職場の荒廃など全く〉見えてはいなかったのだろうが、それも致し方なかったのかもしれない。

というのも、前述の新前橋電車区の休養室で泊まっていた若手車掌から、携帯で助けを求められた国労高崎地本は、約100人の国労組合員を、休養室のある建物に派遣した。ところがJR高崎支社の首席助役ら3人が建物の入口にロープを張り、国労組合員の進入を阻止したというのだ。

つまり現場の管理職が率先してJR東労組に協力していたわけで、そんな彼らから、住田氏らJR東日本の上層部にまともな報告が上がるはずがなかったからだ。

「芋煮会」参加が「組織破壊行為」

さらに、前章で述べた「リーダー研修」が、JR東労組による激しい団交で中止に追い込まれた翌年の99年には、JR東日本の三鷹電車区（東京都三鷹市にある八王子支社管轄の車両基地。07年に「三鷹車両センター」に改称）で、JR東労組組合員による組合脱退強要事件が起きている。

三鷹電車区に運転士として勤務していた佐藤久雄氏（当時43歳）は99年9月、国鉄時代に所属していた旧鉄労の組合員が開いた「芋煮会」に参加したところ、それをJR東労組から問題視され、徹底的に追及されたという。佐藤氏本人が語る。

「この芋煮会は、86年に私たち（鉄労組合員）が広域異動で新潟（鉄道管理局）から東京に出てきたときから始まったもので、東京の鉄労出身の仲間が、OBも交えて交流しようという趣旨で開いた、同窓会のようなものでした。

しかしこの会に、東労組から脱退したJRグリーンユニオンのメンバーが参加していたことから、東労組は、私がそれに顔を出したことを、『組織破壊行為だ』と追及してきたのです」

国鉄改革では当時、約27万人の国鉄職員のうち、約9万人の「余剰人員」の削減・整理が行われた。

そのうち公共機関や民間企業への再就職や自主退職を余儀なくされた職員は約6万人。残りの約3万人は、余剰人員の多かった北海道や東北、新潟から首都圏や大阪に異動するという「広域異動」に応じたが、そのほとんどが分割・民営化に賛成した旧動労、鉄労の組合員で、佐藤氏もその一人だった。

また「JRグリーンユニオン」は前章で述べた、95年にJR東労組の非民主的な組織運営に反発した旧鉄労系組合員が、新潟支社で集団脱退し、結成した新組合だ。佐藤氏が続ける。

「私は、昔の友達が懐かしくて参加しただけで、東労組の方針に逆らおうなんて気はありませんでした。にもかかわらず、彼らは私を『組織破壊者』と決めつけ、『裏切り者。東労組をナメんじゃねえ』、『転勤するか、(組合を)辞めてもらう』と言うのです。

それ以降、JR東労組による〝尋問〟が始まりました。連日、三鷹電車区分会の分会長や書記長に取り囲まれ、『(芋煮会には)誰が参加したんだ?』、『何を話した?』と繰り返し聞かれました。『青年部』といわれる若手組合員らも加わり、十数人に囲まれ、『お前、本当はグリーンユニオンだろ?』、『東労組をナメんじゃねえぞ』と吊るし上げられました。

私は『芋煮会で会ったメンバーは、ただの古くからの友人です』、『東労組を裏切ってなどいません』と、必死で弁明しました。しかし彼らは『なんで今さら、広域異動なんて古い話を持ち出すんだ』、『東(労組)から勝手に出ていった裏切り者とつるんでいたんだろう』と、取り付く島もありませんでした」(佐藤氏)

それにしてもJR東労組はなぜ、自らの組合員が他労組と交流したという理由だけで、「組織破壊行為」、「組織破壊者」などという、おどろおどろしい言葉を使って糾弾《きゅうだん》するのか。かつて「マングローブ」のメンバーだったＪＲ東労組元幹部はこう解説する。

「昔から『行動の中核』に対し、『組織の革マル』といわれるように、革マルは『組織防衛』を何よりも重視し、それゆえに排他性も強い。その思想が浸透したＪＲ東労組はその革マル同様、自らの組合員が、他労組の組合員と接触することを極端に嫌い、会話を交わすことはもちろん、挨拶することさえ認めない。

　ましてや対立労組の組合員が参加する行事に加わるなど、東労組にとって『組織破壊行為』以外の何ものでもなく、その方針に従わない組合員は『組織破壊者』と見做《みな》され、徹底的に糾弾される。

　また東労組は旧動労の流れを汲むことから、組織の中核をなす運転士が犯した組織破壊行為に対する吊るし上げは、それ以外の職場の組合員に対するものより苛烈になる」

　ちなみにこの体質はＪＲ東労組に限らず、ＪＲ総連傘下単組に共通したもので、特に現在もＪＲ北海道社員の約８割が加入する「北海道旅客鉄道労働組合」（ＪＲ北海道労組、約５３００人）ではその傾向が顕著だ。後章で詳述するが、彼らは今なお他労組との「平和共存否定」を組合の方針として掲げ、公言している。

見て見ぬふりをする管理職

話をJR東日本に戻そう。

JR東労組組合員による佐藤氏に対する吊るし上げは、その後約1カ月にわたって続いたという。当時の様子を知るJR東労組元組合員はこう語る。

「東労組による佐藤さんの『追及行動』の狙いは二つ。一つは組織破壊行為に及んだ佐藤さんを（東労組からの）脱退に追い込むこと。もう一つは佐藤さんを徹底的に吊るし上げ、『東労組に逆らうとこんなひどい目に遭うぞ』と見せしめにすることによって、組織の引き締めを図ろうとした。彼らはこういうやり方で、一般組合員に対し恐怖政治を敷いていた」

しかし、毎日のように職場で公然と「いじめ」が行われているにもかかわらず、前述の高崎のケースと同様に、三鷹電車区の管理職は見て見ぬふりをしていたという。佐藤氏が続ける。

「もちろん、三鷹電車区の（実質的な現場責任者である）副区長にも相談しました。しかし『なんで鉄労なんかと（芋煮会に）一緒に行ったんだ』と、まともに取り合ってはくれなかった。東労組に逆らえば、今度は彼らの立場が危うくなりますから。

東労組の吊るし上げの目的が、私に組合を辞めさせることだとは分かっていましたが、私は『脱退届だけは絶対に出さない』と決めていました。東労組にいないと、この会社ではまともに生きていけないから。東労組を脱退することで、会社から干され、運転業務からも降ろされるのが怖かった」（佐藤氏）

しかしJR東労組はその後も、佐藤氏への追及の手を緩めようとはしなかった。

「1カ月半が限界でした。10月15日、最後は20人くらいに囲まれた中で、『ここに判子を押せ』

と無理やり脱退届に捺印させられました。分会長らは『自ら押したんだからな』と私に念を押し、青年部の前に嬉しそうに掲げていました。

その日のうちに、副区長に『無理やり組合を脱退させられました』と報告しましたが、副区長からは『がんばって、気をつけて』と言われただけでした」(同前)

JR東労組から脱退させられた佐藤氏は自らの身を守るため、JRグリーンユニオンに加入した。が、皮肉なことに、それがJR東労組による、彼に対するいじめや嫌がらせに拍車をかけることになったのだ。

実はその模様も前述の「高崎車掌区事件」と同様、映像に残されている。グリーンユニオンは、佐藤氏のJR東労組脱退後、彼らによる集団でのいじめ、嫌がらせから彼を守るため、「支援隊」を結成。それと同時に、いじめの実態を記録するため、その模様を録画していた。

映像は、佐藤氏が出勤するシーンから始まる。三鷹電車区の門扉の前で、佐藤氏を待ち構える十数人のJR東労組組合員。佐藤氏の姿を見つけるや否や、一斉に罵声を浴びせる。

「この野郎」、「オメー、黙ってんじゃねーぞ」――。

三鷹電車区の建物内に入れるのは佐藤氏だけで、「支援隊」は、前述の高崎のケースと同様に、JR東日本の管理者に遮られ、中には入れない。

当時の三鷹電車区のJR東日本社員は約230人。うち約200人がJR東労組で、JRグリーンユニオンは佐藤氏ただ1人。ロッカー室に入った佐藤氏に、再び東労組組合員の罵声が浴びせられる。

「オイ、聞いてんのかよ、黙んなよ、オッサン」、「ボケっ！　どうせどっちにもいい顔してんだろ」――。その言動は到底、一部上場企業の最大労組のものとは思えない、チンピラのそれだ。

「着替えのときまで5、6人がしゃがみこんで取り囲み、パンツの中まで覗き込む。『お前、裏切りモンなんだから、辞めちまえよ』と、鼻の先まで顔を近づけて言ってくる。『自転車使うな！　トイレも使うな！』と怒鳴られる。『それらは全部、東労組が会社から勝ち取ったもので、東労組を辞めたんだから使う権利がない』というのです」(佐藤氏)

最低限のモラルからも逸脱

さらに映像には、JR東労組組合員が、佐藤氏に対する嫌がらせをエスカレートさせ、利用客の安全をも脅《おびや》かすシーンも記録されている。

制服に着替え、これから電車に乗務しようという佐藤氏。その横を、数人のJR東労組組合員が追いかける。佐藤氏が運転席に座ると、彼らも運転席に一番近い車両に乗り込むのだ。

「彼らは運転席の後ろの窓に、まるで子どもがするように張り付いて、『この野郎、こんなところでブレーキをかけやがって』、『ヘタクソ、危ねーな』と私に聞こえる声でプレッシャーをかけ続け、動揺させる。それも一度や二度ではなく、お客様の前でも平気でした。

乗務前、管理者と点呼をする際も、彼らは私を取り囲んで騒ぐ。当然、点呼にはならず、大事な行路の確認もできぬまま、乗務せざるを得ず、乗務中は事故を起こしはしないかと、不安で仕方がありませんでした。彼らの目的は、私に事故を起こさせ、組合だけでなく、会社まで辞めさせることでした」（佐藤氏）

本来、乗客の生命や安全を守るべきはずの運転士が、ＪＲ東労組という「組織」を守るために、同じ運転士に執拗に嫌がらせをし、事故を誘発させようとしていたというのだ。

ちなみにこの映像も、ＹｏｕＴｕｂｅなどで、今でも視聴が可能だが、佐藤氏の証言からは、さらなるＪＲ東労組組合員による凶行の数々が明らかになった。

「実はビデオに記録されているのは、彼らの嫌がらせのほんの一部。彼らは私が乗務する列車を事前に調べ、あらゆる危険行為を仕掛け、事故を誘発するよう仕向けてきました。

99年11月の初めのことでした。中央線の西荻窪駅付近を走行中、対向車線から来た電車にハイビームで2、3回パッシングをされた。パッシングされると一瞬目が眩《くら》み、集中力を欠いて、信号を見落とすことだってある。つまりは事故に繋がる大変危険な行為なんです。その電車には前年に三鷹電車区に配属されたばかりのＪＲ東労組青年部の組合員が乗っていました。そして彼は翌日も、阿佐ヶ谷駅付近で、しつこくパッシングしてきました。

また（ＪＲ東労組組合員に）信号を隠されたこともあります。中央線の最終電車の乗務を終えて、豊田駅構内の留置線まで電車を動かしていたときのことです。駅構内の信号機の前で4、5人の東労組組合員が待ち受けていた。信号機の高さは約1メートル。彼らは固まって立って、信号機を見えないように隠していた。そうして、私を違う線路に誘導しようとしていたんです。

97年10月に、『スーパーあずさ13号』と回送電車が衝突し、多くのお客様に怪我を負わせた事故がありましたが、あれは回送電車の運転士が、赤信号を見落としたことが原因だった。どんな場合であれ、信号機を隠すなど、運転士が絶対にやってはならないこと。にもかかわらず、彼らはJR東労組に洗脳され、そんな最低限のモラルさえ守れなくなってしまっていたんです」（同前）

労政転換の兆し

そして佐藤氏は、それらJR東労組組合員の凶行を放置していた、JR東日本の管理者に対しても、怒りを露《あらわ》にした。

「彼らの嫌がらせは、大事故にも繋がりかねなかったので、会社に言って、管理者を乗務したこともありました。しかし、彼らは管理者がいようがいまいがお構いなし。運転席まで来て、『てめえが佐藤か』、『お前、よく覚えておけよ、この野郎』とやってくる。しかし、隣にいる管理者は何も言わず、じっと固まっているだけ。管理者も、彼らを制止して、自分たちが標的にされることが怖かったのです」

ところが佐藤氏がJR東労組から脱退させられて約2カ月後の99年12月、JR東日本は「加害者」であるJR東労組組合員ではなく、「被害者」の佐藤氏を運転業務から外すことで事態の収束を図ったという。

「結局、会社は東労組の言いなりでした。乗務から外された後の2カ月間は、三鷹電車区内の倉庫の掃除や草むしりを命じられました。なぜ『被害者』である私が、運転席から降ろされ、草むしりをしなければならないのか……。あまりに理不尽な処分でした」（同前）

そして00年9月1日、JR東日本は佐藤氏に関連の警備会社への出向を命じた。つまり佐藤氏は運転席から降ろされただけでなく、鉄道の仕事からも放り出されたわけだ。

「JR東日本では、出向から戻ったら、元の職場に帰れるというのが、不文律でした。私の場合なら電車区で、またハンドルを握れるという希望があった。それだけを心のよりどころにして3年間耐えたのですが、その不文律さえ守られることはありませんでした」（同前）

03年9月、佐藤氏はJR東日本本体に復帰したものの、三鷹駅での営業職を命じられ、経理を担当することになった。

私が佐藤氏をインタビューした06年当時も、彼は三鷹駅に勤務していた。そのインタビュー取材の最後に、佐藤氏はこう語っていた。

「会社の言うことにすべて従い、広域異動や出向まで応じてきたのに、なんでこんな目に遭わなければいけないのか。一方、私をいじめ抜いた東労組の連中は皆、順調に出世していった。こんな理不尽なことがあっていいのかと思います」

その後、佐藤氏は07年6月に、会社を相手取り運転士への復帰を求める民事訴訟を東京地裁に起こした。しかし、JR東日本が審理中の08年7月1日付で、佐藤氏を、三鷹電車区と同じ中央線を担当する豊田運輸区の運転士とする辞令を発令したため、彼は訴えを取り下げた。

99年12月に運転士から外されてから、8年7カ月ぶりの復帰だったが、実はこのころにはすでにJR東日本では「労政転換の兆し」が見え始めていたのだ。

そのターニングポイントとなったのがこの章の冒頭でも述べた、「浦和電車区」（15年に「さいたま運転区」に組織変更）に勤務していた若手運転士が、組合の方針に従わなかったという理由で、組合からの脱退、退職に追い込まれた「浦和電車区組合脱退・退職強要事件」（以下、浦和電車区事件）である。

02年11月、警視庁は若手運転士を脱退、退職に追い込んだJR東労組の役員7人を強要の容疑で逮捕した。これまで述べてきたJR東日本とJR東労組の労使癒着が生んだ職場の荒廃が、国鉄分割・民営化以降、初めて刑事事件化したわけだが、摘発したのは警視庁公安部だった。

通常、「脅迫・強要」などの強行犯罪は、刑事部の捜査一課が担当するのだが、この事件に公安部が着手した理由は、警視庁が、同事件を革マル派が主導していたとみていたからに他ならない。

浦和電車区事件は00年12月の発生から、JR東労組役員7人の逮捕、起訴を経て、12年2月の最高裁判決で全員の有罪が確定するまで、10年以上の歳月を要したが、この10年余の経緯を振り返れば、革マル派の影響を強く受けた、JR東労組とJR総連の思想と行動が、いかに世間一般の常識とかけ離れたものであるか、理解していただけると思う。

そして前述の通り、この浦和電車区事件は、JR東日本が、それまでのJR東労組と癒着した異常な労使関係から脱却する上で、大きな転換点にもなったので、被害者本人のインタビューを交え、事件や裁判の経緯を詳述しよう。

「この組合、おかしいんじゃないか」

06年5月から7月にかけて私は、この浦和電車区事件の被害者に対し数回、インタビュー取材を行った。

事件から5年後、JR東労組から無理やり退社に追い込まれた彼は33歳になっており、JR東日本はもちろんのこと、鉄道とも全く関係のない新しい仕事に就いていた。だが、長時間に及ぶインタビューにもかかわらず、背筋を真っ直ぐに伸ばし、一つ一つ丁寧に答える彼の姿は、「青年運転士」のイメージそのものだった。

ただし、その理由については後述するが、本稿ではこの浦和電車区事件の被害者を「Y氏」と匿名にさせていただく。

92年4月、JR東日本に入社したY氏は、入社と同時にJR東労組にも加入し、最初の配属先、川口駅で勤務した。

その後、93年2月から約7年間、東京車掌区で車掌を務め、00年2月に浦和電車区に配属。約9カ月の見習い期間を経て、同年10月から運転士として乗務を始めたのだが、Y氏の運命が暗転するのは、その直後のことだった。Y氏が語る。

「きっかけは1枚のハガキでした。運転士として乗務を始めて間もない10月の末、浦和電車区分会の役員から、『国労組合員に勧誘ハガキを書いてくれ』と頼まれたのです」

JR東労組は、上部組織から「本部」、「地方本部（地本）」、「支部」、「分会」の順に、ピラミッド型に構成されており、「分会」は電車区、車掌区など各職場に置かれる末端組織だ。Y氏が続ける。

「しかし、私はお断りしました。国労組合員の皆さんは当時、新米運転士だった私からすれば、大先輩ばかり。そんな職場の先輩が、自らの信念に基づいて、国労に所属されているのに、私のような若い者が、東労組への勧誘ハガキを、しかも自宅にまで送りつけるというのは、どう考えても失礼だと思ったのです。

しかし、その後も役員たちは、しつこく私に勧誘ハガキを書くよう、迫ってきた。そして12月末、あまりに彼らがしつこいので、私も思い余って、『そんな勧誘ハガキ書くぐらいなら、組合の脱退届書きますよ』って言ってしまったんです」

この発言を問題視したJR東労組は早速、Y氏を追及し始めたという。

「12月28日、浦和電車区3階の講習室に呼ばれました。講習室にはすでに浦和電車区分会長や大宮地本の役員ら十数人が待ち構えており、（脱退）発言について2時間にわたって問い詰められました。

今から考えれば、彼らは最初から私に目をつけていたんだと思います。私も、そのときすでに、内心では『この組合、おかしいんじゃないか』と思ってましたから。

というのも、私がまだ東京車掌区にいた99年のことです。私の同僚が、『JR連合』主催の『ユースラリー』という行事に参加しただけで、東労組から『組織破壊者』のレッテルを貼られ、吊るし上げられたことがありました。おまけに東労組は、この同僚を〝標的〟にした『団結署名』という署名活動を始めたんです。

私は当時から、他の組合の行事に参加した彼の行為を別に悪いことだと思っていませんでした。だから同僚の悪口が書かれた、彼を『組織破壊者』として『許さない』などとする署名は、『できない』と断ったことがあった。こんなことから東労組は、以前から私を『要注意人物』として見ていたのでしょう」（Y氏）

キャンプ参加も「組織破壊行為」

JR連合（日本鉄道労働組合連合会）は、第1章で述べたJR総連による「スト指令権の委譲」提起（90年6月）に反発し、JR総連を脱退した、JR西日本やJR東海などの主要労組が結成（92年5月）した産別組合だ。当時、JRの産別は「箱根の関」を境に、JR総連約7万人、JR連合約7万人と、その勢力を二分していた。

そしてY氏の「脱退発言」をJR東労組が追及する過程で、今度は彼自身の「組織破壊行為」が発覚したという。Y氏が再び語る。

「実はその年（00年）の11月、前の勤務地だった東京車掌区の人たちとキャンプに行ったのです。別に組合や会社の行事でもなく、全くのプライベートでした。しかし、その中に1人だけ、『JRグリーンユニオン』に所属していた仲間がいたんです。それが東労組組合員に知られ、『キャンプに行った他のメンバーを明かせ』と迫られました。

JR連合のユースラリーに参加して糾弾された東京車掌区の同僚以外にも、東労組が、他労組と付き合った組合員に『組織破壊者』のレッテルを貼り、吊るし上げるという話は聞いていました。だから、他のメンバーに迷惑がかかってはいけないと思い、最初は彼らの名前を黙っていたのです。しかし最終的に彼らの許可が得られたので、名前を明かしたところ、やはり彼らもそれぞれの職場で、同じような吊るし上げに遭いました。

私の場合は『拡大闘争委員会』という名の、糾弾集会が4時間にわたって続きました。最初から、『お前のやったことは組織破壊行為だ』と言われ、『絶対に許さないぞ』と怒鳴られました」

JRグリーンユニオンは前述の通り、旧鉄労系組合員が95年に結成した新組合だが、そのメンバーとキャンプに行っていたことが発覚したY氏に対する吊るし上げは、年が明けても続き、01年1月4日から3日間に及んだという。

「3日間とも、午前11時から午後1時まで、午後は1時半から3時半までと、計6回行われ、私は6回とも出席させられました。

まず司会役の分会長が、私に発言を促し、私が『反省の弁』を述べる、それに対し、20~30人の組合員から『この、裏切り者！　組織破壊者！』、『お前が主任（運転士）になれたのは組合のおかげだろ！』と大声で罵《のの》し《》られました。

そしてこの6回に及ぶ吊るし上げには、大宮地本の副委員長（当時）も姿を見せていたことから、私は、この件が（JR東労組）本部まで伝わっていることを知り、改めて大変なことになったと思いました」

浦和電車区事件ではその後、この大宮地本の副委員長を含むJR東労組の役員7人が逮捕、起訴されるのだが、その中でも彼は前章で詳述したJR革マル内部の秘密組織「マングローブ」のメンバーだった。Y氏が再び当時を振り返る。

「実は当初、彼らに吊るし上げられるのが怖くて、仲間たちと口裏を合わせ、『キャンプに行ったのは、グリーンユニオンの仲間を東労組に勧誘するのが目的だった』というストーリーを作ったのです。

しかし、吊るし上げに遭っているうちに、それぞれの言い訳に矛盾が生じ、だんだんと辻褄が合わなくなって、作り話だったことがバレてしまいました。その後、彼らから受けた脅しは、それまでのものとは比較にならないほど凄まじいものでした」

「東労組には〝言葉の暴力〟ってもんがあるんだよ」

そして彼らの吊るし上げは、乗客の安全まで脅かし始める。Y氏が続ける。

「彼らは勤務中だろうとお構いなしで、恫喝してきました。

作り話がバレた2日後の1月21日のことでした。私は当時、京浜東北線の電車に乗務していたのですが、その日は南浦和駅を出て、大宮―大船間を往復する行路で、昼の休憩は蒲田駅で取りました。ただ、おそらく休憩室には東労組の組合員が待ち構えていると思ったので、改札の外で過ごしたのです。

ところが乗車時間の5分くらい前、乗務位置に着こうとしたときに、休憩室から分会の役員が飛び出してきて、すごい目つきで睨み、こう凄《すご》んできたんです。

『裏切り者め、責任とって組合辞めろ。組合辞めろってことは、会社も辞めろってことだ』

今後もこんな脅しが毎日続くのかと思うと、運転に集中できませんでした。それと同時に、こんな状態が毎日続けば、そのうちに事故を起こしてしまうとも思いました。

勤務終了後もロッカー室で2人の分会員に囲まれ、『お前、ずいぶんふざけたことしてくれたな』、『グリーンユニオンとつるんで、組織破壊行為してくれたそうじゃねえか』と散々怒鳴られた後、そのうちの1人にこう脅されたのです。

『オレは革マルだ、ふざけんなよ……』

その言葉に私は、彼らに自宅まで追い回されるのではないか、下手すれば殺されるのではないかと思うほどの恐怖を覚えました。

さらにはこう凄んでくる組合員もいました。

『直接、手を出すと、お前みたいな奴はすぐ裁判沙汰にするからな、その代わり東労組には〝言葉の暴力〟ってもんがあるんだよ』」

しかし、JR東労組組合員による、Y氏に対する吊るし上げが、乗客の安全まで脅かすまでにエスカレートしても、前述の高崎車掌区の事件や三鷹電車区の事件と同様に、JR東日本の現場の管理者は、それを止めようとしなかったという。

「21日は勤務後も1時間半にわたって糾弾され、精神的にも肉体的にも限界でした。このままの状態で翌日も乗務すれば、間違いなく事故を起こすと思ったので、翌日から4日間、休みを取りました。

その間、（浦和電車区の）区長や副区長にも相談し、転勤させてほしいとも相談しました。しかし副区長は『もう少し我慢しろ』、『様子を見よう』と言うだけでした」

だが、2月に入っても、Y氏に対するJR東労組組合員による「言葉の暴力」は続いた。

「彼らは、休憩時間になると私の姿を探し、『組合を辞めろ』と言ってきました。ただ、そのころから、彼らは『会社を辞めろ』とは言わなくなった。

知り合いの組合員から聞いた話ですが、役員が組合員を1人ずつ呼んで、脅迫のやり方について、『組合を辞めろ』はいいが、『会社を辞めろ』と言うと裁判を起こされるかもしれないから、そういう言葉は使うなと指導していたとのことでした」（Y氏）

これほど陰湿極まりない組織も寡聞にして知らないが、Y氏はその後もJR東労組組合員から嫌がらせを受け続け、ついに脱退に追い込まれることになる。

「ところが、私が脱退する意思を表明してもなお、彼らは執拗に糾弾してきました。1月のときと同様に『臨時職場集会』という名目で、2月13〜16日の4日間、午前、午後と私を吊るし上げる集会が計7回開かれ、私はすべてに出席させられました。

私が『組合を辞めます』と言うと、『組合を辞めるだけでいいのか』、『組合を辞めることは、組合の成果をかすめとることだ』、『組合のおかげで主任になったことをどう考えてる。主任の資格を返上しろ』と、あらん限りの罵声を浴びせられました。

そして大宮地本の副委員長からは『1月の集会でお前が謝罪しているところを見たが、最初から俺はお前を信用してなかった』と言われました。そして28日に脱退届を書かされたのですが、そのときにも副委員長が立ち会っていました」（Y氏）

そしてY氏は組合脱退後も、JR東労組組合員から執拗ないじめや嫌がらせを受け続けるのだが、最後の抵抗を試みたという。

「このままいけば、組合だけでなく、会社まで辞めさせられるかもしれないと思いました。好きな仕事でしたから、できるだけがんばって会社にいたかったのですが……。

しかし彼らに辞めさせられるにしても、何らかの〝証拠〟を残しておきたいと思って、ICレコーダーを準備して、彼らの発言をすべて録音することにしたんです。2月の集会での彼らの発言も、脱退届を出した日も録音しました」（Y氏）

それらY氏が録音した音声が後に、JR東労組組合員の行為の違法性を裏付ける証拠となるのだが、彼の予想通り、JR東労組はY氏を退職へと追い込んでいく。

「3月に入っても彼らの嫌がらせは続きました。『ボーナスは組合が勝ち取ったものだ、返上しろ』とか言われ続け、さすがに精神的に参ったんで、1カ月ほど休みました。

4月に入って会社は私を乗務から外し、内勤にしました。しかし内勤になってもまだ、私の机のところまで来て、『働けないんなら、辞めろよ』と言ってくる組合員もいました。乗務から降りてもなお、彼らに嫌がらせを受け続けたことで、体調に異常をきたし、ストレスから帯状疱疹《たいじょうほうしん》を発症しました。

なんとか転勤させてほしいと区長に相談し、区長も（JR東日本）大宮支社に掛け合ってくれたんですが、大宮支社の答えは『個人的な理由で転勤させるわけにはいかない』、『本人のわがままだ』、『会社は東労組を基軸に運営していると伝えよ』というものでした。

区長のアドバイスで『嘆願書』まで書いて配転を申し出ましたが、支社の考えは変わらず、『転勤は無理だ』、『君の言い分は自分勝手であるということだ』などと通告されました。この会社の姿勢に、私もついに心が折れ、7月末で辞めることにしたのです」

Y氏の退職前、当時の浦和電車区長はY氏の自宅を訪れ、慰留したが、Y氏にはもはや、それに応じる気力すら残っていなかった。そして01年7月31日、Y氏に退職辞令を渡す際、区長は彼に小さな声で、「すみませんでした」と謝ったという。

「労働者の雇用の確保」が、労働組合に与えられた重要な役割の一つであることは言をまたない。にもかかわらず、JR東労組という組織は、Y氏が他労組の組合員とキャンプに出かけたという理由だけで、彼に「組織破壊者」のレッテルを貼り、徹底的にいじめ抜き、組合から叩き出しただけでなく、その職さえも奪ったのである。これが、彼らが当時から好んで口にしていた「当たり前の労働組合」の実像だった。

確かに、この浦和電車区事件は今から18年も前の出来事だ。が、後述するように、このJR

東労組の体質は、この事件で組合員が逮捕、起訴され、最高裁で彼らの有罪判決が確定した後も、さらには本稿を執筆している19年段階でも全く変わっていない。

さらに言わせてもらえれば、こんな異常な労働組合から、従業員一人の人権も守れなかった当時のJR東日本の経営陣も「経営者失格」の誹《そし》りは到底、免れ得ないと思うのだ。

7割以上の組合員が参加した『カゴメ・カゴメ』

退職から約半年後、Y氏は警視庁に被害届を提出。Y氏からの被害届を受けた警視庁公安部は、数カ月に及ぶ内偵捜査を経て02年11月1日、当時、JR東日本本社（東京都渋谷区）に隣接する「JR新宿ビル」13階にあったJR東労組の中央本部を、国鉄分割・民営化以降初めて家宅捜索した。当時の捜査員の一人はこう振り返る。

「JR東労組組合員によるY君へのいじめは約半年間、三十数回にわたって三十数名の集団で取り囲み、あらん限りの罵声を浴びせるという極めて陰湿で残忍なものだった。

彼らはこれを『カゴメ・カゴメ』という隠語で呼んでおり、『組合員全員参加』の方針のもと行われていた。

当然のことながら会社の幹部連中も、彼らが職場で『カゴメ・カゴメ』をやっていることは知っていたが、見て見ぬふり。止めさせようともしなかった。

彼ら（JR東労組組合員）にとって、会社は全くの治外法権だった。正直、21世紀の世の中に、こんな会社が存在していること自体が不思議だった」

そして公安部は前述の通り、強要の容疑で「マングローブ」のメンバーとされる、前出の大宮地本の副委員長を含むＪＲ東労組の役員7人を逮捕した。捜査員が続ける。

「逮捕したのは7人だったが、着手直前に『被疑者』としてリストアップされた組合員は約１３０人にのぼった。

当時の浦和電車区のＪＲ東労組の組合員数は約１８０人。ゆうに7割以上の組合員が『カゴメ・カゴメ』に参加していたわけだ。

その中でＹ君に対する脅迫・強要が証拠上、立証可能と認められる者、さらに言えば公判維持が可能で、間違いなく有罪に持ち込める者に絞った結果、（逮捕者は）7人に止まったというだけの話だ」

02年11月22日、東京地検は警視庁が逮捕したＪＲ東労組組合員7人全員を起訴。7人の刑事裁判（一審）は、03年2月25日の初公判から判決が下る07年7月17日まで約4年5カ月、計60回に及んだ。

ところがＪＲ東労組は、7人の逮捕当初から「国家権力の弾圧だ」として、冤罪《えんざい》キャンペーンを展開。その後、同事件で起訴された、7人の被告も「理不尽に自由を奪われた（未決勾留日数）３４４日間を忘れないという思い」から「美世志《みよし》（３４４）会」なるものを結成し、全国を行脚したのだ。

さらにＪＲ東労組とＪＲ総連は、浦和電車区事件の公判の傍聴席を「（被告側のＪＲ東労組）

組合員で埋め尽くすために」（ＪＲ東労組元組合員）、わずか90余席の傍聴券の獲得に毎回、１０００～３０００人の組合員を動員するなど、通常の常識では、到底理解しかねる〝運動〟を展開した。

このため東京地裁では、この浦和電車区事件の公判が開かれる度に、傍聴券を求めるＪＲ東労組・ＪＲ総連組合員が、地裁前を先頭に日比谷公園まで長蛇の列をなすという、異様な光景が見られるようになったのだ。

特に07年４月19日に開かれた第57回公判では、傍聴券抽選のための整理券発行枚数が３６１８枚に達し、抽選手続きに手間取り、開廷が遅れ、裁判長が被告側に苦言を呈する異例の事態となった。

18年のＪＲ東労組による「スト権行使通告」をきっかけに、東労組を脱退した元組合員は当時をこう振り返る。

「傍聴券獲得は建前上、『自主参加』になっていましたが、勤務や病欠など正当な理由がなく参加を拒否すれば、（ＪＲ東労組の組合）役員から睨まれるので、皆、参加せざるを得ませんでした。あの（浦和電車区事件）裁判が始まってからというもの、『７人ヲ支援セズバ、東労組組合員ニアラズ』という空気で、傍聴券獲得に参加するか否かは、組合員にとっての〝踏み絵〟になっていました」

という。

積極攻撃型組織防衛論

そして、このJR東労組による冤罪キャンペーンの先頭に立っていたのが松崎明氏だったという。

松崎氏は06年1月28日、自らの古希を祝う会の「記念講演」で次のように述べた。

「素晴らしい野球部の先輩がいるんですよ。なんで素晴らしいか。（中略）浦和事件の傍聴券取りを1回も欠かしたことがない。ずっと来てくれている。（中略）どんな名ピッチャーだったとしても、あの傍聴券を取りに来ない奴は、我々が呼ぶ野球部の関係者じゃない」

そもそも労働組合の最大の目的は、「労働者の雇用と生活を守ること」にあるはずだが、JR東労組では、7人の逮捕以降、『えん罪・JR浦和電車区事件』裁判勝利」を、運動の主軸に据えた。なぜ東労組は、これほどまでにこの事件の裁判に力を注いでいたのか。前出のJR東労組元幹部はこう語る。

「『国家権力の弾圧から松崎を守るため』だ。松崎は、（浦和電車区）事件の捜査が自らに及ぶことを恐れていた。

実は松崎は、Yがグリーンユニオンの連中とキャンプに行っていたことが発覚した当初からこの問題を把握していた。しかし、彼は極めて用心深いので、万が一、事件化しても、自らの関与が問われぬよう、決して直接的な指示は出さない。

Yと一緒にキャンプに行ったメンバーが全員割れた後、各地本が対応を協議する会議が都内で開かれた。この会議には松崎も出席していたのだが、その席で彼はこう言った。

『鉄は熱いうちに打て』

日ごろから松崎に『積極攻撃型組織防衛論』を叩き込まれている各地本の幹部連中は、彼のこの言葉を『徹底的にやれということだな』と理解し、Yらを吊るし上げた」

積極攻撃型組織防衛論。

組織内部の「敵」を見い出し、その「内部の敵」を徹底的に叩くことによって組織を強化し、外部の攻撃から組織を守る——という理論だ。

「国鉄新潟闘争の否定的教訓から、旧動労時代の松崎が独自に編み出した理論」（前出・JR東労組元幹部）といわれている。

今から約60年前、57年の春闘で、順法闘争やサボタージュなど実力行使に出た国労や機労（国鉄機関車労働組合。後の動労）に対し、国鉄当局は大量処分という厳しい姿勢で臨んだ。

これに対し組合側は処分撤回を求めて闘争を激化させ、当局側はさらに二次処分、三次処分を連発。労使紛争は泥沼化した。

そのなかでも特に先鋭的だったのが国労新潟地本だった。当時から国労内部には、共産党系以外に、共産党の指導や左派による過激な闘争方針を否定する「国鉄民主化同盟」（民同）や、共産党とは一線を画しながらも容共左派の姿勢で、当局との衝突も辞さなかった「国鉄労働組合革新同志会」（革同）など複数の派閥があった。その革同が主流派を占めていた国労新潟地本は、同年7月10日から1週間にわたって列車を止めるなど、過激な闘争を展開した。

一方、この革同の闘争方針に批判的な、民同右派らが国労から脱退し、62年に「新国鉄労働組合連合（新国労）」を結成。鉄労ができるきっかけとなったことは第2章でも触れた。

「当時から松崎は、国労新潟地本を支援していたものの、革同の『統一と団結』論に基づいた闘いには否定的だった」（前出・JR東労組元幹部）

「統一と団結」論とは、簡単に言えば、労働者が所属組合や支持政党などの違いを越え、大同団結し、資本に立ち向かうべき――という論理だ。

53年の「世界労働組合連盟」（世界労連。国際的な労働組合組織。WFTU）第3回大会で提起されたといわれている。以降、世界中の労働運動は、この「統一と団結」論に基づいて展開され、日本の左派系の労働組合も例外ではなかった。

そして国労新潟地本も当初、この論理に基づき、前述の民同など、当時から当局との過激な闘争に批判的だった組合員らとも「闘う仲間」として手を組み、団結して国鉄当局に立ち向かう――という方針をとっていた。

だが、前出のJR東労組元幹部によると、松崎氏は当時から、この新潟地本の方針に批判的で、民同を「内部の敵」と見做し、国鉄当局と闘う前に、まずはこの内部の敵を徹底的に叩くべきだと主張していたという。

松崎氏自身も、作家の宮崎学氏を聞き手としたインタビュー録『松崎明　秘録』（08年、同時代社刊）の中で「国労新潟闘争が決定的な影響を私に与えている」とした上で、こう語っている。

【（ ）内は筆者補足】

「五七年の夏が新潟闘争で、その後新潟に行くんですよ。（中略）それで、私たちは乗り込んで行って、国労新潟は何をやっているんだと。こんな方針じゃ負けちゃうぞって、訴えた。国労の新潟地本の幹部に集まってもらって、それで学習会をやって、ここは『統一と団結』論でやっていたんじゃ負けちゃうんだよと言ったわけです。問題は鉄労（後に鉄労を結成することになる民同右派）をどう見るかということだったんです。共産党はこの鉄労という敵を、仲間だといっていた。私は違うと言った。『内部における敵』というように認定しないと、この闘いは闘えないんだと。内部の敵といかに闘うかということが生命線だと。ここで、鉄労もそのうちこっちへ帰ってくるからなんて甘い判断だったら絶対潰れるよと、そう言ったんです。

そこで鉄労を断乎排斥する、裏切り者は裏切り者として闘うべきであるという私の主張はそこでいったん通るんですよ」

しかし最終的に国労は松崎氏の主張を退け、彼の言った通り、新潟闘争は国鉄当局によって潰され、敗北する。

そして松崎氏がこの国鉄新潟闘争敗北の総括から編み出したのが、「内部の敵」との闘いを第一の闘争課題とする、前述の「積極攻撃型組織防衛論」だった。彼自身も自著にこう綴っている。

〈その（国鉄新潟闘争における敗北の）生きた教訓がマル生粉砕闘争だったと思う。一九七〇年代の生産性向上運動、いわゆるマル生攻撃に対する闘争である。私はそのとき「積極攻撃型組織防衛論」ということを提起し、たたかったのであるが、そのことはその後の闘争の基礎となっている。マル生攻撃では、国鉄当局は利益誘導と徹底した差別で組合組織の中に隠然と反組合分子の拠点を作り、組織分裂をたくらんだのである〉【『鬼が嗤う』（02年、西田書店刊）より。（　）内は筆者補足】

そして動労は、この積極攻撃型組織防衛論をもって、国鉄当局が推進したマル生運動を〈粉砕〉し、初めて当局に勝利する。そしてこの強烈な成功体験によって、積極攻撃型組織防衛論は動労、その後のJR東労組の運動の理論的支柱となっていくのだ。

この成功体験について、松崎氏は「国際労働総研」の機関誌「われらのインター」VOL・12（08年8月号）の中でも、次のように語っている。国際労働総研は彼が生前、会長を務めていた組織で、その事務局はJR総連と同じ旧「目黒さつき会館」に置かれていた。

〈積極攻撃型組織防衛論というのは世界にまったくなかったんですから、われわれが創ったんですから。マル生だって世界でどこも勝てていない。われわれだけが勝てた。ちゃんと歴史に学んでほしい。歴史に学ばずに、「積極攻撃型組織防衛論？　松崎に勝手に言わせておけ」、そんなことを言っている人がいるらしいけど。（中略）これに対してはわれわれは断固として闘う。現れ形態はソフトであろうと「内部の敵」なんですから。（中略）われわれは「統一と団結論」を粉砕して、「積極攻撃型組織防衛論」を打ち出した。われわれの内部に現れるのは敵の現れ形態として見なさいと、（中略）だから積極攻撃型組織防衛論というのは、これまでの世界の労働組合の敗北の歴史のなかから、勝利の展望を切り拓く唯一の理論だと。

この間もインタビューでしゃべったんです。「ＪＲ浦和電車区事件もそうだが、何で私が権力にやられるのか。はっきり言うけれど、私をやったら日本の労働運動が終わるからだ」と皆さんの前で言ったんですよ。だからやってきたんですよ〉【（ ）内は筆者補足】

そして次章で引用する、浦和電車区事件発生当時のＪＲ東労組の内部資料にも、以下のような記述がある。

〈敵対矛盾として現れ存在するＹ（文書では実名）に対する闘いは、「積極攻撃型組織防衛論」からして全くの正当な闘いである〉

つまりこの浦和電車区事件の本質は、松崎氏率いるＪＲ東労組が、「マル生闘争における組合側の勝利」という、労使紛争や思想闘争が激しかった国鉄時代の強烈な成功体験に拘泥《こうでい》し続けるあまり、その勝因となった「積極攻撃型組織防衛論」などというセクト主義丸出しの理論を、平成の世において、何の思想的背景もない一般組合員に適用し、実践した――ということだった。

そして前述の松崎氏の言葉にもあるように、この浦和電車区事件をめぐって「権力にやられる」可能性があることは、松崎氏自身も十分に認識していた。もっとも、あのとき、彼が「権力にやられ」ていたら「日本の労働運動が終わ」っていたかどうかは定かではないが。

労政転換に向けた経営側からの宣言

Y氏に組合脱退、退職を強要したとされるJR東労組組合員7人が警視庁公安部に逮捕されてから約2週間後のことだった。

2002年11月14日午前、東京・池袋の「ホテルメトロポリタン」の地下駐車場から出てきたウグイス色の「プラウディア」を、十数人の公安部の捜査員が一斉に取り囲んだ。その三菱自動車製の高級車は、松崎氏の「専用車」だった。

95年にJR東労組委員長を退任した松崎氏は、自らのために、前例のない「会長」ポストを設け、それに就いた。01年に会長を辞任すると、顧問に就任。02年7月には顧問からも退いた。が、東労組から専用車だけでなく、それを運転するボディーガード兼運転手まであてがわれ、それらにかかる経費はすべて、組合費から拠出されていたという。

このころにはすでに、後述する松崎氏の「組合私物化」と「カリスマの腐敗」が始まっていたのだが、松崎氏の専用車を取り囲んだ十数人の捜査員は、その車を、隣接する池袋署に誘導すると、後部座席に座っていた松崎氏に、車外に出るよう促した。

「なんだ!? なぜなんだ!? 私がなにをやったというんだ! 不当だ! 令状を見せろ!」

予期せぬ事態に激しく動揺し、わめき散らしながら車外に出た松崎氏に、捜査員は令状を示すと、丁寧だが、有無を言わせぬ口調で、こう告げた。

「今から、この車と、あなたの身体を捜索します。まずは上着を脱いでいただけますか?」

そして衆人環視の中で、裸同然の格好にされるという、屈辱的な取り調べを受けた松崎氏はその後も、「不当だ！　不当捜査だ！」と狂ったように怒鳴り続けていたという。

「公安部はこの身体捜索の３日前にも、松崎の埼玉県小川町の自宅マンションなど関係先二十数カ所を家宅捜索し、この身体捜索後も、松崎の（浦和電車区事件への）関与の裏付け捜査を進めたが、残念ながら立件には至らなかった」（前出・捜査員）

よって逮捕者は７人に止まったわけだが、07年７月17日、前述のＪＲ東労組による「冤罪キャンペーン」や傍聴券獲得運動も空しく、一審の東京地裁は７人全員に強要罪で懲役１年から２年の執行猶予付きの有罪判決を下し、７人は即日、控訴した。

ところが、この一審判決の約１カ月前、同年６月に開かれたＪＲ総連の「第23回定期大会」に来賓として出席したＪＲ東日本の冨田《とみた》哲郎《てつろう》常務（現会長）は、同社の過去において例をみない、次のような挨拶をしたという。

「浦和電車区事件について、会社は、事実は司法の場において明らか

冨田哲郎氏（ＪＲ東日本代表取締役会長）
撮影：尾形文繁

にされると考える。慎重に推移を見守っていく立場だ。職場秩序にかかわることであり、是々非々の立場で対応する必要がある。

当社は大きな社会的使命をもって、常に社会から注目を浴びている企業だ。会社と社員一人ひとりが常に緊張感を持ち、目を広く外に向け、社会の視点やコンプライアンス、倫理観、感度を保ちながら行動することが求められていることを意識し、自戒しなければならない」【傍点部は筆者】

「是々非々の立場で対応する」というのは、「有罪判決が下れば、会社として懲戒処分も含めた厳しい姿勢で臨む」ことを意味している。冨田氏の挨拶は、それまでの労使癒着が招いた職場の荒廃が、刑事事件にまで発展したことを会社として反省し、その後のJR東労組、JR総連が展開した「冤罪キャンペーン」の非常識ぶりを痛烈に批判する内容だった。

そして、それは国鉄分割・民営化から20年にわたって続いた歪《いびつ》な労政を転換するという経営側からの「宣言」でもあった。

「来るべき労政転換の日」のための「切り札」

冨田氏は51年、東京生まれの67歳。74年、東京大学法学部を卒業後、国鉄に入社。87年の国鉄分割・民営化でJR東日本に配属され、東京圏運行本部（後に東京支社、高崎支社、水戸支社などに分離）で、総務部人事課長などを務めた。

00年に本社の取締役兼総合企画本部経営管理部長となり、03年に常務取締役兼総合企画本部副本部長に就任。08年に副社長、12年に社長を経て、18年に会長に就き、今日に至っている。

複数の旧国鉄、JR関係者によると、冨田氏は早くからJR東日本内で「将来の社長候補」と目され、JRの他社からも「東のエース」といわれていたという。が、その内外の評価の高さとは対照的に、本社の取締役になるのは00年と遅く、東京圏運行本部時代からの東京支社勤務は13年に及んでいる。

「これはJR東日本が『来るべき労政転換の日』のために、冨田氏を『切り札』として支社に温存していたといわれている」（JR関係者）

その期待通り冨田氏は18年、第1章で詳述した労政転換を成し遂げたわけだが、前述の07年6月のJR総連定期大会での彼の挨拶に対し、当然のことながらJR東労組、JR総連は猛反発した。

だが、このときにはもう、JR東日本経営陣は組合と正面からぶつかる腹を括《くく》っていたのだろう。翌月1日に行われたJR東労組の定期大会に出席した清野《せいの》 智《さとし》社長（当時。現顧問）は、会場から飛び出した冨田批判に対し、こう反論した。

「浦和電車区事件について、先ほど冨田常務批判が出たが、会社としては事の真実について司法の場で明らかにされるので、その推移を見守っていくのは常務だろうと社長だろうと当然の立場だ。

さらに言えば、社会人としての質を兼ね備えているのであれば、改めることがあるならば、謙虚に改める姿勢が必要ではないか」

そして一審の有罪判決から約1カ月後の07年8月30日、JR東日本は前述の冨田氏の言の通り、7人の被告のうち、すでに自己都合退職していた1人を除く6人を懲戒解雇した。

処分事由は〈会社施設内において当社社員に対し行った行為が、強要の罪に当たるとして平成19年7月17日、東京地方裁判所にて有罪判決を受けた。この行為は職場秩序を著しく乱し、また、会社の信用を著しく失墜せしめたものであり、社員として極めて不都合であるため〉というものだった。

この処分に対し、JR東労組は〈美世志会への不当処分を満腔《まんこう》の怒りをもって、糾弾する!〉などと激しく反発。次のような見解を出して会社に抗議した。

〈会社は美世志会6名に「懲戒解雇」を発令した。即ち、即時首である。われわれ労働者にとって、首切りは「死刑」を意味するのだ。美世志会はもとより、家族は路頭に迷う。子どもたちの夢は打ち砕かれるのだ。その痛みを会社は分かっているのか! 分かってこのような過酷な処分を発令しているのか〉(07年8月30日付大宮地本見解)

組合の方針に従わなかったというだけの理由で、Y氏を集団でいじめ、退職にまで追い込み、「運転士になる」という夢を打ち砕いておいて、だ。よくもこんなことが言えるものだと、彼らの身勝手さには呆れ返る。が、JR東労組はその後も、懲戒解雇処分の撤回を求めて大々的な署名活動を始め、抗議集会を開き、地位保全の仮処分を東京地裁に申請するなど様々な運動を展開した。

しかし、ＪＲ東日本の経営陣はそれまでと違ってもはや、組合に対し一歩たりとも引かなかった。

07年10月22日に行われた団体交渉の席上、処分撤回を求める組合側に対し、会社は「（懲戒解雇処分は）社会通念、過去事例に照らして妥当だ」、「安全第一を求める企業で、刑法の条文に該当する行為が施設内で行われたということ」、「刑法犯は一審判決（段階）で、（処分を）出すのは社会通念上妥当だと思っている」などと突っぱねた。

さらにＪＲ東日本は同年11月15日付で、各支社長名による「社員の皆さんへ」と題した浦和電車区事件に関する見解を各職場に掲示。その中で〈これは、４年半に亘る裁判所の審理を経た判決を踏まえた、適切な判断であると考えています〉と社員に対し、処分の正当性を訴えたのだ。

そして同月、浦和電車区事件の舞台となった大宮支社内での会合で、ＪＲ東日本の小倉雅彦《おぐらまさひこ》常務（当時。現「東鉄工業」相談役）は、６人に対する懲戒解雇処分に触れ、「今、この処分に対する（ＪＲ東労組の）取り組みがあるようだが、社長に対して異を唱えるといった取り組みをする以上は覚悟してやってもらいたい」などと発言。組合側の動きを強く牽制した。

これに対し、懲戒解雇された６人は08年４月17日、ＪＲ東日本を相手取り、処分無効を求める訴えを東京地裁に起こした。

しかし、この訴訟の中でも会社側は〈仮に、Ｙに非があり、東労組から脱退させるべきと考えたとしても、組合規約に基づく除名の手続があるにも拘《かかわ》らず、多数でＹに対し、害悪を告知して脱退、退職を強要したことは到底許されるものではない〉、〈原告（6人）らの行為は、被告（会社）の職務上の規律を著しく乱し、一般社員に及ぼした負の影響は計り知れない〉【（ ）内は筆者補足】などと、JR東労組を痛烈に批判した。

6人がJR東日本に対し懲戒解雇処分の無効を求めた民事訴訟で、一審の東京地裁はJR東日本に対し、6人のうち2人の解雇を無効とする判決を言い渡した。

だが、会社側はこれを不服として控訴。二審の東京高裁は13年12月11日、一審判決を取り消し、6人全員の懲戒解雇処分は妥当との判決を下した。

このため今度は組合側が最高裁に上告したが、14年10月3日、最高裁は6人の上告を棄却。会社側の処分の正当性を認めた高裁判決が確定した。

つまりJR東労組の、組合員に対する集団によるいじめは、刑事でも、民事でも、その違法性、不法性が認められたわけだが、最も救済されるべき、この事件の被害者であるY氏はその後、どうなったのか。

JR東労組の変わらぬ前近代的体質

前述の、東京地裁の有罪判決を受け、6人を懲戒解雇した会社側の姿勢に、それまでと違ったものを感じたY氏は07年9月26日、代理人を通じ、〈退職願は本人の意思ではなく、JR東労組役員らによる強迫によって提出したもの〉として、これを取り消し、会社への復職を意思表示する「通知書」を送付した。その上で同年12月6日、JR東日本を相手取り、復職を求める民事訴訟を東京地裁に起こしたのだ。

この訴訟の中で、会社側は〈(JR東労組役員による)強要行動を容認していたのではない〉としながらも、〈当時原告(被害者)が本件強要行動によって精神的肉体的に追い詰められていたことは認める〉〈組合員らが原告に対して言葉による攻撃を加え、東労組を脱退し被告を退職するよう圧力をかけていたことは認識していた〉【( )内は筆者補足】と事実関係を認め、Y氏に非公式に謝罪。両者は和解した。

これを受け、彼は13年2月4日付でJR東日本への復職を果たし、現在も同社に勤務している。よって本稿では「Y氏」と匿名にさせていただいた。

だが、労使癒着が招いた職場の荒廃が、刑事事件にまで発展したことを社として自戒し、労政転換を図ったJR東日本とは対照的に、集団によるいじめでY氏を退職に追い込んだJR東労組は、その行為の違法性、不法性が刑事、民事裁判で認められたにもかかわらず、未だにこの事件について「反省」などしていない。

というのも、18年2月の「スト権行使通告」による組合員の大量脱退後、初めて開かれたJR東労組の「第36回定期大会」(同年6月13日)まで、JR東労組の中央執行部には、浦和電車区事件で有罪判決を受けた7人のうち5人が名を連ねていた。そしてJR東労組が人事を刷新し、「新生JR東労組」として生まれ変わったとしている同大会以降も、大宮地本の出身者で懲役1年6カ月、執行猶予3年の刑を受けた元被告が「法対(法務対策)部長」に就いている。

さらに18年10月15日付のＪＲ東労組の機関紙「緑の風」は1面に、前述の浦和電車区事件で有罪判決を受けた7人で作る「美世志会」のメッセージを掲載。〈反弾圧の闘いの成果を踏まえ、新生ＪＲ東労組の創造を仲間と共に！〉と題したそれの中で彼らは事件を次のように総括している。

〈組織強化を踏まえた反弾圧の闘いと広範な連帯の輪を創り出したことにより、国家権力・企業権力によるＪＲ東労組破壊という本質的な攻撃に勝利してきました〉

そしてこれを受けＪＲ東労組中央執行委員会は組合員にこう呼びかけるのだ。

〈不当にも懲戒解雇となった美世志会を守り抜くために、組織強化・拡大に向けて全力で邁進《まいしん》しようではないか！〉

もはや、どこから突っ込めばいいのか途方に暮れるが、彼らの前近代的な体質が、浦和電車区事件を引き起こした18年前から全く変わっておらず、さらには18年後の大量脱退という事態を受けても、世間の常識やＪＲ東日本の一般社員の心情が見えていない――ということだけは、お分かりいただけるだろう。

第4章

第4章　労政転換に向けた宣言

第5章

カリスマの腐敗と転落と死

カリスマの腐敗と転落

浦和電車区事件を機に、JR東日本がそれまでの歪《いびつ》な労政の転換を図ろうとしていた最中、JR東労組では、結成以来最大の分裂騒動が起こっていた。

きっかけは、松崎明氏による「組合私物化」、さらには組合費の「私的流用疑惑」だった。

前述の通り、1995年にJR東労組委員長を退任した松崎氏は、自らのために、前例のない「会長」ポストを設け、それに就いた。2001年の会長辞任後は、顧問に就任。02年7月には顧問からも退くのだが、それと同時に、「東京・横浜・八王子・大宮の4地本の『顧問』に自ら立候補し、他の地本の承認を待たずにそれに就任した」(JR東労組元幹部)という。

そしてこの元幹部によると、このころにはすでに「カリスマの腐敗と転落」が始まっていたというのだ。

95年7月にJR東労組の会長に就任した松崎氏は、その約2カ月後の9月13日、沖縄県国頭《くにがみ》郡《ぐん》今帰仁村《なきじんそん》の土地（１１３５平方メートル）を妻名義で購入。翌96年4月にはJR総連の関連法人「さつき企画」（08年に同じくJR総連の関連法人「鉄道ファミリー」に吸収）の前身である「さつき商事」が、２階建ての洋館を新築する。

さつき商事は76年、旧国鉄時代に違法ストなどで解雇された動労組合員の再雇用先として設立された株式会社だった。JR総連などが本部を置き、公安当局から「JR革マルの牙城」とみられていた東京都品川区西五反田の「目黒さつき会館」（旧「動労会館」。17年7月にリニューアルし、「目黒さつきビル」と改称）に本社を置いていた。

設立当初は組合員に対する保険の代行業などを主な業務としてきたというが、JR発足後はJR総連の関連団体の一つとなった。00年にその名称を「さつき企画」と改め、JR総連傘下の組合員を対象としたツアーの企画や、ウコンやプロポリスなど健康食品の販売などを行っていたが、株主は松崎氏１人で、実質的には彼の「オーナー会社」だった。

さらに松崎氏は、アメリカ合衆国ハワイ州最大の島「ハワイ島」東岸のヒロ市に建てられた庭付き一戸建てのコンドミニアム（総面積約９３０平方メートル）を、彼本人と妻、長男や長女の名義で、98年2月と99年4月に分割で購入。現地で取材したところ、その価格は21万９０００ドル（当時の日本円で約２６００万円）だった。

そして翌00年4月には、同じハワイ島内のカイルア・コナ市の会員制ゴルフクラブ「コナ・カントリークラブ」に隣接する高級コンドミニアム（約300平方メートル）を本人名義で購入する。価格は31万5000ドル（当時の日本円にして約3700万円）。これを松崎氏はキャッシュで買っていた。

95年から00年までの5年間に松崎氏が本人や家族などの名義で購入し、実質的に所有していた国内外の別荘やマンションの価格を合算したところ、彼の資産は不動産だけで1億円を超えていた。

一方、前述の浦和電車区事件を摘発した警視庁公安部は約2年後の03年6月、JR総連の役員3人がJR東海の助役を取り囲み、暴行を加えたとして、暴力行為等処罰に関する法律違反の容疑で、さつき会館に事務所を置くJR総連本部や「さつき企画」、そしてJR総連の福利厚生団体「日本鉄道福祉事業協会」（以下、鉄福）など関係先十数カ所を家宅捜索した。

鉄福は81年、動労からの土地や建物などの寄付により設立された「動力車福祉事業協会」が、87年の動労解散に伴い改称した財団法人で、JR発足後は、JR総連の福利厚生団体として、動労から引き継いだ資産や施設の管理運営を行っていた。現在は前述の「目黒さつきビル」などを運営している。

警視庁はさらにその3カ月後の03年9月、今度は鉄福が品川区内の銀行に持っていた貸金庫や、JR総連関係者の自宅など数カ所を家宅捜索したのだが、これらの捜索で押収した、鉄福が管理しているJR総連の「国際交流推進委員会」（後に「国際委員会」に改組）の通帳などから、松崎氏が組合費を私的に流用し、ハワイの別荘を購入した疑いが浮上した。

そこで警視庁は約2年に及ぶ内偵捜査を経て、05年12月、業務上横領の容疑で松崎氏の自宅やJR東労組本部などを家宅捜索。さらに07年2月には、松崎氏の「金庫番」と目された鉄福の理事長（当時）宅を同容疑で捜索し、関係者から聴取するなど、松崎氏らによる組合費私的流用事件の捜査を進めた。しかし結局、業務上横領容疑の立証には至らず、07年12月28日、松崎氏は嫌疑不十分で不起訴となった。

この松崎氏の組合費の私的流用疑惑や、組合私物化については、拙著『マングローブ——テロリストに乗っ取られたJR東日本の真実』（07年、講談社刊）で詳述したので割愛するが、これらの疑惑については、前述の警視庁による03年9月の家宅捜索以降、JR東労組内部でも公然と批判されるようになったのだ。

鬼の咆哮

「俺は、（JR東日本）東京支社なんてチンピラを問題にしていない。松田出て来い！　大塚出て来い！　俺に文句があるなら堂々と来い！」【（　）内は筆者補足。以下同】

浦和電車区事件が警視庁公安部によって摘発される約4カ月前の02年7月10日、箱根で催されたJR東労組の「本部役員慰労会」で、同組合の顧問から退いたばかりの松崎氏はこう吼《ほ》えたという。そして〝鬼の咆哮《ほうこう》〟はこう続いた。

「東京地本の（7月）14日の大会までに、JR（東日本）本社の幹部が明確な方針を示さない限り、俺は東京地本大会でものごとをちゃんと言う。闘う方針を示しますよ。組織がぶっ壊されることを覚悟してやりますよ。（中略）

やくざみたいなものだよ。命なんかとっくの昔に捨てているから、いいじゃないの。かかってこいよ。（中略）なめんじゃないよ。労働者の魂はヒューマニズムなんだよ。階級として組織化された労働者の魂を支配者が踏みにじろうとするんだったら、命をかけて闘おうじゃないか。だから、こんな状態でいったら、来年の株主総会グチャグチャにするからね。（中略）

かかってこいよ。いくらでも受けてたつ。世界に冠たる労働組合なら。それをないがしろにするんだったら。東京支社？　そんなもんじゃないだろう。本社だろう。だから昨日、『大塚に言っておけ』というのはそういう意味だよ。（中略）世界に冠たる労働組合を足蹴《あしげ》にしたな、だったらかかってこいよ。そういう意味ですよ。

悪いけれども、組織がぶっ壊されても、14日の東京地本大会では会社がそこまで回答を示さなければ俺は闘いを宣言するよ。顧問を下がったんだから、フリーだからね。その後どうするかは東京地本および（JR東労組）本部の問題でしょう。でもたぶん俺は順法闘争・ストライキに決起せよと言ったら、俺は従ってくれると信じている。従ってくれなかったら、そこで俺は割腹自殺する！」

ＪＲ東労組幹部からも異論

ここに出てくる「松田」とは当時、ＪＲ東日本会長だった松田昌士《まつだまさたけ》氏、そして「大塚」とは社長だった大塚陸毅《おおつかむつたけ》氏のことだが、松崎氏はなぜ、この2人に対し、これほどまでの怒りを露《あらわ》にしたのか。

「95年のことです。（埼玉県）大宮市内のホテルに複数の旧鉄労の組合員が集まり、ＪＲ東労組から脱退し、新労組を結成するための『秘密会議』が開かれたのですが、その会議の内容が東労組と会社側に漏れ、潰された事件がありました。

その際のメンバーの一人に安達義男（仮名）という元鉄労組合員がいたのですが、その安達は98年に、管理職である東京支社の営業部課長代理に、02年には営業担当課長に昇進する。ところが、安達の昇進後、それを知った松崎は激怒するわけです。よくも会社は俺に断りもなく、過去に『組織破壊行為』に関与した安達を管理職にしてくれたな、と。

いうまでもなく人事は経営側の専権事項で、本来ならば、組合や松崎にお伺いを立てる筋の話ではない。ところが松崎は『会社が俺の知らないうちに人事を決めた。許さん』と喚《わめ》き続け、それを受け、組合と会社がこの『東京問題』で揉めに揉めるのです」（ＪＲ東日本ＯＢ）

このエピソード自体が、当時のＪＲ東日本で、組合による人事介入が常態化していたことを如実に現しているのだが、自分の意のままにならない経営陣に対する怒りのあまり、「順法闘争」や「ストライキ」まで持ち出した松崎氏に対しては、さすがに当時のＪＲ東労組幹部の間からも異論が出たという。

「あの発言を聞いて、この人は何を血迷ったのだろうと思いました。『人事問題』を闘争課題にして、順法闘争などを行えば、それこそ世論の袋叩きにあって、JR東労組という組織そのものがぶっ壊れてしまう。

それに『山手線を止める』と言っても当時、山手線に限れば、運転士の7割が平成採用。車掌に至っては8割でした。旧動労の組合員が何人もいないところで、『順法だ!』なんて叫ばれても、できるわけがない。だから私は正直にそう言ったんです」

06年、私の取材に対しこう語ったのは、JR東労組の事実上のナンバー4で、「企画局長」を務めていた阿部《あべ》克幸《かつゆき》氏(当時49歳)だった。

阿部氏は新潟出身で、10年近くJR東労組中央本部の執行委員を務め、業務部長などの役職を歴任。かつては松崎氏の側近の一人といわれていた幹部だった。阿部氏が続ける。

「ただ、松崎の言う『順法闘争』は、現実的に不可能ではない。(組合が)組織的に行うのは無理だとしても、ゴリゴリの活動家が数人いれば、ダイヤを乱すことができる。

極端な話、松崎の命を受けた活動家が防護無線を1回、発報してしまえばいい。それだけで山手線はすべて止まりますから。回復するまで3分はかかる。そんな活動家が5人、順番に防護無線を発報していけば、その日の山手線のダイヤはズタズタになります。

JR東日本経営陣が最も恐れていたのが、この松崎が直接指示する『順法闘争』でした。だからこそ会社は、松崎が吼えると大騒ぎになった」

しかし今度は阿部氏の発言が、松崎氏の逆鱗に触れたのだ。

「その4日後に開かれた東京地本定期大会の懇親会で、松崎は『阿部の小僧っ子は順法闘争を否定しただって！　阿部の野郎許さねぇ』、『チンピラ阿部め！』と罵《ののし》り、その場に居合わせた東京地本執行部の面々に『東京は順法闘争できるよな！』と問いかけた。それに対し、当時東京地本の委員長は『でっ……できます』と答えたそうだ」（JR東労組元幹部）

松崎氏の「順法闘争」発言を批判した阿部氏は、JR東労組から役職を剝奪され、除名処分となったのだが、松崎氏はさらに、阿部氏を擁護した当時のJR東労組副委員長で、事実上のナンバー2だった嶋田邦彦《しまだくにひこ》氏（当時62歳）にまで制裁を科したのだ。

そしてこれを機に、それまで「鉄の結束」を誇っていたJR東労組で、過去最大規模の分裂騒動が起こるのである。

独裁者の嫉妬

阿部氏と同じく、新潟出身の嶋田氏は、旧国鉄に就職後、動労に加入し、交渉部長に就任。JR発足後は、JR東労組書記長などを経て00年、JR東労組副委員長に就任した。02年当時、12人いた副委員長の中でも嶋田氏は、「委員長代行」を務める筆頭副委員長だった。

ちなみに阿部、嶋田両氏も後述する警視庁公安部の内部資料に「マングローブ」のメンバーとしてリストアップされていた。私の取材に対し、嶋田氏はこう語った。

「阿部の発言は至極真っ当なもので、私もそれに賛同した。しかし、JR東労組内部で松崎氏の言うことに逆らうなど、たとえ我々幹部でもご法度だった。その直後から我々はJR東労組内部で『組織破壊者』のレッテルを貼られ、あらゆる罵詈雑言《ばりぞうごん》を浴びせられ、様々な虚偽の情報を流されました」

だが、前出のJR東労組元幹部によると、嶋田氏が松崎氏から切られたのは、前述の「阿部発言」を擁護したからだけではないという。

「松崎が『順法闘争』発言をする9日前の7月1日、彼はその月末に開かれるJR東労組の定期大会の役員名簿を見て激怒した。

というのも、その名簿には『顧問　松崎明』の名前が一番下に書かれてあったんだ。これを見た松崎は『非常識だ！』、『大会には出席しない！』と喚き散らしたが、嶋田氏がなだめてなんとか収まった。ところが松崎は、嶋田氏がわざと名簿順位を下にしたと思い込み、嶋田氏の追い落としにかかった。

しかし、本当のところは、この〝名簿事件〟も、嶋田氏による『阿部発言』擁護も、単なる口実に過ぎず、松崎はそれ以前から、嶋田氏を切ろうと考えていた」（元幹部）

この元幹部によると、同じJR東労組でも、松崎氏の出身母体で、国鉄時代に過激な闘争を繰り返した旧「東京動労」の流れを汲《く》む、東京・水戸・八王子・大宮・横浜・高崎などの首都圏を含む関東の地本と、嶋田氏や阿部氏らの出身母体である新潟地本や、後に新潟と同様、松崎氏に反旗を翻す長野地本、さらには仙台などの東北地方の各地本とでは、その〝体質〟が決定的に違うという。

「東京動労の血を受け継いだ首都圏の各地本には、〝松崎教〟の信者、つまりはゴリゴリの活動家が多い。これに対し、新潟や長野、仙台などの地本は、旧動労といえども穏健な組合員が大半で、基本的に会社と対立することを好まない」（同前）

そしてJR東労組では02年当時、阿部氏ら新潟地本出身者を中心に、「次期委員長は嶋田」の声が上がっていたという。

「これが松崎には面白くなかった。つまりは嶋田氏に対する嫉妬だ。また嶋田氏は（JR東労組の）他の幹部と比べても革マルとの距離が遠く、革マル（派党中央）の方針よりも、組合のそれを優先するため、他のマング（ローブ）の連中からは『組合主義者』と揶揄《やゆ》されていた。

さらに松崎からすれば、嶋田氏が委員長に就任した暁《あかつき》には、『引退勧告』されるかもしれないというのも怖かったのだろう。だから嶋田切りのチャンスを窺っていた」（同前）

かつての腹心や側近が力をつけてきたことに怯《おび》え、人心が彼らになびくことに嫉妬し、次々と部下たちを切るという松崎氏の姿は、過去の歴史に浮かんでは消えた、老いてなお権力の座にしがみつこうとする独裁者のそれと重なる。が、彼はその後もさらに地位に恋々とする。

前述の通り、JR東労組本部の顧問から退くと同時に、東京・横浜・八王子・大宮の4地本の顧問に自ら立候補し、他の地本の承認を待たぬまま、それに就任したのだ。

これに対し千葉地本や長野地本など各地本から異論が噴出したが、松崎氏は自らに異を唱える、これらの地本の幹部らも次々とパージしていった。嶋田氏が再び語る。

「このままでは組合が分裂してしまうと考えた我々は（02年）10月31日、JR東労組本部に自ら辞任届を出したのです。ところが、その翌日の11月1日に『浦和電車区事件』で、JR東労組に家宅捜索が入った。これは単なる偶然に過ぎなかったのですが、松崎は、私や、私と一緒に辞任届を提出した他の幹部が、『警察と繋がっている』、『権力のスパイだ』などと、何の根拠もなく喧伝したのです」

そしてJR東労組は、嶋田氏や阿部氏ら、松崎氏に異を唱えた中央執行委員8人が本部から去った後も、むしろ、それまで以上に執拗に彼らを攻撃するのだ。

JR東労組の内部資料

私の手元にA4版3枚からなる、当時のJR東労組の内部資料がある。嶋田氏ら8人の中央執行委員の辞任後、また警視庁公安部による、浦和電車区事件に関与した7人の組合役員の逮捕後に、JR東労組の役員に配付されたものだ。

少々長くなるが、彼らの思考回路と、JR東労組にとって、松崎氏がどのような存在なのかがよく分かる内容なので、引用しよう。【（ ）内は筆者補足。また読みやすくするため、原文の一部に改行を加えた】

〈JR東労組の真の一枚岩の団結を創りだそう！〉と題されたこの文書は、このような呼びかけで始まる。

〈全ての役員の皆さん。(嶋田氏ら)8名の裏切りと7名の不当逮捕を通じた組織破壊攻撃が加えられている中で、我々は組織の総力を挙げてこの危機的事態の克服のためのたたかいを展開してきた。ここまでのたたかいを展開できた最大の根拠は、松崎前顧問の的確な指導にある。

そして、松崎前顧問は大宮地本の顧問就任の挨拶の結びに「この9人に対して私は断固たる闘いを初めてここで『宣言』します。これから不退転の決意で、我が人生を賭けて、ヒューマニズムを賭けて、平和な暮らしを送ってきたその責任において、断固として闘い抜く。それがこの就任の決意であります」と若々しい情熱をもって闘いの先頭に立つことを明らかにした。

我々はこの松崎前顧問の怒りと決意と情熱を我がものにして、JR東労組の防衛・強化の闘いに決起するのでなくてはならない〉

ここで松崎氏が「この9人」と言っているのは、前述の嶋田氏や阿部氏ら8人の中央執行委員に当時、千葉地本委員長に就いていた小林克也《こばやしかつや》氏(当時48歳・故人)が加えられているからだ。

小林氏は、前述の松崎氏が4地本の顧問に就任した際、異議を唱えたことから、千葉地本委員長を解任され、JR東労組から除名された。

また「抵抗とヒューマニズム」は、生前の松崎氏が好んで使ったフレーズである。文書はこう続く。

〈我々は、「役員学習・討議資料」によって松崎前顧問の提起した(嶋田氏ら)本部中執8名の辞任問題の核心とたたかいの方向性についても明らかにしてきた。闘いに決起するためには松崎前顧問の提起そのものを主体化することから始めなければならない。

松崎前顧問は主に「積極攻撃型組織防衛論」と「統一と団結論批判」の論理を今回の事態に適用し、我々にわかり易く核心と方針を提起してくれている〉

「統一と団結」論に基づいた国鉄新潟闘争の敗北を教訓に、動労時代の松崎氏が「積極攻撃型組織防衛論」という独自の理論を編み出し、それがその後の動労、JR東労組の理論的支柱になったことは前章で述べた。引用を続ける。

〈まず「積極攻撃型組織防衛論」であるが、これはふたつの意味を持っている。一つは敵対矛盾として現れ存在するY（原文では実名。浦和電車区事件の被害者。前章参照）に対する闘いは、「積極攻撃型組織防衛論」からして全く正当な闘いであること。

ふたつ目は9人組も敵対矛盾であることから、「積極攻撃型組織防衛論」を適用し、嶋田一派とそれを支持する奴らを許さない闘いを徹底的に展開すべきということを提起している。

階級闘争の歴史において資本・権力の側からの直接的な攻撃によって労働者階級は敗北をしたことはない。常に敗北の歴史的根拠は労働者階級の内部の「労働者づら」をした「敵」からの攻撃とそれを許したことにある。

我々は現段階、7名の不当逮捕・不当弾圧という国家権力からの直接的な攻撃を受けている。しかし、我々はこれらの攻撃に対する準備は行ってきたし、いくら国家権力が「東労組は内部から壊れないので外から壊す」と言ってみたところで恐れることはない。そればかりでなく反弾圧の闘いによって若い仲間たちを中心にして、組織は着実に強化されてきている。

労働者階級の敗北の歴史を教訓にするならば、嶋田一派とそれを支持する奴らの存在こそ、我々にとっては重要なことであり、主要なことである。（中略）９人組との闘いなくして７人の逮捕を口実とした組織破壊攻撃への勝利はないことの自覚を促し、労働者階級としての価値観を体得させ、高めていくことが課題である。

「統一と団結論批判」は、「積極攻撃型組織防衛論」を編み出す根拠となっているものであるが、嶋田一派とそれを支持する奴らは「敵」であるということを明らかにしている。

（中略）松崎前顧問は数々の具体的事実を取り上げ「嶋田一派は11・１の弾圧（警視庁公安部による浦和電車区事件の摘発）を知っていた」という提起をしている。その意味するものは「嶋田一派は『敵』であると認識せよ」ということにある。

そして松崎前顧問は９人組との闘いは「階級闘争として位置づける」と提起している。階級闘争においては「変革の対象か」「打倒の対象か」の二者択一である。松崎前顧問は９人組に対して「変革の対象ではありません。私は残念ながらあきらめています。それまでの人だったんだとあきらめました」と提起している。

松崎前顧問は積極的に「打倒の対象」という表現は使っていない。しかし、われわれは「階級闘争として位置づける」という松崎前顧問の心中を察しなければならない。つまり「打倒の対象」でしかないのである〉

要するに文書は、ＪＲ東労組の役員に、松崎氏は、嶋田氏ら９人に対し、「打倒の対象」という言葉は使っていないものの、彼の心中を〝忖度《そんたく》〟せよと言っているわけである。文書はさらにこう続く。

〈ところで我がJR東労組が何ゆえに「世界最強の労働組合であるか」という理論的な大きな根拠は、世界で唯一「統一と団結論」を乗り越えていることにある。

動労が国労との対比において国鉄改革時において「分割・民営反対」から「推進」の方針転換がはかることが出来た組織的根拠は内容上において一枚岩だったからである。（中略）つまり労働者階級の「敵」を組織外に放逐し、内容上の一枚岩であったからである。

さらに我々は「リーダー研修」も粉砕したのであるが（第3章参照）、95年の組織分裂（グリーンユニオンの結成。同前）以前にこの「リーダー研修」という攻撃が加えられたならば、闘いは困難を極めたであろう。つまり、労働組合のリーダーが真の労働者階級として確立され反対派が存在しない「真の一枚岩の団結」が様々な困難を克服できた組織的根拠なのである。そして、その理論的根拠が「統一と団結論批判」なのである〉【傍点部は筆者】

これまでに述べてきた通り、JR東労組は内部に「敵」を見い出し、あるときは意図的に作り出し、それを集団で、徹底的に攻撃することによって組織を強化し、維持してきたという歴史を持ち、かつ、それを「正しいこと」として自ら誇ってきた組合だ。

ではなぜ、第1章で詳述した18年の、この組合の崩壊、約3万5000人もの組合員の大量脱退は起こったのか。

理由は簡単だ。JR東労組はこの30年余の間に、その独善的で傲慢な体質から、内部に潜在的な「敵」を大量に生み出してきたのだ。それが彼らに見えていなかっただけで、「敵」が顕在化したときには、その数のあまりの多さに、もはや為す術がなかったという話である。

それにしても、「反スターリニズム」を掲げる革マル派の影響を色濃く受けたこの組合の唱える理論が、〈反対派の存在〉を許さず、〈一枚岩の〉民主集中制という絶対原則を貫いたスターリンのそれと酷似しているのは、皮肉としか言いようがない。引用をさらに続ける。

〈これらの提起を受け止め、我々は組合員・家族のために「JR東労組の真の一枚岩の団結」を実現しなければならない。しかし、我が組織は形式上は一枚岩であるが内容上は分裂状態にある。

8人組は我々から逃亡したことによって、事実上政治生命は終わりを迎えた。10月14日に松崎前顧問は今回の問題の核心と態度を明らかにしている。「（嶋田氏らを）東労組の指導者として認めません」、「私自身が中心となって創ってきた労働組合の最高指導部に置くつもりはない」、「真実を隠して相手を悪者にして、そして自分は委員長になりたいなんて、こんな根性の者には我が組合は必要としていません。そういう者は去ってもらうしかしょうがない」と本部からの放逐を宣言している。

それ以降の半月にわたる本部内における我が仲間たちのたたかいによって、8人組は我々の固い決意を感じ取り、自らの犯罪性が暴露されることを恐れ10月31日に逃亡したのである。「組織混乱回避の辞任」などと正当化しようとも内実は、我々との闘いに敗北しただけのことである〉

この約3カ月前にJR東労組の顧問から退き、〈前顧問〉などという不思議な肩書を持つ人物が、現役役員の人事に介入するだけでなく、組合からの〈放逐〉をも〈宣言〉する。しかもそれに他の組合幹部たちが、まるで松崎氏への忠誠心を競い合うかのように、我先にと付き従い、松崎氏に異を唱えた〈8人組〉や彼らに賛同した組合員たちを一斉に攻撃する――文書の内容は、当時のJR東労組という組合の異常さと、この組織がやはり「松崎氏の組合」であることを証明している。そして文書はこう締めくくられる。

〈しかし最高指導部に裏切り者が居座っている。それは松崎前顧問が大宮地本の顧問就任の挨拶の中でも「小林（克也・元千葉地本委員長）はずうずうしく本部に居座っている」と指摘している。地方委員会という大衆的な場面で小林の本質を明らかにし「断固たる闘い」を「宣言」したのであり、もはやなんの遠慮も必要としないのである。

小林は嶋田一派のスパイとして本部執行委員会にとどまったのである。事実、本部執行委員会の内容を嶋田一派に流していたことが判明している。したがって小林克也に対しても「敵」という認識が必要である。（中略）この世界に冠たるJR東労組をさらに防衛・強化するために「真の一枚岩の団結」を実現する闘いをそれぞれの場で展開しようではありませんか〉

〈世界最強の労働組合〉、〈世界に冠たるJR東労組〉などという過剰なまでの自賛は、読んでいるこちらのほうが恥ずかしくなるほどだ。また文書の中に登場する〈敵対矛盾〉や〈階級闘争〉などの文言は、とても今どきの労働組合が使うものとは思われないが、JR東労組はこの文書に極めて忠実に、嶋田氏や小林氏ら〈9人組〉を追い込んでいった。

反旗を翻した「松崎の右腕」

もっとも、嶋田氏らも元々は旧動労時代から数々の修羅場をくぐり、ＪＲ東労組の幹部を務めてきた面々である。徹底した反撃に出たのだ。

嶋田氏や阿部氏の出身母体である新潟地本（当時の組合員数は約６０００人）では、嶋田氏らに同調する組合員が２０００人に達し、長野地本も反旗を翻した。さらに「反本部」、「反松崎」の動きは東京、横浜地本など松崎氏のお膝元にも波及。これに対しＪＲ東労組中央本部は「執行権の停止」や「組合員権の停止」などの制裁を乱発し、東労組は結成以来、最大の内部分裂を起こすのである。

さらに05年6月には、かつて「松崎の右腕」といわれた元ＪＲ総連委員長の福原福太郎《ふくはらふくたろう》氏（当時67歳）が、松崎氏の腐敗を告発する『小説　労働組合』を自費出版し、ＪＲ東労組、ＪＲ総連のみならず、ＪＲ東日本経営陣にも衝撃を与えた。

同著の中で福原氏は、あくまでフィクションの形を取りながらも、松崎氏の組合私物化の実態やＪＲ東労組、ＪＲ総連と革マル派との関係、さらには当時の松崎氏と会社経営陣との癒着をも暴露したのだ。

福原氏は37年、群馬県生まれ。松崎氏の1歳年下だ。県立高崎工業高校卒業後、町工場の工員やトンネル工事作業員などに従事した後、61年に国鉄新潟鉄道管理局に就職。その後、動労に入り、動労新潟地本書記長を経て83年、動労中央本部書記長に就任した。

このころから「松崎の右腕」といわれていた福原氏は、JR発足直前の87年2月、「鉄道労連」(JR総連の前身)の書記長に就任。90年から3期にわたってJR総連委員長を務め、その間、ナショナルセンター「連合」(日本労働組合総連合会)の副会長や、陸・海・空の交通機関の労働組合で作る「交運労協」(全日本交通運輸産業労働組合協議会)の副議長にも就いている。「連合」関係者は、現役時代の福原氏の印象をこう振り返る。

「福原さんは、松崎さんほどのカリスマ性はなかったものの、頭脳明晰で、議論に強く、物事を筋道立てて説明する能力は抜群だった。我々からすれば、JR総連の主張は、極めて偏狭なものに感じることも少なくなかったが、それでも『福原さんが話されるのであれば』と、必ず耳を傾けた」

だが、この福原氏もまた、かつてはJR革マルの最高幹部の一人で、後述する警視庁公安部の内部資料に「マングローブ」のメンバーとしてリストアップされていた。そしてJR総連の委員長を辞任後、JR総連の常任顧問などを務めたが、02年に辞任する。

「福原氏は40年近く、労働運動家として、松崎氏とその歩みを共にしてきたが、松崎氏が95年に会長に就任して以降、組合私物化の度合いを増していったことに極めて批判的だった。そこで、JR東労組の顧問退任後もなお組織に留まり、影響力を行使しようとしていた松崎氏に『引退勧告』すべく02年2月、自ら一線から退くことを表明した。

ところがこの福原氏の態度に、(JR東労組)本部の顧問退任後も『4地本の顧問』に就任するなど、組織にしがみつこうとした松崎氏は激怒し、JR総連顧問だった福原氏を『退任』ではなく、『辞任』に追い込んだ。

しかし福原氏は辞任後も、松崎氏が組織の私物化を止めようとせず、自らに批判的な組合幹部らを次々とパージしていくことに怒りを覚え、松崎氏によるJR東労組、JR総連の絶対支配体制を終わらせるために出したのが、この『小説　労働組合』だった」(JR東日本OB)

この『小説』の中身についても、前述の拙著で詳述したので、ここでは冒頭のエピグラフ(題辞)のみ紹介しよう。

〈魚は頭から腐ると言う。

すべての組織も同じだが、労働組合では尚更である。

日本社会は、いつからか、戦争の匂いが漂いはじめた。

今こそ労働者のための労働組合が必要なときだ。

なのに、労働運動は声も姿もみえない状況にある。

なにがそうさせたのか。

幹部による労働組合の御用化と私物化策動を、労働者の無関心が許したからだ。

このままでは、労働組合は労働者から見捨てられる。

そのとき、日本社会は、かつての暗黒の道に入り込むだろう〉

この福原氏のエピグラフの通り、13年後、JR東労組は3万5000人余の組合員から〈見捨て〉られ、崩壊するのだが、同著の出版後、松崎氏とJR東労組、JR総連はその内容に激しく動揺し、同著を「組織破壊本」と規定。組織を挙げて福原氏を攻撃した。

同書出版から3年半後の08年12月には、松崎氏とJR東労組、JR総連が『小説』で名誉を傷つけられたとして、福原氏を東京地裁に提訴する。しかし提訴した時点ですでに、民法上の不法行為の消滅時効（3年）が成立していたことから、東京高裁は11年6月、松崎氏らの請求を棄却するのだが、提訴から自らが死去する10年まで松崎氏は、前章で述べた「国際労働総研」発行の機関誌「われらのインター」で、延々と福原氏批判を続けたのだ。

「JR革マル43人リスト」

一方、JR東労組からパージされた嶋田氏ら9人の元幹部らは06年6月、「JR東労組の正常化と革マル派支配からの脱却」を目指す「JR東労組を良くする会」（以下、「良くする会」と略）を結成。翌月から数回にわたって記者会見を開き、松崎氏による組合私物化を告発するとともに、彼らがかつて所属していた「JR革マル」と完全に関係が切れたことを内外に証明するために、その実態を暴露したのである。

その一つが、彼らが実体験に基づき作成した「JR革マル43人リスト」だった。同リストにはJR東労組やJR総連、そして前述のJR北海道の最大労組「北海道旅客鉄道労働組合」（JR北海道労組）や、「日本貨物鉄道労働組合」（JR貨物労組）などの現役幹部27人（06年当時）のほか、元幹部や組合書記などの実名が記され、個々人に詳細な解説が付けられていた。

例えば、以下のようにである。【（ ）内は筆者補足】

〈A＝（リストでは実名、以下同）旧動労本部青年部長などを歴任。首なし専従として君臨。JR移行時に、職業革命家として革マル派に。通称「トラジャ」のメンバー。革マル派（党中央）と（JR革マル）の対立時（この対立については後述）、一時期海外に逃亡。現在は、目黒さつき会館におり、なぜかJR東労組所属で、JR総連の特別執行委員に就任している〉

〈B＝マングローブの一員。目黒さつき会館4Fに常駐。JR東労組執行副委員長、顧問などを歴任。マル生（闘争）当時に旧国鉄を解雇。その後、首なし専従として組合を食い物にしてきた。妻は元教師（革マル派）で、現在はさつき企画に勤務。子どもなし〉

〈C＝東京大学革マル派出身、マングローブの一員。旧動労時代からのプロパー書記。JR移行後は、JR東労組情宣部長などを歴任、現在はJR総連執行副委員長。妻も、旧動労時代からの学生革マル派出身で、JR貨物の書記などを歴任した革マル派同盟員。子どもなし〉

〈D＝早稲田大学革マル派出身。動労時代から連続してプロパー書記。JR東労組では総務財務部、組織部、教宣部などに所属。松崎の講演テープなどを文章化することが主な仕事。かつて（警視庁公安部が98年1月に摘発した革マル派の非公然アジト「豊玉アジト」があった）豊玉のマンションに居住〉

〈E＝北海道旭川出身。JR北海道労組執行委員長、JR総連書記長などを歴任し、JR総連執行委員長。マングローブの財政担当〉

〈F＝北海道大学革マル派出身。動労北海道本部書記からJR北海道労組札幌地本書記長など

を歴任。現在は、ＪＲ総連政策部長〉

リストに出てくる〈プロパー〉とは、もともと国鉄やＪＲの社員ではなく、東大や早大、日大などの「学生革マル」出身者で、ＪＲ東労組に就職した職員のことを指している。

また、ここで特徴的なのは、夫婦とも革マル派で〈子どもなし〉という記述だが、公安当局関係者によると「革マル派活動家は、自党派の活動家としか結婚しない。そして『子供は革命の妨げになる』として作らないよう指導している」という。

警視庁公安部が96年、革マル派の非公然アジト「綾瀬アジト」を摘発した際の押収資料から、「トラジャ」や「マングローブ」など、革マル派の秘密組織の存在が明らかになったことは第3章で述べた。だが、実は公安部は、それらの押収資料の中から暗号化されたメモなどの解析を進め、国鉄出身の「職業革命家」である約10人のトラジャと、ＪＲ総連やＪＲ東労組、ＪＲ北鉄労内部で活動する約１００人のマングローブを割り出し、極秘裏にリストを作成していた。

「良くする会」作成のリストでは、ＪＲ革マル43人のうち、半数以上の25人が〈マングローブ〉と指摘されているのだが、私が入手した前述の公安部作成のリストと照合すると、そのうち13人が一致した。

ＪＲ革マルの内部構造

さらに「良くする会」は、ＪＲ革マルの内部構造についても明らかにした。それが１８６ページの組織図（図表５－１）だ。下から順に〈分会（職場）〉、〈支部労研〉、〈地方労研〉、〈中央労研〉とピラミッド型の組織を構成しているが、この〈労研〉こそが、ＪＲ革マルの〝母体〟ともいえる組織なのだ。

それについては後述するとして、労研が形成するピラミッドの側面に、下から〈Ｌ会議・Ｌメンバー〉、〈Ａ会議・Ａメンバー〉、そしてその上に前述の〈トラジャ・マングローブ〉で構成される台形が乗っている。そして〈トラジャ・マングローブ〉の上に、〈革マル派〉、すなわち「党革マル」が位置しているのだ。

〈トラジャ・マングローブ〉が党革マルと〈労研〉、さらには〈Ｌ会議・Ｌメンバー〉、〈Ａ会議・Ａメンバー〉を繋ぐ存在であることがよく分かる。

ＪＲ革マルと党革マルとの、出自からくる体質の違いや、その関係については次章で詳述するが、それを読めば、この組織図がいかに、両者の関係性を的確に表しているかを理解していただけると思う。

この組織図は、06年当時、「良くする会」のメンバーだった前出の小林克也・元ＪＲ東労組千葉地本委員長と、元ＪＲ東労組の中央執行委員で、業務部長に就いていた本間雄治《ほんまゆうじ》氏（当時49歳）が中心となって作成したものだった。

図表5-1　革マル派のJR支配

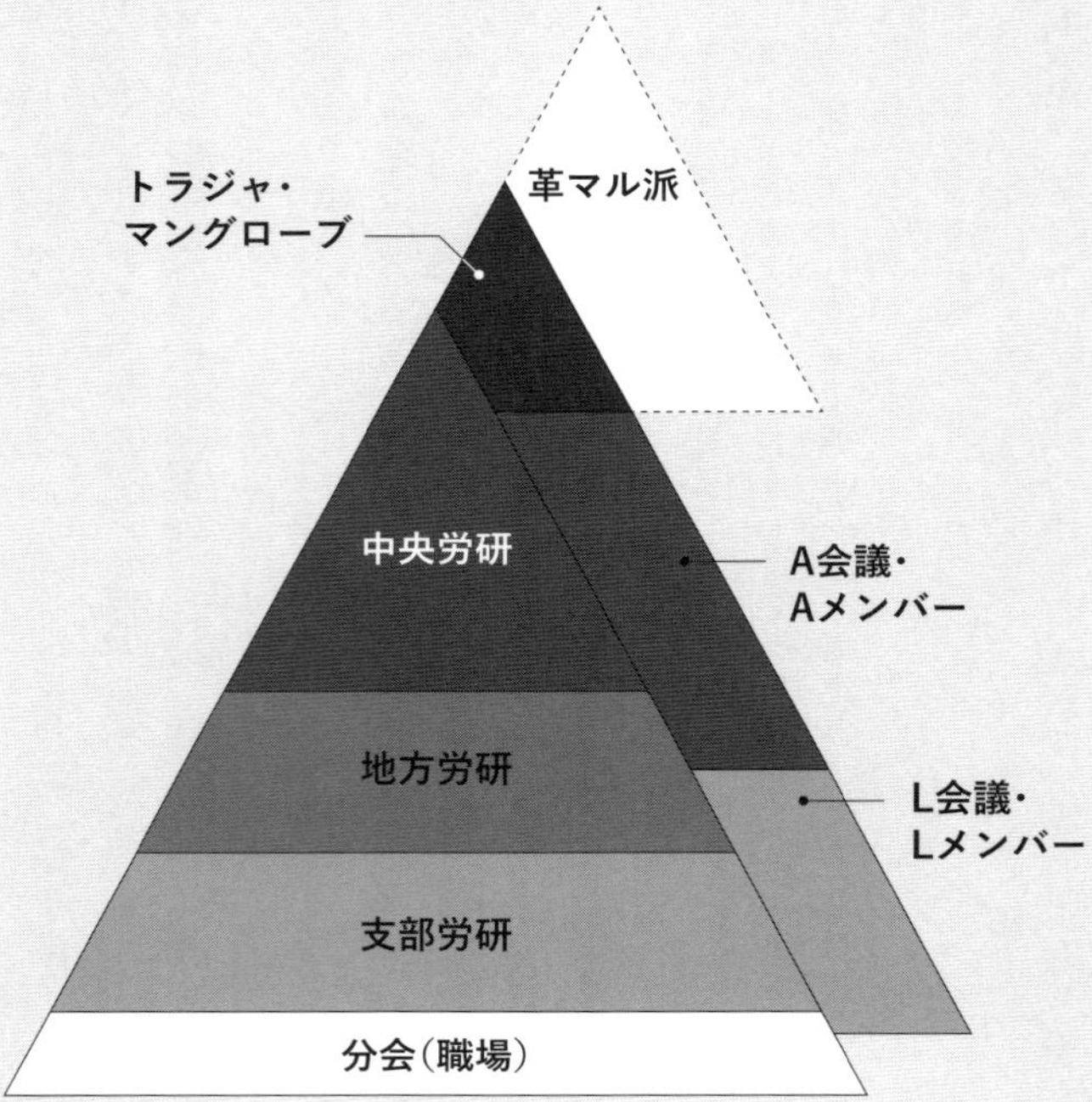

「JR東労組を良くする会」が作成した
革マル派JR支配の組織図

こうした構造（労研）が各単組で作られており、
これらの上部組織として「全国労研」が存在する。
この他に、職能別の労研も存在する。

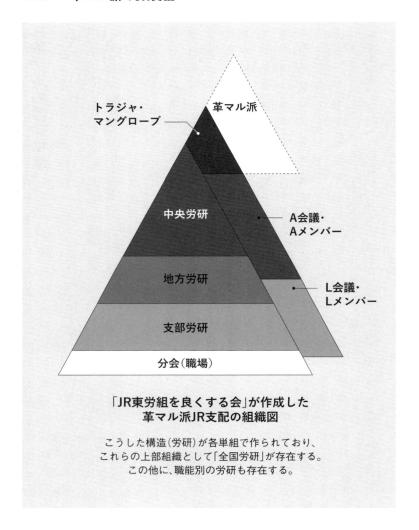

小林、本間両氏とも、前述の松崎氏の４地本への顧問就任に異を唱えたことから02年、ＪＲ東労組から除名処分を受けたのだが、06年当時の私の取材に、かつてマングローブのメンバーだったことを自ら認め、さらには前述の公安部のリストの中にも２人の名前があった。つまりは自他ともに認める元「マングローブ」というわけだ。

その元マングローブの２人が、過去の自らの体験や、他の元ＪＲ革マルのメンバーへの聞き取りを基に作成したのが前述の「ＪＲ革マル43人リスト」と組織図である。

さらにこの組織図には、図に掲載された組織の構成員や役割について「解説」が添付されていたのだが、そこには〈ユニバーシティー〉や〈ハイスクール〉など、それまで公安当局でさえ把握し得なかった、ＪＲ革マル内部の組織の存在についても触れられていた。これも長くなるが、いわば「当事者」が作成した貴重な資料なので、以下に引用する。【（　）内は筆者補足】

〈トラジャ＝旧国鉄時代に解雇された者などを中心にして、ＪＲへは移行せず国鉄内革マルから「職業革命家」として革マル本体に行き、マングローブを中心にして、他の産別革マルも含めての指導や学習などを行っていたと言われている〉

〈マングローブ＝ＪＲＵ（ＪＲ総連のこと）および各単組に数人〜十数人存在していると思われる。単組によって違う。Ａメンバーを指導する（革マル派）同盟員。カンパを集金し、革マル（派党）中央に上納する。91年《３・１路線以降》からしばらくの間は（革マル派党中央との）対立が

あり（カンパを）支払っていない〉

91年に起こったとされるJR革マルと革マル派党中央との《3・1路線》を巡る〈対立〉についは後章で詳述するとして、〈マングローブ〉に関する解説はこう続く。

〈2002年のJREU（JR東労組のこと）の分裂的事態以降（91年のJR革マルと革マル派党中央との対立関係がどうなったか）は不明。一説には（91年の対立以降、JR革マルと革マル派党中央の関係の）「よりが戻った」との見方もある。また内部留保金も相当あると言われている〉

02年のJR東労組の〈分裂的事態〉とは前述の「阿部発言」をきっかけに、阿部氏や嶋田氏らがパージされたことや、松崎氏の「4地本顧問」就任問題を機に、小林氏や本間氏らが松崎氏に反旗を翻し、東労組を除名になった件を指しているのだが、解説は前述の91年のJR革マルと革マル派党中央との対立以降、JR総連の内部に「ユニバーシティー」という組織が存在することも明らかにしている。

〈目黒さつき会館4階に常駐している連中が、その（JR革マルの）中心であり、頂点。各地方には（後述のA会議が）存在するところとしないところがあるが、（さつき会館常駐メンバーが）地方のA会議に出向き指導する。Aメンバーの中から同盟員をピックアップする。

その方法は、Aメンバーの個別学習会や討論を行い、課題を設けてレポートの提出を行わせ、それをめぐって議論をすることを通じて同盟員へと意識を高めていくと推察される。この方法が、それぞれのレベルで行われていると推測される。

坂入《さかいり》（充氏《みつる》・JR総連OB。この坂入氏については後述）も、ここの（さつき会館常駐）メンバー。（同メンバーは）別名、「ユニバーシティー」などとも呼称されている。

組織形態・組織実態も組織防衛上、知らされていない。また、横のつながりがないため（さつき会館常駐）メンバーの特定は難しい。（連絡や伝達は）すべて組織の縦＝ピラミッドの上下で行われるため不明であるが、マングローブと「ハイスクール」（後述するA会議、あるいはAメンバー）は別物である可能性もある。ハイスクールの上にマングローブが存在しているのかもしれない〉

〈A会議＝Aメンバーによる会議。概ね各地方に1〜10数個あると思われる。ひとつのA会議は10〜20名以下ぐらいで構成されている。L読（後述する革マル派機関紙「解放」の読者）学習会の内容や（革マル派党）中央からの情報提供を受け、地方あるいはそれぞれの受け持っているL読学習会の指導状況などを議論する会議。

組織形態・組織実態も組織防衛上、横のつながりは秘密であり、基本的には禁止されている。そのため所属している会議に参加している者しか、Aメンバーは分からない。「ハイスクール」などとも呼称される〉

〈Aメンバー＝同盟員予備軍。（自らの）意識としては（すでに）同盟員でありシンパ。L読の獲得を行う。基本的には、一人のAメンバーがL読学習会を一つ以上持って、指導を行う。L読学習会を持っていない者（Aメンバー）も存在する。（後述する）L読会議（で使うもの）とは別のペンネームを（もう一つ）持つ。「ハイスクールメンバー」とも呼称される〉

〈L読（者）＝91年の革マル本体との対立以降は、名称はマチマチ。労研（後述）の中からまじめさ、（組合）運動への献身性などから、Aメンバーなどによってピックアップされ、革命について意識的に考える学習会メンバー。ペンネームを持ち、（互いを）ペンネームで呼び合う。

かつては解放＝L紙（Liberationの略）の定期購読費を年会費で納める。革マル本体との対立以降は、月々の定期カンパを支払う。基本的な計算方式はあるようだが、現実に支払う額はマチマチ。（カンパの支払いが）滞ってしまうメンバーも多い〉

〈L読会議《学習会》＝L読者の学習会。革マルの文献などを使って学習し、労研の指導や組合運動上の問題などを議論する。各地方に数十組織存在すると思われる。中心的な地方の運転職場には、職場単位で存在しているところもある。秘匿性が高いため、所属している会議に参加している者しかメンバーは分からない〉

JR革マルの〝母体〟となる組織「労研」

そして前述の通り、JR革マルの〝母体〟ともいえる、「労研」という組織の実態についても彼らはこのように明らかにしたのだ。

〈労研＝JR労働運動をまじめにやろうとする者の集まり。全国組織で、単組毎に中央労研・地方労研・支部労研を有する。地方によっては支部労研の存在しないところもある。運転職場などでは職場《分会》単位でも存在する。

労研メンバーは、Aメンバー・L読などによって、職場活動や組合役員としての活動などから総合的に判断され、ピックアップされ、入会の決意を促される。この組織から多くの（JR東労組）役員が輩出されている。また、中央会費、地方会費、分会会費などが定期的に集められる。

動労時代の「政研」（政策研究会。第2章で触れた、動労左派グループ。青年部長だった松崎氏がイニシアチブを握り、過激な闘争方針を打ち出した）の流れを汲む。地方によって違うが、国鉄改革で政研を解散したところ、していなかったところも存在した。革マル派のフラクション的位置づけ。従って革マル派の影響を色濃く受けている。

資本主義社会の矛盾、労働者階級、階級的立場などをマルクス・レーニンなどの文献、松崎明の文献から学ぶ。冊子（機関誌）に「労働者の実践」（松崎氏の著書）がある〉

〈フラクション〉とは、主に左翼政党や党派が、その思想の浸透や勢力拡大を目的に、労働組合など大衆組織の内部につくる党員組織だ。

労研はその正式名称を「JR労働運動研究会」という。前述の「解説」の通り、動労時代の「政研」の流れを汲む組織だ。

次章で詳述する、JR革マルと革マル派党中央との路線対立の後の99年、革マル派党中央による組合への介入を阻止し、党中央に対抗するため、「解説」の中にも登場する坂入氏や、元JR総連組織局長ら、JR革マルの幹部らが結成し、坂入氏が「(労研)中央幹事会事務局長に就いた」(前出・JR東労組元幹部)という。

彼らの機関誌「JR労働者の実践」創刊号(99年6月付)に掲載された「中央幹事会」による「結成アピール」を見れば、このJR労研が、革マル派党中央への対抗以外に、何を目指して結成された組織であるかよく分かるので、引用しよう。【( )内は筆者補足】

■「JR労働運動研究会」結成アピール

〝いま、なにをなすべきか〟

私達が常に問われている命題である。しかしこのことがいまほど問われているときはない。

私達をとりまく情勢が、極端にそれを示している。

(中略)資本と権力者は、自らの利潤追求のために、戦争政策を遂行し、環境を汚染し破壊をくりかえしている。さらに、そのために「君が代」、「日の丸」の法制化をつうじてナショナリズムを鼓吹し、組織犯罪対策法の成立を期し、「戦争マニュアル」を一気に立法化し、改憲をも決意して突っ走っているのだ。この行きつく先は新たな「国家総動員法」であろう。

■日本の「革新」と労働運動の惨状

このような資本と権力の労働者・人民への一大攻撃に対し労働者の側はどうであろうか。異を唱え行動する党も労働組合も〈私達を除いては〉皆無である。(中略)日本労働運動は、すでに現代版産業報国会と化している。(後略)

■茨の道を労働者らしく切りひらく

(前略)資本と権力とその手先たちに労働者らしく対決し、道を切りひらいていくのみである。この道は茨の道であろう。現に私達がより労働者らしくたたかっているがゆえに、ありとあらゆる攻撃がしかけられている。(後略)

■現実と歴史をみすえ、職場から闘いをつくりだそう

（前略）民同（国鉄民主化同盟）・革同（国鉄労働組合革新同志会）の〝社・共型労働運動〟との対決をとおして私達の先達は、60年代後半から70年代中頃にかけて、国労を軸とした総評労働運動を理論的にも運動的にも凌駕するにいたった。

「動労型労働運動」と呼称された労働者にとって〝あたりまえの労働運動〟の前進に、資本と権力と、そして反労働者性を暴露されることをおそれた「革新の党」や労働運動の最高幹部達は驚き慌て憎悪し、ありとあらゆる攻撃を仕掛けてきた。（後略）

■ **先達のたたかいを学び、新たな創造を**

（前略）「動労型労働運動」を創造した担い手は、当時の動労内にあって真剣に、科学的に労働運動の前進をめざした「政策研究会（政研）」であった。「動労型労働運動」は〝派閥〟を超克した「政研」に結集したメンバーによって創造され、「政研」の強化・拡大に比例し強化され、日本労働運動に大きな影響を与えるまでになったのである。（後略）

■ **全ての職場に「ＪＲ労研」の旗を！**

新たなファシズムの只中における私達の任務は、以上からしてもはや明らかであろう。

第一は、新たなファシズムに反対し、改憲を許さず労働者の利益のために真面目に労働組合運動をおしすすめている、あるいはおしすすめんとする仲間を結集し、全職場に「ＪＲ労研」の旗を掲げることである。そして会員同士が切磋琢磨し、仲間を大切にし、自らをより高き〝労働者的人間〟へとつくりかえつつ、労働組合を労働者的団結の組織にうちかためていくことにある。

第二は、ファシズムの下支えとして存在を許されているＪＲ連合とその下に吸収合併される運命にある国労の解体にむけたたたかいを断固としておしすすめ、ＪＲ労働運動の労働者的統一をめざして奮闘することである。

そして第三は、現代版「赤色労働組合運動」をのりこえ、国家と大企業の利益に埋没するナショナルセンター＝連合を労働者の利益に適う日本労働運動の拠点へのつくりかえるためにカをつくすことである。

「赤色労働組合」とは、革命政党やその指導部が、政党と労働組合との組織の違いを無視し、労働組合の方針に党派のそれを掲げて運動を展開するセクト主義的な労働組合のことだ。

つまり彼らはここで、ＪＲ総連の労働運動から、革マル派党中央の介入や指導を排除する、と宣言しているわけである。

ちなみに同誌創刊号の巻末には、発行元「ＪＲ労働運動研究会中央幹事会」、事務局「東京都品川区西五反田　ＪＲ総連内」と記されている。

そして実は、このＪＲ労研という組織は、18年のＪＲ東労組からの組合員の大量脱退後もなお、新たに結成された組合の内部に温存されているのである。

それについては後章に譲るとして、前述のマングローブの元メンバーによる「解説」にはところどころ、「知り得る限りの範囲で書いた」（本間氏）ゆえの、〈と言われている〉との伝聞や、〈かもしれない〉や〈思われる〉などの〈推察〉や〈推測〉の部分が混ざっている。だが、それが逆に、JRの内部に食い込んだ革マル派組織の秘匿性の高さを表していると言えよう。

また、記述された内容の多くの部分が、前述の革マル派の非公然アジト「綾瀬アジト」の押収物の分析結果をまとめた警察の内部資料の記載や、多くの公安当局関係者の証言と一致していることから、その信憑性は極めて高いと思料される。

これら良くする会による、「JR革マル43人リスト」やJR革マルの組織実態、さらには「JR労研」の存在の暴露は当然のことながら、それまで革マル派との関係を否定し続けてきた松崎氏やJR東労組、JR総連に大きなダメージを与えた。

松崎氏をはじめリストに掲載された組合役員やOBら43人は08年9月、「リストの公表によって名誉を毀損され、プライバシーを侵害された」などとして、良くする会のメンバー9人を東京地裁に提訴。これに対し9人は09年12月、「JR総連、JR東労組から何の根拠もなく『公安警察のスパイ』などという虚偽のレッテルを貼られ、精神的苦痛を被った」などと反訴した。

一審の東京地裁は13年3月、リストに掲載された43人のうち1人について「プライバシー侵害が認められる」として、良くする会側に55万円の損害賠償を命じた一方で、「スパイのレッテルを貼られ、精神的な苦痛を受けた」との9人の主張を認め、ＪＲ総連側に３２８万円の支払いを命じた。

双方ともこの判決を不服として控訴したが、二審の東京高裁も一審判決を踏襲し、同年11月、良くする会側の賠償額を33万円に減額する一方で、ＪＲ総連側の賠償額を３６０万円に増額する判決を下した。双方はさらに上告したが、14年11月、最高裁は両者の上告を棄却し、前述の高裁判決が確定した。「良くする会」の実質的な勝訴だった。

その訴訟の一方で、前出の小林氏や本間氏は07年6月、良くする会を母体とした新組合「ジェイアール労働組合」（ＪＲ労組）を結成（結成当初の組合員数は約６８０人）。13年12月には、ＪＲ連合傘下の「ジェイアール東日本労働組合」（ＪＲ東日本ユニオン）と統一し、解散した。

しかし、旧動労やＪＲ東労組組合員に対する、旧鉄労、鉄産労系組合員の〝革マルアレルギー〟は根強く、ＪＲ東日本ユニオンでは組合員の離脱が相次ぎ、仙台地本では委員長や書記長が辞任。新潟地本では統一大会すら開催できないなど組織混乱に陥った。

このためＪＲ連合は、ＪＲ東日本ユニオンの委員長に制裁を科し、ＪＲ労組とＪＲ東日本ユニオンが統一し、新たに結成した「ＪＲ東日本労働組合」（東日本ユニオン）の加盟申請を保留とした。

他方、ＪＲ労組との統一に反対した元ＪＲ東日本ユニオンの組合員らは14年5月、新たに「ジェイアール・イーストユニオン」（ＪＲＥユニオン　約１６０人）を結成し、ＪＲ連合に加盟した。

これらの動きがメディアに報じられることはなかったが、ＪＲ東日本では国鉄分割・民営化から四半世紀を経ても、このような労労対立や組合員の離合集散が続いていたのだ。

松崎氏「辞世の句」とＪＲ東労組の弱体化

一方、組合私物化と独裁的な組織運営によって、元側近たちや「右腕」といわれた人物にまで批判され、離反された松崎氏はその後、自らの周辺、つまりはＪＲ東労組やＪＲ総連の執行部を「彼のイエスマンばかりで固めた」（前出・ＪＲ東労組元幹部）という。

だが、嶋田氏や小林氏、本間氏ら有力幹部をパージしたことによって逆に、松崎氏はＪＲ東労組、さらにはＪＲ東日本に対する自らの影響力を落とすという皮肉な結果を招いた。このころからすでに、18年の大量脱退に繋がるＪＲ東労組の弱体化が始まっていたともいえる。

そして08年2月、松崎氏は難治性の間質性肺炎を発症した。病床にあってもなお、前述の嶋田氏ら9人の元ＪＲ東労組幹部らへの批判を、前述の『われらのインター』などで繰り返していたが、10年12月9日、特発性間質性肺炎により死去した。74歳だった。

〈Ｄ型も　Ｄ民同へ　涸谷《かれだに》に〉

『われらのインター』（10年11月号）に掲載されたこの句が、松崎氏の辞世となった。

自らがこれまで作り上げてきた動労（D）型労働運動も、かつての国労右派で、主流派を占めた〈民同〉（国鉄民主化同盟）のように堕落。衰退し、水が枯れ、石塊ばかりが転がる〈涸谷〉のような状態になってしまった――と嘆く心境を詠んだものだろうか。

翌11年3月3日に東京・品川の「グランドプリンスホテル新高輪」で開かれた、JR総連・JR東労組主催の「松崎明さんを偲《しの》ぶ会」には、彼の幅広い人脈を反映して国内外から約2000人が参列。JR東労組の機関紙『緑の風』3月15日付号外はその模様を全面で報じた。

ところが、である。

彼が「最高幹部に就いていた」とされる革マル派は、松崎氏の死去に際し、今日に至るまで一切の沈黙を守っているのだ。

その5年前に松崎氏と同様、革マル派創設者の一人だった黒田寛一《くろだひろかず》・前議長が死去した（06年6月26日）際には、植田琢磨《うえだたくま》・現議長が自ら記者会見を開き（同年8月12日）、機関紙「解放」（同年8月28日付）は、1〜2面に植田議長と政治組織局の連名の追悼文を掲載。さらに3〜4面にわたって複数の政治局員が「同志黒田の革命家魂をわがものに」、「黒田同志の〈実践の哲学〉をわれわれの生きて働く武器とせよ」と、黒田氏の生前の功績とその理論の偉大さを、最大限の賛辞をもって讃えていたのとは、あまりに対照的な反応だった。

そしてこの「JR革マル問題」のもう一方の〝当事者〟であるJR東日本は、第1章でも述べた通り、松崎氏の死を機に、JR東労組に対する攻勢を一気に強めていくのである。

第2部

「JR革マル」対「党革マル」の「内ゲバ」

第6章

革マル派「分裂」最大の危機

党中央とJR産別との対立と確執

JR発足後から3年後の1990年6月、全日本鉄道労働組合総連合会（JR総連）が傘下単組に対し、「スト権の早期確立」と「JR総連へのスト指令権の委譲」を提起したことをきっかけに分裂し、JR西日本や東海、九州の主要労組が次々と脱退。92年5月に「日本鉄道労働組合連合会（JR連合）」を結成したことはこれまでにも述べてきた。だが、ちょうどこのころ、革マル派も〈組織分裂を孕んだ同派結成以来、最大の危機に直面〉していたというのだ——。

警視庁公安部が96年に革マル派の非公然アジト「綾瀬アジト」を摘発後、約1400点の押収物の分析結果から判明した同派の実態をまとめた内部資料（以下、「綾瀬資料」という）は、そ

の〈組織内紛の実態〉について以下のように記している。【（ ）内は筆者補足、以下同】

〈平成元年（89年）の「3・5提起」以降続いている組織内の内部思想闘争問題に対し、組織引き締めの陣頭指揮を取っていた黒田寛一は、平成4年（92年）に入院をした。

この間に、当時の（革マル派）中央指導部が、黒田の意向に反した運動方針を提起《「3・1提起」もしくは「DI提起」と呼ばれている》し、これに従って党を運営していたため、黒田は病気回復後、これら指導部を弾劾・粛正し、自らが先頭に立ち組織再建に乗り出した〉【傍点部は筆者】

当時から革マル派の動向を注視してきた公安当局関係者が解説する。

「平成元年3月5日、日本橋公会堂（東京都中央区）で、革マル派の政治集会『春闘勝利労働者総決起集会』が開催された。その際、党中央指導部から『組合主義的傾向を払拭すべし』という提起がなされた」

一般的に「組合主義」とは、労働組合の目的は、資本主義社会の変革など政治的な目的の追求にあるのではなく、労働条件の改善や生活の向上にあり、政党や政治から独立すべき――という考え方だ。

しかし、前出の公安当局関係者によると、「革マル派における『組合主義』とは、同派や黒田の理論を学ぶことより、松崎（明氏）が提唱してきた組合活動を通じての組織づくりなどの実践を重視することを意味する」という。関係者が続ける。

「この3・5提起は、黒田を中心とする革マル派党中央指導部による、松崎を頂点とするJR

革マルに対する牽制だった。

というのも、革マル派では、党中央が理論を重視する学生、つまりは全学連（全日本学生自治会総連合）上がりのエリート中心であるのに対し、ＪＲの産別指導部は、理論より実践を重視する労働者出身で占められていた。

またＪＲ委員会は、同派の重要産別の一つだが、他の産別とは異なり、そこでの労働運動の実践は、党中央が指導してきたのではなく、松崎が指導し、彼個人の力で組織を率いてきたといわれている。

それに加え、ＪＲ産別の一部は、自らの組織が、革マル派内部で最大勢力を誇る産別であることを鼻にかけ、学生上がりの党中央指導部や、他の産別革マル派に対し『組織を作れない』などと馬鹿にしてきた。

その一方で、学生上がりのエリートで占められる党中央指導部も従来から、ＪＲをはじめとする産別革マル派を『理論的に未熟だ』と軽視する傾向にあった。

この党中央（学生上がり）とＪＲ産別（労働者出身）との対立と確執は、（59年に）創設者の黒田が、ナンバー2の松崎と党を立ち上げた時から燻《くすぶ》り続けていた党内問題だった」

その党中央指導部とＪＲ革マルの、出自や体質の違いからくる対立が表面化したのが、前述の「3・5提起」だったというわけだ。

この3・5提起から2年後の革マル派の機関紙「解放」（91年6月24日付）には、松崎氏を「ダラ幹」などと批判する記事が載り、その翌年（92年1月13日付「解放」）にも彼を非難する記事が掲載されるなど、革マル派内部で、松崎氏を筆頭とした「組合主義者」批判が展開されたという。そして前述の綾瀬資料にもある通り、黒田議長は、92年の1月から12月まで、高血圧と糖尿病で入院するのだが、この間に「学生上がりと労働者出身との対立と確執」という「燻り続けていた党内問題」に火がつくのである。

ＪＲ東労組元幹部の証言

だが、最初の発火点は「ＪＲ」ではなく「沖縄」だった。綾瀬資料にはこうある。

〈（革マル派）沖縄県委員会では、「3・5提起」を受け、組織再建に取り組んでいた県委員長のＭ（資料では実名）が、その指導方針等について党中央指導部から全面否定され、「県委員長を解任」された上に、軟禁状態でその責任を追及されたことから、Ｍは身の危険を感じて組織逃亡を図った……〉

さらに前出の公安当局関係者によると、92年3月1日に都内で開かれた、革マル派の「春闘勝利労働者総決起集会」で、「全逓」（全逓信労働組合。旧郵政省職員の労働組合。現在の「日本郵政グループ労働組合」の前身）出身とみられる政治局員の「土井」某が、集まった産別幹部に対し、「賃プロ魂注入主義」、「資本との対決主義」を提起し、前述の沖縄に続いて、ＪＲ革マルをはじめとする産別「ダラ幹」の責任追及を始めたというのだ。

「賃プロ魂注入主義」とは、賃金プロレタリアート（労働者）一人一人が、自ら「賃金労働者としての革命思想・意識（賃プロ魂）」を鍛え上げ、その「賃プロ魂」を他の労働者仲間に「注入」することによって「革命的な」労働者の組織化を図る――という考え方だ。公安当局関係者が再び語る。

「つまりは賃金労働者に、各職場で党派性を前面に出して、『反革命的』な会社や組織の命令に従わず、『資本と正面から対決せよ』、『資本と刺し違えよ』と言ったわけだ。

この『賃プロ魂注入主義』は明らかに、それまで松崎が提唱し、実践してきた職場や、組合活動を通じての組織づくりを真っ向から否定するものだった。

後に『3・1提起』、あるいは『DI（ディーアイ、土井の意）提起』と呼ばれる、この党中央指導部の方針に対し、JRをはじめとした各産別は猛反発し、自治労（全日本自治団体労働組合）や教員組合などで（同盟員の）離脱が相次いだ」

実はこの時の「春闘勝利労働者総決起集会」に、実際に出席していた東日本旅客鉄道労働組合（JR東労組）OBがいる。彼の身の安全上、「X」氏と仮名にしておく。

現在、60代のX氏は高校卒業後、1970年代に国鉄に入社。入社とほぼ同時に国鉄動力車労働組合（動労）に加入し、動労青年部を経て、JR東労組の地本役員、中央執行委員などを歴任した。

動労青年部時代に前章で述べた「L読」になり、JR東労組の地本役員時代に「Aメンバー」に昇格。90年代に先輩のJR東労組幹部から指導を受け、「マングローブ」に〝合格〟すると同時に、革マル派の同盟員になったという。

そしてX氏は、この「3・1提起」以降、本格化した革マル派党中央vsＪＲ革マルの対立にも巻き込まれていくのだが、ここからは前出の公安当局関係者の解説に、綾瀬資料の記述、さらにはX氏の実体験も交え、革マル派の〈組織分裂を孕んだ同派結成以来最大の危機〉の経緯を追っていく。

まずX氏が92年3月1日当日の様子を振り返る。

「実はあの日、俺、集会に遅刻しちゃってね。会場に着いたら、産別ごとに座る席が決められてたんですよ。後に土井から批判される『戦線』、ＪＲ戦線とかのメンバーは真ん中に座らされてて、（他の同盟員に）囲まれてた。けど俺、遅れていったから、そこ（ＪＲ戦線の席）まで行きつけなくて、どっか違う産別のところに座らされたの。

そしたら集会が始まってね。始まるや否や、司会者が『聞きたくない人は帰ってもいい』とか言い始めて。何言ってんだ、こいつはと思ってたら、土井が出てきて、同じこと言うわけ。『聞きたくない奴は帰れ』って。それでいきなり『賃プロ（魂注入主義）』を提起して、それまでの、組合運動を通じて組織づくりをしてきた、労働戦線のたたかいを全面否定するわけですよ。もう、全否定。で、『左翼的な運動を大衆場面で展開しなけりゃダメだ』と。『腑抜けた組合主義ではこの状況は打開できない』みたいなことぬかしやがって。

だからテメエら、学生上がりはダメなんだ、組織が作れないんだって思ったんだけど、もうすごいんだよ。土井が組合主義を批判する度に、（批判の的になった産別を）取り囲んでる連中が『ヨシッ！』とか、『ソウダー！』って大騒ぎしてさ。

俺が座ってた席でも、教員(組合)か自治労か知らないけど、ババアが大声で叫んでるわけよ。『ソウダー!』って。あんな異様な集会、ほんと、初めてでしたよ。うるせえな、何なんだ、こいつらって思って。近くにもう1人、俺と一緒に遅刻してきた(JR戦線の)仲間がいたから、『おう、帰るべ。こんなところよ』って言ったんだけど、『でも、今、2人で出てったら危ねえぞ』って言われて残った。けど、終わるまで、その調子で、(批判の)的になった産別は、それこそ吊るし上げ状態だった」

この「3・1提起」には、JR革マルの首領、松崎氏も「ふざけるな」と激怒したという。X氏が続ける。

「そりゃそうだろう。これまで『労働運動は冬の時代だ。組織をつくれ』と(松崎氏が)自ら提唱し、実践してきた組織づくりを、(3・1提起によって)『労働運動なんてものは、いつでも冬の時代だ。労働者よ、跳ねろ』と全否定されたわけだから」

革マル派党中央と沖縄革マルとの対立

この3・1提起から4日後の92年3月5日、革マル派沖縄県委員会のメンバーが大阪市内で、変死体で見つかる。この事件を受け、前述の、同派党中央指導部から県委員長を解任され、党中央に軟禁状態におかれていたM氏が身の危険を感じ、組織逃亡を図ったことから、党中央と沖縄地元指導部(以下「沖縄革マル」という)の対立が決定的なものとなったという。

「翌年（93年）の7月になって初めて3・1提起を知ったとされる黒田は、（3・1提起を）『反スタ魂の抜けた賃プロ魂注入主義』と批判。党中央指導部からの土井一派の一掃と徹底的な粛清を始めた。

しかし、時すでに遅しで、沖縄の地元革マルは、Mと並ぶ『沖縄革マルの大物』と称された『全軍労』出身のNを中心に、党中央への会費の納入をストップし、機関紙（「解放」）の購読を取り止めるなどの反党行為に出た。

さらに最終的には、Mを再びトップに迎え入れ、沖縄革マルを『インディペンデントパーティ』（独立組織）にすることまで画策していた」（前出・公安当局関係者）

「全軍労」の正式名称は「全沖縄軍労働組合」（現在の「全駐労沖縄地区本部」）という。

戦後の沖縄を代表する労働運動家の一人で、旧社会党から国政に進み、10期にわたって衆院議員を務め、沖縄開発庁（現内閣府）長官などを歴任した故上原康助氏（2017年死去）が、在沖縄米軍基地で働く労働者を組織してつくった組合だ。

自らも基地労働者だった上原氏は61年、約2万人の基地労働者を組織化し、「全沖縄軍労働組合連合会」を結成。委員長に就任し、後に全軍労に改組した。

69年、日米共同声明で、沖縄の日本復帰が決まると同時に、数千人規模の基地労働者の大量解雇が発表された。わずか1カ月前の〝首切り〟通告に対し、全軍労は24時間や48時間の「不当解雇撤回要求スト」等の闘争を展開。さらに60年代から70年代にかけての、沖縄における様々な闘争で中心的な役割を果たし、〝戦争と基地に反対する基地労働者の組合〟として沖縄の大衆運動に大きな影響を与えた。

72年に沖縄が米施政権下から「本土復帰」したことを受け78年、「全駐留軍労働組合」（全駐労）と統一したが、前出のX氏によると「当時の沖縄（革マル）の地元指導部では、『全軍労』や『沖教組』（沖縄県教職員組合）、『沖バス労組』（沖縄バス労働組合）出身者が力を持っていた」という。

つまり、この革マル派党中央と沖縄革マルとの対立の根底にも、「学生上がりvs労働者出身」という構図があったわけだ。X氏が再び語る。

「だが、沖縄ではその対立がより深刻だった。というのも当時、（革マル派の）『沖縄戦線』は党内で『シスコ』と（いうコードネームで）呼ばれていたんだが、シスコ自体が、党中央派と地元労働者派に割れてしまった。中には兄弟で（両派に）分かれている人もいた。

けれども、党中央の連中は、そんなことお構いなしに、沖縄の（地元革マル派同盟員の）職場まで押しかけてきた。（地元同盟員が働いている）役場の窓口とかに来て、『お前んところか！カクマルを雇ってるのは！』って大騒ぎするんだよ。

奴らは『賃プロ（魂注入）主義者』だから。党派性を隠し、組織に潜って、労働運動を通じて仲間を増やしていくというやり方を全否定し、各々が働く職場とかの大衆的な場面で、左翼性を前面に出して、それによって組織を拡大する――という考え方だから。

要するに俺たち労働者に職場で〝裸踊り〟をやれって言ってたんだよ。あの連中は。それで自らそれをやっちゃう。バカですよ。

3・1提起の後、シスコは、『賃プロ』の連中から、あらゆる職場で〝裸踊り〟を強要されて、組織をめちゃくちゃにされたわけだから、そりゃ、キレるでしょ。カンパ（の納入）や、新聞（「解放」の購読）を止めたのも当然ですよ」

「沖縄」への強い思い

深刻化する党中央と沖縄革マルとの対立――。病状が回復し、復帰した革マル派トップの黒田議長が、沖縄の地元指導部を説得するために、党中央から派遣したのが、革マル派内部で「トラジャ」と呼ばれていた、「上野孝」、「浅野孝」という2人の国鉄労働者出身の職業革命家だったという。

前出の公安当局関係者によると、上野氏は埼玉県出身の旧動労組合員で、松崎氏が初代を務めた青年部長の第4代に就き、その後も動労特別執行委員などを歴任した。

一方の浅野氏は田町電車区（東京都港区にあった旧国鉄の車両基地。後の田町車両センター）出身の元国鉄労働組合（国労）新橋支部の組合員で、国鉄分割・民営化前年の86年に「真国鉄労働組合」（真国労）を結成し、初代副委員長に就任したという。

国鉄・JR関係者から「マコト」と呼ばれる真国労は、第2章でも述べたとおり、旧国鉄時代から動労だけでなく、国労内部にも潜在していた革マル派系組合員が、「分割・民営化絶対反対」を掲げていた国労との〝心中〟を避けるために新たに結成した組合だった。

真国労《マコト》はその後、「改革協」（国鉄改革労働組合協議会）に加わり、動労や鉄道労働組合（鉄労）

などとともに「鉄道労連」(JR総連の前身)を結成するのだが、関係者によると、上野、浅野の両氏とも分割・民営化を機に、それぞれの組合から離脱し、革マル派「中央労働者組織委員会」(WOB)直轄の職業革命家になったという。

ところが、黒田議長の命を受けて、前述のN氏ら沖縄の地元指導部の説得に向かったはずの2人のトラジャは、逆にN氏らに同調し、反党行為に転じたというのだ。X氏が振り返る。

「もともとD(動労)は、松崎さん自身の強い思いもあって、本土復帰前から沖縄問題に取り組んでいたから、動労時代からNさんらシスコの人達とはいい関係が築けていた。おまけに沖縄の地元指導部のほとんどが、俺たちと同じ労働者階級出身だから、上野さんらトラジャのメンバーが共感を覚えたのも無理はない」

そしてこれを機に、沖縄から始まった革マル派の内紛は、上野氏らトラジャや、X氏らマングローブも巻き込んだ、党中央vsJR革マルの対立へと拡大していくのだ。

関係修復に動いた首領

一連の経緯について、綾瀬資料は次のように記している。

〈(Mの組織逃亡の後)党中央指導部は、Mに代わる指導部を沖縄に派遣したが、Mの逃亡が発端となり、N(前出の全軍労出身の幹部。資料では実名)以下の沖縄県委員会の地元指導部のほとんどが、党中央指導部に反発する行動に出たため、黒田は、中央労働者組織委員会から「JR出身の常任委員（トラジャ）数名」を事態収拾のため沖縄に派遣した。

しかし、この者らはN以下の地元幹部の方針に同調し、中央に残っていた他の「JR出身の中央労働者組織委員会常任委員」も加担するようになったうえ、指揮下にあるJR委員会（マングローブ）をも巻き込み、「反中央」意識を煽り、機関紙の購読拒否やカンパの上納停止を行わせるなどの事態にまで発展していった。

このように沖縄――地方の問題が中央へと波及したことから、以後、革マル派では「労働者対指導部」という図式で激しく対立し、組織分裂を孕んだ同派結成以来最大の危機に直面することになった〉

ではこの間、JR革マル内部では実際に、どのようなことが起こっていたのか。前出の公安当局関係者が再び解説する。

「沖縄（地元指導部）に同調したトラジャは平成5年（93年）11月末、JR東労組（所属）の複数のマングローブを集め、『トラジャ会議』を開催。出席したマングローブは、JR東労組として（党中央への）ボーナスカンパを凍結することを決定した。

12月には『セイロン会議』が開かれ、上野（孝・前出）が、党中央とは別のJR革マルによる独自の『第二戦線』作りの方針を提起し、党（革マル派）からの分裂策動を開始。さらには『N擁護』、『反常任（委員会）』、『反黒田』などを前提に、党内フラクションを作り、会費をストップさせることの検討も始めたという。

そして年末には『トラジャ会議』で決定された方針通り、JR東労組中央本部と東京地本に

続いて、新潟地本と高崎地本が年末カンパを凍結した」（公安当局関係者）

だが、X氏によると、沖縄県委員会が、党中央へのカンパの納入と同時に、機関紙「解放」の購読や、黒田議長の著書の購入までとり止めたのに対し、JR革マルはカンパの納入は停止したものの、解放などの購読は続けていたという。X氏が再び語る。

「組織防衛のためだ。カンパの凍結だけでなく、新聞（解放の購読）まで止めるとなると、党との全面対決になり、こっちまでヤラれかねなかった。だから新聞も、ある程度は止めても、完全には打ち切らなかった。

またこの間、党中央は俺たち（JR革マル）に対し、『学習会を開け』と言ってきたので、それも『開きましょう』と応じた。しかし、その（学習会の）席では、俺たちが党側から来た連中をガンガン追及する――という戦術をとっていた。

ところが、この戦術がNさんら沖縄（革マル）の人達に誤解された。『なんだ、あいつら（JR革マル）は新聞もとってるし、（黒田氏の）本も買ってるし、党（中央）側じゃねえか』と。

そのため一時は、俺たちと沖縄との関係が断たれてしまった」

そこで、マングローブとシスコの関係修復のために動いたのがJR革マルの首領、松崎氏だったという。つまりこの時点で、松崎氏は党中央＝黒田議長側ではなく、沖縄側に立っていたわけだ。X氏が続ける。

「沖縄（地元指導部）が俺たちのことを誤解していると知った松崎さんは、沖縄出身のマング

（ローブ）を通じて、Nさんに連絡を取り、『誤解だ。説明させてくれ』と関係修復を呼びかけた。それでわざわざ、Nさんと面識のあった新鶴見機関区（神奈川県川崎市にあった旧国鉄の車両・乗務員基地。分割・民営化でJR貨物に継承された）の（動労）OBに出てきてもらった。この人は沖縄が本土に復帰する前から『平友祭』（平和友好祭）運動とかでよく沖縄に行っていたそうで、Nさんとはそのころからの古い付き合いだった。

それで俺と、沖縄出身のマングと、そのOBの3人で沖縄に飛んで、首里城（那覇市）の裏手にあった居酒屋で、Nさんら沖縄（革マル）の地元指導者の人達と会って、飲んだ。

そこで、こっち（JR革マル）から、これまでの経緯と、新聞の購読を完全に止めていない理由なんかを一生懸命説明して、『俺たちも党中央の考え方には反対だし、許せない。沖縄（革マル）の人達と立ち位置は一緒です』ということを話した。そしたらNさんも『本当は君たちを信用すべきだったのに、仲間を疑って悪かった』と誤解を解いてくれて、『今後も一緒にやっていきましょう』ということになった。

その和解の後、Nさんら沖縄の人達と、俺らが泊っている（那覇市内の）ホテルで飲み直そうっていうことになって、みんなで、タクシーでホテルに戻ったら、ロビーがいっぱいなのよ。党中央派の沖縄革マルの連中で。俺らが沖縄に飛んでることが（党中央に）バレてて、きっちり（見）張られていた」

カンパ上納停止と拉致監禁

しかし翌94年に入ると、党中央とJR革マルとの対立も、緊迫の度合いを増していったという。公安当局関係者が再び解説する。

「平成6年（94年）3月に開かれた（JR革マル内部の）通称『ダージリン会議』で、JR革マルは党中央に通告しないまま、『インディペンデント』（独立組織）づくりの方針を決定。通常カンパのサボタージュが始まった。

そして翌4月には2回目の『トラジャ会議』と『セイロン会議』が開かれ、通常カンパの上納停止を正式決定し、『党中央への総攻撃』の方針が固まった。

JR革マルは『N擁護』、『産別自決』、『第二戦闘的併存的競争組織結成』、『中央カンパ拒否』などを掲げ、他産別のフラクションへのオルグにも乗り出した」

「トラジャ」に、「セイロン」に、「ダージリン」と、JR革マルの皆さんはことのほか、コードネームに南アジア諸国に関係する名称を使うのがお好きなようだが、このころからJR革マルの中ですでに「第二戦線」、あるいは「第二戦闘的併存的競争組織」の結成、すなわち革マル派党中央＝党革マルからの「分派」の動きが本格化し始めていたわけだ。

だが、党中央との対決姿勢を鮮明にしたJR革マルに対し、党革マルはついに実力行使に出たという。今度はX氏が語る。

「94年の夏から秋にかけて、党中央の連中らは（反党行為に及んだ）浅野らトラジャのメンバーを次々とパック（拉致）し始めた。俺が親しかったトラジャのNさん（沖縄のN氏とは別人）は大森（東京都大田区）のホテルでパックされたんだけど、大勢の（党中央の）連中に囲まれて、結婚式で花婿が、『おめでとー』ってされるみたいに胴上げされて、そのままワゴン車に乗せられて党の関係施設に監禁された。

（同じくトラジャの）上野さんも、真っ暗な部屋に、手錠と足枷付けられて監禁されて、暗闇の中で殴られたそうだ。それでも日が昇ると部屋全体がほんの少しだけ明るくなったらしく、『それをたよりに1日、2日……と数えていた』って話していた」

綾瀬資料にも、この革マル派党中央によるトラジャの拉致監禁についての記述があるので、引用しよう。

〈反党活動を行った「トラジャ」メンバーは、都内ホテルにおいて、全国から招集された約150名の同盟員等の前で、長時間にわたる糾弾を受けたうえ、自己批判を強要されている。この際の査問会場への移動は、各人ごとに数名の監視員が付き、手錠・マウスピース・ガムテープ等を使用して逃走防止の措置を講じたうえで、カーテン等で目隠しした車両を使用している〉

前出の公安当局関係者の記録によると、このトラジャのメンバーに対する「総括・査問会議」が都内のホテルで開かれたのは〈平成7年（95年）2月6日〉。

奪還計画「桜島作戦」

この約1カ月前には「阪神・淡路大震災」が、そして約1カ月後には「地下鉄サリン事件」が起こっており、このJR革マルと党革マルの〝内ゲバ〟は、平成の日本を揺るがせた大災害と大事件の狭間に埋没していたわけだ。

だが、党中央からトラジャのメンバーを次々と拉致監禁されたJR革マルは、当然ながらこれに猛反発し、党中央との全面対決に突入していったという。公安当局関係者が再び語る。

「JR革マルは上野が拉致された（94年11月）直後から、マングローブを交えた『拡大トラジャ会議』を開催。そこで上野と、上野の1カ月前に拉致されたJの2人を党中央から奪還する計画を立てた。

この奪還計画は『桜島作戦』と名付けられ、12月10日に党中央との話し合いの場を設け、そこに上野とJを連れてくることを要求。その話し合いの場で2人を奪還し、『防衛』に集まったマングローブ約100人で2人を取り囲み、北海道の旧動労関係施設まで護衛しながら送り届ける――というものだった」

当然のことながら、前出のX氏もこれに動員されたという。X氏が当時を振り返る。

「話し合いの会場は確か神田（東京都千代田区）のホテルの会議室だった。（JR）東労組からだけじゃなく、北海道労組や東海労、西労など全国からマング（ローブ）が集まって、一部のマングは（会議室の）中に入った。

俺たちは『防衛』で会議室の周りに張りついていたんだが、向こう（革マル派）もそれなりの人数を動員し、会議室周辺やロビーに配備していた。話し合いの間じゅう、双方睨み合いが続き、まさに一触即発の雰囲気だった。

そんななか、俺たちの鼻先まで近づき、マング一人一人の顔を、舐めるように睨みながら歩いていく奴がいた。それが、俺たちの間で『CIA長官』と呼ばれていた塩田（明男）だった」

塩田氏は当時、48歳。革マル派の非公然部隊、組織内では「情報調査部」、通称「INF《インフォ》」と呼ばれる組織のリーダーで、革マル派内では松崎氏に次ぐナンバー3といわれる大物幹部だ。

「酒鬼薔薇事件」の調書を入手した男

この塩田氏の名前と、INF《インフォ》の非合法活動の一端が、世間に広く知られる出来事があった。97年に神戸市で発生した「酒鬼薔薇《さかきばら》事件」、後に「神戸連続児童殺傷事件」と呼ばれるそれである。

革マル派は、発生直後からこの事件に強い関心を持ち、「日本政府が危機管理体制を構築させるため、謀略グループが社会を恐慌状態に陥れるため起こした」などと主張。被疑者の、当時14歳だったA少年の逮捕後も「事件は国家権力の謀略的犯罪で（A少年の）調書は捏造された」、「国家権力やCIAによる謀略だ」などと荒唐無稽な陰謀論を展開していた。

その一方で、A少年の逮捕後、少年の検面調書（検察官面前調書。検察官が、被疑者や参考人の供述を、面前で録取した調書）などが、何者かによって複数の報道機関に送り付けられるという奇怪な事件も発生していた。

ところが、警視庁公安部が98年1月、革マル派の非公然アジト「豊玉アジト」（東京都練馬区）を捜索した際に押収した数百枚のフロッピーディスク（ＦＤ）の中から、報道機関に送られてきたものと同じ内容の、少年の検面調書が記録されたＦＤが見つかったのだ。

さらに押収資料の中には、Ａ少年の両親の自宅の見取り図や、革マル派非公然活動家が、殺害された小学生の司法解剖を行った神戸大学医学部に侵入したことを示す行動記録などもあったという。

これらの押収資料から警視庁公安部は、革マル派が、前述の荒唐無稽な陰謀論の〝補強材料〟を得るため、Ａ少年の精神鑑定を担当していた医師の勤務する神戸市内の病院に侵入し、検面調書や捜査報告書などをコピーしたと断定。98年４月、前述の革マル派ナンバー３の塩田氏をはじめ、彼が率いたＩＮＦ《インフォ》のメンバー計６人を、住居侵入や窃盗などの容疑で指名手配した。

革マル派が「権力謀略論」に固執する経緯については第２章で述べた。また同派がなぜ、この事件に異常な関心を示したかについても、前述の拙著で詳述したので割愛するが、塩田氏は２００２年12月、札幌市内の非公然アジトに潜伏していたところを、警視庁公安部と北海道警によって逮捕され、06年12月、懲役５年の実刑判決を受けた。

松崎の「豹変」

話を「桜島作戦」に戻そう。X氏が再び語る。

「結論から言えば、この作戦は失敗に終わった。というのも、党側が、上野さんら（監禁されていた2人のトラジャ）を、話し合いの場所に連れてこなかったからだ。

党中央を〝代表〟して話し合いに来たのは、（自身も）革マル派の弁護士グループだった。これに対し、こちらは約10人のマングが（話し合いに）臨んだ。弁護士グループはそこでも『党中央（の考え方）は間違っていない』と主張したため、話し合いは平行線に終わった。

弁護士グループはさらにその場で、『（JR革マルから党中央への）カンパが（93年12月から約1年にわたって）止まっている』と、カンパを再開するよう要求してきた。その場にいたマングの1人が『（止まっているカンパの総額は）いくらだ？』って聞いたら、『2億円』と答えたそうだ」

この桜島作戦から約1カ月後の95年1月、革マル派党中央はいったん解放していた浅野氏を再度、拉致。さらにその1カ月後の同年2月には、前述の上野氏や浅野氏ら3人のトラジャに対する「総括・査問会議」が開かれるなど、党中央とJR革マルとの亀裂は深まる一方だった。

が、X氏によると両者の対立はある日突然、終息したという。

「（対立を終わらせたのは）松崎さんの〝鶴の一声〟だった。それまで松崎さんは、俺たちマングに対して『党中央と断固やれ（闘え）』と言っていたにもかかわらず、（95年の）夏ごろになって突然、『機関紙（解放）を取れ、会費を納めよ』と言い始めた。

また『総括・査問会議』(前述)の後、トラジャの中で上野さんとNさん、Oの3人はニュージーランドに逃亡した。この間の逃亡資金や生活費は松崎さんが出していたんだが、松崎さんはこの3人に対しても、『党(革マル派)に戻って、中(内部)から闘え』と帰国するように命じた。

さらに松崎さんは(国内に)残っていたトラジャのメンバーに対しても『機関紙を取れ、会費を納めよ。これらを無条件に(実行せよ)』と指示。これら松崎さんの度重なる指令によって、JR(革マル派)内部での反(革マル派党)中央の動きは一気に収束した」

だが、なぜ、前述の「3・1提起」に激怒し、党中央と沖縄革マルとの対立でも沖縄側に立ち、さらには党中央とJR革マルの対立では「断固やれ」とマングローブに指示してきた松崎氏は〝豹変〟したのか。X氏が続ける。

「それは松崎さん自身と党中央、つまりはクロカン(黒田寛一議長)にしか分からない。だが、実際に組織混乱で右往左往させられた俺たちからすれば、松崎さんは『3・1提起』から始まった党中央対沖縄、さらには党中央対JRの内紛を、半ば〝静観〟していたようにも見えるんだ。

おそらく組織混乱が自分の手に負えなくなったクロカンが、(松崎氏に)泣きついてくるのを待っていたんだろう」

そして前出の公安当局関係者によると、この革マル派の〈組織分裂を孕んだ同派結成以来、最大の危機〉を松崎氏が収めたとされる翌年の96年10月13日、同派の「ハンガリー革命40周年政治集会」で、黒田議長の辞任と植田琢磨《うえだたくま》新議長の就任が発表されたという。

「一連の組織混乱の責任をとってクロカンは議長から降りた。そして、松崎さんはおそらく、それを条件に事態の収拾に動いた。この時点でクロカン＝党中央は、松崎さんに完全に屈服したんだろう」（X氏）

しかし、綾瀬資料はこう指摘している。

〈この内紛問題は、その後、「JR出身の中央労働者組織委員会常任委員」（トラジャ）等の自己批判により、組織決着は付いたとしているものの、下部組織（マングローブ）内には、「反中央」意識が依然として根強く残っていると認められ、未だ混乱は収まっていないものとみられる〉

そう、綾瀬資料の指摘通り、92年3月の3・1提起から96年10月に黒田議長が辞任するまで約4年半にわたって続いた一連の内部対立で、JR革マルが、党中央に対して抱いた不信感や憎悪の念は、もはや拭い難いものとなっていた。

そして松崎氏が事態の収拾に動いたにもかかわらず、JR革マル内部では「反党意識」が燻り続け、党中央との対立は4年後に再燃するのである。

革マルによるリンチ

95年2月の『総括・査問会議』の後、当時は7人いたとみられる「トラジャ」の中で上野、N、Oの3氏がニュージーランドに逃亡したことは前述した。だが、X氏によるとその後、松崎氏の呼びかけに応じて、帰国したのはO氏だけだったという。X氏が再び語る。

「Nさんはそのままニュージーランドに永住。上野さんはさらにオーストラリアに逃げた末、客死した。

その上野さんが生前、日本にいる奥さんに電話してきて、『こいつらだけは許せない』と名前を挙げた党革マルの連中の中に『I』という男がいた。上野さんは監禁中、このIらから相当酷いリンチを受けたらしく、死ぬまで恨みに思っていたそうだ」

ちなみにI氏は元国鉄職員で、87年の分割・民営化に伴い国鉄を退職し、翌年、NTT東日本に就職した元動労組合員だった。

国鉄改革では当時、27万8000人いた国鉄職員のうち、約9万3000人が「余剰人員」とみなされ、そのうち約7万1000人が官公庁や地方自治体、民間企業などへの再就職や自主退職を余儀なくされた。

この国鉄当局の整理削減に旧鉄労とともに積極的に応じたのが、松崎氏が率いていた動労で、I氏もその一人だった。

ところが99年11月、I氏は、同じく国鉄からNTTドコモに再就職した元動労組合員Y氏とともに、それぞれの会社から「顧客データ」を盗み出し、革マル派の非公然アジトに出入りする非公然活動家に渡していたとして、窃盗などの容疑で、警視庁公安部に逮捕された。

2人が盗み出したとされる「顧客データ」のほとんどは、革マル派と対立するセクト「中核派」幹部に関するものだったという。

2001年12月に東京地裁で開かれた同事件の論告求刑公判で、検察側はI氏に懲役3年、Y氏に懲役4年を求刑し、その理由を次のように述べた。

〈革マル派の非公然活動家である被告両名が、同派の独善的主義に基づき、内ゲバ等に備えるため、対立する中核派構成員の氏名、行動情報等を調査した行為は、極めて反社会的である。（中略）革マル派の電通労働者委員会の「パラソル会議」では盗聴等の犯罪行為が報告されており、今回と同様の行為が全国的に行われてきたと考えられる。（中略）

Y被告は、国鉄から昭和六三年にNTTドコモに就職したが、革マル派組織のための非合法活動を続け、「パラソル会議」でも主賓の扱いだった。I被告に電話番号のメモを渡して情報漏洩を依頼しており、責任はより重大である。I被告は国鉄から昭和六三年にNTTに就職したが、同様に革マル派組織のための非合法活動を続け、同派の電通労働者委員会の責任者として重要な役割を担っていた〉

つまりI氏自身が革マル派の非公然活動家だったわけだが、東京地裁は02年4月、2人に執行猶予付きの有罪判決を言い渡した。

もっともこのとき、I氏らからリンチを受けたとされる上野氏は、すでに逃亡先で客死していたのだが、松崎氏も上野氏について、第4章で触れた、作家の宮崎学氏を聞き手としたインタビュー録『松崎明　秘録』の中でこう語っている。

「うちのメンバーで、革マルに何年もパクられて事実上リンチをくってた者が何人もいるし、一人はオーストラリアへ逃げていって死んじゃったんです。目黒のさつき会館の入り口に碑がありますけどね」

さらに同著の脚注では〈革マルによるリンチ〉として、次のような解説がされている。

〈動労第四代青年部長であった上野孝が、革マル派によって拉致され、二年半にわたって監禁されていた事件を指す。「上野孝を偲ぶ」と題する碑文は、上野が「自ら信じていた党［革マルのこと］に裏切られ」て失意の末に死んだことを記し、「彼を裏切った党が、九・一一自爆テロを『画歴史的行為』と礼讃し、全世界の労働者・人民から孤立し、自爆への道へとひた走っているのは、けだし必然ではないか。つねに人民の側に立って、人民の中に深く入り、人民と共に闘い抜いてきた人、上野孝とはそういう男である」と結んでいる〉

さらに公安当局関係者によると、黒田議長の辞任から4カ月後の97年2月、明治神宮野球場の向かいにある「日本青年館」（東京都新宿区）で開かれたJR革マルの会議「『鉄道会』拡大幹事会」を、前述の革マル派の非公然部隊INF《インフォ》が盗聴するという事件が発生した。この事実を革マル派の非公然アジトの押収物から掴んだ警視庁公安部は99年7月、「『鉄道会』拡大幹事会」に参加したJR革マルのメンバー26人の一斉聴取に踏み切ったという。

「JR労研」結成に至る経緯

一方、その警視庁公安部による一斉聴取が行われる1カ月前、JR革マル内部に新たな組織が作られた。それが前章で詳述した「JR労働運動研究会」（JR労研）である。今度はかつて労研メンバーだったJR東労組元幹部が語る。

「（革マル派）党中央とJR（革マル派）の路線対立後、党中央による組合への介入を阻止し、党中央に対抗するため、JR総連元幹部の坂入《さかいり》（充《みつる》）さんやFさんらが結成した『鉄道会』を拡大した組織が、『JR労研』でした」

第2章でも触れたが、国鉄分割・民営化から20年以上にわたって革マル派との関係を否定し続けてきたJR総連やJR東労組は、２０１０年になって初めて〈国鉄＝JRの組合内には、かつて、革マル派に関与した組合員が存在し、グループ（組織）をつくって活動してきた事実〉を認めた。

だが、実はその過程で彼らは、前述のJR革マルと革マル派党中央との内紛や、このJR労研の存在についても公にしているのだ。

前章で述べた、「JR革マル43人リスト」を公表した「JR東労組を良くする会」（良くする会）のメンバーを、松崎氏をはじめJR総連、JR東労組の役員やOBらが訴えた「リスト訴訟」で、原告側が提出した準備書面（10年6月30日付）には、3・1提起に端を発した党中央とJR革マルとの対立や、JR労研結成に至る経緯が次のように述べられている。

少々長くなるが、これもある意味、〝当事者〟による貴重な証言なので引用しよう。【（ ）内は筆者補足】

〈対立・敵対の決定化

(1)「3・1問題」

革マル派は、1992年3月1日に開かれた春闘討論集会で、労働組合運動に関し、「賃プロ《賃金プロレタリアート》魂注入主義」「資本との対決主義」といわれた方針——職場で資本当局と直接対決する運動で、組合運動をいかに拡げ、労働者の権利を獲得していくかというような取り組みは、改良闘争であってやってはならない、というような内容の方針——を提起し、その後、組合運動場面でそのような管理者と直接対決する行動を強要し、多くの職場などでそれまで作り上げてきた組合運動をめちゃくちゃにしてしまった。

JR内の革マル派グループは、このような方針は、分割民営化問題などに苦闘してきたJRの組合員の闘いを否定するものであって、とうてい認められないとして、革マル派中央との関係をますます疎遠にしてきた。

JRの組合内の革マル派のメンバーらは、「トラジャ」のメンバーを中心に、組合の取り組みなどについて学習し、討議し方針を作り上げていった。

翌年1993年に、革マル派内で、「3・1路線」が問題にされたが、その総括や組合運動の建て直しなどをめぐって、組織内は大混乱をした。とりわけ、全軍労をはじめとする沖縄の労働者組織と革マル派中央は激しく対立した。JR内の労働者は、動労時代から沖縄の労働者と親密な関係にあり、沖縄の労働者を支援した。これに革マル派中央は怒り、JR内の革マル派グループと革マル派中央は激しく対立した。「トラジャ」のメンバーは、革マル派中央との会議をボイコットした。

これに対し、革マル派中央は、1994年7月、「トラジャ」のメンバーの浅野孝を拉致し監禁した。

JR内のメンバーは、これを許すことができない蛮行であるとして、それまで形式的に続けてきたカンパの納入や機関紙の購入を取りやめるとともに、拉致監禁されたトラジャのメンバーを解放するよう迫った《当時革マル派の弾圧事件の弁護を行っていた弁護士に間に入ってもらって、交渉の場の設定を頼んだ。なお、弁護士が交渉の場に立ち会ったことはない》。革マル派中央は、これに応じなかったばかりか、他の「トラジャ」メンバーをも拉致し、監禁をした。

(2)革マル派中央は、拉致し監禁をした「トラジャ」メンバーを参加させてJRの組合内の会議などを再開させることをはかり、JRの組合内の「革マル派」のメンバーは、「トラジャ」のメンバーの参加のもとに、「革マル派」の会議を持った。しかし会議では、対立ばかりが繰返された。JRの組合内の「革マル派」のメンバーは、機関紙の購読を拒否し、カンパを革マル派中央に納入することを拒否した。

革マル派中央は、会議が終わると、再び「トラジャ」メンバーを連れ去り、監禁を続けた。

(3)その後も、JRのメンバーと革マル派中央の対立は続き、1997年2月、上野孝や原告O（準備書面では実名）らの「トラジャ」の一部は、海外に逃亡した。

「トラジャ」のメンバーがいなくなってしまったため、1997年4月、JRの組合内に残った革マル派のメンバーらは、原告T（準備書面では実名）らを中心に新たに責任体制を作った。

原告Tらは、革マル派中央と不定期に会合を持った。しかし、革マル派中央とJRのメンバーとの対立は激化するばかりであった。

JR内の革マル派のメンバーだった主なものが中心になって、革マル派組織とは独立した「鉄道会」を作り、革マル派とは無関係の学習や運動に取り組んだ。

1999年1月、「鉄道会」のメンバーは、あらたに「JR労働運動研究会」をつくった。この機関誌の第1号では、この間の、革マル派の運動の総括を行い、革マル派と離れた新しい運動をつくっていくことを謳った。

⑷JR内に残っていた革マル派のメンバーは、1997年暮れごろ、警視庁公安部の捜査員の訪問を一斉に受け、革マル派中央が、JR内の革マル派のメンバーが1997年2月に、東京代々木の青年会館で開いた会議を盗聴、盗撮をし、さらに、中心的な活動家の自宅の電話が盗聴され、行動が盗撮されていた事実を知らされた《写真等を見せられた》。同年7月、革マル派の拠点を捜索し押収した証拠から判明したということであった。

「同志」などといいながら、その実、会議の様子や、メンバーの電話や行動を盗聴、盗撮していたことを知り、JR内で革マル派であったメンバーは、もはや革マル派中央を「仲間」と認めることはできないと判断し、1999年《平成11年》12月、革マル派中央に対し、決別を通告した。これをもって以降、JR内の革マル派だったもののほとんどは、革マル派中央との接触を一切絶った〉

「ユニバーシティ」という党「分派」組織

この中に出てくる〈原告O〉とは、前出の上野氏らとともにニュージーランドに逃亡し、後に松崎氏の呼びかけに応じて帰国したトラジャの一人で、帰国後はJR総連の特別執行委員に就いていた。

また〈原告T〉は新鶴見機関区出身の旧動労組合員で、動労時代は関東青年部長などを歴任。国鉄分割・民営化後は東京電車区などに籍を置き、JR東労組本部の中央執行部員などに就いていたという。前述の警視庁公安部のリストに「マングローブ」として記載されているだけでなく、良くする会のリストでは〈マングローブの財政担当〉、つまりJR革マルのメンバーからカンパを収集し、革マル派党中央に上納する担当者と指摘された人物だ。

上野氏ら3人のトラジャが海外に逃亡した時期や、「JR労研」が設立された時期、さらには革マル派に盗聴された「鉄道会」のメンバーを警視庁公安部が聴取した時期などをめぐっては、前出のX氏や公安当局関係者との証言と、JR総連側の準備書面との間に多少のズレがあるものの、全体的な流れは概ね、これまで述べてきた通りだ。

ところが、X氏によると、この準備書面は「いくつか肝心なポイントに触れていない」という。X氏が再び語る。

「まず、一連の内部対立における、松崎さんの言動に関する記述が一切無い。内紛の中心にいて、彼が（事態を）収拾したにもかかわらず、だ。

さらにJR労研の存在は明らかにしたものの、本当の〝中核組織〟の存在には触れていない。

確かに労研はJR革マルの〝母体〟ともいえる組織で、これまでJR総連や東労組内部でもその存在が明らかにされていなかった。が、労研はあくまでも『労働組合内部に存在する左翼フラクション』に過ぎない。いわば（旧動労時代の）『政研（政策研究会）』のような、組合員の〝学校〟のような組織だ。

だが、3・1提起に端を発した党中央との対立の末、JR革マルが『革マル派党中央の変質』を乗り越え、『真の革マル派』、『正統派革マル派』である新たな前衛党の建設を目指して作った組織がある。それが『ユニバーシティ』だ」

前章で触れた、良くする会が明らかにした組織「ユニバーシティ」。

良くする会の解説によると、ユニバーシティのメンバーは、JR革マルの頂点に位置し、JR総連や関連団体が本部を置く「目黒さつき会館」（旧動労会館。17年7月にリニューアルし、「目黒さつきビル」と改称）の4階に常駐。下部組織である「A会議」＝「ハイスクール」メンバーを指導する――とされ、前出のJR労研中央幹事会事務局長に就いていた坂入氏もメンバーの一人だったという。X氏が続ける。

「そのユニバーシティの『校長』と呼ばれていたのがJR東海労出身で、JR総連特別執行委員に就いていたFだった。他にもT（前述のマングローブの財政担当者）ら複数のマング（ローブ）が『先生』と呼ばれていた。

確かに、坂入もFもJR労研の設立メンバーだし、労研の上層部とユニバーシティのメンバーの多くは重なっているが、2つの組織の性質は全く違う。

さっきも話したように、労研は『労働組合内部の左翼フラクション』だが、ユニバーシティは革マル派党中央から分派した『独自の党派』、『新たな前衛党』の建設を前提に作られた、いわば〝党レベルの組織〟だ。

俺たち（JR革マル派）としては、万が一、『左翼フラクション』である、JR労研の存在や活動が表に出たとしても――もっとも、出ないに越したことはないが――致し方ない。あくまで〝組合レベルの組織〟だから。組合内部に（左翼）フラクションが存在することなど、国鉄時代からよく知られた話だし、万が一、表に出たとしても、何とでも言い訳ができる。

けれどもユニバーシティの存在は絶対に表に出しちゃいけない。なぜなら〝党レベルの組織〟だから。俺たちがやっているのはあくまで『労働組合運動』であって、労働組合の中に〝党レベルの組織〟が存在しているのはマズい。だからこそ（JR）総連も（準備書面で）労研の存在は（良くする会から指摘された故に）認めても、ユニバーシティには触れなかったんだろう」

つまりJR革マルからすれば、前述の3・1提起から始まった革マル派党中央との対立を経て、「独自の党派」、「新たな前衛党」の建設を目指すユニバーシティという組織を作った時点で――少なくとも彼らの心情的には――革マル派本体から完全に「分派」していたというわけだ。

そして実は、JR革マルトップの松崎氏自身も一連の党中央との闘いの最中、「分派」の必要性について触れていたという。前述の「リスト訴訟」で本訴被告となった、良くする会のメンバーで、かつてはマングローブの一員でもあった本間雄治《ほんまゆうじ》氏（前章参照）は、同訴訟に提出した陳述書の中で次のように述べている。【（）内は筆者補足、以下同】

〈この対立関係にあった頃《あるいは対立関係があったように見えた頃》を含め、松嵜明氏は（JR革マルのメンバーを集め）、その主催する学習会を年に数度、伊東さつき会館（静岡県伊東市にあるJR総連の研修施設）で開いていましたが、そのとき、同氏は『自分（松嵜）は革マル派を作った一人であること』、『自分の実践を理論化したものが革マル派理論であること』、『革マル派党中央がおかしくなっていて、正当な革マル派はわれわれであること』、『革マル派理論を正当に受け継ぎ、新たな革命党を建設することが必要であること』、『そのための労働運動場面における実践が必要であること』などを語っていました〉【傍点部は筆者、以下同】

おそらくJR革マルは、この松崎氏の指導に基づいて、前述の「ユニバーシティ」や、その下部組織である「ハイスクール」を新たに作ったのであろう。

そして、こうした組織を作ること、すなわち革マル派党中央からの「分派」に動き始めたことをもって、JR革マルは、革マル派と〈決別〉したと主張しているわけだが、一般の人間からすれば、極めて分かりにくい理屈だ。

革マル派への上納方法

ちなみに、本間氏は前述の陳述書の中で、JR革マルから革マル派への〈カンパ〉について次のように触れている。

〈革マル派は、JR東労組に属する労働者から、毎月カンパを集めていました。教職員ら他産別組織では、給料に対するカンパの割合がキッチリ決まっていましたが、国鉄戦線《JR戦線》は革マル派の最大労働戦線組織として、カンパの総額もケタ違いに多かったため、個々人のカンパの割合は、「人やその時に応じて」と、割と緩やかでした。

JR戦線の場合、最低でも1人当たり、月々3000円はカンパしろということでした。私が書記長を務めていた横浜地本の場合は、「L読」メンバー（第5章参照）は月に3000円、Aメンバー（同前）では、上位の者は月に25000円、下位の者は月に5000円カンパしていました。私自身はAメンバーになった時から月に25000円カンパしていました。また、ボーナス時にもカンパを集めていましたので、横浜地本だけでも月々のカンパは約40～50万円、ボーナス時で約200～300万円にのぼりました〉

この計算でいくと、横浜地本が党中央に収めるカンパの総額は年間約800万～1100万円。JR東労組には現在も、この横浜を含め12の地本があるが、当時の各地本の規模の大小を考慮に入れず×12で単純計算すると、JR東労組だけでも年間のカンパの総額は約9600万～1億3200万円にのぼる。

さらにJR総連には当時、JR東労組以外にも、JR北海道やJR貨物の最大労組である「JR北海道労組」や「日本貨物鉄道労働組合（JR貨物労組）」、規模は小さいながらも「JR西労」や「JR東海労」、さらには次章で詳述する「JR九州労働組合（JR九州労）」と5単組が存在した。これら5単組が同様のシステムで党中央にカンパを上納していたと考えれば、前述の「桜島作戦」の際に、党中央がＪＲ革マル側に対し、「約1年間にわたって、2億円のカンパが滞っている」と苦情を言った——というのも頷ける。

そして本間氏は、その上納方法についても次のように述べている。

〈（前略）カンパは（横浜地本から）ＪＲ革マルへのカンパとして、２００２年まで払い続けていました。

カンパは職場単位⇒支部単位⇒地本単位でそれぞれ集められ、地本単位の財務担当者《財担》が集まるＪＲ革マル派の「財担会議」が月1回、目黒さつき会館の地下で開かれていました。

私は、１９９５年まで東京地本の所属でしたが、１９９６年7月6日に横浜地本が新たに作られ書記長に就任しました。横浜地本では当初、教宣部長だったS氏（陳述書では実名、以下同）が財担を務めていましたが、１９９7年ごろから書記長の私が財担を引き継ぎ、少なくとも２００２年にＪＲ東労組の中央執行委員に就任するまで私自身が毎月「財担会議」に出ていました。

各地本の財担は、私を含めA会議を指導する「ＬＣ（Ｌｅａｄｅｒｓ　Ｃｉｒｃｌｅの略。ＪＲ革マルにおける「フラクション指導部」）会議」のメンバーでもあり、旧東京地本《東京・八王子・大宮・横浜》の「ＬＣ会議」は月に1回泊りで、各地本持ち回りで開かれ、東京地本が開催するときは五反田の「ゆうぽうと」などを使っていました。私も横浜地本を作る前の１９９５年ごろから２００２年までこの「ＬＣ会議」に出席し（中略）さらに、財担会議にはＪＲ東労組だけでなく、JR東海労やJR貨物労組、JR西労の財担も出席していました。財担会議では、中央情勢の報告などが行われましたが、目的は（革マル派への上納金の）〝集金〟でした。（中略）私やY氏は、いわば（組合員から）集めたカンパを（JR革マルに）上納する側でしたが、各地本の財担が集めたカンパを受け取り党中央に渡すのは原告のO氏（元JR総連委員長）と原告のT氏（前出のユニバーシティの「先生」）の役割でした〉

誰一人信用していない〈決別〉宣言

一方、本訴原告のJR総連側はこの「リスト訴訟」で、一貫して〈（それまでは革マル派と関係があったものの）99年12月には、革マル派との関係を最終的に絶った〉と主張。従って〈それ以降は〉、被告（良くする会のメンバー）が「JR革マル43人リスト」などを公表した06年9月時点も含め〈JRの組合内には、組織的に革マル派として活動してきたグループ・メンバーは存在しない〉と述べ続けていた。

しかし、二審の東京高裁判決（13年11月26日付、後に確定）は、原告側の主張を以下のように退けている。【（ ）内は筆者補足】

〈原告らは、平成11年（99年）12月20日、革マル派に対する決別を通告したことにより、JR総連及びJR東労組と革マル派との関係は断絶したと主張する。

しかしながら、この革マル派に対する決別通告は、JR総連及びJR東労組内の革マル派の関係者にとっては極めて重要な決定、通告であったにもかかわらず、通告の事実自体がこれらの関係者に公表、周知された事実すら認めるに足りる証拠はなく、この決定に関与したとする原告T（前出のユニバーシティの「先生」）及び同F（前出のユニバーシティの「校長」。ともに判決では実名）の供述《原審本人尋問》によっても、その決定過程や通告方法等について具体的、合理的な説明がされたとは解することはできない。

また通告されたとする革マル派の機関紙「解放」《平成13年2月5日》によれば、革マル派は、これとは異なる認識を有していたことも窺えるのである。

さらに、原告らは、この通告後における革マル派への上納の事実を否定するものの、組合員からのカンパの収受自体はその後も継続されていたのである。

以上によれば、本件リストが配布された当時、原告らが主張するように、既にJR総連及びJR東労組と革マル派との関係が解消されていたとしても、これを裏付けるに足りる客観的な表象があったとはいえないのであるから、外部からは、依然として従前の関係が継続しているものと認識されていたと解するのが自然である〉

さらに13年11月、第8章以降詳述する「JR北海道」で当時、多発していた事故や不祥事に関連し、同月7日開催の参院国土交通委員会で、同社の最大労組「JR北海道労組」と革マル派との関係について問われた警察庁の高橋清孝警備局長（当時）は、両者の関係について「鋭意、解明に努めている」と答弁。その上で、JR北海道労組の上部組織であるJR総連について、13年11月時点においても「革マル派活動家が影響力を行使し得る立場に相当浸透している状況が現在も続いている」との認識を示した。

つまり国鉄分割・民営化以来、松崎氏やJR総連によって繰り返された――しかもその時期を巡っては度々主張が変遷する――〈決別〉宣言など、司法や行政を含め、誰一人として信用していなかったわけである。

第7章 利用されたナンバー2の「拉致」事件

JR九州労組への「潜り込み」戦術

話を再び、JR革マルと革マル派党中央の対立に戻そう。JR革マルが新たな前衛党の建設を目指して「ユニバーシティ」を作り、さらにその母体として「JR労働運動研究会（JR労研）」を結成し、独自の路線を歩もうとしたことに、党中央は猛反発。再び実力行使に乗り出したのだ。

再燃のきっかけは、「JR九州労組合員大量脱退問題」だった。

これまで幾度か触れてきた通り、全日本鉄道労働組合総連合会（JR総連）が1990年6月、傘下単組に対し「スト権の早期確立」と「スト指令権のJR総連への委譲」を提起したことを機に、旧国鉄動力車労働組合（動労）系と旧鉄道労働組合（鉄労）系との対立が決定的となり、翌91年7月から11月にかけて、ＪＲ西日本の最大労組「西日本旅客鉄道労働組合」（ＪＲ西労組）やＪＲ東海の「東海旅客鉄道労働組合」（ＪＲ東海労組、後に「ＪＲ東海ユニオン」と改称）がＪＲ総連から次々と脱退した。

このとき、ＪＲ九州の最大労組「九州旅客鉄道労働組合」（ＪＲ九州労組。当時、約1万３０００人）もＪＲ総連から離脱したのだが、これに反発した旧動労系組合員らが、ＪＲ九州労組から抜け、新たに結成したのが「ＪＲ九州労働組合」（ＪＲ九州労）だった。

ＪＲ九州労はその後、ＪＲ総連に再加盟したが、分裂当時の九州労の組合員数は約１３００人。社員全体に占める組織率はわずか９％に過ぎず、９年後の２０００年には９２４人にまで減少した。この間、九州労は平成採用の社員（約２０００人）のうち９人しか獲得できず、さらにＪＲ九州は当時、九州新幹線「鹿児島ルート」（新八代駅―鹿児島中央駅間）の部分開業（04年）に伴う大規模な配置転換を予定しており、「5年後には組合員が半減、10年後には消滅するとの危機感があった」（ＪＲ総連関係者）という。

そこで彼らＪＲ九州労＝旧動労勢力が、組織生き残りのために選択したのが、それまで激しく敵対してきた最大労組、ＪＲ九州労組への「潜り込み」戦術だった。前出の公安当局関係者が再び語る。

「九州労は当初、九州労組との『統一』を画策していた。しかし、九州労組側がそれに応じるはずもなく、統一の目が無いと判断した彼らは『潜り込み』戦術に切り替えた。

そして平成12（00）年9月、当時の九州労やJR総連の一部の幹部に加え、坂入やF、Tらが集まり、秘密会議『ミニ・セイロン』を開催。そこで九州労組への潜り込みの具体的な戦略を話し合った」

ここに出てくる「坂入」とは、前述のJR労研中央幹事会事務局長に就いていた坂入充《さかいりみつる》氏のことで、「F」氏は、前出のJR東労組OBのX氏ら、マングローブから「ユニバーシティの校長」と呼ばれていた元JR総連特別執行委員だ。「T」氏もF氏同様に「ユニバーシティの先生」といわれ、前出のJR東労組を良くする会から「マングローブの財政担当」と名指しされた人物でもある。公安当局関係者が続ける。

「秘密会議に出席したメンバーはそこで、九州労組への50～100人規模での『段階的潜り込み』では時間がかかり過ぎるなどとして、数百人規模の『なだれ込み』の方針を決定。一気に勝負をかける作戦に出た」

そして00年10月5日、当時のJR九州労福岡地方本部（地本）委員長、大分地本書記長、熊本地本委員長、鹿児島地本委員長の4人が、全組合員の70％を超える651人分の「脱退届」と、JR九州労組への「加入届」を持参し、九州労組本部を訪問。脱退者651人の加入を申請したのだ。九州労組元幹部が当時をこう振り返る。

「彼らは脱退の理由として、『JR九州労の独善的な組織運営』、『革マル疑惑』、『対決型労使関係からの脱却』などを挙げていました。これに対し我々としては、彼らの『革マル派役員に指導されたJR総連、JR九州労との決別』という意思表明については一定の評価をしつつも、組織的と思われる大量脱退の経緯が不明な上、現場の（九州労組）役員や組合員の感情も考慮しなければならなかったことから、彼らからの加入届を『保留扱い』としたのです」

革マル派党中央の激怒

ＪＲ労研幹部らが主導したＪＲ九州労による「なだれ込み」戦術――。しかし最終的にＪＲ九州労組は、九州労からの脱退者を個別では受け入れたものの、「集団での加入」は拒否した。これによって数百人の脱退者が一時、行き場を失い、九州労も消滅するのだが、この無謀にも思える戦術に激怒したのが革マル派党中央だった。

ＪＲ九州労の地本幹部４人が、脱退者６５１人のＪＲ九州労組への加入を申請した４日後の10月9日午後2時半ごろ、前出の浅野孝氏をはじめ、Ｊ氏、Ｋ氏ら３人の「トラジャ」がＪＲ九州労本部事務所に乱入。事務所にいた書記長らに対し、「（九州労）委員長はどこだ？」、「九州労の破壊を行っているのはお前らだ！」、「俺たちがつくった九州労を壊されて黙っていられるか！」などと大声で罵声を浴びせ、九州労の名簿など関係書類を奪取して立ち去ったという。

ちなみにＪ氏は、前述の「３・１提起」をめぐるＪＲ革マルと党中央との対立（以下、「第一次対立」という）時に、浅野氏と同様に革マル派に拉致・監禁された人物だ。一方のＫ氏は鳥栖《とす》機関区（旧国鉄時代、佐賀県鳥栖市にあった車両基地）出身の元九州動労幹部で、公安当局関係者によると、革マル派九州地方委員会のメンバーでもあったという。

しかし、である。

前章で詳述した通り、彼らトラジャは第一次対立ではJR革マル側に立ち、党中央と激しく対立していたはずだ。それゆえに浅野氏やJ氏は、革マル派に拉致・監禁されるという憂き目に遭ったのではなかったか。にもかかわらず、今回はなぜ、JR革マル側と敵対するような行動に出たのだろうか。

前出のX氏によると、「3・1（提起）をめぐる対立で、浅野やJ、Kの3氏は（革マル派の）『総括・査問会議』（95年2月6日、前述）や、それまでの反党的な行動に対する『自己批判』の強要を経て、さらには松崎（明）さんの『党の中から闘え』という指示を受け、完全に党（中央）側の人間に戻ってしまった」というのである。

そして、このトラジャによる「JR九州労本部乱入事件」から3日後の10月12日、革マル派は機関紙「解放」（同月16日付）に、「政治組織局」名の〈JR九州労四人組によるクーデタをうち砕け！〉とする声明を掲載するのだ。

〈四人組〉とは、はじめに組合員651人分の「脱退届」を九州労組に持ち込んだJR九州労地本幹部4人のことを指しているのだが、その〈四人組〉に加え、長崎地本やJR九州労本部からの脱退者の代表ら計6人が同月17日、「第2陣」として、組合員86人分の脱退届と九州労組への加入届を九州労組本部に提出したのだ。先の651人と合わせると脱退者は737人に達し、JR九州労全組合員の80％にのぼった。

「この第2陣の脱退以降、彼ら（脱退者の代表）は九州労組への早期加入を要求してきましたが、我々としては彼らの真意を見極めるためにも、（加入を認めるか否かの判断には）最低半年は必要だと考えていたので、『引き続き保留する』と回答したのです」（前出・ＪＲ九州労組元幹部）

公安当局関係者によると、このＪＲ九州労によるなだれ込み戦術の背後に、ＪＲ労研の指導があると看破した革マル派党中央は、全国のＪＲ総連傘下単組のＪＲ労研加入組合員宅に「中央労働者組織委員会（ＷＯＢ）」名の〈敵を誤るな――労研の諸君へ〉と題した書簡を郵送。ＪＲ労研の動きを牽制したという。

そして10月23日付の「解放」には〈怒りをこめて弾劾する〉とした、ＷＯＢと「交通運輸労働者組織委員会」連名の、以下のような声明が掲載されたのだ。【（　）内は筆者補足】

〈四人組による労組破壊を弾劾しＪＲ九州労を再建せよ！

悲劇的な事態が惹起した――ＪＲ九州労組指導部《ＪＲ連合加盟の「養殖組合」》にのせられ騙されたＪＲ九州労《ＪＲ総連加盟》の四人組が、みずからが指導してきた組合員たちを養殖組合（ＪＲ九州労組のこと）に売りわたし、組合組織を根幹から破壊したという事態が。

この前代未聞の犯罪行為を、われわれは満腔《まんこう》の怒りをこめて弾劾する。そして、全国のＪＲ総連組合員たちに、直ちに反撃に決起し、破壊された組合組織の再建・強化の先頭にたつべきことを訴える。

（中略）「革マル派による組織介入・破壊」などという悪宣伝をくりひろげてきたダラ幹たちに抗して、ＪＲ総連組合組織を全面的に点検し、組織強化のために奮闘せよ！　動労型労働運動の伝統の火を消すな！　ＪＲ総連内の党員諸君は、いまこそ持てる力を存分に発揮して裏切り者四人組とこれに連なるすべての陰謀・策略分子をうち砕くために不退転の決意をもってたたかえ！
〝養殖組合への加入は九州労の戦略的展望にもとづく加入戦術である〟などと犯罪を正当化するような言辞を吐く徒輩を、ＪＲ総連内ケルンは断固として糾弾し、こうした徒輩を打倒して新たな組合組織体制をつくりなおすことが絶対に必要なのである〉

だが、この段階ではまだ、革マル派党中央は次のような一文を加え、国鉄分割・民営化当初からＪＲ関係者だけでなく、政府やメディア関係者が抱いていた「ＪＲ総連＝革マル派」疑惑を否定し続けていたＪＲ革マルに、一定の〝配慮〟をみせていたのだ。

〈（前略）労働組合は、それに参加している労働者・組合員の生活と権利を擁護するための組織である。したがってこの組織内でたとえわが党員が活動していたとしても、当該組合が同時に特定党派の組織であるわけではまったくない。労働組合がひとつの大衆団体であるのにたいして、わが党は、既成のあらゆる政党に、直接的には代々木共産党や社民党にとってかわる新しい革命的前衛党の建設をめざしている組織である。

　大衆団体の一形態としての労働組合と前衛党組織とは形態的にも本質的にも異なるにもかかわらず、この両者を故意に二重写しにして「ＪＲ総連＝革マル」などという神話を流布しているのは、「鬼の動労」の伝統を受け継いだＪＲ総連組織を壊滅させるための国家権力の陰謀であり、葛西（敬之《よしゆき》・当時はＪＲ東海代表取締役社長）＝大塚（陸毅《むつたけ》・当時はＪＲ東日本代表取締役社長）のためにする非難でしかないのである〉

松崎に次ぐナンバー2の大幹部拉致

ところが、翌月に入ると事態は急激にエスカレートする。11月3日、なだれ込み戦術の首謀者の一人、坂入氏が何者かに——といっても、ほどなく革マル派と判明するのだが——埼玉県内の自宅近くで連れ去られるという事件が起こったのだ。

坂入氏は前述の通り、当時はJR労研の中央幹事会事務局長に就いていたのだが、それまでの経歴は、なかなかに興味深い。

この革マル派による拉致事件の後、JR総連が公表した坂入氏の略歴によると、坂入氏は40年生まれで当時は60歳。茨城県内の高校を卒業後、58年に国鉄に入社。下十条電車区（86年に「下十条運転区」に改称。第1章参照）などを経て、分割・民営化後は三鷹駅に勤務していた。95年にJR東日本系列のショッピングモール「ルミネ大宮」（大宮市、現さいたま市）に出向し、翌96年からはJR総連の関連法人「鉄道ファミリー」（第5章参照）に勤務。00年3月末、JR東日本八王子支社で定年を迎え、退職した。

退職後は、松崎氏が96年7月に創刊したJR総連発行の月刊誌「自然と人間」（02年7月からは「自然と人間社」の発行）の事務局員として働き、事件発生当時は埼玉県吉川市に住んでいたという。

つまり前述の「ユニバーシティの校長」F氏らとともに、JR労研を結成した99年6月当時、彼は「鉄道ファミリー」の社員だったわけだが、さらに興味深いのはJR総連が公表しなかった彼の〝裏〟の経歴である。前出の公安当局関係者が再び語る。

「坂入は20年近く下十条電車区に籍を置き、長きにわたって国鉄労働組合（国労）上野支部で国労内革マルの〝裏指導〟を担当してきた。分割・民営化の際には浅野らとともに『真国鉄道労働組合（真国労）』を結成し、JR総連に入った」

つまり坂入氏も浅野氏と同様、国労内革マル＝真国労《マコト》の出身者だったのだ。関係者が続ける。

「（坂入氏は）自他ともに認める革マル派の古参党員で、セクトネームは『南雲巴《なぐもともえ》』。革マル派の国鉄戦線（後のJR戦線）では、松崎に次ぐナンバー2の大幹部といわれていた」

その坂入氏が、革マル派によって連れ去られる約4カ月前には、同派の機関紙「解放」（00年6月26日付）に、「南雲巴」のクレジットで〈動労型労働運動の伝統を甦らせよ〉と題した次のような論文が掲載されている。【（ ）内は筆者補足】

〈6月4―5日、JR総連の定期大会が開かれ、執行部人事が一新された。（中略）産業報国会と化した「連合」の内部にあってなお、政府の戦争準備に反対してたたかう組合であろうとしている。（中略）あらたに若返った体制のもとに、JR労働運動を再生しようとする意気ごみを、今大会の議論の中に、われわれは感じる。21世紀のJR総連の運動をつくり出すために、〝古き革袋を破り新しい革袋に新しい酒を入れるのだ〟という熱い意欲をわれわれは感じるのだ。

この新しい酒とは、ほかでもない。40数年にわたる「動労型労働運動」の戦闘的伝統を今日的にうけつぐということであり、労働組合組織を執行部がひき回すのではなく、それとは逆に、職場における闘いを基礎にして、労働組合組織を強化するということである。（中略）われわれは、組合内に左翼フラクションをつくり出すだけでなく、さらにその内部に革命的フラクションをつくり出すのである〉【傍点部は筆者】

この南雲氏のいう〈左翼フラクション〉が「ＪＲ労研」で、〈革命的フラクション〉が「ユニバーシティ」であることは、前述のＸ氏の証言の通りだ。

ただ、おそらく革マル派党中央は、この論文が掲載された時点ですでに、前述の97年2月に開かれたＪＲ革マルの会議「『鉄道会』拡大幹事会」の盗聴などで、坂入氏らが「分派」に動いていたことを把握していたものと思われる。にもかかわらず、「南雲」こと坂入氏に、このような論文を書かせた党中央の思惑は測りかねるが、南雲論文はこう続く。

〈ＪＲ戦線のたたかう仲間たちは、この論理を体得するだけではなく、あらゆる産別において戦闘的な闘いを担っている仲間たちがたえず主体化している革命的マルクス主義を、学習しなければならない。

（中略）ＪＲ総連組織内に革命的ケルンをうち固め、それをよりいっそう強化することなしには、葛西―大塚体制がかけてくるであろう今後の反動攻撃にまっこうから立ち向かうことは、決してできないのである。

（中略）新しい執行部のもとに、若々しい体制を整えたＪＲ総連は、あらゆる弾圧をはねのけ、ネオ「民主化同盟」を尖兵とした組織破壊攻撃に抗して、彼ら三組合（ＪＲ連合、国労、建交労）の下部組合員をＪＲ総連傘下諸労組の組合員として獲得し、ＪＲ総連を拡大・強化し、過去13

年間より以上の闘いを切り拓く可能性がうみだされたといってよいからである〉

おそらく革マル派党中央は、ＪＲ革マルが分派に動いていることを知りながら、それを潰す機会を窺っていたのだろう。それが、坂入氏ら、ＪＲ労研が主導したＪＲ九州労のなだれ込み戦術で訪れたというわけだ。

「不倶戴天の敵」警察に告発状を提出

一方、坂入氏を連れ去られたＪＲ革マル側はどう動いたのか。

前の第一次対立で、革マル派が前出のトラジャのＪ氏や、オーストラリアで客死した上野孝氏を拉致・監禁した際、ＪＲ革マルは自力で彼らを救出すべく、「桜島作戦」を立案。結果的に失敗に終わったものの、それを実行した。

ところが、今回のＪＲ九州労大量脱退問題に端を発した「第二次対立」ともいえる「坂入拉致事件」では、坂入氏を革マル派から取り戻すために、彼らにとっては「不倶戴天の敵」である警察＝国家権力を利用しようとしたのだ。

坂入氏が連れ去られた11月3日、ＪＲ総連はすぐさま、革マル派の犯行と断定。彼らがそう判断した根拠については後述するが、ＪＲ総連は同日、埼玉県警に坂入氏の捜索願を提出した。埼玉県警は翌日、坂入氏の自宅に捜査員を派遣し、ＮＴＴに交換機の記録調査、いわゆる「逆探知」を要請するとともに、坂入氏の妻から事情聴取を始めた。

そして同月15日、ＪＲ総連は単組、地方協議会の代表者会議で「『革マル派』による労働運動への支配・介入を弾劾する特別決議」を採択。その中で〈「拉致」「監禁」「窃盗」「暴力」「盗聴」「盗撮」「尾行」「張り込み」「家宅侵入」を繰り返すテロ集団・「革マル派」を満腔の怒りをもって弾劾し、結集する全組合員の労働者の良心を賭けて断固として闘い抜く〉と宣言した。

翌16日には当時のＪＲ総連委員長を告発人、氏名不詳の者を被告発人として、逮捕・監禁罪で埼玉県警に告発状を提出し、受理されたのだが、ＪＲ総連はさらに同日、記者会見を開き、この革マル派による拉致事件を公表。これ以降、坂入拉致事件は捜査当局だけでなく、メディアをも巻き込んだ騒動に発展していくのだ。

記者会見の際、ＪＲ総連は、埼玉県警に提出した告発状を配布したのだが、その中で彼らは、坂入氏が拉致された3日からそれまでに至る経緯や、彼らが「革マル派の犯行」と断定した根拠などについて述べているので、引用しよう。【（　）内は筆者補足】

〈（前略）

二、坂入充さんは、平成一二（00）年一一月三日午前九時頃、旧職場の仲間達と一泊の予定で奥多摩ハイキングに右自宅を出ました。ところがそれ以来、今日まで、手紙一通以外電話等を含めてなんらの連絡がありません。坂入充さんは、以下記載するような事実により政治党派革マル派構成員により連れ去られ電話一本もかけられない状態で、監禁されているものと推測されます。

㈠、一一月三日、午前一〇時三五分頃、「浅野です。旦那さんと討論させてもらおうと思って。いずれ本人からも連絡してもらいます」との電話が坂入さんの自宅へありました。浅野という人は革マル派の活動家のようです〉

ＪＲ総連は〈ようです〉などとトボけているが、〈浅野という人は〉前出のトラジャ、浅野孝氏のことである。

〈㈡、坂入充さんは、心筋梗塞の持病を持っていて、薬をのんでいますが、当日は二日分の薬しかもっていなかったようです。

ところが、一一月四日午後に男、女の二人が坂入さんの自宅に「薬と印鑑を取り」にきました。男の方は、木下某という革マル派の大物活動家だそうです〉

〈木下某〉は、後述する坂入氏の「声明」によると〈昔の革マル派系全学連書記長〉で、「『西条武夫』というセクトネームを持つ、（革マル派）政治組織局所属の幹部」（前出・公安当局関係者）だという。

〈中略〉

三、坂入充さんが革マル派に拉致、監禁され、自己批判を強要されている原因は、

㈠、いわゆる革マル派は、平成一二年一月八日開催したJR総連加盟のJR東労組（東日本旅客鉄道労働組合）、東京地本の旗開きに激励と称して十数名が「革マル派」を名乗り、押掛けてきたのをはじめ、JRの職場、社宅や、JR総連加盟単組事務所へも押掛けてきています。JR総連は、このような労働組合活動に対する妨害行為に対し、制止や抗議をおこなっていますが、今日まで何度となく同じことが繰り返されています。

㈡、最近JR総連加盟のJR九州労で発生した集団脱退を巡り、革マル派は、同派機関誌の《原文ママ》「解放一六四二号《一〇月三〇日》」の紙上において「退職したJR総連のOBメンバー《南雲が》…」と誹謗中傷をおこなっていました。この《南雲》というのは坂入充さんのようです。

なお、集団脱退に関連して一〇月九日午後二時半頃、JR九州労組合事務所に革マル派と思われるK某（告発状では実名）、J某（同前）、浅野某という三人が乱入し、暴行、窃盗を重ねました。このときの浅野某が、前述の電話の浅野と同一人物のようです。

㈢、一一月一一日、午前一〇時四五分頃、JR総連加盟のJR九州労の組合書記、K子《一一月一〇日に解雇通告》（告発状では実名、以下同。前出のトラジャK氏の妻）がJR九州労組合事務所に来て、このたびのJR九州労の大量脱退に関し、「坂入さん本人が、『大量脱退劇は、坂入さん、Tさん（ユニバーシティの先生）、Fさん（ユニバーシティの校長）、Kさん（当時のJR九州労委員長、トラジャのK氏とは別人物）で意思し、決めたことであった』と言っている」と述べています。

一一月一一日現在、「坂入さん本人」から話しを聞けるのは、拉致した者かその仲間以外にはいないはずです。
四、以上の状況などをあわせ考えますと以前からＪＲ総連への介入を阻止されている革マル派は、ＪＲ九州労の大量脱退という事態に坂入充さんが関与していたと思いこみ、同人を徹底追求《原文ママ》していくためにこのたびの監禁という犯行に及んだものと判断されます。私は、ＪＲ総連の責任者として何よりも右坂入充さんの解放と革マル派の右犯行を厳しく処罰されたく本告発に及ぶ次第です〉

ちなみに会見では、記者とＪＲ総連との間でこのようなやりとりが交わされたという。

記者　拉致の実行犯がなぜ革マル派だと言えるのか？

ＪＲ総連　電話で「浅野」と名乗った。浅野は（ＪＲ）九州労組合事務所に乱入した時、「革マルの浅野だ」と名乗っている。（坂入氏の）奥さんも浅野と面識があり、声を聞いて「あの、浅野さんだ」と言った。

記者　では、なぜ、（「革マルの浅野」と面識のあるはずの）坂入氏が（その革マル派に）狙われるのか？

ＪＲ総連　革マルが、「坂入氏が九州の集団脱退を仕組んだ」と思い込んでいるからだろう。革マル派機関紙「解放」の中に「南雲」という名前があるが、これが坂入氏だ。

記者　なぜ、「南雲」が坂入氏と分かるのか？

ＪＲ総連　何人もがそう言っている……

当時、出席した記者たちにとって、さぞかし面妖な会見だったことは想像に難くないが、この「拉致事件」はさらに異様な展開をみせていく。

革マル派からＪＲ総連への「脅迫状」

拉致事件の実行犯を、氏名不詳のまま刑事告発したＪＲ総連は、その約10日後の11月27日、今度はＪＲ総連の委員長が革マル派から手紙で脅迫されたとして、脅迫罪で埼玉県警に刑事告訴し、その事実を再び公表。各報道機関に告訴状と手紙（図表7－1）を送付したのだ。

当時、革マル派からＪＲ総連に送られてきたとされる「脅迫状」は〈Ｏ・Ｙ君へ〉と当時のＪＲ総連委員長をフルネームで名指しした後、こう続く。【（　）内は筆者補足】

〈君は自分のやっていることの恐ろしさを感じない程に愚かものになってしまったのか。松下さんをはじめ数多の同志たちを虐殺し傷つけた国家権力にすがりついてまで生きのびようとするのは一体どういうことなのか〉

ここに出てくる〈松下さん〉とは、第2章で詳述した松崎氏の「愛弟子」と言われ、国鉄分割・民営化の翌年、中核派に襲撃され死亡した東日本鉄道労連（東鉄労）高崎地本委員長の松下勝氏のことである。

図表7-1　告訴状と「脅迫状」

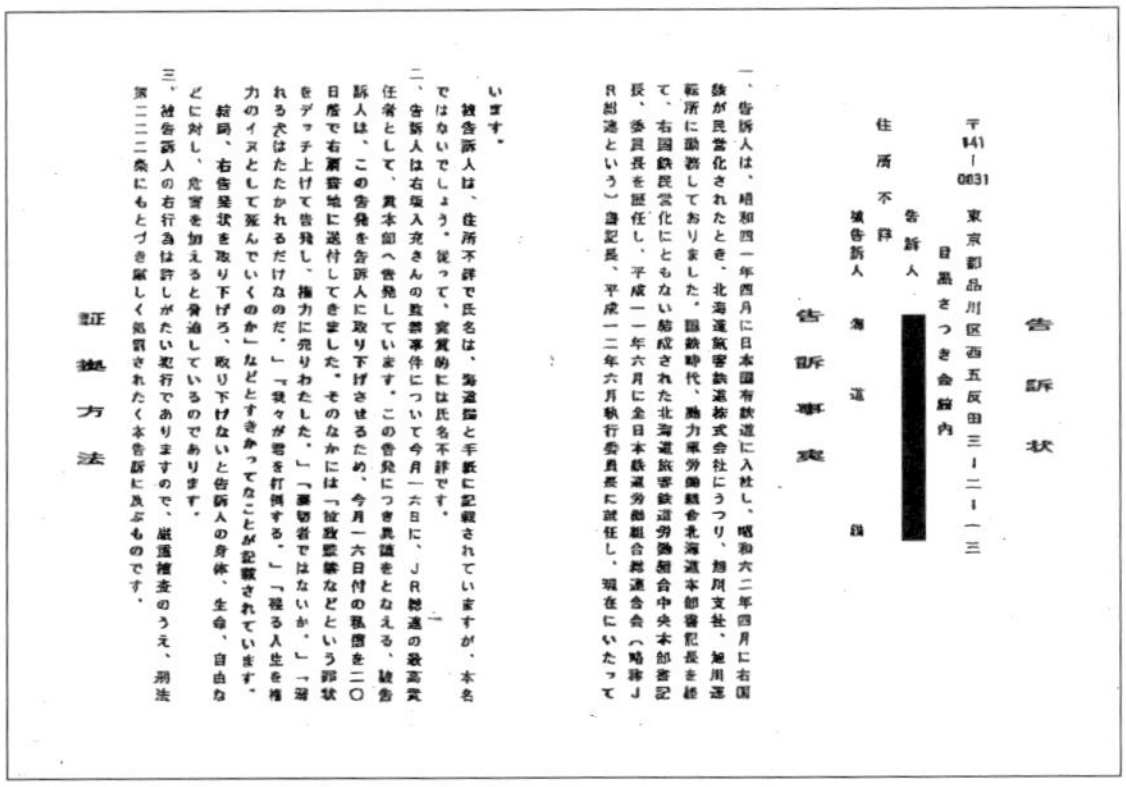

告訴状

〒141-0031　東京都品川区西五反田三-二-一三
目黒さつき会館内
告訴人　[redacted]
住所不詳
被告訴人　海道鐺

告訴事実

一、告訴人は、昭和四一年四月に日本国有鉄道に入社し、昭和六二年四月に右国鉄が民営化されたとき、北海道旅客鉄道株式会社にうつり、旭川支社、旭川運転所に勤務しております。国鉄時代、動力車労働組合北海道本部書記長を経て、右国鉄民営化にともない結成された北海道旅客鉄道労働組合中央本部書記長、委員長を歴任し、平成一一年六月に全日本鉄道労働組合総連合会（略称JR総連という）書記長、平成一二年六月執行委員長に就任し、現在にいたっています。

被告訴人は、住所不詳で氏名は、海道鐺と手紙に記載されていますが、本名ではないでしょう。従って、実質的には氏名不詳です。

二、告訴人は右坂入充さんの監禁事件について今月一六日に、JR総連の最高責任者として、貴本部へ告発しています。この告発につき異議をとなえる、被告訴人は、この告発を告訴人に取り下げさせるため、今月一六日付の私信を二〇日屆で右肩書地に送付してきました。そのなかには「拉致監禁などという罪状をデッチ上げて告発し、権力に売りわたした。」「裏切者ではないか。」「溺れる犬はたたかれるだけなのだ。」「我々が君を打倒する。」「残る人生を権力のイヌとして死んでいくのか」などとすきかってなことが記載されています。

結局、右告発状を取り下げろ、取り下げないと告訴人の身体、生命、自由などに対し、危害を加えると脅迫しているのであります。

三、被告訴人の右行為は許しがたい犯行でありますので、厳重捜査のうえ、刑法第二二二条にもとづき厳しく処罰されたく本告訴に及ぶものです。

証拠方法

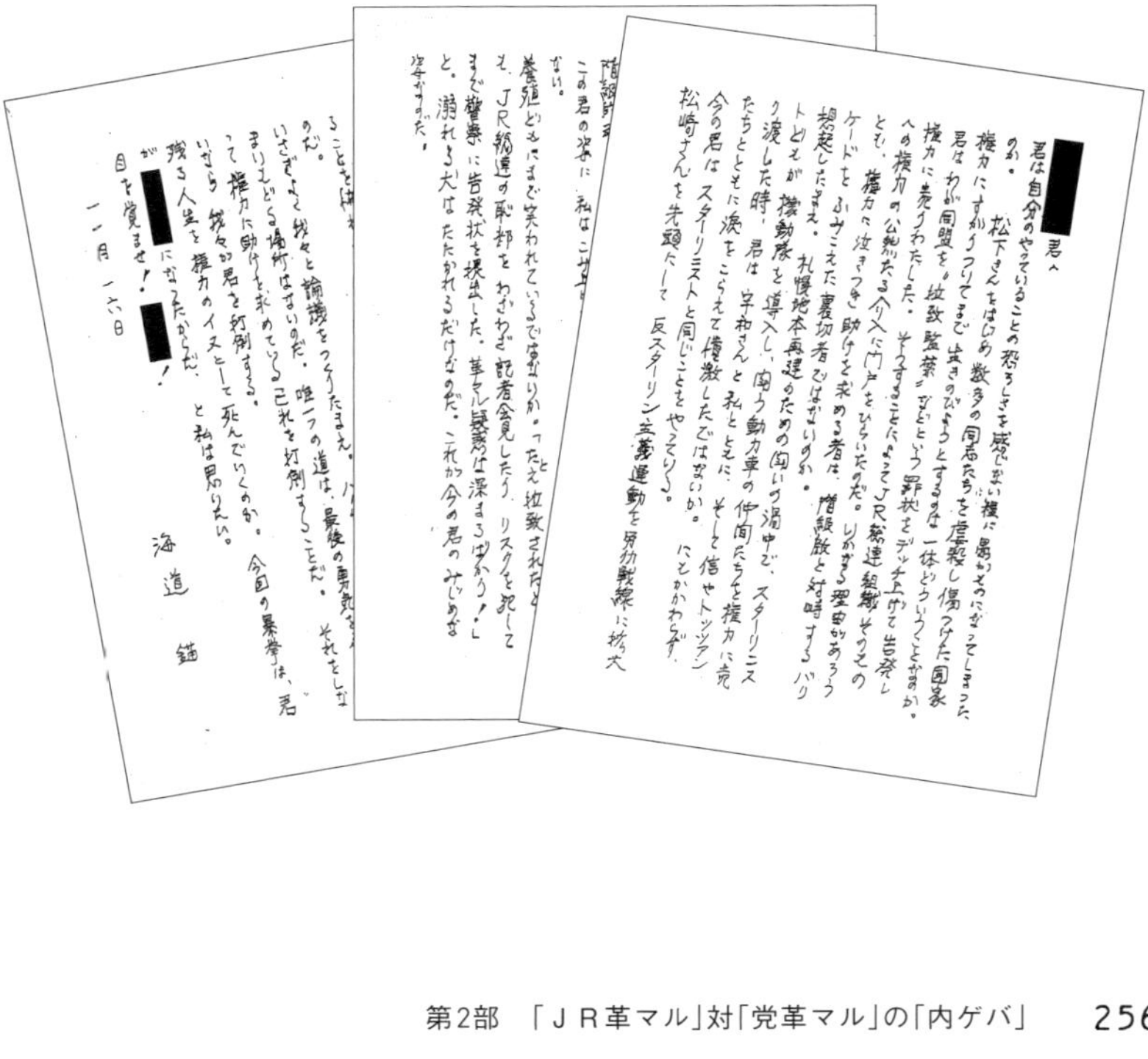

[redacted]君へ
君は自分のやっていることの恐ろしさを感じない程に愚かものになってしまったのか。

松下さんをはじめ数多の同志たちを虐殺し傷つけた国家権力にすがりついてまで生きのびようとするのは一体どういうことなのか。

君はわが同盟を、"拉致監禁"などという罪状をデッチ上げて告発し権力に売りわたした。そうすることによってJR総連組織そのものへの権力の公然たる介入に門戸をひらいたのだ。いかなる理由があろうとも、権力に泣きつき助けを求める者は、階級敵と対峙するバリケードをふみこえた裏切者ではないのか。

想起したまえ。札幌地本再建のための闘いの渦中で、スターリニストどもが機動隊を導入し、闘う動力車の仲間たちを権力に売り渡した時、君は宇和さんと私とともに、そして信せトッツァンたちとともに涙をこらえて憤激したではないか。

今の君はスターリニストと同じことをやっている。

松崎さんを先頭にして反スターリン主義運動を労働戦線に拡大……にもかかわらず、

……この君の姿に、私はこみあげ……

ない。

養殖どもにまで笑われているではないか。「たとえ拉致されたとしても、JR総連の幹部をわざわざ記者会見したり、リスクを犯してまで警察に告発状を提出した。革マル疑惑は深まるばかり！」と。溺れる犬はたたかれるだけなのだ。これが今の君のみじめな姿なのだ！


……ることを……

のだ。

いさぎよく我々と論議をつくしたまえ。……

まりもどる場所はないのだ。唯一つの道は、最後の勇気を……

って権力に助けを求めている己れを打倒することだ。それをしないなら我々が君を打倒する。

今回の暴挙は、君が[redacted]になったからだ。と私は思いたい。

残る人生を権力のイヌとして死んでいくのか。

目を覚ませ！[redacted]！

一一月一六日
海道　鐺

〈君はわが同盟を〝拉致監禁〟などという罪状をデッチ上げて告発し権力に売りわたした。そうすることによってJR総連組織そのものへの権力の公然たる介入に門戸をひらいたのだ。いかなる理由があろうとも、権力に泣きつき助けを求める者は、階級敵と対峙するバリケードをふみこえた裏切者ではないのか。

想起したまえ。（動労）札幌地本再建のための闘いの渦中で、スターリニストどもが機動隊を導入し、闘う動力車の仲間たちを権力に売り渡した時、君は宇和さんと私とともに、そして信やトッツァンたちとともに涙をこらえて憤激したではないか。にもかかわらず、今の君はスターリニストと同じことをやっている。

松崎さんを先頭にして、反スターリン主義運動を労働戦線に拡大する拠点として構築してきた動労型労働運動、この輝ける歴史に君はとりかえしのつかない汚点を刻みつけた。

（中略）七〇年（安保）闘争、マル生闘争以降ともに培ってきた階級的魂はいったいどこへいってしまったのか。

この君の姿に私はこみ上げてくる悲憤の怒りを抑えることが出来ない。

（中略）いさぎよく我々と論議をつくりたまえ。バリケードをこえた者にはまいもどる場所はないのだ。唯一の道は、最後の勇気をふりしぼって権力に助けを求めている己れを打倒することだ。それをしないなら我々が君を打倒する。

（中略）目を覚ませ！　O・Y！

一一月一六日　海道錨〉

手紙の日付は、ＪＲ総連が、拉致事件の実行犯を氏名不詳のまま刑事告発した〈一一月一六日〉となっているが、告訴状によると届いたのは20日だという。

また差出人についてＪＲ総連は報道機関宛ての文書で〈なお、「海道錨」なる人物にはＯ委員長も、ＪＲ総連もまったく心当たりがありません〉などとしているが、この文体、内容からして私には、この「海道錨」氏が「かつてＯ委員長と志を同じくし、共に闘った仲間」としか思えないのだ。

ちなみに前出の公安当局関係者によると、海道錨は「旧国鉄名寄機関区（後に旭川機関区と合併）出身で、Ｏ委員長と同じ動労北海道（ＪＲ北海道労組の前身）の元幹部のセクトネーム」だという。

さらにＪＲ総連は、表面に「尋ね人」と大書し、坂入氏の顔写真と経歴などを載せ、〈市民のみなさん！　私たちＪＲ総連は、全国各地で上記写真の方を探しています。坂入さんは、11月3日朝、テロ集団「革マル派」によって「拉致」「監禁」されました。（中略）皆さんからの情報提供など、ご支援・ご協力をお願い致します〉などと呼びかけるビラ（図表7－2）を作成。「海道錨」氏を刑事告訴した2日後の11月29日から、ＪＲ東日本の東京駅や新橋駅、池袋駅など主要駅だけでなく、永田町の議員会館周辺でも配布した。

さらにこの「尋ね人ビラ」の裏面には「彼らが誘拐犯だ!?」として、同月22日に開催されたＪＲ九州労の「全組合員総会」に押し掛けた複数の革マル派活動家の写真が掲載されていた。

図表7-2　JR総連による「尋ね人」ビラ

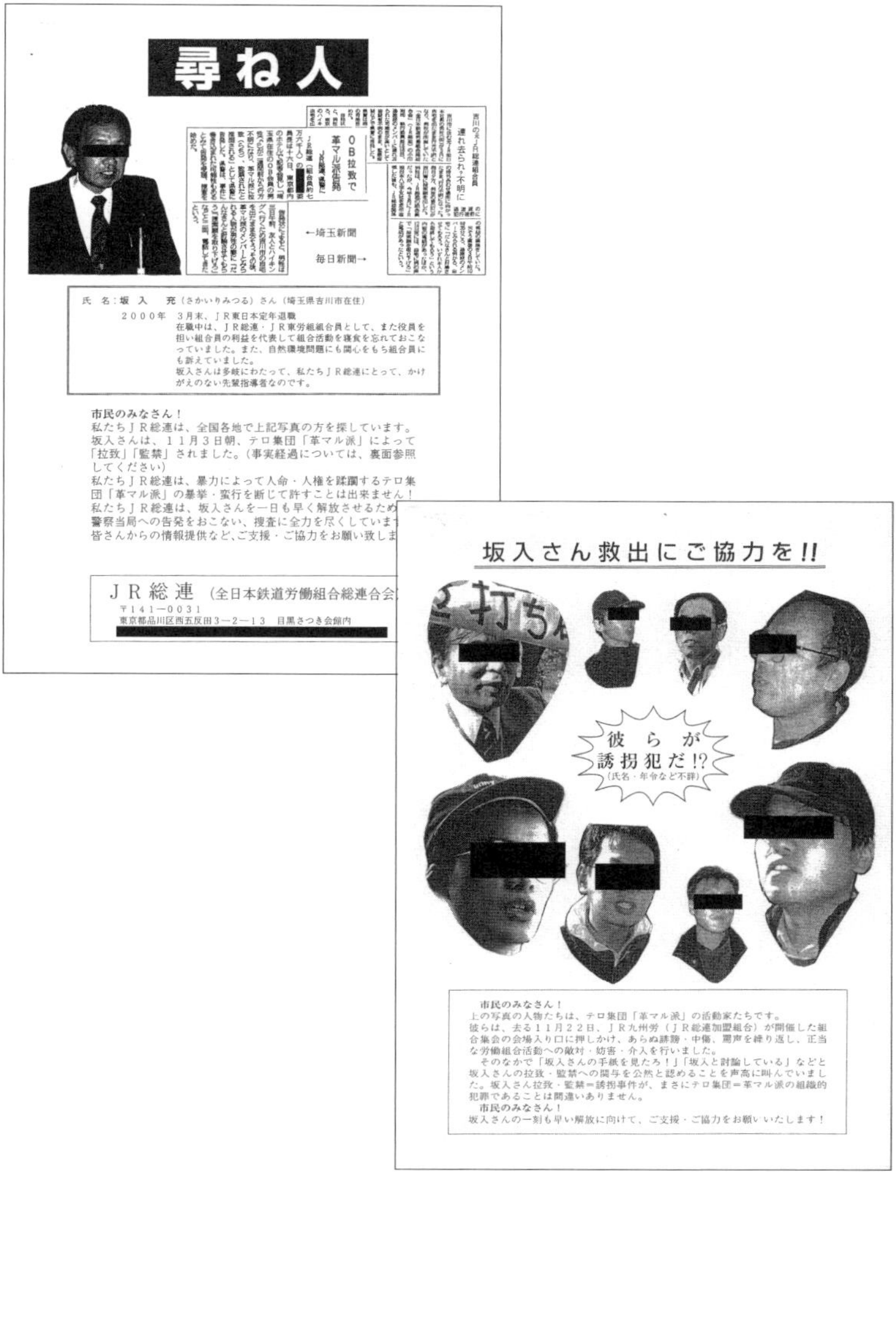

尋ね人

吉川の元ＪＲ総連組合員 連れ去られ？不明に

ＯＢ拉致で 革マル派告発

←埼玉新聞

毎日新聞→

氏　名：坂　入　　充（さかいりみつる）さん（埼玉県吉川市在住）

２０００年　３月末、ＪＲ東日本定年退職

在職中は、ＪＲ総連・ＪＲ東労組組合員として、また役員を担い組合員の利益を代表して組合活動を寝食を忘れておこなっていました。また、自然環境問題にも関心をもち組合員にも訴えていました。

坂入さんは多岐にわたって、私たちＪＲ総連にとって、かけがえのない先鞭指導者なのです。

市民のみなさん！

私たちＪＲ総連は、全国各地で上記写真の方を探しています。

坂入さんは、１１月３日朝、テロ集団「革マル派」によって「拉致」「監禁」されました。（事実経過については、裏面参照してください）

私たちＪＲ総連は、暴力によって人命・人権を蹂躙するテロ集団「革マル派」の暴挙・蛮行を断じて許すことは出来ません！

私たちＪＲ総連は、坂入さんを一日も早く解放させるため

警察当局への告発をおこない、捜査に全力を尽くしていま

皆さんからの情報提供など、ご支援・ご協力をお願い致しま

ＪＲ総連（全日本鉄道労働組合総連合会

〒１４１－００３１

東京都品川区西五反田３－２－１３　目黒さつき会館内

[redacted]

坂入さん救出にご協力を!!

彼らが誘拐犯だ!?

（氏名・年令など不詳）

市民のみなさん！

上の写真の人物たちは、テロ集団「革マル派」の活動家たちです。

彼らは、去る１１月２２日、ＪＲ九州労（ＪＲ総連加盟組合）が開催した組合集会の会場入り口に押しかけ、あらぬ誹謗・中傷、罵声を繰り返し、正当な労働組合活動への敵対・妨害・介入を行いました。

そのなかで「坂入さんの手紙を見たろ！」「坂入と討論している」などと坂入さんの拉致・監禁への関与を公然と認めることを声高に叫んでいました。坂入さん拉致・監禁＝誘拐事件が、まさにテロ集団＝革マル派の組織的犯罪であることは間違いありません。

市民のみなさん！

坂入さんの一刻も早い解放に向けて、ご支援・ご協力をお願いいたします！

通勤通学の最中に、こんなビラを受け取らされた〈市民のみなさん〉もさぞかし驚いたことだろうが、ＪＲ総連から「誘拐犯」と名指しされた革マル派は12月３日、東京都中野区の「なかのＺＥＲＯ」（もみじ山文化センター）で「革共同革マル派政治集会」を開催。その集会には、前出の浅野氏がＪ氏、Ｋ氏の２人のトラジャを伴って登壇し、「労働組合の産報化に戦闘的労働者は燃えよ」と題した特別報告を行ったという。

特別報告の中で３人は、ＪＲ九州労大量脱退問題についても触れ、「今日のＪＲ総連の混乱は、革命的労働者の立場を投げ捨て、ダラ幹として生きる道を選んだ一握りの反党分子によって生み出された」とＪＲ総連側を批判した。

松崎明氏の「見解」と坂入氏の「自己批判」

そして同月９日、約２カ月に及んだ革マル派党中央との「第二次対立」の期間中、沈黙を守ってきたＪＲ革マルの首領、松崎明氏は、群馬県内のホテルで開かれたＪＲ東労組の「全支部委員長会議」での講演で初めて、党中央への「見解」を明らかにしたのだ。

私の手元にその講演録の一部を抜粋したものがあるので引用しよう。【（　）内は筆者補足】

〈（前段略）我々の闘いに真っ向から反対し、会社の社宅に「進撃」という機関紙（革マル派交通労働者委員会の機関紙）を配っている革マル派は、私のことを「ブルジョアに完全に染まった組織の裏切り者」と言っている。そこで、皆さんにははっきりと話しておきますが、私はかつて、革マルの活動をやっていたことがありますが、今は、完全に手を切っている。今の日本にあって、革命など起こせるわけがない。

彼ら革マル派は、未だに革命を夢見ている組織であります。そんな組織に一時期であっても関りを持ったことを恥と思っています。彼らは、一度でも組織に入った者は逃がさないという連中ですから、私が手を切ったことを認めたくないのでしょう。

（中段略）私は、皆さんが仕事している「会社と家族」を守っていくために、会社側と「どう闘っていったらよいか」を毎日考えている。そんな私が、彼ら革マル派と手を切るのは当たり前である。万が一にも、私が彼らの軍門に下るようなことがあれば、私は皆さんの前から消えます。（中段略）皆さんには、革マルからの嫌がらせが数多くあると思うが、自分が革マルから会社と家族を守っていくんだという気構えで行動して欲しい。そうすれば、彼らだって自分たちの考えを否定する組合が存在することを知ると思うし、二度と皆さんに手を出してこないと思う。彼ら革マルは、脅かしに負けるような弱い組織に潜り込むのが大変上手い組織である。それに対して、皆さんが一丸となって闘っている姿を見せてもらって本当に嬉しく思います〉

ところがこれと同じ日、革マル派に「拉致・監禁」されているはずの坂入氏が、同派による労働者討論集会「JR労働運動に炎を！」に登場。自ら演壇に立ち、「九州労組合員を九州労組に売り渡した問題の総括」と題し、〈約一時間におよぶ提起を自己批判的におこなった〉というのだ（12月18日付「解放」、図表7－3）。

図表7-3　坂入氏による「自己批判」記事

第1649号　解　放　2000年12月18日

ＪＲ労働運動に炎を！

坂入充氏を迎えて大討論集会を実現

坂入充氏を中心に危機にたつＪＲ労働運動の現状をめぐって活発に討論（12月8日）

出所：「解放」2000年12月18日

「解放」によると、坂入氏は冒頭、次のように述べ、集会の参加者に〈深ぶかと頭を下げた〉という。

「九州労組合員を養殖組合（九州労組）に大量に売り渡し、動労以来の戦闘的労働運動の伝統をぶちこわしてしまった裏切り行為の全責任は、あげてJR労研中央幹事会事務局長である私と事務局メンバーであるF（発言の中では実名。以下同。前出のユニバーシティの先生）、新潟のM（JR東労組新潟地本出身のJR総連幹部）、T（ユニバーシティの校長）、および総連委員長Oにあります。この犯罪行為についてJR戦線およびすべての戦線のたたかう労働者同志に心からお詫びし、自己批判いたします」

そして坂入氏は〈約一時間におよぶ自己批判的な提起〉の後にこのような〈決意表明〉を行ったという。

「JR総連執行部が革マル派の同志たちを『告発』『告訴』するなどという常軌を逸した対応をおこなっていることは、私の責任も大であるとはいえ、とうてい容認することはできない。それは総連運動を支えてくれた革マル派への恩を仇で返す行為である。このような反階級的行為にたいしては、たとえ昨日までの同僚であっても断固たたかう」

被害者が救出者を〈満腔の怒りをもって弾劾〉

さらに「解放」によると、集会の最後で坂入氏は、「私を利用し、革マル派を権力に売り渡

図表7-4　坂入氏による「声明」

出所：「解放」2000年12月18日

すＪＲ総連の一部指導者を弾劾する！」と題した自らの声明（図表7－4）を読み上げたというのだ。

　この声明も前述の「解放」二面に、ほぼ全面にわたって掲載されるのだが、冒頭のリードと本文の一部を読めば、坂入氏の主張と、彼と革マル派との関係は理解できるので、その部分のみ引用しよう。【（ ）内は筆者補足】

〈ＪＲ総連が発行した「尋ね人」（ビラ）No.2を見て、私は仰天した。そこには、十一月二二日の九州労全員総会でビラを撒いた革マル派系の労働者、学生の素顔の写真が8人分も載せられ、「彼らが誘拐犯だ!?」と仰々しく書かれている。まるで警察の手配写真ではないか。「ＪＲ総連よ、ここまで堕ちたか！」というのが、私の率直な気持ちである。何ともいえない悲しみと怒りがわいてきた。

　十一月十六日の総連Ｏ（声明では実名）委員長の革マル派に対する「告発」以降、彼らによって勝手に被害者にされた私は、そのような扱いは私の意志を踏みにじる迷惑千万な行為であり、警察への捜査依頼は組合としての自殺行為であるから即刻やめるべきだ、という意見を、総連幹部に数度にわたって手紙で伝えてきた。だが、そのような私の忠告は完全に無視された。

　私は、私の意志をまったく無視したＪＲ総連一部指導者による革マル派を権力に売り渡す行為に対して、満腔の怒りをもって弾劾するものである〉

　そして坂入氏の声明はこう続く。

〈（前略）Ｏ君（ＪＲ総連委員長）は、「坂入が拉致・監禁されていないなら、私達の前に出てこい」

と言っているらしいが、頭を冷やしてよく考えて見てほしい。私は「反権力・反弾圧」を自認するJR労研の中央事務局長であり、やせてもかれても革共同革マル派の一員として闘ってきた人間なのだ。「早く家に帰れ」と言うが、公安デカが手ぐすねひいて待ちかまえ、「事情聴取」と称してそれこそ「拉致」されることがわかりきっているところへ、どうしてのこのこ「帰れ」るというのだ。諸君らは、私をも権力に売るつもりなのか。反権力の党の党員として重要な党内論議をやる場合に、権力の弾圧と介入を許さないために、一定の防衛上の配慮をするのは当然のことだ。

（中略）もしも総連の指導者たちが、本当に私に会いたいなら、権力への「告発」「告訴」「捜索願い」などすべて取り下げ、権力といっさい手を切ることが最低の条件である。このことだけは、革マル派同盟員として長くやってきた私の誇りにかけて、きっぱりと表明しておきたい。

JR総連に結集する組合員の皆さん！　9条連（「憲法9条―世界へ未来へ連絡会」）を支えて下さっている会員の皆さん！　皆さんは「告発状」それ自体を読んだことがあるのだろうか。実際大変なことが書かれているのである。

まず文中に固有名詞がずらりと出てくる。A、J、KおよびK夫人、国鉄時代から組合に若干でも関わっていた人ならすぐ思い出すはずである。国鉄労働者としてともにスクラムを組んで闘った仲間だからである。昔の革マル派系全学連書記長の名前も出てくる。当然、警察権力は「告発状」を手にこれらの人たちの逮捕を考えるはずである。いや現に、A、J宅は権力の監視下におかれているのだ。たとえ今対立があったとしても、実名を伏せるぐらいの配慮は出

来ないものなのか。まったく常軌を逸しているとしか言いようがない。……〉

過去の略取事件でも、被害者が、捜査機関をはじめ救出しようとしている人々に対し、様々な事情や、理由からそれを拒否するケースは皆無ではない。が、被害者が救出者を〈満腔の怒りをもって弾劾〉した事例は――私はこれまで30年近く、新聞や雑誌で「事件記者」をしてきたが――この「坂入氏拉致事件」以外、寡聞にして知らない。

この坂入氏の声明には、JR総連から言われるままに、JR東日本の主要駅でビラを撒くなど、それまで彼の「救出」に取り組んできた組合員たちもさぞかし脱力したことだろう。が、ちょうどこのころ、この坂入拉致事件のきっかけとなった「JR九州労組合員大量脱退問題」も大きな局面にさしかかっていた。

JR総連傘下単組の消滅

JR九州労組では、10月5日にJR九州労から出された第1陣＝651人分の加入届について、翌6日に『緊急・拡大各地本代表者会議』を、8日に『緊急関係職場代表者会議』を開催し、対応を検討した。しかし、これまでの各職場での、九州労組合員との確執や革マル疑惑、さらには何の前触れもない、大量かつ組織的な脱退については、「潜り込み」の疑いが拭えなかったことから、加入届の受理を「保留扱い」としてきたことは前述の通りだ。前出のJR九州労組元幹部が再び語る。

「さらに17日の『第2陣』86人の脱退と加入届の提出を受け、11月30日には『臨時中央委員会』を開催しました。集まった委員からは『(九州労の)8割の組合員が脱退でまとまるのであれば、(九州労)内部での改革も十分可能だ。なのに、なぜ九州労組への加入が必要なのか?』、『JR総連とJR九州労の指導に基づいた脱退、加入申請であり、潜り込み以外の何ものでもない』、『これまでの(九州労による九州労組への)非難、中傷、嫌がらせに対する現場の組合員の感情は簡単には払拭できない』などの意見が続出。『これまで保留としてきた方針を撤回し、加入を拒否し、加入届を(脱退者に)返却すべき』という意見が大勢を占めたのです」(前出・JR九州労組元幹部)

ところが、この臨時中央委員会の翌日から、脱退者の代表たちは、「JR九州労組本部役員と脱退者代表との間で、脱退した組合員の受け入れが約束されていた」との内容のビラを撒くとともに、「(JR九州労組との)最初の話し合いでの(脱退者の受け入れの)約束が反故にされている」などと宣伝。さらには〈JR九州労組加入の約束の履行を求める嘆願署名〉活動を展開し、〈JR九州労組加入約束不履行に対する抗議声明〉まで出してきたという。

「我々としては、彼ら(脱退者の代表)と脱退者の受け入れについて『約束』した事実など一切なく、これらのビラや情宣の内容は全てウソでした。

そこで我々は12月20日、改めて『各地本三役・関係職場代表者会議』を開き、これまでの彼らの態度、さらには『解放』や『坂入声明文』の内容などから、今回のJR九州労組合員大量脱退問題は、JR労研、JR総連、JR九州労指導部による『潜り込み』と断定。彼らの集団での、組織的な加入申請については拒否することと決定し、彼らから預かっていた加入届を返却したのです」

こうしてJR労研が主導した「なだれ込み戦術」は失敗に終わり、JR九州労組から加入を拒否された脱退者は一時、行き場を失った。しかし翌01年3月末、脱退者らはJR九州管内の地域ごとに「福岡ユニオン」、「鹿児島ユニオン」、「熊本ユニオン」、「長崎労働組合」と新組合を結成。同年11月にはこの4組合が統一し、「JR九州ユニオン」(499人)を作った。

さらに翌02年3月、JR九州労の残族組合員83人がJR九州ユニオンに加入したことで、JR九州労は消滅した。一方、新たに結成されたJR九州ユニオンも、大量脱退前のJR九州労と比べ、その勢力を半減させた。

その後、JR九州ユニオンはJR総連に加盟、つまりは元の鞘に戻るのだが、「なだれ込み戦術」の経過や対応を巡って総連側と対立。06年2月、総連から再び脱退した(総連は07年6月にJR九州ユニオンを除名)。これによってJR総連は、JR九州における傘下単組を失うこととなり、単独組合となったJR九州ユニオンも、リストラや定年退職などの影響を受け、現在では270人までその数を減らしている。

松崎氏は関知していなかったのか

ところで、このJR九州におけるJR革マルの勢力を半減させ、果てはJR総連傘下単組の消滅にまで至った「なだれ込み戦術」を最終的に決定したのは一体、誰だったのか？

前述の、革マル派労働者討論集会での坂入氏の「総括」によると「ＪＲ労研中央幹事会事務局長である私と事務局メンバーであるＦ、Ｔ、新潟のＭ、および総連委員長Ｏ」、つまりは自分を含む、ＪＲ労研指導部と当時のＪＲ総連幹部ら５人で決定した、とのことだった。

しかし革マル派の機関紙「解放」（00年11月27日付）は〈ＪＲ九州労の大量脱退の真相を怒りをこめて暴露する〉として、なだれ込み戦術を決定したメンバーとして前述の５人に加え、さらに２人の存在を明らかにし、次のように述べたのだ（図表７－５）。【（ ）内は筆者補足】

〈この前代未聞の労働組合組織破壊が、驚くべきことにＪＲ総連委員長・Ｏ（記事では実名、以下同）、同書記長・Ｙ、ＪＲ九州労委員長・Ｋ、ＪＲ労研中央事務局の一部指導部《代表・大方、事務局長・南雲、黒潮、飛田》の（計）七人が仕組んだものであることを、われわれは断固暴露する〉

ちなみに「大方」はユニバーシティの校長、Ｆ氏のセクトネーム。「南雲」はもはや説明するまでもないだろう。「黒潮」はユニバーシティの先生、Ｔ氏のセクトネームで、「飛田」は前述の坂入氏の総括に登場するＪＲ東労組新潟地本出身のＪＲ総連幹部、Ｍ氏のそれだ。

このためＪＲ関係者の間では長らく、このなだれ込み戦術は「坂入氏らＪＲ労研指導部メンバーにＪＲ総連、ＪＲ九州労幹部を加えた５～７人が決定した」とされてきた。

では当時、ＪＲ革マルのトップに君臨していた松崎氏は、このなだれ込み戦術について一切、関知していなかったのだろうか？

図表7-5　「なだれ込み戦術」メンバーを批判した記事

JR九州労の大量脱退の真相を怒りをこめて暴露する

JR労働運動の前進のために総決起せよ

「四人組」を衝立てにした　JR九州労破壊の真相

JR総連一部ダラ幹とJR労研中央事務局の一部指導部が結託して仕組んだ今回の九州労破壊を、われわれは満腔の怒りをこめて弾劾する。この前代未聞の労働組合組織破壊が、驚くべきことにJR総連委員長・[redacted]、同書記長・[redacted]、JR九州労委員長・[redacted]、JR労研中央事務局の一部指導部（代表・大方、事務局長・南雲、黒瀬、飛田）の七人が仕組んだものであることを、われわれは断固暴露する。

わが党は、全国のJR総連組合員に、そしてJR労働運動の中核部隊としてたたかいぬいているJR各単組の労研の諸君にたいして、破壊された労働組合組織の再建の闘いに、そして腐敗し変質したJR労研中央事務局の一部指導部をのりこえJR労研の再創造の闘いに敢然と決起することを訴える。

明るみにだされた九州労からの大量脱退＝JR総連破壊の真相は次の点にあるといえる。

①七月に開かれた九州労研の場で、次のような条件のもとで「養殖組合との統一」という方針を腹あわせした。

(a)「今後、組合員は分割・民営化時に匹敵する攻撃をうける。」そうなると、かつてのような「広域移動」での「解決」はできない。また、「組合員は、攻撃に耐えられる水準にない。」他方、「労研メンバーの組合主義的傾向」という問題もある。

(b)いわゆる「平成採用」の組合員は、これまで二〇〇〇人中わずか九人しか獲得できていない。

(c)こうして、「五年後には組合員が半減する」という状況のもとでは、今後を展望すると「養殖組合との統一」が最善の策である。

②九月上旬に、JR総連委員長・[redacted]、同書記長・[redacted]、JR九州労委員長・[redacted]、労研中央事務局の指導部の大方、南雲、黒瀬、飛田らが密談して「養殖潜り込み」という方針の最後的腹構えを決めた。だが、九月中旬には、この「潜り込み」方針を急きょ、「養殖へのなだれ込み」という方針に転換した。

③ところで、九州労からの大量脱退事件の決定的問題は、次のような現実に端的に示されている。

九月二十日ごろ、鹿児島地本前副委員長の平野幸敏（七月に退任）は、JR九州会社幹部である実兄（平野一爽、現在、鹿児島支社事業開発課長）にたいして、鹿児島地本組合員の一定部分を「養殖」に潜り込ませるという意向を打診した。だが、この実兄は、弟である平野のこの「潜り込み」要請を拒否したうえで、あらためて会社上層部や「養殖」幹部の意向を体現しながら、「大量の人数を集めろ！　宮崎の組合員も入れろ！」などという逆提案をしてきた。（この逆提案は、本年三月頃よりJR九州労の一部のダラ幹どもによって試みられていた「養殖と九州労との統一」という陰謀と画策を原因とした、ひとつの結果にほかならない。）

この逆提案を大方、南雲、黒瀬、飛田らは、九月中旬にもたれたJR労研中央事務局の秘密会議で、「統一方針からなだれ込み方針」への「戦術転換」を具体化するものとしてうけとったのだ。実際、労研残存事務局メンバーは、会社経営陣のこの逆提案をば、自分たちの方針（＝「なだれ込み戦術」）が受け入れられたものと錯覚して飛びついたというわけなのだ。「統一戦術から、なだれ込み戦術への転換」などと称しつつ。

この「転換」を決定的区切りとして、九州労からの組合員の脱退は、全地本へと雪崩をうって拡大したのだ。（「なだれ込み戦術」に動員する組合員の数は当初「三十人程度」であったが、十月五日の六五一人から十月十七日には七三七人となった。）九州労委員長・[redacted]、副委員長・[redacted]らのダラ幹どもが、この「なだれ込み戦術」を直接的に指揮したのである。実際、九州労委員長・[redacted]は、九月二十日から九州労本部事務所から姿を消して、かの「四人組」をはじめとした各地本のボスどもの恫喝オルグに駆けずりまわっていたのであった。したがって、裏切り「四人組」は、七月以来密談をくりかえしてきた九州労委員長・[redacted]や一部労研事務局メンバーらの衝立てにすぎない。いいかえるならば、密談をくりかえしてきたものどもを隠蔽するために「四人組」を表にたてたにすぎない。

だが、九州労組合員の脱退は、JR労研中央事務局の一部指導部と一地本前役員と会社経営陣とによって仕組まれたということだけではない。「養殖」＝九州労組書記長・[redacted]の指揮の下におこなわれているのだ。事実、松崎は「脱退届を提出した組合員でも、尾っぽを振ってくるヤツは入れるが、そうでないヤツは入れない」などと公然とうそぶいているのだ。「加入届」の「留保」＝“宙づり”という事態はこの松崎の意向を端的に示している。こうした松崎の対応は、JR東海社長・葛西の尖兵としてJR総連破壊のために「養殖」組合「JR連合」に送り込まれた明石（「養殖」本部事務局長）の直接的指示にもとづくものなのだ。（ちなみに、[redacted]は、[redacted]のもと

再び「葛　ない

ところで、周知のようにJR東海社長・葛西は、一九九一年副社長のときからJR総連の破壊のために突進している。葛西は、会社の労担を使って直接的に手を下したりすると同時に、「養殖」本部に送り込んだ明石（東海会社の人事課長代理までやった男）を動かして、JR総連を下から切り崩すことを追求してきた。もちろん、この背後には自民党幹事長・野中や政調会長・亀井がいる。

今回の九州労大量脱退事件の背後にいる黒幕もまた、明らかに葛西である。明石は、葛西の意を体して、[redacted]とともにJR総連破壊攻撃の先頭にたっているのだ。九

出所：「解放」2000年11月27日

あるいはＪＲ労研指導部にＪＲ総連、ＪＲ九州労幹部を加えたＪＲ革マルのメンバーは松崎氏の承諾も得ず、勝手になだれ込み戦術を決定し、実行したのだろうか？

そんなはずがない――。ＪＲ革マルグループに対し、松崎氏が死ぬまで持ち続けた絶対的な権力について、少しでも知り得る立場にあったＪＲや当局の関係者は皆、そんな疑念を抱いていた。

『小説』で描かれた大量脱退事件の真相

その疑念が確信に変わったのは、ＪＲ九州労の大量脱退問題が発生してから5年後、05年のことだった。

05年6月、かつて「松崎の右腕」といわれた、元ＪＲ総連委員長の福原《ふくはら》福太郎《ふくたろう》氏が、松崎氏によるＪＲ東労組、ＪＲ総連の絶対支配体制を終わらせるために『小説　労働組合』を上梓したことは、第5章で述べた。が、実は福原氏はこの『小説』の中で、「ＪＲ九州労大量脱退問題」の真相にも触れているのである。

題名からして『小説』とある通り、同書はあくまでフィクションの形をとっているものの、実際は、現存の人物を題材にした「モデル小説」だ。そしてその内容は、かつて「松崎の右腕」といわれ、彼の動向を40年近くにわたり、傍らで見続けていた、またＪＲ総連の中枢にいた福原氏でなければ書けないリアリティーに満ちているので、「ＪＲ九州労大量脱退問題」に関する部分に限り、引用させていただく。

〈1990年の会社による組織分裂工作の結果、鉄道連合に参加している南国鉄道労組の組合員は一三〇〇名を割っていた。南国鉄道労組の新藤委員長は日夜悩んでいた。

「このままでは組織はジリ貧だ。なんとか打開する方法はないものか」

（中略）

組合員が減少する現状をどう打開するか。思い悩んでも妙案はなかった。ある日、思いあぐねて新藤委員長は大元に指導を求めた〉

この『小説』の発刊後、その内容に衝撃を受けた旧国鉄・JRの労務担当者や組合関係者らはすぐさま、登場人物や組織とモデルになった実在のそれらとの「対照表」を作成した。それによると、〈鉄道連合〉はJR総連、〈南国鉄道労組〉はJR九州労、〈新藤〉は当時のJR九州労委員長だったK氏、そして〈大元〉は松崎氏がモデルとなっている。ちなみにこの『小説』には、作者の福原氏自身も〈鈴木〉という名前で登場する。

〈新藤委員長の悩みに、大元はいつものように間髪入れず明快に答えた。

「新藤にしては悩んだこと自体が上出来だ。統一なんか出来るわけがないだろう。会社組合へのもぐりこみだよ。それも一気呵成にやらなければならん。鉄道連合を敵視している日の丸労組の大会までだな」

その場に出席していた極少数の連合幹部たちからは、意見も疑問も一切なかった。腹のなかでは困惑していたものの議論の余地はなかった。

大元の発言は組織では出発点でなく結論である。しかも単なる個人の意見でなく組織決定を意味している〉【傍点部は筆者】

前述と同様に、〈会社組合〉はＪＲ九州労組、〈日の丸労組〉はＪＲ九州労組の上部団体、ＪＲ連合がモデルだ。

〈多数派の会社組合に、少数派の南国鉄道労組の活動家がもぐりこむという戦術は、ただちに一部幹部の手によって秘密裏に進められた。

この戦術は南国鉄道労組と、多数派である会社組合幹部とのボス交からはじめられた。当然にも会社側の知るところとなった。会社は警察と連絡をとりながら、会社組合の幹部を呼びつけ、南国鉄道労組に「あからさまな選別加入をせよ」という攻撃をかけさせた。

結果として南国鉄道労組内部は、組織に残る組合員、会社組合に加入する組合員、理由がわからないまま幹部の引きまわしに嫌気がさして南国鉄道労組から脱退する組合員に三分解した。南国鉄道労組の組織は半減し、影響力は急速におとろえた。

鉄道連合有志役員会議に南国鉄道労組のもぐり込み戦術が初めて報告されたのは、南国鉄道労組で取り組みが始まって一カ月もすぎた十月末である。報告を聞いた鈴木は耳をうたがった。

「なんという無謀な取り組みだ。現状勢や彼我の力関係をどう分析したのか。今はこれまでの南国鉄道労組の組織強化、拡大の取り組みを徹底して総括し、それにもとづいて新たなたたかいを取り組むことが大切ではないか」

鈴木の意見に若い川下書記長も同調の意志を示したが、議論はそこまでで終わった。

大元の意を受けて行動してきた一部の幹部たちは、鈴木に同調できるはずもなかった。軽部委員長が議論をまとめて言った。

「すでに、船は出発したのだ。今更、いいとか悪いとか言ってもはじまらない。取り組みが成功するように、奮闘していく以外にはない」〉

〈川下〉は前述の「解放」で〈前代未聞の労働組合組織破壊を仕組んだ〉と新たに暴露された当時のJR総連書記長のY氏。〈軽部〉は委員長のO氏だ。

当時、福原氏はJR総連の常任顧問についており、おそらく実体験に基づいて描かれているのだろう。その福原氏によると、やはり、JR九州労によるなだれ込み戦術は松崎氏が決定したもの、いや、最初から松崎氏の決定に基づいて実行された「無謀な取り組み」だったのだ。

そして、福原氏はこの無謀な取り組みの結末についてもこう記している。

〈数カ月がすぎた。

取り組みは南国鉄道会社と会社組合の攻撃を受け、組織は三分解させられた。明らかに取り組みそのものは失敗に終わった。

大元は反省の弁ひとつ言うこともなく、率先した鉄道連合幹部も取り組みの総括さえしないまま時がすぎた。

南国鉄道労組のもぐりこみ戦術の失敗の原因は、鉄道連合から南国鉄道労組に派遣された北本州鉄道労組信越地本出身の小森と南国鉄道労組の新藤委員長が、大元の指示を誤ってとらえたばかりでなく、拙劣な戦術上の指導にあるとされた。以降、誰も何もなかったかのように、一切この問題にふれはしなかった〉

〈北本州鉄道労組信越地本出身の小森〉とは、前述のJR東労組新潟地本出身のJR総連幹部、M氏のことだ。

つまり、松崎氏は自らが決定したなだれ込み戦術によって、JR九州におけるJR革マルの勢力を半減させ、果てはJR総連傘下単組の消滅という結果を招いたにもかかわらず、何の責任も取らず、組織からそれを問われることもなかったわけである。このエピソード自体が、JR革マルグループにおける松崎氏の無謬性を端的に現しているといえよう。

坂入氏の帰還と告訴取り下げ

一方、そのなだれ込み戦術が引き起こした「坂入拉致事件」を巡る、革マル派とJR革マルとの「対立」は、なだれ込みの失敗後も続いた。

00年12月18日付の「解放」に、坂入氏自身が〈彼ら（JR総連）によって勝手に被害者にされた私は、そのような扱いは私の意志を踏みにじる迷惑千万な行為であり〉、〈私の意志をまったく無視したJR総連一部指導者による革マル派を権力に売り渡す行為に対して、満腔の怒りをもって弾劾する〉と主張する「声明」が掲載されたことは前述した。

だが、この坂入氏の声明にもかかわらず、JR総連は、「解放」に掲載された坂入氏の写真について〈壇上に立たされた坂入氏は、（拉致された）40日前と比べて頬骨が浮き出た、やせ細り生気のない顔つきになっています〉、〈この記事と写真により、坂入氏が革マル派の手中にあり、批判や非難にさらされていることが明白になりました〉【JR総連が12月14日付で各報道機関に送った文書より。（　）内は筆者補足】と強引な解釈を展開。その後も〈革マル派からの救出にご協力を！〉などとした、坂入氏の顔写真入りのビラを都内だけでなく、全国の主要駅で配布し続けた。

さらに翌01年2月23日には埼玉県議会に「坂入充さん失踪事件に関する陳述書」を提出し、6月29日にはO委員長が坂入夫人と報道関係者を帯同し、革マル派の拠点、新宿区早稲田鶴巻町の「解放社」を訪問。「坂入氏の即時釈放」を申し入れ、解放社前では、JR総連組合員と革マル派同盟員との間で「坂入を返せ！」、「馬鹿野郎！ふざけんな！」と怒号の応酬になったという。

ところが8月9日、そのわずか1カ月余り前に、解放社の前で、革マル派に対し直接、「坂入氏の即時釈放」を申し入れていたはずの、O委員長と坂入夫人が突然、埼玉県警吉川署を訪れ、革マル派に対する告訴を取り下げたというのだ。

そして翌02年4月13日、坂入氏本人が「革マル派に拉致されてから」約1年5カ月ぶりに吉川市の自宅に帰宅。前出の公安当局関係者によると、帰宅から2日後の15日、夫人から、吉川署の警備課に「夫が帰ってきた」と連絡があったという。さらに同日、JR総連の政策部長（当時）が同署を訪れ、前述の「海道錨」氏に対する刑事告訴も取り下げたというのだ。

被害者が未成年などのケースを除き、略取・誘拐罪は親告罪ではない。よって坂入氏のケースでも、JR総連からの告訴が取り下げられても、捜査当局が独自に捜査し、立件、起訴することは可能だった。このため埼玉県警は夫人から連絡があった1週間後の4月22日、坂入氏から事情を聴くため自宅に電話を入れたところ、坂入氏は「被害届を出す意思はなく、警察で事象聴取に応じるつもりもない」などと、それを拒絶したという。

「JR総連＝革マル派」疑惑の払拭に利用

果たして「坂入拉致事件」とは何だったのか。

JRや公安当局の関係者の多くが、前述の「JR九州労組合員大量脱退問題」と「坂入氏拉致事件」を一連の「騒動」と捉え、〈これら一連の騒動はJR総連と革マル派との対立などではなく、ＪＲ総連による革マル派疑惑隠しと、ＪＲ総連・ＪＲ東労組に浸透した「革マル派」組織を防衛するためのパフォーマンスだった〉（ＪＲ連合）と結論付けている。

また、これら〈一連の騒動〉の当時、ＪＲ東労組横浜地本の書記長に就いていた本間雄治氏は、前章で述べた「リスト訴訟」で提出した陳述書の中で、３・１提起から始まった「第一次対立」や今回の「第二次対立」に触れた上で、次のように述べている。【（　）内は筆者補足】

〈しかし、その後、革マル派党中央との対立の重大な要素であった、革マル派党中央によるＪＲ組合員「拉致」事件（坂入拉致事件）について、ＪＲ総連が革マル派に対する刑事告発を取り下げました。さらに、ＪＲ総連・ＪＲ東労組に対する捜索があったとき《２００５年12月７日》、かつて革マル派党中央を代理していたW弁護士（陳述書では実名）がＪＲ東労組の代理人となっている状況を見て、革マル派との対立は解消されたか、あるいは、そのような対立はもともと存在しなかったのではないかと思うようになりました〉

ちなみに《２００５年12月７日》の捜索とは、第５章で触れた、警視庁公安部による、松崎氏らによる業務上横領容疑での家宅捜索のことだが、かつてマングローブのメンバーだった本間氏でさえ、第一次対立も含め、ＪＲ革マルと革マル派党中央との対立関係など〈もともと存在しなかったのではないか……〉と疑念を抱いているわけだ。

だが、今回改めて複数の関係者を取材し、関係資料を分析。前章で述べたＪＲ革マルと革マル派党中央との「第一次対立」、本章で記した「第二次対立」の経緯をつぶさに検証した結果、私が至った結論は、ＪＲ連合や本間氏のそれとは少し違う。

結論から言えば、

「第一次、第二次も含め、ＪＲ革マルと革マル派党中央が対立した事実は間違いなくあった。ただし、第二次対立では、松崎氏＝ＪＲ革マルがそれを、今なお、政府関係者やメディアをはじめ、多くの人たちが抱く『ＪＲ総連＝革マル派』疑惑の払拭に利用した」

のではないかと思っている。

一次対立では、ＪＲ革マル側についた、複数のトラジャが革マル派党中央から、文字通り「拉致・監禁」され、なかでも上野孝氏は凄惨なリンチを受け、海外逃亡まで余儀なくされ、果ては客死している。

また上野氏らの拉致に激怒したＪＲ革マルは、彼らを奪還すべく「桜島作戦」を決行。結果的には失敗に終わったものの、当時、防衛に当たったＸ氏は、「最終的には革マル（派同盟員）に対する〝肉体言語〟（暴力）の行使も考えていた」という。

一方の革マル派党中央も、組織混乱の責任をとり、創設者の黒田寛一《くろだひろかず》氏が、議長を退任せざるを得ない状況にまで追い込まれた――こんなことは到底、「偽装対立」では起こり得ないだろう。

これに対し、二次対立では、一次対立から続くＪＲ革マルの「分派」の動きを警戒していた革マル派党中央が、松崎氏が決定した「無謀な取り組み」＝ＪＲ九州労のなだれ込み戦術に、坂入氏らＪＲ労研指導部が動き出したのを奇貨として、分派の動きを潰すべく、ユニバーシティのメンバーだった坂入氏を拉致した――ところまでは、党中央の思惑通りに進んでいたのだろう。

ところが、逆に松崎氏から、この「坂入拉致事件」を――彼らが国鉄分割・民営化以降、長年にわたって腐心していた――「ＪＲ総連・ＪＲ東労組＝革マル派」疑惑の払拭に利用されたというのが、ことの真相ではないだろうか。

というのも、松崎氏らＪＲ革マルには当時、そうしなければならない〝特段の事情〟があったからだ。

坂入拉致事件が起こった00年11月は、ＪＲ東日本の「完全民営化」の前提となる、「旅客鉄道株式会社及び日本貨物鉄道株式会社に関する法律（ＪＲ会社法）」の改正案の提出を約４カ月後（01年３月）に控えていた時期だった。

ＪＲ東日本経営陣は、その〝障害〟になることが予想された「ＪＲ総連・ＪＲ東労組＝革マル派」疑惑が、国会で取り上げられることに、極めて神経質になっていた。

ＪＲ会社法は、分割・民営化後のＪＲ７社を政府が監理するため、民営化前年の86年に制定された法律だ。国は最終的に７社の全株式を上場させ、完全な民間会社にすることを目指していたが、民営化された７社の経営が軌道に乗り、安定するまでの間、政府＝「国鉄清算事業団」（後に「日本鉄道建設公団」に事業継承。現在は、独立行政法人「鉄道建設・運輸施設整備支援機構」が継承）が、全株式を保有する「特殊会社」とすること――とした。

この法律に基づき、分割民営化当初から不採算路線を多く抱えていたJR北海道、JR四国、JR九州の、いわゆる「三島会社」には、数千億単位の「経営安定基金」（JR北海道は6822億円、JR四国は2082億円、JR九州3877億円）が、国鉄清算事業団から拠出され、3社はその経営安定基金の運用益で、鉄道事業の穴埋めをし、鉄道事業を維持すること――とされた。

その一方で、同法によって、国土交通大臣はJR7社に対し、強い監督権限を持ち、代表取締役の選定や解職、事業計画の制定や変更、新株発行の際には、国交大臣の認可が必要とされ、財務諸表の提出義務が課されるなど、様々な規制下におかれることになった。

前述の「三島会社」とは対照的に、分割・民営化前から資産や経営環境に恵まれていたJR本州3社（東日本、東海、西日本）は民営化以降、安定的に黒字を計上し、順調な経営を続けていた。民営化から6年後の93年10月には、JR東日本が東京証券取引所に上場。その3年後の96年10月にはJR西日本が、さらに翌97年10月にはJR東海も上場した。

そして、その後も成長が見込まれるJR本州3社にとって、JR会社法の規制が妨げになることが予想されたため、同法の対象から本州3社を外し、「純民間会社」にすることを目的に、01年1月から始まった第151回通常国会に提出（同年3月13日）されたのが、同法の改正案だった。

この改正案によって、JR東日本は02年、JR西日本は04年、JR東海は06年にそれぞれ全株式を上場し、完全民営化を達成。15年には三島会社の一つだったJR九州も、同法の適用から除外され、翌年に完全な民間企業となった。だが、深刻な経営難に陥っているＪＲ北海道、多くの不採算路線を抱えるＪＲ四国、そしてＪＲ貨物はいまだにＪＲ会社法の対象となっている。

話を00年11月当時に戻そう。

ＪＲ東日本経営陣が、完全民営化を目前にして「ＪＲ総連・ＪＲ東労組＝革マル派」疑惑が、国会で取り上げられることを懸念していた一方で、分割・民営化から10年以上にわたって、ＪＲ革マルが支配するＪＲ東労組と「労使協調路線」を歩んできた同社が、ＪＲ会社法の改正によって、政府の監理から外れることを危惧する旧国鉄・ＪＲ関係者や政府関係者は少なくなかった。

このため01年1月から3月にかけて、衆参の法務委員会や予算委員会などで、複数の国会議員から「ＪＲ東日本革マル問題」について政府の見解を質す発言が相次ぎ、その度に当時の警察庁警備局長が「警察としましては、ＪＲ総連、ＪＲ東労組に対して革マル派が相当浸透しているというふうに見ておるところでございます」（01年2月27日、衆院法務委員会での金重凱之・警察庁警備局長）などと答弁するシーンが繰り返されたのだ。

ＪＲ東日本幹部ＯＢは当時をこう振り返る。

「ＪＲ7社、特に分割・民営化後に業績を伸ばし、経営も安定した本州3社（ＪＲ東日本、ＪＲ東海、ＪＲ西日本）にとって、『完全民営化』は国鉄改革以来の悲願だった。が、その3社の中で『革マル問題』を抱えるのは我が社（ＪＲ東日本）だけだった」

これまでも度々述べてきた通り、90年のＪＲ総連による「スト権委譲問題」をきっかけに、

ＪＲ東海とＪＲ西日本の労使は、旧動労＝ＪＲ革マル勢力と訣別。両社において、旧動労勢力は少数組合に転落していた。幹部ＯＢが続ける。

「このため我が社だけが、国会で（ＪＲ革マル問題で）狙い撃ちにされた。当時の経営陣、松田（昌士・会長）さんと大塚（陸毅・社長）さんはこれに神経を尖らせ、『海（ＪＲ東海）や西（ＪＲ西日本）の差し金』、つまりは葛西（敬之。当時はＪＲ東海社長）さんや、井手（正敬。当時はＪＲ西日本会長）さんが（国会議員に質問を）やらせていると訝った。

一方、松崎にとっても、完全民営化は『悲願』だった。

というのも、ＪＲ法が改正され、政府が株を手放せば、（改正附則によって）国交大臣の（ＪＲ）本州３社に対する一定の権限は保持されるものの、実質的には、これまでの国の経営監視（体制）から自由になれる。

またＪＲ総連が自ら進んで、革マル疑惑を払拭する『反革マル派キャンペーン』を展開することによって、会社側に新たな〝貸し〟ができるとも考えたのだろう。だからこそ、あの革マル派との『偽装対立』に、あえて警察を巻き込み、マスコミを使って大々的に宣伝しようとした」

そして01年4月10日、ＪＲ会社法の改正案の趣旨説明が、当時の扇千景・国交大臣によって行われたのだが、法案提出後も国会では「ＪＲ東日本革マル浸透問題」の追及は続いた。

ＪＲ東日本の大塚社長（当時、以下同）は5月25日、衆院国土交通委員会にＪＲ東海の葛西社長、ＪＲ西日本の金井耿副社長とともに参考人として出席。6月7日には参院の国土交通委員会に、ＪＲ貨物の伊藤直彦社長とともに招致された。だが、複数の委員から「革マル浸透問題」

についての質問を受けたのはやはり、大塚社長だけだった。
なかでも、民主党（当時）の山下八洲夫・参議院議員は、6月7日の国土交通委員会で「革マル浸透問題」ついて、再三にわたって大塚社長にその見解を質した。そのときのやりとりは、議事録（第151回国会　国土交通委員会　第15号）に残され、国立国会図書館のホームページから閲覧できるのだが、その一部をご紹介しよう。【（　）内は筆者補足】

山下八洲夫君　私は、この「回顧と展望」（正式名称は「治安の回顧と展望」。警察庁警備局が毎年12月に発表する、国内外の治安情勢を分析した報告書）あるいは革マル派の特集みたいな「焦点」（警察庁警備局刊行の冊子。99年6月1日付の第258号で「過激派集団　革マル派～見えてきた　その正体～」として革マル派の特集を組んだ）、こういう警察庁が出された冊子に、革マル派の関係あるいはJR総連につながっているような関係等々が記載されておりますから、そういう意味では、こういうものに記載されるということは、もう相当私は警察は自信を持っていらっしゃるというふうに理解しております。

そこで、大塚参考人にお尋ねしたいんですが、この間の衆議院の多分国土交通委員会の、きょうこの参考人で出席するに当たりまして、会議録は少なくとも読まれたと思うんですが、そういう上へ立ちまして、今、私と大臣あるいは警備局長さんとのやりとり等々をお聞きしまして、それこそJR東会社には警察が言っているような事実があるのかないのか。大塚参考人の御答弁をお願いしたいと思います。

参考人（大塚陸毅君）　ただいまのような御指摘、あるいはそうした議論が国会の場において行われたということは承知しておりますが、私どもやはり会社経営の責任者といたしましては、何といいましても会社が発展するためには一人一人の社員の把握というものをどうするかということ、そしてその社員の集合体であります労働組合との関係をどうするかということが極めて重要なことであるというふうに認識をしているところでございます。

（中略）労働組合との関係で申し上げますと、やはり健全で安定した労使関係というのをきちっと構築する、それによりまして労使双方が会社の発展ということに向けてやっぱり努力できるような体制をつくっていくということが極めて大事でありまして（中略）

そういう観点から申し上げますと、先ほどもちょっと触れさせていただきましたけれども、会社発足以来最大組合であります東労組との間には労使共同宣言というのを結んでおりまして、この労使共同宣言の中には、労使が協力して会社の発展を目指すということを明記いたしておりますし、また労使間に生じるいろんな問題、課題につきましても、これも平和裏に話し合いで解決をするということを言っておるわけであります。その基本的な労使共同宣言の精神に基づいて今日まで来ておりますし、安全対策あるいはサービスの問題、あるいは業務の効率化の問題、こういった問題についても協力をしておりますし、またこの間、ストライキにつき・・・・・・・・・・・・・・・・・・・・・・・・・・・・・・・・・・・・ましても一度も実施していないという状況であります。

そういう点から考えますと、私どもは、この東労組というのは会社の発展に協力をしてきており、かつ順調な経営成績を上げる背景にこの安定した労使関係があるという判断をしており

まして、労働組合として特に問題があるというふうには思っておりません。【傍点部は筆者、以下同】

この答弁から17年後の18年、国鉄・分割民営化以来、初めて「スト権行使」を通告したJR東労組に対し、JR東日本は「労使共同宣言」の失効を宣告。それが同組合の崩壊に繋がったことは第1章で述べたとおりだが、山下議員はさらに厳しく追及する。

山下八洲夫君　私はそんなことをお尋ねしたいんじゃなくて、もっとずばっと申し上げます。JR東会社の中に革マル派に所属していると思われる職員がいらっしゃると思うかいないか、それをお尋ねしたいんです。

といいますのは、大臣もこの間の衆議院の委員会でこのようなことをおっしゃっているんですね。革マル派が全国で四千名いるということが先ほどの公安の資料に書いてございます。残念なのは、その革マル派の組織員約四千名のうち、千名程度がJR関係者である。だれが鉄塔を倒したり、あるいはレールにチェーンを巻いたりしたのか、いまだに判明していないというところが恐ろしいことだと思いますけれども云々と。これは書いてあるということをおっしゃっているんですが、大臣もこういうことを発言しているんです。

JR東会社には、こういう社員は一人もいらっしゃいませんね。

参考人（大塚陸毅君）　私ども、先ほど申しましたように、一人一人の社員をきちっと個人把握をして、そして業務の運営に支障がないようにしていくということに努めているところでございます。

当社には七万四千人の社員がおりますので、いろんな考え方の社員もいるとは思いますが、問題はやはりこうした業務の面というところで、彼らがあるいは社員がきちっと仕事をしていかないとか、大変な問題を起こすとかいうことになればこれは放置できない問題でありますけれども、そういった事象はございませんし、そういった事象がなくこれまでみんなが努力をしておるということが現実の予想以上の順調な経営実績というものに結びついておるというふうに考えているところでございます。

ちなみに、大塚社長がこう答弁した01年6月時点ですでに、JR東日本では、第4章で詳報した「浦和電車区組合脱退・退職強要事件」が発生しており、彼らはそれを「放置」し続けていた。そしてこの大塚社長の答弁から約2カ月後に、被害者のY氏は、JR東日本からの退職を余儀なくされたのだ。山下議員と大塚社長のやり取りは最後、このように終わる。

山下八洲夫君　私は、警察庁や公安調査庁がここまでこう表へ出すということは、かなりの自信を持っているから出されているというふうに思うんですよ。それを、もう私の聞いていることには触れないで全然違ったことばかり答弁なさっているけれども、それは七万二千人ですか、社員がいらっしゃれば、いろんな方もいらっしゃると思うんです。

ただ、その中で私が心配しておりますのは、その中の例えば八割ぐらいの組合員を構成しているのが東労組ですよね。七割か八割か正確には知りませんが、かなりの大部分を構成しているのが東労組なんです。その役員のところにかなりこういう影響力を持った人が指導をしているということがよく聞こえてくるものですから、私はあえて伺っているんです。そういうこともあり得ませんね。

参考人（大塚陸毅君） そういうことが現実に会社の経営にどういう影響を及ぼしてくるかということが大事でありまして、私どもは労働組合としてどういう行動をするか、そして会社の発展ということに向けてどういう対応をするかということが極めて重要であるということを申し上げているわけでございます。

山下八洲夫君 そうしますと、社長の考え方は、会社には影響を与えなくて、社会にはどんな悪い影響を与えても会社さえよくなればいいんだというふうに私には聞こえてきます。株主がどうなろうと、それから一般利用者が危険な思いをしようとそんなの関係ないんだ、会社さえよくなればいいんだというふうに聞こえてきます。

このように、大塚社長は問題の核心から逸らせた答弁で、辛くも国会を乗り切ったわけだが、この間も、JR総連は、まるでJR東日本の経営陣を援護するかのように「反革マル派キャンペーン」を大々的に展開し続けたのである。

このJR革マルによる、坂入拉致事件を利用した「キャンペーン」がどれほど奏功したのかは定かではないが、前述の大塚社長の答弁から約1週間後の6月15日、改正ＪＲ会社法が成立。ＪＲ東日本をはじめとする本州3社が同法の適用から除外されることが決まった。

そして1年後の02年6月21日、日本鉄道建設公団は保有していたＪＲ東日本の株式50万株すべてを売却し、ＪＲ東日本は完全な民間会社となったのだ。

話を再び、ＪＲ革マルと革マル派党中央との「第二次対立」に戻そう。第一次対立と同様に、この対立を終わらせたのも、松崎氏だったという。前出のＸ氏が再び語る。

「(坂入氏が拉致された)最初のうちは、ＪＲ(革マル)は『坂入を返せ。返したら告訴、告発は取り下げる』、党中央は『告訴、告発を取り下げるのが先だ。取り下げれば坂入は返す』と、水面下で押し問答を繰り返していたんだが、後々になって、党中央もこのまま坂入を抱え続けるのは(警察の捜索を受ける可能性もあり)危ない、と思ったんだろう。『坂入を返す』と言ってきた。けど、ＪＲとしてはＬ紙(解放)で坂入に批判されたこともあり、『(坂入は)要らない』と突っぱねた。けど、坂入自身が『帰りたい』というんで、松崎さんが『もう、いいんじゃないか』と、坂入をこちらに戻すことになった。

それで松崎さんの指示で、ＪＲ側の窓口になったのが、坂入と同じ『真国労《マコト》』出身で、彼と親密なマング(ローブ)ら2人で、党側の窓口になったのがトラジャの浅野。それで双方で交渉して坂入を解放する代わりに、告訴、告発を取り下げることが決まった」

ところが、この「坂入氏解放劇」には後日談がある。Ｘ氏が続ける。

「坂入の解放後、松崎さんは、彼の〝リハビリ〟のために、自分の沖縄の別荘を提供したそうだ。ところが沖縄滞在中、坂入は『十数万入りの財布を落とした』とかで、ノコノコ警察に届け出て、挙句の果てに連絡先として、自分の名前と、松崎さんの別荘の住所を書いて帰ってきた。それを聞いた松崎さんは『(権力に対する)警戒心を失くしたのか？　あいつは完全に狂ってる！　二度と表に出さない！』と激怒した」

この松崎氏の言葉通り、坂入氏はその後、ＪＲ総連関係の表舞台から完全に姿を消した。

その坂入氏の名前が再び、ＪＲ総連関連の刊行物に登場するのは、それから9年後、松崎氏の死後のことだった。

松崎氏の死後、彼が生前、会長に就いていた「国際労働総研」は「松崎明追悼集編集委員会」を作り、松崎氏の死去から3カ月後の11年3月、「松崎明　心優しき『鬼』の想い出」という追悼集を刊行した。この追悼集には、松崎氏にゆかりのある人々や動労ＯＢ、ＪＲ総連の組員やＯＢら約３００人が寄稿しているのだが、そのなかに「坂入充」氏の名前があったのだ。

そして、驚くべきことに坂入氏はその追悼文の中で、自身の「拉致事件」を、松崎氏が革マル疑惑の払拭に利用したことをさらりと暴露しているのだ。このように。

〈松ツァンは最高の理論で武装していたばかりか、何人も魅了せずにおかない天性の持ち主であった。運動面の指導も天才的で、国鉄時代には機関助士廃止・マル生反対の闘いや国鉄改革運動を領導した。また、二〇〇〇年の革マル派中央によるＪＲ東労組ＯＢ坂入充拉致問題さえも最大限に活用した……〉【傍点部は筆者】

だが、この松崎氏が〈最大限に活用した〉とされる、革マル派党中央との第二次対立は、皮肉なことに松崎氏の思惑とは逆に、第一次対立で黒田議長を屈服させて以降、彼がもはやJR革マルだけでなく、党革マルにおいても絶対権力者となっていたことを暗に証明する結果となった。

というのも、前述の通り、「JR九州労組合員大量脱退問題」が発生した00年10月から坂入氏が解放される02年4月までの間、革マル派は「解放」をはじめあらゆる機関紙やビラで、当時のJR総連委員長や、JR労研のメンバーらに対し、彼らを「ダラ幹」と罵倒し、セクトネームを暴くだけでなく、同盟員である事実まで暴露し、攻撃した。が、この間、そのJR革マルのメンバーを指導しているはずの松崎氏を批判する論文や声明は、一行たりとも「解放」に掲載されなかったのだ。

刑事告発した側とされた側の「座談会」

ただ、本間氏が前述の陳述書で指摘しているように、少なくとも《2005年12月7日》の段階では、JR革マルと革マル派党中央との関係は〝よりが戻っていた〟のだろう。

というのも、前述のJR九州労大量脱退問題を巡って、JR九州労本部事務所に乱入したとされるJ氏、K氏、さらには「坂入拉致事件」にも関与したとされる浅野氏の3人のトラジャは揃って、09〜10年の時点でJR総連や関連団体に復帰しているからだ。

09年2月の「JR総連第31回中央委員会」以降の総連の大会、中央委員会の名簿には、〈特別執行委員〉として K 氏の名前が記載され、前述の松崎氏が会長を務めていた「国際労働総研」の機関誌「われらのインター」Vol.22（２００９年６月15日付）、Vol.23（同７月15日付）には、K氏が〈国際労働総研主任研究員〉の肩書で、原稿を寄せている。

またVol.24（同８月15日付）には、Ｊ氏が〈動労新鶴見支部ＯＢ会員〉の肩書で寄稿。さらに、10年７月発行のVol.34には、浅野氏がＫ氏と同じ〈国際労働総研主任研究員〉の肩書で登場し、同じく〈主任研究員〉のＪ氏とＯ氏、そして〈国際労働総研監事〉のＹ氏の４人で対談している記事が掲載された。

ちなみに〈主任研究員〉のＯ氏は、前述の「第一次対立」で、上野氏らとともにニュージーランドに逃亡し、後に松崎氏の呼びかけに応じて帰国したトラジャの一人で、帰国後はＪＲ総連の特別執行委員に就いていた。

また〈監事〉のＹ氏は坂入拉致事件当時、ＪＲ総連の「政策部長」として、革マル派に対する刑事告発や「海道錨」氏に対する告訴、マスコミ対応などを担当。第５章の「ＪＲ革マル43人リスト」で、〈東京大学革マル派出身〉と名指しされた人物だ。

つまり、坂入拉致事件をめぐって、刑事告発した側とされた側が、その10年後には、ＪＲ総連関連の機関誌で、一堂に会していたというわけである。

そして18年に起こったＪＲ東労組の組合員大量脱退の引き金となった、ＪＲ東労組のスト権行使通告の前後にも、トラジャの影がちらつくのだ。

「この組合はもはや御用組合だ」

14年5月、当時、ＪＲ東日本が進めていた「京浜東北・根岸線および横浜線の乗務員基地再編成計画」（以下「基地再編成計画」）をめぐって、ＪＲ東労組東京地本が〈同業罷免（ストライキ）の戦術行使でたたかう〉と決定し、ＪＲ東日本発足以来、初めてスト権確立の動きをみせたことは第1章で述べた。

その2カ月後の7月2日、「ＪＲ東日本会社の労務政策の現状」と題した講演集会が開かれ、多くのＪＲ総連組合員が参加したという。が、この集会の講師は、前述の「第一次対立」で革マル派党中央に拉致され、「第二次対立」では逆に「党側の人間」（前出・Ｘ氏）として、坂入氏拉致事件に関与したとされるトラジャの浅野孝氏だった。

浅野氏は講演の中で、自ら〈革マル派に結集するという決意〉を固めた一人と明らかにし、前述の基地再編成計画をめぐって、ＪＲ東労組東京地本が〈ストの戦術行使でたたかう〉としたことについて、こう述べた。【（　）内は筆者補足】

〈今年の本部大会の少し前に、東京地本は（ＪＲ東労組）本部に対して、これは現場にも提起したと思うんだけど、スト権をたてて闘う方針を本部に要請したという事実がありますね。ところが本部大会では、東京地本の要請を実際は拒絶したんですよ。（中略）東京地本が要請したのは、今度の大会でスト権を確立してそれを手段に、スト権確立＝闘争を背景にして会社の経営施策に対抗しよう、団体交渉をやれ、こういうのが東京地本の要求だったですよね。

でも（JR）東（労組）の本部大会での集約は、二年間をかけてスト権議論をします、ということですよね。つまり今度の東京地本から要請されたスト権の確立はしない、二年間かけてスト権を議論するというものです〉

浅野氏の言う通り、基地再編成計画をめぐって、〈ストの戦術行使でたたかう〉方針を決めたJR東労組東京地本は14年6月の「第30回JR東労組定期大会」で、中央執行委員会に対し、大会での議決を求めた。

しかし、JR東労組全12地本のうち、この計画に直接、関係するのは東京、横浜、大宮の3地本だけだったことなどから、それ以外の地本から「時期尚早」等の意見が出て、決定には至らなかった。

このためJR東労組本部執行部は、この基地再編成計画について〈本部・本社の問題として、本部が先頭に立って闘いをつくり出していく〉としたものの、スト権確立・行使については今後2年をかけて議論する——としたのだ。

強硬姿勢を見せ始めたJR東労組東京地本に対し、JR東日本は、「下十条運転区の先行廃止」など、一部については組合側に譲歩したものの、基地再編成計画をめぐる労使交渉は終始、会社ペースで進められた。これについて浅野氏は、交渉に臨んだ、東京地本のN委員長（当時）を名指しし、その姿勢を次のように批判したのだ。

〈さすがに今までは、会社の言うことを聞いてきたけれども、ここで一切組合の要求を無視されていることに対して、N執行部は反発したわけですよ。Nの反発は、しかし今まで既成事実を作ってきてしまった自分の弱さを反省していないから、会社に楯突くというか、なきつくというか、お願いするということ以外ではないわけです〉
さらに浅野氏はＪＲ東労組について、〈オレからすれば、この組合はもはや御用組合だ〉とまで言い切ったのだ。

「松崎明」の不在

この浅野氏の発言に対し、ＪＲ東労組は「組織破壊策動だ」と猛反発。ＪＲ総連および傘下単組も翌15年6月の定期大会で「党派による組織破壊と介入を断固として認めない」ことを機関決定した。

だが、前述のＪＲ革マルと革マル派党中央との第二次対立終結から12年も経った時期に、再び「党派」が、ＪＲ東労組やＪＲ総連に「介入」してきたのはなぜなのか。前出のＸ氏が再び語る。

「松崎さんという（革マル派党中央にとっての）〝障壁〟がいなくなったからだ。

松崎さんが亡くなって（10年12月）以降、党中央は浅野氏らトラジャを通じ、ＪＲ（革マル）に対し、『戦闘的・階級的労働運動を再構築しろ』、『先鋭化した組織を作れ』、『日本で一番、先鋭化した組合になれ』という指導を続けてきた。

というのも、『組織の革マル』などと言われるが、そもそも党中央にとって『組織』とは『Ｒ』

（革マル派同盟員）か、その予備軍までで、彼らにとってユニオン（組合）は、『組織』ではない。

おまけにこの十数年で若手組合員の数は増加したにもかかわらず、若年層の獲得ができず、『Aメンバー』はもちろん、『L読』すら増えていない。ということは、（JR革マルから党革マルに上納される）カンパも増えないし、今後、増える見込みもなく、党としては財政的には先細るばかりだ。

ならば組織を先鋭化して、たとえばスト（戦術）をブチ上げて、それにビビるような組合員は削ぎ落とし、組織を固め、動労時代に立ち返って、会社と激しく対峙するほうが、新たな『戦闘的な労働者』の獲得に繋がると考えているんだろう。まさに形を変えた『3・1（路線）』の再来で、JR戦線に『ハネろ』といってるわけだ。

俺自身は、今回の（大量脱退に繋がったJR東労組の）無謀なストも、トラジャを通じた党の介入と無関係ではないと思っている。もっとも、松崎さんが生きていれば、こんなことは絶対にやらせなかったし、党中央もできなかったと思うが……」

そして、その「無謀なスト」の後も、トラジャはJR東労組、JR総連への「介入」を続けているのだ。

第1章で触れたが、18年3月以降の組合員の大量脱退後に初めて開かれたJR東労組の「第36回定期大会」の前日（6月12日）、「JR東労組の現状を糺し、国鉄改革の精神を忘れないためのJR東労組OBの連絡会準備会」（以下「連絡会」）という長ったらしい名前のOB集団が結成されたことをご記憶だろうか。

連絡会はその後、会報誌等で、JR東労組やJR総連だけでなく、他のOB集団の批判も続けているのだが、この連絡会を主宰しているM氏は、トラジャの浅野氏と同じ、旧国労内革マル＝「真国労《マコト》」出身のJR東労組上野支部OBなのだ。

そしてM氏は浅野氏と同様に、JR総連組合員を対象とした「学習会」を開催していたことから、総連および傘下単組から「組織破壊者」と規定されている。

ただ、前述の、組合員の大量脱退後に初めて開かれたJR東労組の定期大会で、人事や組織の一新を図るとして、新たに選出された中央執行委員長と筆頭の中央執行副委員長、つまり「新生JR東労組」のトップとナンバー2はともに、浅野氏やM氏と同じ、真国労《マコト》出身者であることも、念のために付記しておく。

そして組合員の大量脱退以降、JR東労組では主流派、非主流派、さらには前述の「連絡会」などOB集団も加わった主導権争いや、離合集散が今なお続いているのだが、その過程で、JR東労組、JR総連における革マル派の「左翼フラクション」で、JR革マルの〝母体〟ともいうべき「JR労研」も再び、その姿を現したのだ。

「JRひがし労」のスタンス

JR東労組の崩壊以降、小規模ながらも複数の新組合が結成されたことは第1章で述べたが、その中の一つ、18年6月に元JR東労組高崎地本の組合員らが結成した「JR東労働組合」

（ＪＲひがし労）の中核はＪＲ労研、いや、この新組合は「労研メンバーによって作られた」と言っていいだろう。ＪＲ東労組の元幹部が語る。

「高崎（地本）は松下さんが作り、その松下の『愛弟子』といわれた小林克也《こばやしかつや》が育てた組織で、思想性の高さ、結束力の強さは12地本の中でも群を抜いていました」

「松下さん」とは、前述の、中核派との内ゲバで殺害された松下勝・東鉄労（ＪＲ東労組の前身）高崎地本委員長のことだ。その松下氏の「愛弟子」といわれた小林氏（故人）は、高崎地本の書記長、委員長を長く務めていたが、本部から千葉地本の委員長に派遣された後の02年、松崎氏による独善的な組織運営を批判したため、東労組からパージされた（第５章参照）。東労組の元幹部が続ける。

「高崎（地本）は（ＪＲ東労組）本部がスト戦術に乗り出した当初から、『職場の声を無視するような本部とは一緒にやっていけない』と批判的で、（スト戦術が）失敗に終わった後に、組織的に、かつ真っ先に（ＪＲ東労組から）脱退したのも高崎でした」

私の手元にＡ４、10数枚からなる資料がある。

ＪＲ東労組からの組合員の大量脱退が本格化していた18年３月12日から13日にかけて開催されたとされる「高崎労研」の臨時総会で配布されたものだ。

〈新生「ＪＲ東労働組合」！

組合員と家族の利益を第一義に

あらゆる政治・経済と会社施策に立ち向かい

「抵抗とヒューマニズム」に立脚した組織を確立しよう！〉と題されたこの資料は、労研メンバーに新組合結成の意義や、JR東労組のスト権確立以降の経緯、さらには新組合結成後のスケジュールや、課題などについて説明している。ちなみに「抵抗とヒューマニズム」は松崎氏が生前、好んで使った言葉だ。

そして高崎労研は〈新組合結成における意義〉の中で、組合員の大量脱退を招いたJR東労組中央本部を批判し、新しい組合をつくる必要性を説いている。この〈意義〉には、今回のスト戦術に対する当時の高崎労研の考え方、さらにはその後、結成される「JRひがし労」のJR東労組、JR東日本に対するスタンスがよく表れているので、少し長くなるが引用しよう。

【（ ）内は筆者補足】

〈JR東労組に蔓延る凋谷は、2018年2月19日に東京地本における「18春闘における『非協力闘争』に関する東京地方本部への闘争指令について」と題した、（スト）戦術行使の予告通告を会社および厚生労働省へ提出しました。そして、JR東日本が2月26日付で「労使共同宣言の失効について」を東労組本部へ送付したことで、労使関係を完全に破綻させせました〉

ここに出てくる〈凋谷《かれだに》〉は、第5章で触れた、松崎氏の辞世の句に出てくる冬の季語だ。前述の「抵抗とヒューマニズム」もそうだが、高崎労研のメンバーが今なお、松崎氏を尊崇しているのがよく分かる。

〈この事態の引き金は、格差ベア（第1章参照）を理由とした17春闘の「ストライキ権の獲得」であり、組合員へは「確立と行使は別」などと騙して反対票を賛成票に代えてきたことや、JR東日本やマスコミには「確立はしていない」などと二枚舌を使い、ありもしない力を誇示するために、18春闘で戦術行使をもてあそんだことにあります。JR東日本はこの間隙を見逃すことなく、会社総体で全体重をかけ総攻撃を仕掛けてきました。その攻撃が貫徹されれば、スピードを上げた効率化、外注化施策や分社化が推し進められ、箱根以西を超える労務管理が目論まれていることは明白です〉

〈箱根以西〉とはJR東海、JR西日本をさしている。

〈このようななかで、高崎地本は（中略）ストライキ権の行使に反対し続けてきました。さらに、労使関係の破綻をいち早く分析し、東労組に残れば組合員の利益が守れないことを踏まえて、苦渋の選択ではありましたが組織的な脱退を行いました。多くの組合員は、諸先輩方が命を懸け、30年間積み上げた組織が崩壊していく過程を目の当たりにして、涸谷と会社に対する怒りは収まることなく、悔しさと悲しみで涙がこみ上げてきます〉

文脈から判断して、高崎労研のいう〈涸谷〉とは、スト戦術に失敗し、組合員の大量脱退を招いた当時のＪＲ東労組中央本部のことをさしているのだろう。

〈（中略）現場ではその組合員が今後の事を憂い悩み苦しんでいます。私たちは、その想いに応え組合員が明るい未来を展望できる新たな組織の確立を実現しなければなりません。

そのためにも、ＪＲ東労組を築き上げた多くの諸先輩方の意思を継承し、「抵抗とヒューマニズム」を基底に据え、新たなる闘いを職場から創りだすことで、組合員と家族の利益を第一義とした組織を確立しなければなりません。その実践こそが、私たち○○の任務であり意義となります〉

原文では最後の節の一部が――おそらく、今回のように資料が外部に流出することを警戒して――〈○○〉と伏せ字になっているのだが、資料の内容、配布された状況から判断して、ここに〈労研〉の二文字が入ることは間違いない。

スト戦術失敗の「総括」

そして高崎労研は〈組織の確立と階級的労働運動の継承・発展に向けて〉として、ＪＲ東労組のスト戦術の失敗を次のように総括している。

〈18春闘を契機としたＪＲ東労組の崩壊は、反Ｍを掲げた涸谷の腐敗と堕落によるものです。そして、効率化と外注化施策を丸呑みし、反戦平和や脱原発、政治経済闘争を放棄してきたことで、組合員の帰属意識は低下の一途を辿り分会の確立もままならず、労働者階級を担う組織は消滅していきました。その首謀者達は、未だに反省や謝罪をすることなく金と地位にしがみつこうとしています〉

〈Ｍ〉とは故松崎氏のことだろう。前述のように〈涸谷〉が、ＪＲ東労組中央本部のことをさしているとすれば、だ。高崎労研によれば、当時の東労組執行部は〈反松崎を掲げ〉ていたということになる。

〈私たち○○は、傲慢でプチブル化した涸谷を捉え返し、反面教師として謙虚に体質改善を目指すことです。そのためにも常に自らを振り返り、その時々の取り組みを総括しつつ課題や目標を課すなど、自助努力を通じて自らの体質を改善していくことが必要です。

また、実践を通じた○○の強化拡大は焦眉の課題であると言えます。現時点で（春の合宿）における会員数は１９１名であり、そのうち平成採用者は91名です。前回の臨時総会からオブザーバーから正会員が１名、次回の合宿でオブザーバー参加が２名の予定です。各地区の実践で平成採用の拡大へと繋がっています。一方で、例年多くの先輩同志が退職を迎えているため、200名の組織を維持することができてません。また、運動を牽引している多くは先輩同志であり、役職だけの「世代交代」ではなく本質的な「世代交代」が求められています。ミドルやヤングが組織の中心となって奮起しないかぎり、高崎に階級的労働運動を残すことはできません〉

大量脱退前のJR東労組高崎地本の組合員は約1800人。そのうち労研メンバーの割合は10％に過ぎないが、100人近くの平成採用者を獲得していたのには驚く。

そして資料の最後に彼らは〈○研の課題・・・階級的労働運動の強化・拡大〉として、自らの組織を次のように位置付けるのだ。

1. 労働者意識に巻き戻す場
2. 当面する課題を真面目に担う意思統一の場
3. 担い手または組合員の実態分析の場
4. 「実理」や「インター」などを学習する場
5. 会社施策に対する分析と対策を行う場
6. 世話役活動を実践する場

「実理」とは、かつての動労東京地本本部の機関誌「実践と理論」、そして「インター」とは前述の松崎氏が生前、会長を務めていた「国際労働総研」の機関紙「われらのインター」のことだ。つまるところ高崎労研は、動労型労働運動の〝復活〟を目指しているわけである。

この資料が配布された臨時総会の3カ月後、前述の通り彼らは新組合「JRひがし労」を結成し、委員長には前述の故松下氏の長男が就任した。松下氏が中核派によって殺害された当時、彼はまだ小学生で、松崎氏は、この長男がJRに入社するまで、松下氏の遺族を物心両面で支え続けたという。

今なお続く「労労」対立

そして10月15日、JRひがし労はJR東日本高崎支社と「労使間の取扱いに関する協約」（労使間協約）を締結した。

これを受け、JRひがし労の結成以来、彼らを「組織破壊」と規定していたJR東労組中央本部は同月23日付の機関紙「緑の風FAX版No.44」で、〈組織破壊策動を許さない!!〉と牽制し、以下のように指摘したのだ。

〈JR東労組が組織破壊と規定した「JRひがし労」なる組織が、11月23日に臨時大会の開催を予定しているようです。その動きに連動するように、ＪＲ東労組脱退者が「労働組合の必要性」を訴え、（中略）「ＪＲひがし労」へ加入を促す動きが職場で発覚しています。

ＪＲひがし労の協約は高崎支社のみと締結

高崎支社以外の組合員は適用になりません!!〉

これに対し、ＪＲひがし労は、翌24日付の機関紙「情報ひがし労」ですぐさま、〈ＪＲ東労組「緑の風ＦＡＸ版No44」弾劾！〉と、次のように反論したのだ。

〈ＪＲ東労働組合（ＪＲひがし労）は、10月15日に本社の代理として高崎支社との間で「労使間の取扱いに関する協約」を締結しました。ＪＲ東労組が主張している「高崎支社以外の組合員は適用になりません」との見解を否定するつもりはありません。しかし、ＪＲ東労組の主張は、一部分のみを切り取っているに過ぎず内容が不足しているため補足します（中略）現在においては高崎支社との締結を本社との締結に切り替える手続きをしています。（中略）他の組織の批判をする前に、今もなお激化している内部の組織混乱の収束に力を注ぐ方が先決だと思います。東労組指導部が招いた一連の脱退騒動と今の組織現実を主体的に反省しなければ、再生は不可能といえるでしょう!!〉

そして結成当初は、労研メンバーを中心に２００人弱で結成されたＪＲひがし労はその後、仙台や山形など東北地方で勢力を拡大。現時点で組合員を約３００人に増やしている。

３万５０００人という、ＪＲ東労組組合員の大量脱退を機に始まった、ＪＲ東日本の新たな〝労労対立〟は、それから1年以上が経った今なお続いているのだ。

第3部

JR北海道「歪な労政」の犠牲者

第8章

ある組合員の死

検視に3日かかった「転落死」

北海道の釧路港。2695ヘクタールという広大な面積を持つこの港は、新釧路川を境に「東港区」と「西港区」とに分かれ、東港区は、かつて水揚げ量日本一を記録した漁業基地、西港区は4つの埠頭を持つ、国内でも屈指の物流拠点になっている。

私が、この西港区の最も西側に位置する「第4埠頭」を訪れたのは、2018年5月9日のことだった。

地元の人の話によると、西港区の各埠頭は、大型船が入港する際に、立ち入りが制限されるといい、埠頭の先端に向かう途中にも、管理者である釧路港湾事務所が設置した「立ち入り禁止」の看板が、道路際のフェンスに付けられていた。だが、実際には埠頭の先まで車を乗り入れることができ、埠頭の西端は、高さ約2メートルの堤防になっていたが、その壁をよじ登ると、海が見えた。

ゴールデンウイーク明けとはいえ、当日の釧路の気温は4・5度。その日の午前中に札幌を発ったときと比べ、6度も低かった。空は鉛色に曇り、堤防の上で強風に背中を押されながら、春用のコートで十分だろうと考えていた自分の愚かさを呪った。

釧路市の要覧によると、釧路港は1632（寛永9）年、徳川幕府から「蝦夷地交易」を独占的に任されていた松前藩が、釧路川河口に、アイヌとの交易所を開設したのが始まりとされる。1899（明治32）年、明治政府によって普通貿易港に指定され、1951（昭和26）年に港湾法上の「重要港湾」となった。

60年代中盤には、旧ソ連（現ロシア）やアラスカ周辺で、サケやマス、スケソウダラを獲る「北洋漁業」の基地となり、69〜77年の9年連続で水揚げ量日本一を記録。釧路の町は空前の活況を呈し、港に近い末広町や栄町の飲み屋街は、腹巻きに札束を詰め込んだ漁師たちで賑わったという。

ところが77年の「200海里《カイリ》規制」によって、北洋漁業が壊滅的な打撃を受け、釧路港は水揚げ量日本一の座から陥落した。しかし漁師たちは漁種を、近海でのイワシ漁へと転換し、79年には再び日本一を奪還。以降、91年までの13年にわたって、日本一の水揚げ量を記録し続けた。

その一方で、同港は、日本有数の食糧供給基地である「東北海道」（釧路、根室、十勝、オホー

沢村氏の遺体が打ち上げられた釧路港の埠頭(撮影:筆者)

ック地方)を背後に抱える物流拠点でもあり、2011年に穀物の「国際バルク戦略港湾」に指定された。バルクとは、梱包されずに船倉にばら積みされる貨物のことだ。国際バルク戦略港湾は、その「ばら積み貨物」の輸入拠点として、大型船に対応した機能を整備することなどを目的に、国土交通大臣が指定する港湾で、釧路港は19年、その第1号として運用が開始された。

もっとも、地元住民にとっての釧路港——特に港内をサケが回遊することで知られる西港区——は、古くから親しまれている人気の釣り場で、夏から秋にかけては、サケやカラフトマスを狙う多くの釣り人たちで混み合うという。

私が訪れた日も、第4埠頭から延びる「西防波堤」では、平日の昼間にもかかわらず、コマイやカレイ狙いの釣り人たちが投げ釣りを楽しんでいた。だが、彼らの中に、約4カ月前、この埠頭から1人の男性が転落死したことを知る人は、当然のことながら、いなかった——。

18年1月12日、釧路港西港区第4埠頭の根元にあたる西側の海岸に、男性の遺体が打ち上げられた。

遺体の身元はほどなく、JR北海道釧路支社（技術）運輸グループ輸送指令員、沢村明彦《さわむらあきひこ》氏（仮名、41歳）と判明した。

というのも、その前々日の10日夜、沢村氏は「釣りに出かける」と言ったまま、翌11日の午後になっても帰ってこなかった。家族は（北海道警察釧路方面本部）釧路署に、行方不明者届（かつての「捜索願」）を出すとともに、彼の勤務先である、JR北海道釧路支社に連絡。同日の夜から会社の同僚も、家族と一緒に彼の行方を捜していたからだ。

12日の朝になって、第4埠頭西側防波堤の中央付近に沢村氏の車が停まっているのが発見された。さらに車から200メートルほど岸側に戻った堤防の上に、彼の釣り道具一式が、未使用のまま置かれているのが見つかった。そして、そこからさらに100メートル北西の海岸に遺体が打ち上げられているのを見つけたのは、彼の父親だったという。

遺体は、その日のうちに検視に回され、釧路署は司法解剖を行った。だが、沢村氏の遺体が家族のもとに返されたのはその3日後、15日のことだったという。なぜ検視に3日もかかったかについては、道警が取材に対応しなかったため不明だが、沢村氏の通夜は16日、告別式は17日に行われ、喪主は彼の妻が務めた。

北海道警は検視の結果、沢村氏の死に「事件性が無い」と判断したからこそ、公式に発表しなかったのだろうが、彼の「転落死」が事故によるものか、自殺なのかは、前述の通り、道警が取材に応じないため分からない。だが、彼の死をめぐってはその後、JR北海道社内でも様々な憶測が飛び交ったという。

なぜなら、生前の沢村氏を知る社員たちは一様に、彼を「JR北海道の歪《いびつ》な労政の犠牲者」と捉えているからだ。

北の「松崎」の帰還

釧路市出身の沢村氏は、地元の高校を卒業後、96年にJR北海道に入社。釧路運輸車両所に配属され、検修（車両の検査修繕・整備業務）を経て、運転士になった。その一方で、採用と同時に、JR北海道の最大労組「北海道旅客鉄道労働組合」（JR北海道労組）に加入し、組合活動に熱心に取り組み、JR北海道労組釧路地方本部（地本）の青年部長に就いたという。

JR北海道労組は、JR北海道社員6797人のおよそ8割、約5300人が加入する同社の最大組合だ。

国鉄分割・民営化を前にした87年2月、国鉄動力車労働組合（動労）や鉄道労働組合（鉄労）など5組合が「北海道旅客労働組合連合」を結成。分割・民営化後の同年8月に現場管理者を中心とした「鉄輪会」と統一し、「北海道旅客鉄道労働組合」（結成当初の略称は「北鉄労」。89年に「JR北海道労組」と改称）となった。

そしてこの組合は、前述した東日本旅客鉄道労働組合（ＪＲ東労組）や、後述する「日本貨物鉄道労働組合」（ＪＲ貨物労組）と同様に、公安当局が今なお「影響力を行使し得る立場に革マル派活動家が相当浸透している」（18年2月23日付、政府答弁書）とみる、全日本鉄道労働組合総連合会（ＪＲ総連）の傘下にある。また、当局が「（北海道旅客鉄道労働組合の）革マル派の浸透実態については、現在、警察等において鋭意解明に努めている」とする組合でもある。

そんな「革マル系労組」とＪＲ北海道は、ＪＲ東日本の労使と同様に「労使共同宣言」を締結し――18年2月末をもって、その失効をＪＲ東労組に通告したＪＲ東日本とは対照的に――今なお労使協調路線を歩んでいるのだ。

そのＪＲ北海道において、国鉄・ＪＲ関係者から「ＪＲ北海道労組の首領《ドン》」、あるいは「北の松崎（ＪＲ北海道における松崎明）」などと称されているのが、元ＪＲ北海道労組中央執行委員長の佐々木《ささき》信正《のぶまさ》氏（72歳）である。

佐々木氏は、99年から09年までの10年間にわたって、ＪＲ北海道労組本部の中央執行委員長を務め、委員長退任後も、ＪＲ東労組における松崎氏と同様に、ＪＲ北海道労組の「顧問」として、19年6月まで、組合はもちろん、会社に対しても隠然たる影響力を持ち続けた。

47年、帯広出身の佐々木氏は、地元の高校卒業後の66年、国鉄に入社。国鉄釧路鉄道管理局（現在のＪＲ北海道釧路支社）管轄下の帯広機関区（現在の帯広運転所）に勤務し、機関助士から機関士になった。入社と同時に国鉄動力車労働組合（動労）に加入し、動労北海道本部帯広地本に所属した。しかし、これまでの章で度々触れてきた「反マル生闘争」（69～71年）で、国鉄当局から処分を受け、裁判で争ったものの、76年に解雇され、その後は動労の〝首なし専従〟として、釧路地本の書記長などを歴任した。

佐々木氏をよく知る動労北海道の元地本幹部はこう語る。この元地本幹部もまた、かつてはJR革マルの秘密組織「マングローブ」のメンバーだった。

「国鉄時代、北海道で動労が強かったのは、青函(船舶鉄道管理局)と旭川(鉄道管理局)、釧路(鉄道管理局)だった。札幌(鉄道管理局。後に北海道総局に統合)は、『全動労』(共産党系の全国鉄動力車労働組合連合会。現在の全日本建設交運一般労働組合北海道鉄道本部=建交労道本部)の拠点で、国労(国鉄労働組合)も強く、(旧動労勢力が)多数派になったのは、JRになってからの話だ。

動労北海道ではかつて、『戦闘的な青函(地本)』、『階級的な旭川(地本)』と言われていた。『戦闘的な』というのは文字通り、当局や他労組との物理的な闘争に強いという意味。一方、『階級的な』というのは、労働者階級としての、運動理論や革命理論に強い、要するに頭がいいということだ。が、この2地本に対し、『戦闘的かつ階級的な釧路』と称されたのが、釧路地本だった。道内でも『最強の地本』といわれ、その組織を作った一人が、佐々木だった」

だが、前述の国鉄分割・民営化に伴い、動労が、鉄労など他の4労組と共に、JR北海道労組を結成した87年、佐々木氏は新組合に加入せず、労働運動の第一線から退いたという。

当時のことについて佐々木氏は、「有限会社　交通経済社」が発行する、JRの労使に関する情報誌「旬刊　ACCESS」のJR30年特集のインタビュー(17年4月)に、次のように語っている。【( )内は筆者補足、以下同】

〈私は当時、動労釧路の書記長でした。解雇専従者でしたので、組合費で生活させていただいていることを肝に銘じ、全組合員が新会社（ＪＲ）で活躍できる状況を作り出すため、民間企業に学び、民間鉄道を真に担える組合員への変革を促す努力をしました。それは当時の動労本部の意志でもありました。

加えて、当時本部委員長の松崎（明）さんからは、「それが終わったら、お前の任務は終わり。組合から離れてくれ。俺も身を引く。国鉄職員である現役の組合員が新労組を担うべき」と言われました。ただ（ＪＲ）東（日本）においては、早くから大同団結を揺るがす鉄労の不穏な動きがあったため（第２章の「鉄労脱退騒動」。59ページ参照）、松崎さんは前言を翻して、ＪＲ東労組の委員長に就いた経緯があります。それがなければ、動労の解雇役員は全員一線から退くことになっていたのです〉

ところが、〈一線から退〉いてから５年後の92年、佐々木氏はＪＲ北海道労組本部の書記長として組合活動に復帰するのだ。その経緯についても前述のインタビューの中でこう語っている。

〈私は、先ほど言いましたように新組合の役員には就かず、新組合の応援団として生きていくべく、組合賛助団体の支所長となり保険業務に携わることになりました。釧路の動労組合員は全員新会社に採用されましたから、「これで解雇役員の任務は終わった」と思ったものでした。

ところが、新組合の委員長に就任された鉄労出身の方がご病気でお亡くなりになってしまいました。国鉄改革を担った多くの労働組合の寄り合い役員で出発した矢先の悲しい出来事に、新組合には大変な衝撃が走ったようです。
どこでどの様な話になったかは定かではないのですが、私に緊急登板の要請があり、労働運動に舞い戻ることになりました〉

「トラジャ」から「マングローブ」への復帰

第一線を退いてから、復帰に至るまでの経緯を、佐々木氏本人は〈どこでどの様な話になったかは定かではないのですが〉などとぼかしているが、前出の北海道動労の元地本幹部によると、佐々木氏が〈保険業務に携わること〉になったという〈組合賛助団体〉とは「株式会社鉄道ファミリー」のことだという。

鉄道ファミリーは87年、国鉄分割・民営化に伴い、JR総連や傘下単組の福利厚生を目的に作られた賛助団体で、設立以降、生命保険や損害保険の代理店事業を主な業務として営んでいる。だが、元地本幹部によると、佐々木氏は鉄道ファミリーの北海道の〈支所長〉に加え、「別の〈任務〉に就いていた」という。

「佐々木は鉄道ファミリーに籍を置いてはいたが、実際には、松崎さんの命を受け、(革マル派)党中央に送り込まれた。つまりは『トラジャ』になった。

その後は(革マル派労働者組織委員会の北海道)地方委員会のメンバーとして、JRをはじめ(革マル派傘下の)各産別(労組)の指導にあたっていたんだろう。

ところが、佐々木の言う通り、新組合の委員長に就いた鉄労の幹部が病死した。そもそも新組合の委員長に鉄労出身者がなったのも、松崎さんが全日本鉄道労働組合総合連合会（鉄道労連。JR総連の前身）の委員長に志摩《しま》（好達《よしたつ》）を据えた（第2章参照）のと同様、（JR北海道労組から）革マル色を消すためだった。

だが、その鉄労出身の（JR北海道労組本部の）委員長が亡くなったことで、（北海道）鉄道産業労働組合（鉄産労）や国労が勢力を盛り返すことを警戒した松崎さんは、佐々木を党中央から呼び戻し、北海道の（JR革マルの）『組織』のトップに据えた。つまりはマングローブに戻したわけだ。全国の『組織』の中でも、一度、トラジャに上がって、マング（ローブ）に戻ったというのは佐々木だけではないか」

そして復帰から7年後の99年、佐々木氏は、JR北海道労組本部の中央執行委員長に就任するのだが、その2年後、彼の〝素性〟が明かされる。ほかでもない、革マル派によって、である。

JR北海道労組を批判する「公開書簡」

きっかけは前章で詳述した、「JR九州労組合員大量脱退問題」に端を発した、JR革マルと革マル派党中央との「第二次対立」だった。

この第二次対立で、JR労働運動研究会（JR労研）の中央幹事会事務局長で、革マル派の古参党員だった坂入充《さかいりみつる》氏を「拉致」した革マル派を、当時のJR総連のO委員長が刑事告訴したことは前述した。そのO委員長に対し、「海道錨」なる人物が送り付けたとされる「脅迫状」の文面（255ページ）をもう一度ご覧いただきたい。そこにはこう書かれてある。

〈想起したまえ。（動労）札幌地本再建のための闘いの渦中で、スターリニストどもが機動隊を導入し、闘う動力車の仲間たちを権力に売り渡した時、君は宇和さんと私とともに、そして信やトッツァンたちとともに涙をこらえて憤激したではないか……〉

公安当局関係者によると、この中に登場する〈信〉は、佐々木〈信〉正氏のことを指しているという。くだんの「海道錨」氏が、公安当局から「旧国鉄名寄機関区（後に旭川機関区と合併）出身の動労北海道の元幹部」とみられていることは前述したが、関係者によると〈宇和さん〉は、佐々木氏と同じ動労釧路地本出身の元JR総連委員長のセクトネームで、〈トッツァン〉も動労北海道から国鉄分割・民営化の際にJR貨物に入り、JR貨物労組北海道地本委員長に就いた人物だという。

そして、この「脅迫状」を受け取った当時の、JR総連委員長のO氏も、佐々木氏の前任のJR北海道労組の中央執行委員長だった。つまり脅迫状に登場する人物は、いずれも動労北海道出身で、警視庁公安部のリストや、「JR東労組を良くする会」が作成した「JR革マル43人リスト」などで、マングローブのメンバーと指摘された面々だった。

さらに、JR革マルと革マル派党中央との対立が激化していた最中に発行された革マル派の機関紙「解放」（01年3月19日付）に掲載された、JR北海道労組を批判する「公開書簡」（図表

図表8-1　JR北海道労組を批判する「公開書簡」

放　（第3種郵便物認可）　2001年3月19日　（8）

公開書簡

木暮よ、現場労働者のうめき声が聞こえぬか？

最近の君の諸言動を見聞きしておると、ひどく威張っているな、と強く感じる。二月四日の痛ましい事件についても君らは依然として無視しつづけている。保線作業中の労働者三名のうち二名が特急列車に轢殺されてしまったではないか。無念にも死に至らしめられた労働者はJR当局の安全無視の効率一辺倒主義の犠牲者であるばかりではない。保線作業労働者の安全問題についてこれを組合の課題としてとりあげ、原則的にたたかってこなかったことのゆえにもたらされた事故でもある。それゆえにJR北海道労組本部は今回の〝殺人事件〟の共犯者なのだ。

木暮よ、特急列車にひき殺された労働者のあの最後の瞬間の〈死の絶叫〉が聞こえるかよ、おい。耳にこだまするか、どうだ？　残された家族の無念さと予想される経済的困窮さに思いをはせることをしているのか。「保線作業労働者はうちの組合員ではねえ」というお前の声が聞こえるよ。木暮よ、浅虫よ、戸山よ。鉄道に働く者が組合員か非組合員かでわけへだてをし、現場労働者の生死にかかわる安全問題は無視できないではないか。それにもかかわらず、知らん顔しているのは、もはやお前たちは正真正銘の労働貴族よ。ダラ幹そのものよ。

■　■　■

諸君たちは企業別組合主義に陥没しているだけではない。反労働者的な本工主義にも転落しているのだ。君たちは民間中小企業の保線労働者たちの困難で劣悪な労働条件を無視しつづけているだけではなく、各業種の民間企業に出向で出された労働者たちの労働諸条件にも目をつむっている。ある出向労働者はわれわれに涙ながらに訴えてきたよ。「私たちは毎月高い組合費をふっているが、組合がやってくれることは年に一回ばかり、組合の機関紙をくれるだけなのです」と。「私たちの低賃金、長時間労働問題については組合はまったく関心がないのです」と。

木暮よ、浅虫よ、戸山よ！　雪がとけたらまたゴルフ三昧かよ。現場労働者の〈血のうめき〉が聞こえぬか？　そう、お前たちの耳には決して現場労働者の叫びは届かぬであろう。否、届いても〈聞こえぬ〉であろう。何故ならば、諸君たちは〈聞く耳〉をもっていないのだから。たたかう労働者の立場も感性も理性もすべて失っているのだから無理からぬことよ。

現場労働者はお前たちの当局との癒着ぶりについてこぶしを握りしめながら、身を震わせて語っていたよ。「うちの幹部たちは当局との酒飲みの場で表でやる団交のすすめ方をすべてきめてしまうのです。組合役員を下りた人から聞いたばかりなのです」と。君たちのいう「現場主義」とか「組合民主主義」なんていう主張は、組合員をたぶらかす文字どおりの、うそでぬりかためられたスローガンなのだ。なんで、諸君たちは『職場からの挑戦』などをエリを正して、声を出して読まないのか。

■　■　■

木暮よ、浅虫よ、戸山よ。なんで君らはウワジマの不倫問題をとり上げて思想闘争や組織的にやろうとはしないのか。いつから、組織成員であるところの労組幹部の不倫問題を問わない〝風習〟をつくりあげてきたのか。てめえ自身のスネに傷があるからなのか。

ハグレ鳥になった木暮よ。君はたしか、一九七三年頃、ある教育労働者同志の許嫁であった人を寝取って自分の妻にした〝実績〟があったねえ。おのれの〝巨体〟を利かして組織の中で横車を押して強引にことをはこんでしまったよなー。だから君の恩師・同志海道編の怒りをかって、怒りにみちた弾劾をあびた事実を想起せよ。

みずからの〝実績〟ゆえにウワジマの愛人問題については貝のごとく口をつぐむのか。口をつぐむことによってその人・その組織そのものが不倫を容認する主体＝組織へと変質していくのだ。このことに目覚めるべきだよ。おいハグレ鳥になった木暮よ。反スターリン主義運動の大道から、どこまではぐれていけば目がさめるのか。

「革マル派は〝解党〟をつきつけられる」などというような、ハグレ鳥みたいな余計なことをいうべきではない。お前に今問われていることは胃ガンの摘出だけではなくアタマの中のガンの手術だろうが。すなわち、反労働者的な企業別組合主義、本工主義、他産別労働者を蔑視するという井の中のカワズ的な産別主義という思想的なガンをこそ摘出することこそがお前に問われているのではないか。

「私はナグモや大方、黒瀬のテープレコーダーにすぎません」などと臆面もなく、おのれの没主体ぶりを木暮よ、君が語っていたのは一九九四年の春だったな。その時は、お前は少しは自嘲気味に語っていた。ところが今のお前は反党陰謀分子に転落している大方、黒瀬、飛田らのいいなりになって、できの悪い蓄音機みたいな役割をはたしているではないか。反党陰謀分子に指示されて、おまえらは三猿主義的に組合員たちをひきまわすだけでなく、〝反革マル〟を彼らに吹きこみ、彼らから考える力をうばいさり労働者的感性を摩滅させているのだ。だからこそ、若い組合員たちはおまえらの目をぬすんで、本屋で『解放』や『日本労働運動に炎を』などを買いもとめて、カバンの中には「土袋」をお守りのように入れて持ち歩いているのだ。このような事実はお前たちダラ幹には決してわからないことなのだ。

「連合」の春闘集会でJR北海道労組の組合員たちだけが孤立してひっそりと肩をよせあっているだけでなく、他産別労働者が戦闘的な挨拶を送ると、顔をひきつらせてこそこそと逃げまわる活動家が少なからずいるのはどういうことだ。本当に哀れなことよ。

また、若い労働者たちはわが同盟の機関紙誌に飢えているのだ。それにもかかわらず、お前たちはこの思想的に栄養価の高いチラシを彼らの手から奪い去っているのだ。なんと反労働者的で反革命的なことかよ。

■　■　■

木暮よ。組合員たちの〈アタマ〉を破壊しているだけでなく、お前の〈アタマ〉も確実に破壊されてきていることに気づくべきなのだ。もはや手遅れかもしれないが、しかしわれわれは呼びかける。『OCR』誌二〇〇一年二月号のあの駄文はなんだ。「人と人とが戦争をやる」のだと。たわけたことをいうな。なんで階級国家間の戦争とか、支配階級と被支配階級の絶対的対立矛盾について口にすることをさけるのか。否、もはやマルクス主義も社会科学とも無縁な存在に変質しさったのか。

企業の壁、産別の障壁を労働者がかたくなに保持しようとする限り、労働者階級の普遍的な階級的団結なんぞくそくらえ、という立場に転落するのは必然、というべきか。反スターリン主義的・階級的立場を喪失したものに未来はない。このようなアタマがガンにおかされた幹部に指導された組合の下部労働者たちはみずからの組合の戦闘的強化のために悪質幹部を思想的に打倒すべく、組織的に奮闘するものでなければならない。

革共同革マル派
北海道地方委員会
田沢　正

【追記】
こもれ日に　ひと声鳴きぬ
はぐれ鳥
踏みはずし　足跡ひとつ
はぐれ鳥
真黒は　罪のきわみか
はぐれ鳥

出所：「解放」2001年3月19日

8―1）が、ＪＲや公安当局関係者の注目を集めた。

〈木暮よ、現場労働者のうめき声が聞こえぬか？〉と題されたこの公開書簡の筆者は、〈革共同革マル派　北海道地方委員会　田沢正〉氏。〈田沢〉氏は、この公開書簡で〈木暮〉氏に対し、冒頭から〈最近の君の諸言動を見聞きしておると、ひどく威張っているな、と強く感じる〉と呼びかけた上で、以下のように激しい批判を展開していくのだ。【（）内は筆者補足】

〈二月四日の（ＪＲ北海道管内での）痛ましい事件についても君らは依然として無視しつづけている。保線作業中の労働者三名のうち二名が特急列車に轢殺《れきさつ》されてしまったではないか。無念にも死に至らしめられた労働者はＪＲ当局の安全無視の効率一辺倒主義の犠牲者であるばかりではない。保線作業労働者の安全問題についてこれを組合の課題としてとりあげ、原則的にたたかってこなかったことのゆえにもたらされた事故でもある。それゆえにＪＲ北海道労組本部は今回の〝殺人事件〟の共犯者なのだ〉

公開書簡の指摘する〈痛ましい事件〉とは、その年の2月4日午後6時ごろ、函館線の江部《えべ》乙《おつ》駅構内で起こった、除雪作業員と旭川発札幌行きの特急列車との接触事故のことだ。

同日午後5時55分ごろ、同駅構内の一部のポイント（転轍機。列車の進路を切り替える装置）に「不転換」（ポイントが雪や氷で固まり、切り替えができなくなること）が発生。作業員ら3人が除雪のため現場に向かう途中、上り線路内に立ち入ったところ、特急列車にはねられ、除雪作業員（69歳）と列車見張員（63歳）が死亡した。

降雪量が多く、極寒地の北海道に線路網を持つＪＲ北海道では今も、降雪期（12月1日～翌3

月31日）の間、駅構内や線路上のポイントなどを除雪する「冬季パートナー社員」を雇用し、冬の鉄路を守っている。亡くなった作業員はこの「パートナー社員」で、見張員も下請け会社から派遣された、現在でいうところの「非正規労働者」だった。

〈木暮よ、特急列車にひき殺された労働者のあの最後の瞬間の《死の絶叫》が聞こえるかよ、おい。耳にこだまするか、どうだ？　残された家族の無念さと予想される経済的困窮さに思いをはせることをしているのか。「保線作業労働者はうちの組合員ではねえ」というお前の声が聞こえるよ。木暮よ、浅虫よ、戸山よ。鉄道に働く者が組合員か非組合員かでわけへだてをし、（中略）知らん顔しているのは、もはやお前たちは正真正銘の労働貴族よ。ダラ幹そのものよ〉

「本工主義」と高い組合費

当時のJR北海道労組に限らず、大手企業の一部の企業内労働組合の、非組合員や非正規労働者に対する冷淡さや、格差是正に対する関心の薄さに鑑みて、ここでの革マル派の主張は、けだし正論と言わざるを得ない。が、〈田沢〉氏はさらにJR北海道労組批判をこう続けるのだ。

〈諸君たちは企業別組合主義に陥没しているだけではない。反労働者的な本工主義にも転落しているのだ。君たちは民間中小企業の保線労働者たちの困難で劣悪な労働条件を無視しつづけているだけではなく、（JR北海道から）各業種の民間企業に出向で出された労働者たちの労働諸条件にも目をつむっている。ある出向労働者はわれわれに涙ながらに訴えてきたよ。「私たちは毎月高い組合費を払っているが、組合がやってくれることは年に一回ばかり、組合の機関紙をくれるだけなのです」と。「私たちの低賃金、長時間労働問題については組合はまったく関心がないのです」と。

木暮よ、浅虫よ、戸山よ！　雪がとけたらまたゴルフ三昧かよ。現場労働者の《血のうめき》が聞こえぬか？〉

本工主義とは、正規雇用労働者の待遇や労働条件のみを重視し、臨時雇用や社外雇用労働者のそれを蔑ろにする考え方だ。

ちなみに、JR北海道関係者によると、現在のJR北海道労組組合費の計算式は〈基本給×2％（上限6200円）＋1000円〉で、12カ月分が徴収される。例えば基本給30万円の組合員のケースを例にとると、毎月7000円の組合費が給料から天引きされ、1年で8万4000円の組合費を納める計算になる。

第1章でも触れたが、JR東労組組合員の組合費は、基本給30万円の場合だと月額7700円（上限なし）、同様のケースで、JR西日本の最大労組「西日本旅客鉄道労働組合」（JR西労組）では月額6500円（上限7000円）、JR東海の「東海旅客鉄道労働組合」（JR東海ユニオン）では月額5600円（上限6000円）だ。

これら本州のJR3社とは対照的に、国鉄分割・民営化当初から多くの不採算路線を抱え、16年には全路線の約半分に当たる10路線13区間、計約1237キロを「当社単独では維持することが困難な線区」と表明。さらに19年度からは、国から約200億円（20年度までの2年間で約400億円）の財政支援を受けるという、深刻な経営危機に陥っているJR北海道の最大労組の組合費にしては、前述の「公開書簡」が指摘している通り、確かに「高い」と言わざるを得ない。

〈木暮〉氏1人に集中する批判

「公開書簡」に戻ろう。

〈現場労働者はお前たちの（JR北海道）当局との癒着ぶりについてこぶしを握りしめながら、身を震わせて語っていたよ。「うちの幹部たちは当局との酒飲みの場で表でやる団交のすすめ方をすべてきめてしまうのです。組合役員を下りた人から聞いたばかりなのです」と。（中略）なんで、諸君たちは『職場からの挑戦』などをエリを正して、声を出して読まないのか〉

革マル派にまで批判されるJR北海道労使の〈癒着ぶり〉については、稿を改めるとして、『職場からの挑戦』は、かつてJR東労組が刊行した松崎氏の著書だ。JR革マルとの対立の最中でも、その著書を推奨するところに改めて、革マル派にとって、松崎氏がいかに特別な存在であったかが分かる。

これまでに登場した〈木暮〉や〈浅虫〉や〈戸山〉は、その文脈から判断して、いずれもJR北海道労組関係者のセクトネームと思われるが、公開書簡も後半にさしかかると、〈田沢〉氏はその批判を〈木暮〉氏1人に集中させる。

〈ハグレ烏《がらす》になった木暮よ。（中略）君の恩師・同志海道錨の怒りをかって、怒りにみちた弾劾をあびた事実を想起せよ。（中略）おいハグレ烏になった木暮よ。反スターリン主義運動の大道から、どこまではぐれていけば目がさめるのか。

「革マル派は〝解党〟をつきつけられる」などというような、ハグレ烏みたいな余計なことをいうべきではない。お前に今問われていることは（中略）すなわち、反労働者的な企業別組合主義、本工主義、他産別労働者を蔑視するという井の中のカワズ的な産別主義という思想的なガンをこそ摘出することこそがお前に問われているのではないか。

「私はナグモや大方、黒潮のテープレコーダーにすぎません」などと臆面もなく、おのれの没主体ぶりを木暮よ、君が語っていたのは一九九四年の春だったな。その時は、お前は少しは自嘲気味に語っていた。ところが今のお前は反党陰謀分子に転落している大方、黒潮、飛田らのいいなりになって、できの悪い蓄音機みたいな役割をはたしているではないか〉【傍点部は筆者、以下同】

前章で詳述した通り、「ナグモ（南雲）」は、革マル派党中央に拉致されたJR革マルナンバー2の坂入氏のセクトネームだ。そして「大方」はユニバーシティの校長F氏、「黒潮」はユニバーシティの先生T氏、「飛田」はJR東労組新潟地本出身のJR総連幹部M氏のそれである。

また〈一九九四年の春〉といえば、92年の「3・1提起」をめぐる、JR革マルと党中央との「第一次対立」がまさに激化していた頃である。当時は〈木暮〉氏も、坂入氏やF氏、T氏らJR革マルの中心メンバーとともに、「反党行為」に及び、革マル派党中央からの厳しい追及に遭っていたのだろう。

そして田沢氏は公開書簡を次のように締めくくる。

〈木暮よ。組合員たちの《アタマ》を破壊しているだけでなく、お前の《アタマ》も確実に破壊されてきていることに気づくべきなのだ。もはや手遅れかもしれないが、しかしわれわれは呼びかける。OUR誌二〇〇一年二月号のあの駄文はなんだ。「人と人とが戦争をやる」のだと。たわけたことをいうな。なんで階級国家間の戦争とか、支配階級と被支配階級の絶対的対立矛盾について口にすることをさけるのか。否、もはやマルクス主義も社会科学とも無縁な存在に変質しさったのか。（後略）〉

佐々木氏による「革マル派批判」

実は革マル派は、JR関係者がこの公開書簡を読めば、〈木暮〉が、佐々木氏のセクトネームであることが容易に分かるように書いている。

というのも、佐々木氏は「官公通信社」発行の情報誌「公益企業レポート」（01年1月25日付）のインタビューで、「坂入拉致事件」（前章参照）をめぐる、JR総連と革マル派との対立に触れ、公開書簡が指摘しているとおり、「（革マル派は）良識ある人々から早晩、『解党』を突きつけられるのではないでしょうか」などと述べていた。

また「OUR」はJR北海道労組の機関誌だが、公開書簡の指摘する〈二〇〇一年二月号〉

には「心の瞳で読むコラム」と題し、革マル派が〈駄文〉と呼ぶところの、佐々木氏の随筆が掲載されているのだ。

つまり前述の「第二次対立」で、JR総連のO委員長に「脅迫状」を送った「海道錨」氏は佐々木氏の〈恩師〉だったというわけだが、この公開書簡が「解放」に掲載された半年後の01年9月30日、佐々木氏は釧路市内で行われた、前述のJR総連発行の月刊誌「自然と人間」の集会での講演で、革マル派に反論する。私の手元にその講演録があるので、再現しよう。

佐々木氏はまず、その2週間前の9月11日に起こった「米同時多発テロ事件」について、アメリカ政府が早い段階からオサマ・ビンラディンをリーダーとする「アルカイダ」による犯行と断定していたにもかかわらず、「誰がやったかわからないハイジャックテロ」、「デッチ上げの要素もあるのかなという気もします」、「だから今回とて（アメリカは）ビンラディンがやったと言ってるけども、しかし本当だろうか」などと、革マル派やJR総連関係者の十八番である〝陰謀史観〟（第2章参照）をひとしきり披露する。

そして、この後、この時点ではまだ、前述のJR革マルと、革マル派党中央との「第二次対立」が続いていたことから、革マル派批判を次のように展開するのだ。【（ ）内は筆者補足、読みやすくするために改行を加えた】

「次に組合の課題を何点か申し上げたいと思います。皆さん方にも、革マルの介入などに対しまして十分な取り組みを出来ず、相当ご苦労をかけ、申し訳なく思っていまして。しかし、引き続きこの取り組みはやらざるを得ません。（中略）この間、革マルは僕に対しては、機関紙で連続的に批判をしています。（中略）坂入さん（が拉致された事件について）の（埼玉県警への刑事）告発は取り下げましたよね（01年8月9日）。何故かということですが、もちろん坂入さんの身柄を案じて告発をしたんですけども、警察は坂入さんの身柄を全く確保しようとはしないわけですよ。身柄を確保しないでおいて、JR総連組合員に対して無差別に事情聴取と称してばんばん介入するわけですよ。警察はできれば革マルも潰したいし、JR総連も潰したいわけですよ。どっちかというとJR総連のほうが力がある、だからJR総連を狙うわけですよ。

坂入さんが九州一円を回ったらしい。（JR九州労の）組合員宅を『私が悪うございました』と反省して回ったらしいんです。相当な期間です。日本の警察ですよ。坂入さんが九州に出没しているということは普通、分かるわけですよ。分かってもなんの手も打たない。（坂入氏の）身柄を確保しようとはしないわけです。（坂入氏の身柄を確保）しないでおいて、JR総連、東労組の組合員の方々に対して、『あなたは革マルなんですか、違うんですか』と、『この職場に革マルはいませんか』といって来るわけですよ。ふざけるんじゃない。警察権力の本質は知っていましたけど、これはもう警察に訴えると、そのことを理由にしてわが方（JR総連）に攻撃が来る、それならば我々自身の手によって坂入さんの身柄を確保しようというふうになって、告発を取り下げたんです」

JR総連＝革マル派疑惑を払拭したいあまり、革マル派を刑事告訴するという〝奇策〟を弄した結果、自ら国家権力の介入を招いておいて、何をか言わんや――という話だが、佐々木氏はさらに革マル派批判のボルテージを上げる。

「ですからこの際、革マルに対してハッキリした方がいいと思うんです。ＪＲ総連とは無縁ですと。ハッキリ言わないからまとわりつかれるということだと思います。僕なんかは革マルの解党を求めるといいましたら、それが公益企業レポートに写真入りで載っちゃったわけです。だから（革マル派は佐々木氏に対し）このやろうとなっているんです。こんなもの必要ないでしょ。

戦後労働運動がだめになったのは、政党・党派・会派の介入を許したからです。例えば総評は社会党ブロック、同盟は民社党ブロック、あるいは共産党ブロックなど、全部組合はそこの党派の従属物になっちゃった。組合員の利益を守るのではなくて、政党・党派の利益を守ることが労働組合の運動になっちゃったから、組合員は組合離れを起こし、結果において組合は弱体化したわけです。

だから我々は一切の政党・党派の介入は認めない、組合員の手によって、組合員の英知によってこの組合を運営する、ということをハッキリしようということを訴えたいと思うんですよね」

皮肉なことに、この佐々木氏の言は、17年後のＪＲ東労組の「弱体化」、そしてＪＲ東労組組合員の大量脱退によって、その勢力を当時の約7万3000人から、約2万3000人（19年4月現在）までに落としたＪＲ総連の未来を予測していたかのようだが、佐々木氏の革マル派批判はさらに続く。

「（革マル派は）『ＪＲ総連運動は破産した』、『ＪＲ総連は階級的に転落した』、そのＪＲ総連を

『打倒』するというんですから、『O（当時のJR総連委員長、講演では実名）は奈落の底に堕ちろ』、『溺れる豚は死ね』、『それを説得できない佐々木、お前も同罪だ』というんです。だから、ふざけるな（と言うべきだ）。革マルは『JR総連運動とは無縁』ですと、僕はもっとハッキリ言えと総連に言ってるんです。こんなものは前衛党とは認めないとハッキリすればいいと思っていた矢先に、札幌（地本大会）で変な発言がありまして、頭にきてるんです。今、ご本人は何を考えているんでしょうかね。

（中略）公用車を買って、ボディーガードをつけて、これは労働運動ではないというわけですよ。僕に対する批判ならば私の不徳の致すところと甘んじて受けますけど、しかし、わが若き（JR北海道労組）青年部諸君が本部大会、地方大会で（佐々木氏の）防衛をするというんで、自分たちが大会会場に入れなくても、頑張っていたじゃないですか。こういう防衛という任務は労働組合には無縁だというんです。ましてや（ボディー）ガードなんていうのは許されないということですよ。

いいですよ、純粋になにもないなか労働運動が出来るなら、真空の中で労働運動が出来るのなら。JR総連運動は（ナショナルセンター）連合内で案外突出していますから、平和は言うし闘うし、これは弾圧の対象なわけですよ。支配する側からの攻撃ばかりではありませんよ。だから、我々は組合員の利益を守る前提としては、組織を守りながら労働運動をし、組合員の利益を守るということをしなければならない。これは当然の理です。自明の理なんです。（佐々木氏の）防衛はすべきでないという発言があったものですから、さぁ大変、ということで、札幌地本で議論していますけど、それと同じことが北海道の鉄産労（鉄道産業労働組合）の『運動方針』に載ったんです。鉄産労の大会が終わりましたよね。委員長の専用車の購入や委員長にボディーガードを配置することなど労働運動では考えられないことである。こうした事態に対して批判の声が広がり、従わない組合員もでてきている。札幌地本大会の事態を言ってるんじゃないですか」【傍点部は筆者】

ＪＲ北海道労組の「青年部諸君」が、佐々木氏の「防衛」にあたったとされるくだりは、文革時代の中国の「紅衛兵」を彷彿とさせるが、佐々木氏自らが講演で明らかにした通り、彼はこの革マル派との「第二次対立」の間に、委員長専用の「公用車を買って、ボディーガードをつけて」いたというのだ。彼が師と仰ぐ、松崎氏の晩年を見習ったわけでもないのだろうが、佐々木氏が、専用車やボディーガードが必要だとする理屈もまた、松崎氏がかつて側近らに語っていたそれとよく似ている。

また佐々木氏の言う「支配する側からの攻撃ばかりではありません」というのは、革マル派からの攻撃を指しているのか、あるいは革マル派と敵対する「革命的共産主義者同盟全国委員会」（中核派）や、「革命的労働者協会」（革労協）など他セクトによるそれを意味しているのか、定かではないが、彼の話からは〝我こそが「組織」（ＪＲ北海道労組）である〟との自負が伝わってくる。

JR北海道経営陣との親密ぶり

そして佐々木氏はこの「防衛」のくだりで、当時のJR北海道経営陣との親密ぶりをこう明かすのだ。

「社長が心配してくれまして、『佐々木君大丈夫か、なんならうちの社員を配置するかい』なんて言ってくれています。社長もハッキリ言いますよ。『佐々木君は、昔は革マルの大幹部という風評があったけど、道警に聞いたら違うらしい。革マルに狙われているほうなんだ』なんて言ってますよ」

故・坂本眞一氏（JR北海道元社長）
写真：時事

この佐々木氏の言が事実だとすれば、「革マルに狙われている」彼を「心配」していたとされる当時の社長は、坂本眞一氏（故人）である。

坂本氏は東京都出身。北海道大学工学部土木工学科を卒業後、64年に国鉄に入社。東京第三工事局次長、大阪鉄道管理局施設部長などを経て、東北新幹線の建設も手掛けた、国鉄内部で言うところの「土木屋」

だった。

その後、総裁室調査役や経営計画室計画主幹などを経て、87年の分割・民営化で、JR北海道に移行。JR北海道では、取締役鉄道事業本部営業部長、常務取締役開発本部長、専務取締役総合企画本部長などを歴任し、96年、大森義弘・初代社長（故人）の跡を受け、同社の第2代社長に就任した。

ちなみにJR東日本の松田昌士《まつだまさたけ》・元会長とは、北大の先輩・後輩の間柄で、坂本氏が社長に就任した際、松田氏は我がことのように喜んだという。

役員時代から、北海道新幹線（16年度末、新青森駅―新函館北斗駅間が開業。30年度末に新函館北斗駅―札幌駅間が開業予定）の誘致に精力的に取り組んでいた坂本氏は、社長就任後も誘致活動を自ら牽引。北海道財界で「ミスター新幹線」と呼ばれたという。また不採算路線によって生じる恒常的な赤字をカバーするため、鉄道以外の事業の多角化や大規模開発にも力を入れ、現在、札幌のランドマークとなっている大型複合商業施設「JRタワー」をはじめとする「札幌駅南口開発」でも陣頭指揮を執った。

そして03年、JRタワーの開業を花道に社長を退任し、同年から代表取締役会長に就任。その後も取締役相談役などに就いた。取締役会長時代の06年には、大森氏の跡を継ぎ、「北海道経済同友会」の代表幹事に就任。また相談役時代の08年には、「北海道観光振興機構」の会長に就き、道内観光PRの旗振り役を務めた。国鉄官僚らしからぬ気さくさと、ざっくばらんな人柄で、各界の著名人に知己も多く、「道内経済界のリーダーの一人」（「財界さっぽろ」14年3月号）といわれた。

しかしその坂本氏は14年1月15日、ＪＲ北海道で事故や不祥事が相次いでいた最中に、北海道余市郡余市町の「余市港」１００メートルの沖合で、遺体で見つかる。遺書や書き置きなどはなかったが、前後の状況から自殺とみられた。

彼の自殺については、後章に譲るとして、生前、「道内経済界のリーダーの一人」と称された坂本氏は、その一方で、複数のＪＲ北海道社員、幹部、ＯＢら関係者から「ＪＲ北海道労使の癒着関係をつくった一人」と指摘され、後に佐々木氏とともに「四人組」の一人に数えられることになる。

この「四人組」についても、後の章で詳しく述べるが、坂本氏ら01年当時のＪＲ北海道経営陣の覚えもめでたかった佐々木氏は、その後も8年にわたってＪＲ北海道労組トップに君臨し、組合だけでなく、会社に対する影響力を強めていったのである。

相次ぐ事故と不祥事

話を、18年1月に釧路港で、遺体で見つかったＪＲ北海道労組組合員、沢村明彦氏のことに戻そう。

沢村氏が入社以来、組合活動に熱心に取り組み、釧路地本の青年部長に就いていたことは前述した。その後、彼は、ＪＲ北海道労組中央本部青年部ナンバー2の事務長に就任するのだが、

図表8-2　JR北海道の主な事故や不祥事

2011年	5月	石勝線トンネルでの特急脱線・炎上事故
	9月	中島尚俊・元社長が自殺
2013年	4〜7月	特急列車のエンジンから出火、同様の事例が相次ぐ
	9〜11月	大沼駅構内で貨物列車が脱線。 レール幅の異常放置やデータ改竄が発覚
2014年	1月	坂本眞一・元社長が自殺
	4月	経営トップが交代、島田修氏が社長に

出所:「週刊東洋経済」2018年6月23日号

沢村氏に目を付け、青年部事務長のポストに据えたのは、当時の中央執行委員長で、彼と同じ釧路地本出身の佐々木氏だったという。生前の沢村氏と親しかったJR北海道労組組合員は、こう語る。

「佐々木氏が、沢村さんを本部に引き上げたのは、沢村さんが、組合（JR北海道労組）の次世代を担う優秀な活動家だったことはもちろんですが、JR北海道で唯一、『北労組』が強い札幌から、彼らの勢力を一掃すべく、（JR北海道労組）札幌地本のテコ入れを図ることが目的でした」

北労組とは03年に、JR連合傘下の北海道鉄産労と、国労の一部が統一して結成した少数組合「JR北海道労働組合」（JR北労組、460人）のことだ。前出のJR北海道労組組合員が続ける。

「その佐々木氏の意向を受け、彼は釧路運輸車両所から、札幌運転所に送り込まれたのですが、事務長時代の沢村さんは、それこそ寝食を忘れるほど、組合活動に没頭していました。しかし、それがたたったのか、事務長を降りた後、体を壊し、職場の分会（JR北海道労組札幌地本札幌運転所分会）の書記長をしていたのです」

一方、JR北海道では、11年5月27日、石勝線を走行中の釧路発札幌行き特急「スーパーおおぞら14号」が脱線。トンネル内で停止したところ炎上し、乗客、乗員79人が負傷するという大事故が発生した。そして、この「石勝線特急脱線・炎上事故」を機に、同社が国鉄分割・民営化以降抱えてきた宿痾《しゅくあ》が噴き出すかのように、事故や不祥事が相次いだのだ（図表8－2）。

翌12年2月には函館線で、3月には留萌線で普通列車が脱線。さらに翌13年の4月から7月にかけては「北斗20号」（函館線）、「スーパーカムイ6号」（同）、「スーパーおおぞら3号」（石勝線）などの特急列車で、出火事故が頻発した。

また9月7日には、札幌運転所の運転士（当時32歳）が列車を動かす際、自動列車停止装置（ATS）の設定を確認しなかったことから非常ブレーキを誤作動させ、そのミスを隠すためにATSをハンマーで破壊する――という不祥事が発生した。

JR北海道は運転士に対し、「出勤停止15日間」という極めて軽い処分で済ませたのだが、これが世論の猛批判を浴び、事件から約4カ月後にようやく刑事告訴した。運転士は器物損壊の容疑で逮捕された後、同罪で略式起訴され、罰金刑を受けた。

「組合の垣根を取り払って話し合いをすべき」

そして9月19日には函館線大沼駅構内で貨物列車が脱線。この事故によって、JR北海道がレールの異常（幅の広がり）を把握しながら、1年近く放置していたことが判明した。

その後、道内全域の約270カ所で同様のレール異常が放置されていたことも分かり、国交省は特別保安監査に乗り出したのだ。前出のJR北海道労組組合員が再び語る。

「あの時はさすがに、僕たちみたいな平社員でも『このままいったら、この会社、潰れるんじゃないか』と思いました。それは組合の人たちも同じだったようで、（13年）10月に（JR）北労組から、4労組（JR北海道労組、JR北労組、国労、建交労道本部）と会社との『労使合同会議』を行いたいとの提案があったんですが、組合（JR北海道労組）は、それを拒否したんです。

これに対し、組合の中で唯一、沢村さんだけが、『今はまさに会社存亡の危機じゃないか。こういう時こそ組合の垣根を取り払って話し合いをすべきだ』と主張したんですが、この発言が（JR北海道労組）内部で『組合の方針に背く、組織破壊行為だ』と問題視され、彼は分会の書記長から降ろされました。そして、この発言をきっかけに、組合による沢村さんの〝粛清〟が始まったのです」

この沢村氏の発言から約1カ月後の11月、JR北海道が監査妨害を目的に、「レール検査データの改竄」を長年にわたって行っていたという、JR史上、他に例を見ない不祥事が、NHKのスクープによって発覚した。国交省の特別保安監査は3度に及び、JR北海道は国鉄分割・

民営化以来、最大の危機に瀕していた。

そんな状況下での、沢村氏の「組合の垣根を取り払って話し合いをすべき」との発言は、一般的な社会常識に照らし、至極真っ当と言わざるを得ない。ところが、JR北海道労組は彼の発言を「組合の方針に背く」、「組織破壊行為」と見なしたのだ。

なぜなら、JR北海道労組は20年近く前から、他労組との「平和共存否定」の方針を掲げ、自らの組合員に対し、他労組の組合員との交流の一切を禁じているからである。

JR北海道労組の組合員は、他組合の同僚には仕事を教えないだけではなく、雑談や挨拶さえ禁じられているといい、社員の「親睦会」は、JR北海道労組組合員のボイコットによって、次々と解散に追い込まれたという。さらに組合が違えば、結婚式に呼んでもいけなければ、出席してもいけないことになっており、それを守らなかった、北海道労組の組合員を、組合役員らが追及。さらには結婚式そのものを妨害する、という事案もたびたび起こっていた。

「結婚式」を妨害する方法

では、JR北海道労組は実際、どのようにして他人様《ひとさま》の結婚式を妨害するのか――。今から12年前の07年1月、この「結婚式問題」を取材をしていた私の取材に応じてくれた、JR北海道関係者の一人に、JR北労組の組合員（当時33歳）がいた。

ただし現在、45歳となった彼は、JR北海道社内でも然るべきポジションに就き、家庭も持っている。また後述するJR北海道労使癒着の現状や、これから述べる、JR北海道労組という組織の偏狭で粘着質な性格など、諸事情を考慮し、ここでは「加藤勝」と仮名にさせていただく。

加藤氏は高校卒業後、93年にJR北海道に入社し、札幌運転所に配属された。入社当時はJR北海道労組に加入していたが、後に同組合を脱退し、北海道鉄産労に加入したという。そして03年のJR北労組の結成に伴い、JR北労組の組合員となり、取材当時は上部団体であるJR連合の「青年・女性委員会」の幹事を務めていた。当時の職場（札幌運転所）の状況について、加藤氏はこう語っていた。

「札幌運転所は65年に開所された車両基地で、事務全般を取り仕切る『総務企画課』、運転士が所属する『運転科』、そして列車の保守・点検を行う『検修科』で、約350人の社員が働いています（07年当時）。札幌運転所は開所当時から国労の勢力が強かったのですが、分割・民営化前後から国労からの脱退や、動労への加入が進み、（07年）現在では『北鉄労』が『第一組合』となりました。私が働いている職場も、以前は国労の組合員が中心の職場でしたが、今では北鉄労組合員のほうが多くなりました」

「北鉄労」とは前述の通り、JR北海道労組の結成当初の略称だ。JR北労組やJR連合関係者は、03年に結成された自らの組合「JR北海道労働組合」と区別する意味もあって、今でもJR北海道労組を結成当初の略称で呼ぶ。加藤氏が続ける。

「私が入社した（93年）当時は、JR北海道が、高卒新規採用者を本格的に採用したばかりで、会社から職場に対し『国鉄時代のような（厳しい）指導ではなく、（新入社員を）やめさせない、やめないように指導せよ』というお達しがあったようで、先輩からの厳しい指導はありませんでした。といっても、私の2期上の先輩社員は11歳年上と、（年齢が）かなり離れていたことから、職場以外でのお付き合いはあまりなかったんです」

ＪＲ北海道では分割・民営化前後に採用を抑えていた関係から、07年時点の30代後半から40代前半、事故や不祥事が頻発した13年当時で40代の世代、つまりベテランと若手をつなぐ、働き盛りの中堅社員だけが、極端に少ないという年齢構成になっていた。

13年当時で、約７０００人だったＪＲ北海道社員のうち20代が27％、30代が23％、50代が38％だったのに対し、40代は10％で、この歪な年齢構成が、技術の継承や、人材育成に影響を及ぼし、多発する事故や不祥事の一因になったともいわれた。

特に前述の「レール異常放置問題」で注目された、「保線」（線路の保守、点検）部門ではその傾向が強く、この問題が発覚するきっかけとなった函館線大沼駅構内での貨物列車脱線事故（13年9月）で、事故現場の保線を担当していた、函館保線所大沼保線管理室では、社員19人のうち1人を除き、50代以上か、20代以下という人員配置となっており、人材育成が進んでいないと指摘された。

加藤氏の話に戻ろう。

「入社と同時に北鉄労に加入しました。ＪＲ北海道ではそれが当たり前でしたし、何の疑問も持ちませんでした。しかし、職場で先輩方の指導を受けているうちに、彼らの多くが所属していた北海道鉄産労のほうに魅力を感じ、北鉄労を脱退し、鉄産労に加入したんです。

ただ、組合を移ったからといって特にトラブルになることもなく、数年は平穏に過ごしていました。その間にも毎年、新規採用の若者が職場に配属され、私にも多くの後輩ができました。もちろん彼らも入社と同時に北鉄労に加入していましたが、北鉄労（組合員）の後輩たちとも仲良く仕事し、仕事の後は飲みに行くなど、楽しく過ごしていたんです。

しかし00年ごろから、後輩たちが、組合（北鉄労）の役員から『あいつ（他労組の組合員）と一緒に酒を飲むな』、『あいつに挨拶するな』などと、しつこく言い寄られているという話を、彼らから直接、耳にするようになったのです」

そして加藤氏は自らが体験した「結婚式問題」についてこう証言してくれた。

「00年の秋のことでした。北鉄労の組合員だったAさんと個人的に飲む機会があり、その場で彼から来年結婚する予定だと打ち明けられ、『その（結婚）祝賀会の発起人の一人になって欲しい』と頼まれたのです。

Aさんからの申し出は嬉しかったのですが、そのころにはすでに、北労組は半ば公然と『平和共存否定』路線を掲げていたため、『Aさんの気持ちは嬉しいが、僕が発起人になって大丈夫なの？（JR北海道労組からの圧力で）大変なことになるかもしれないよ』と言ったんです。しかし、彼から『大丈夫です。お願いします』と再度依頼されたため、発起人を引き受けることにしたのです。

01年に入り、（加藤氏を含め、A氏の複数の同僚で構成された）『発起人会』のメンバーが、結婚祝賀会での余興の取りまとめや、二次会会場の設定などの段取りに追われていた頃の話です。

勤務時間中の昼休みや勤務時間終了後に、北鉄労の青年部の役員数人が度々、職場にいたAさんのもとを訪れ、彼を問い質している様子を目にするようになりました。その様子を見て私はすぐに、Aさんの結婚祝賀会の発起人に私が入っていることについて、彼らが抗議していることが分かりました。

その光景は異様で、（JR北海道労組青年部役員によるA氏に対する詰問は）一日に何度も繰り返され、時には終電まで続くこともありました。そして挙式が近づくにつれ、北鉄労による、Aさんに対する追及は激しさを増し、（札幌運転所に勤務するJR北海道労組組合員全員が参加する）『職場集会』にまで発展したのです」

なにやら第4章で詳述したJR東労組による「浦和電車区組合脱退・退職強要事件」を彷彿とさせるような話だ。加藤氏が続ける。

「職場集会で（JR北海道労組）青年部の役員たちは『他労組（の組合員）と酒を飲まないことは組合の方針だろう』、『（A氏の）結婚祝賀会は組合（JR北海道労組）が執り行う』、『組織（JR北海道労組）の裏切り者で、JR連合の青年・女性委員会の役員の加藤を発起人にすることは何事だ！』などと、Aさんに詰め寄っていました。Aさんも彼らに対し、『あなた達とは考え方が違う。結婚に組合は関係ありません』と反論していましたが、彼が日に日に消耗していくのが分かりました。

そのうちに、Aさんを詰問していたメンバーが、青年部の役員から親組合（JR北海道労組札幌地本札幌運転所分会）の役員に代わり、（親組合の役員らは）『組合（JR北海道労組）の言うことを聞かないと、大卒のお前（A氏）は大変だぞ、飛ばされるぞ、（JR北海道で）出世できないぞ』、『加藤が（結婚祝賀会に）出るなら我が組合員は全員欠席だ』などとAさんを恫喝していましたが、それでも彼は自分の考えを変えませんでした。

しかし、（結婚祝賀会の会場となった）ホテルに、最終的な出席者を連絡する期限を翌日に控えた日、私が日勤で、準備体操をしていたところ、北鉄労の（札幌運転所）分会の役員に、『加藤、話があるから昼休みに時間を作ってくれ』と言われたのです。

昼休みに、待ち合わせの場所に行くと、そこには役員の姿はなく、Aさん一人が待っていました。Aさんが『役員は帰しました。これからお話をしたい』と言うので、会議室に入ったところ。私以外の発起人全員が集まっていました。

そこでAさんから、『加藤さん、せっかく発起人になってもらったのに申し訳ないのですが、結婚祝賀会への出席は見合わせてもらえませんか』と言われました。Aさんによると、その日の時点で、結婚祝賀会の話が、（札幌運転所）分会から札幌地本だけでなく、（JR北海道労組中央）本部まで話が伝わっていて、北鉄労の役員からは『（結婚祝賀会の出席者に加藤氏をいれたまま）強行するなら、組合員全員を欠席させる』、『（A氏の結婚式の）媒酌人になっている（札幌）運転所長の将来はないと思え』と伝えられたとのことでした。

私は果たして、こんな理不尽なことがあっていいものかと思いましたが、『結婚』という幸せな行事を数日後に控えているにもかかわらず、憔悴しきったAさんの姿や、苦渋に満ちた他の発起人の表情を見ていると、『分かりました』と答えるしかありませんでした。

その後、Aさんの結婚式も祝賀会も無事行われ、この出来事が原因で、私とAさんが仲たがいするようなこともなく、今でも親しくしています。しかし、自分たちの主義主張のために、仲間の幸せをぶち壊すような真似をした、当時の北鉄労役員たちの言動には、今でも怒りを覚えます」

「異常な組織」の異常な干渉

改めて言及するまでもないが、結婚式とはそれを挙げる両人にとって、新しい人生の門出であり、それをできるだけ多くの人たちに祝福してもらいたいと思うのは、ごく自然な感情だ。その一方で、極めてプライベートな行事でもある。そのような私的な祝事に、〝組織の論理〟を持ち込み、妨害するといったこのJR北海道労組という組合はやはり、一般的な社会常識に照らし、「異常な組織」と断じざるを得ない。加藤氏がさらに続ける。

「その年（01年）の夏にも、職場の後輩で、北鉄労組合員のB君から結婚祝賀会の発起人になってくれと依頼されたのですが、Aさんのこともあったので断わりました。しかし、B君から『もう組合には、（結婚式は）自分のやりたいようにやらせてもらう、と言いました。だから発起人になって下さい』と再びお願いされたため、引き受けたのです。

B君の時は幸いなことに、Aさんの時のように、北鉄労による露骨な嫌がらせは見受けられず、B君も意思を変えなかったため、私も祝賀会に出席しました。しかし結婚式当日は、彼の職場の上司である（JR北海道労組札幌運転所）分会の役員をはじめ、分会の組合員、青年部の役員は揃って欠席しました。

私自身が結婚した時にも、北鉄労青年部に所属する、平成採（用）の後輩たち数人が、祝賀会への出席を希望してくれていたのですが、北鉄労側の圧力で、（出席は）叶いませんでした。それでも彼らは祝賀会後の二次会に駆け付けてくれ、彼らから直接、『出席できずすみませんでした』と伝えられた時は、胸が詰まりました」

現在、JR北労組の役員を務めている加藤氏によると、JR北海道労組による「結婚式問題」、いや、組織ぐるみの「結婚祝賀会の妨害」は11年ごろまで続いていたそうだが、ここ数年は目立ったトラブルは起きていないという。

しかし、それは「組合（JR北海道労組）の干渉を嫌がる若手社員たちが、（JR北海道労組に邪魔されないように）職場の上司や同僚を一切呼ばず、身内だけで式を挙げたり、海外で挙式しているからで、彼ら（JR北海道労組）の体質や方針が変わったわけではない」（加藤氏）という。

「平和共存否定」路線が招いた事態

この加藤氏のインタビューを行った07年当時、私は主として、JR東日本の労使関係を取材していたのだが、その過程で、JR東日本よりむしろ、JR北海道の労使関係のほうがより歪で、深刻であることを知り、ＪＲ北海道関係者の取材も同時並行で進めていた。

しかし当時は、ＪＲ北海道の労使問題について取り上げてくれる雑誌などの媒体は皆無で、結果的に〝お蔵入り〟させてしまったのだ。

当時のメディア業界にはまだ、第３章で触れた「週刊文春キオスク販売拒否事件」以来の〝ＪＲ革マルタブー〟が残っていたのかもしれない。また年間、約65億人（19年３月現在）が利用する日本最大の鉄道会社、ＪＲ東日本の労使関係をテーマにしたノンフィクションと、１年の利用者数がその２％に過ぎない、ＪＲ北海道の労使関係に焦点を当てたそれとでは、読者の関心に格段の差がある――という媒体側の理屈も理解できた。

だが、当時の在京メディア関係者の鈍い反応の根底には、北海道という「一地方」が抱える問題を軽視する意識があったのではないか――と、地方紙出身の私は、今でもそう思っている。

そのお蔵入りしていた取材が、日の目を見たのは、前述の「石勝線特急脱線・炎上事故」から約４カ月後の11年９月12日、当時のＪＲ北海道のトップ、中島尚俊社長が失踪し、６日後に遺体が小樽市の海岸沖で見つかって以降の話だった。

つまりＪＲ北海道では、前述の坂本・元社長と合わせ、わずか３年足らずの間に、社長経験者が２人も自殺しているわけだが、この国鉄・ＪＲ史上、例のない事態を受けてようやく、在京のメディアも同社の異常さに注目した。

そして、頻発する事故や不祥事の背景の一つに、このＪＲ北海道労組が掲げる他労組との「平和共存否定」路線が、社員同士のコミュニケーションを阻害し、技術の継承を妨げていることを指摘する新聞やテレビも、あらわれ始めた。

私も当時、それらのメディアの取材に協力し、自らも何本か原稿を書いた。が、07年の時点で、然るべき媒体で警鐘を鳴らしておけば、この会社の異常な労組、歪な労使関係の〝犠牲者〟はもっと少なくて済んだのではないか……という忸怩たる思いを正直、今日に至るまで抱えている。

よって今も、自省を込めて本稿を進めているのだが、この他労組との「平和共存否定」という排他的で、攻撃的な考え方を組合の方針として掲げたのは、ほかでもない。「JR北海道労組の首領」といわれた佐々木信正氏である。

組合の方針として結婚式に「介入します」

前述の01年9月30日、釧路市内で行われた「自然と人間」の集会での講演の中で、佐々木氏は「平和共存否定」について次のように語っていた。少々長くなるが、彼のセクト主義的な考え方がよく分かるので、講演録から再掲しよう。

「私たちは『鉄産労・国労』解体という方針を掲げて14年になりました。しかし、あまり進んでいません。ひとつの限界、デッドロックに乗り上げつつあります。なぜか？　平和共存です。平和共存なんていう格好いいものではない。他の組合に所属する組合員への迎合ということが職場に相当蔓延しているということを察知しました。そして平和共存のその中心的な担い手は、

図表8-3　JR北海道労組が圧倒的存在 ―― JR北海道の労働組合

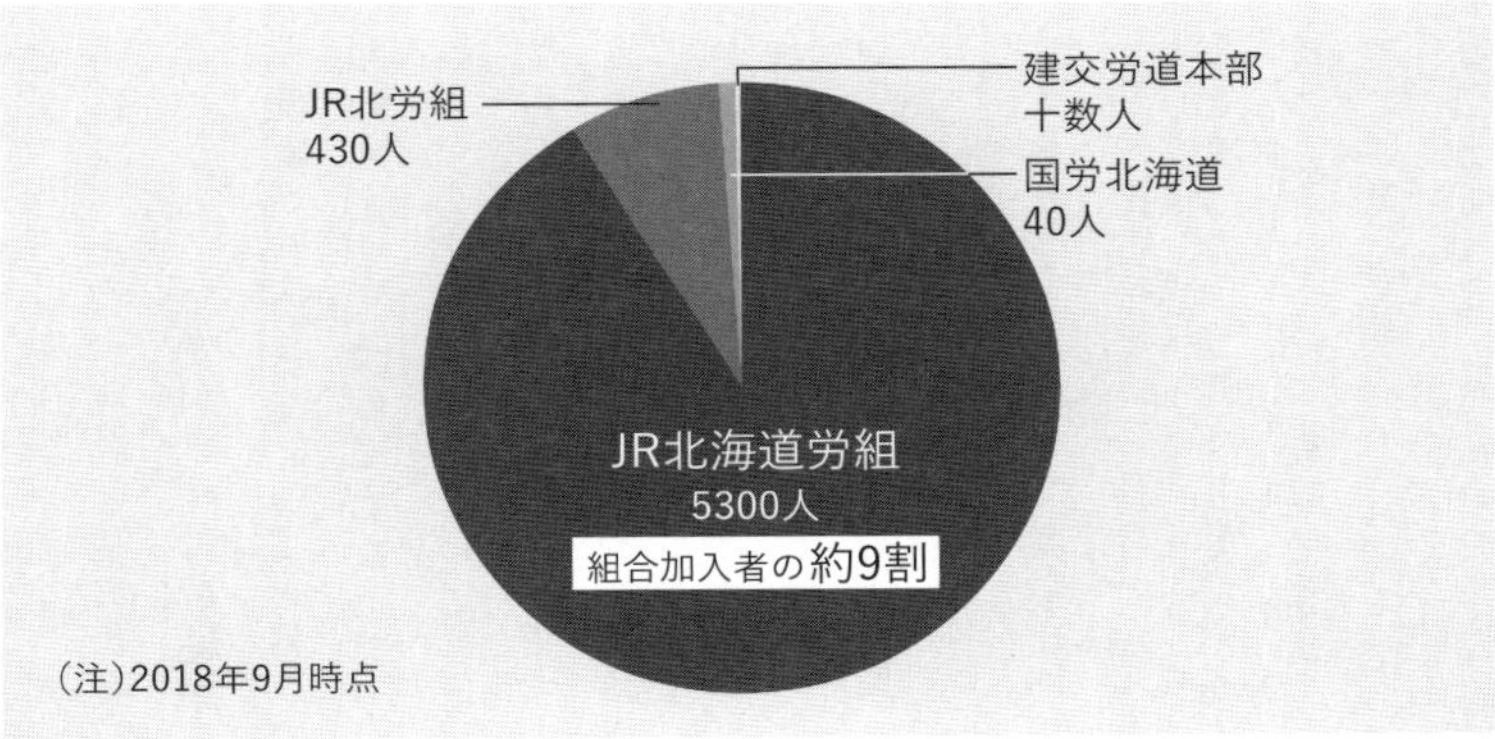

出所:「週刊東洋経済」2018年6月23日号を基に作成

なんのことはない役員であったということですね。本部の指導の問題として厳しく戒めていかなければならないと思います」

この講演が行われた01年当時はまだ、北海道鉄産労と国労はそれぞれ存在しており、前述の通り、鉄産労と国労の一部が統一し、JR北労組を結成したのは03年10月のことだった。結成当初のJR北労組の組合員数は約1300人で、JR北海道社員の16%に過ぎなかったが、JR北労組が結成されて以降、JR北海道労組の「平和共存否定」路線はより激しいものになったという(図表8-3)。

そして佐々木氏は、前述の「結婚式問題」についてもこう語っているのだ。

「最近、結婚式問題というものがありまして、あちこちで若き仲間が結婚する。この結婚式の時、鉄産労とか国労の諸君を無意識に呼んでしまう。あちこちで起きている。これを止めましょうと言わしてもらっているんです。本当に他組合の解体の闘いをして、その組合員との論争を挑んでいれば、その組合員を結婚式に呼ぶとは絶対ならないわけです。新郎の彼らは論争を挑んでいないから、だから鉄産労を結婚式に呼ぶわけです。

鉄産労を結婚に呼ぶということは、鉄産労・国労解体の闘いを放棄している自分だということの紋章なんです。そのことがあまり分かっていない。平成採（用）の方々はそのような方針があることすら知らない。だけど、僕は思いますけどそんな連中（鉄産労・国労）の薄っぺらな祝福を受けてまで結婚式挙げたいですか？　職場の我が組合員に手作りで結婚式をつくってもらって、そしてみんなで祝福すればいいじゃない。そこまで組合は介入するな、と言われるから私は『介入します』と言っています。組合員には権利もあるけど義務もあるんです」【傍点部は筆者、以下同】

労労対立の激しかった国鉄時代ならいざ知らず、JR発足以降にJR北海道に入社した「平成採（用）」の社員らからすれば、まさに「大きなお世話」という話だ。が、他人様のプライベートに「介入します」と言って憚らない同社最大労組のトップは、前述の加藤氏が発起人の一人になった結婚祝賀会を「一番ひどかった例」として挙げ、こう語ったのだ。

「一番ひどかった例では、北海道鉄産労の役員が、中央のJR連合の役員をやっている方が発起人をやったわけです。札幌ですよ。JR連合の青年委員長（正確には当時の加藤氏は「青年・女性委員会」の幹事）ですよ。一般の招待客として呼ぶんじゃないんですよ。発起人をやってもらうということですよ。代表みたいなものですよ。（加藤氏を結婚祝賀会の発起人にした前述のA氏に）

『止めてください』と言ったら『呼んでもいいでしょ』と言われた。私は『良くないでしょ』と言ったんです。で、まぁ、職場で色々な議論をしまして、それはまずいとなって、発起人（から加藤氏を）降ろさせましたけど。（中略）組合の方針として、そのように他組合の人を呼んで結婚式をやるのはまずいよな、ということをちゃんと確認しなければならない」

どうやら、佐々木氏の言うところの「議論」とは、組織の方針に従わない組合員を、集団で取り囲み、最大労組という立場を笠に着て恫喝することを指すらしい。他人様の結婚式への介入を、「組合の方針」として掲げる偏狭な思考はもはや、我々の理解の範疇を超えているが、JR北海道労組はこの後、佐々木氏の提起したこの「方針」を忠実に実践していくのだ。

経営陣による「組合間差別」

佐々木氏の講演から約8カ月後、02年6月9〜11日に開催されたJR北海道労組の「第17回定期大会」の総括答弁で、当時の鎌田寛司書記長（後に中央執行委員長に就任。19年6月に退任し、現在は顧問）は、次のように語った。【（　）内は筆者補足】

〈JR連合は「JR総連・革マルキャンペーン」を繰り広げ、北海道では（JR連合傘下の）鉄産労が「民主化闘争」と称し、我がJR北海道労組と会社の労政転換をめざしている。だからこそ国労・鉄産労解体なのである。

しかし、前進しない根拠に、「平和共存」があった。これを打破するために、結婚式問題を提起した。あくまでも「平和共存」を打破する拠点を自分の中に、組合員の中に、そして組織全体に確固としてうち立てるために取り組んできた。

なぜ我々の組合を破壊しようとしている国労・鉄産労組合員に（結婚を）祝ってもらわなければならないのか、祝ってあげなければならないのか。それらを組合員と議論し、解体に向けた拠点をつくりつつ、国労・鉄産労解体のたたかいをもう一度、職場からつくりだす必要がある。

以上をＪＲ北海道労組の課題として、取り組みを強化していきたい〉（ＪＲ北海道労組の機関紙「ひびき」02年7月5日付より引用）

だが、実は佐々木氏の提起した「平和共存否定」路線を忠実に実践していたのは、ＪＲ北海道労組だけではない。当時のＪＲ北海道経営陣もまた然り、だったのだ。

07年1月、ＪＲ北労組の田原孝蔵・中央執行副委員長（当時。後に中央執行委員長。現在は退職）は、私の取材に、それまでのＪＲ北海道の労政の変遷についてこう話してくれた。

「ＪＲ北海道の発足（87年）当初、会社は北海道鉄産労との間で『労使共同声明』を締結し、両者は協調関係にありました。その後も数年は、特に会社と（鉄産労が）対立することもなく、労使関係は平穏に推移していたのです。

一方、国労は、ＪＲ北海道の発足当時から『不採用問題』（「１０４７人問題」、第1章参照）を抱えていたことから、会社とは険悪な関係が続き、90年4月からは（会社側は）国労との労働協約の締結も拒み、その後も拒み続けました」

ＪＲ北海道は発足当時から、ＪＲ北海道労組と「労使共同宣言」を締結し、この「宣言」に基づいた労使協調関係は、今日に至るまで続いている。これに対し、北海道鉄産労と締結したのは「労使共同声明」だった。

この似た名称の「宣言」と「声明」は、労使協調を謳っているという点では共通しているものの、それらを締結した会社の「意志」において違いがある。後に証言するＪＲ北海道の幹部ＯＢによると、「『宣言』が会社の決意を示しているのに対し、『声明』はあくまで『関係を築く』という希望的な意味合いに過ぎなかった」という。つまりＪＲ北海道は発足当初から、二つの組合への対応に差をつけていたのだ。

また「労働協約」とは、労働組合と使用者との間で、組合員の賃金や労働時間、休日・休暇などの労働条件や、両者の関係に関する様々な事項について、団体交渉を行った結果、労働組合法に則り、労使間で合意に達した事項を書面にし、労使双方が署名または記名、押印したものをいう。同協約は、使用者と労働者が個別に結ぶ「労働契約」や、使用者の一方的な意思で決定することができる「就業規則」より優先して、使用者と労働者との関係を決める効力が与えられている。田原副委員長の話に戻ろう。

「ところが89年ごろから、助役に登用される社員のほとんどが北鉄労（ＪＲ北海道労組）組合員になり、鉄産労の組合員が（助役に）登用されることが極端に少なくなってきたのです。このため鉄産労は会社に対し、『所属労働組合による不当差別だ』と繰り返し抗議してきましたが、事態はまったく改善されないままでした。

その結果、助役を目指す（鉄産労）組合員の多くが『鉄産労の組合員である限り、助役に登用されない。助役になりたければ、鉄産労を脱退して北鉄労に加入するしかない』と考えるようになり、鉄産労を脱退し、北鉄労に加入する組合員が相次いだのです。

一方で、助役試験に受かり、（助役になる）資格を取得しながらも、助役に登用されないままでいた鉄産労組合員が、鉄産労を脱退し、北鉄労に加入した途端に助役に登用されるというケースも続発しました。

03年の10月に鉄産労と国労の一部が統一して『ＪＲ北海道労働組合』（ＪＲ北労組）が結成されるのですが、ＪＲ北海道発足からＪＲ北労組結成後の04年までの17年間で、助役に登用された鉄産労組合員はわずか2人。資格取得後も助役に登用されないまま退職を余儀なくされた組合員も多く、04年時点で、資格を持ちながら登用されてないＪＲ北労組組合員は10人もいました。彼らが助役に登用されない理由は、『ＪＲ北労組組合員であること』以外に考えられず、会社の人事施策は、明らかに北鉄労に偏った『組合差別』でした」

ＪＲ北海道労組に偏重した歪な労政

その一方で、ＪＲ北海道の最大労組であるＪＲ北海道労組は、98年ごろから「鉄産労・国労の解体、一掃」、「平和共存否定」などの運動方針を掲げ始め、自らの組合員に対し、鉄産労や国労の組合員とは一切、プライベートでの付き合いをしないことはもちろん、職場での挨拶や雑談さえ許さない――という指導をするようになったという。

「この北鉄労の『平和共存否定』運動によって、それまで（所属）組合は違っても仲良くしていた社員の中に、組合間の対立が持ち込まれ、あらゆる職場が殺伐とした雰囲気となり、輸送の現場や駅でのお客様の安全まで危惧される状態に陥りました。このため鉄産労は02年9月の第18回定期大会で『職場の民主化促進』という運動方針を掲げたのです」（前出・田原副委員長）

ところが、この北海道鉄産労の方針に噛みついてきたのは、ＪＲ北海道労組ではなく、会社だったという。田原副委員長が続ける。

「この『職場の民主化促進』という言葉に対し、会社は『これでは一般の人から、ＪＲ北海道が非民主的な会社とみられるではないか』などとクレームをつけてきたのです。さらに『鉄産労は運動方針を変更したのか』、つまり従来の協調路線から対立路線に切り替えたのかと質してきたので、鉄産労としては『まともな職場、まともな会社をつくるためにこの方針を掲げただけで、対立路線に切り替えたわけではない』と説明したのですが、これを機に会社の（鉄産労に対する）態度が一変したのです。

鉄産労結成以来、定期大会には毎年、会社側から社長以下役員らが来賓として出席していましたが、この方針を決めた第18回大会以降、会社側の出席はなくなりました。同様に新年の労使の顔合わせもなくなり、（鉄産労主催の）『新年交礼会』にも（会社側は）欠席。逆に会社主催の行事には、会社側から、『出席を辞退して欲しい』などという申し入れがありました」

そしてＪＲ北海道による、ＪＲ北海道労組に偏重した歪な労政は、前述の03年10月のＪＲ北労組結成を機に、より顕著になっていったという。田原副委員長がさらに続ける。

「JR北労組は結成後すぐに、会社に対し『労働協約』の締結を申し入れました。協約の内容は、従来の、鉄産労と会社が結んでいたものと同じ内容だったにもかかわらず、会社はこれを拒否したのです。

その後、会社側との協議を重ね、同年12月、（労働協約のうち、団体交渉や便宜供与など労使間の関係を規定する）『労使間の取扱いに関する協約』は結んだものの、肝心の（組合員の賃金や労働時間などの労働条件を規定する）『労働条件に関する協約』の締結は拒否されました。またJR北海道発足時に、鉄産労と会社が結んだ『労使共同声明』も（北労組との間では）再締結されなかったのです。

そして会社側は04年2月に起こった『釧路不当配転問題』（これについては次章で詳述）を巡って、北労組がビラなどで会社側の対応を批判したことなどを理由に、再び労働協約の締結を拒否したのです」

一方、JR北海道労組は、JR北労組が結成された直後からビラなどで、JR北労組と会社との関係について、〈労働協約も労使共同宣言も結べず、正常な労使関係そのものが成立していない状態です。到底組合員を守ることなどできない組織が『新労組』の姿です〉などと情宣活動を開始したという。

さらに会社とJR北労組との間に「労使間の取扱いに関する協約」が締結された（03年）12月以降は、機関紙「ひびき」などで、〈賢明な会社は（北労組を）『経営のパートナー』とは認めませんでした。労働協約のもっとも重要な「労働条件に関する協約」も締結されておりません。（中略）労使の唯一のパートナーは私たちJR北海道労組のみとなりました〉などと宣伝。JR北労組組合員に対して、脱退を呼びかける運動を始めたという。

「これらの北鉄労の言動は明らかに、JR北労組に対する会社側の姿勢と連動したもので、彼らの言動自体が、会社の態度が、北鉄労の要求に応えたものであることを証明していました。そしてこの間、会社側は、北鉄労の定期大会に社長が出席し、彼らを繰り返し『（経営の）パートナー』と呼ぶなど、もはやその偏重ぶりを隠そうともしなかったのです」（同前）

小池明夫氏（JR北海道元会長）
写真：時事

ちなみに当時のJR北海道社長は14年まで同社の代表取締役会長に就いていた、小池明夫氏（73歳）だ。

小池氏は69年、東京大学経済学部卒業後、国鉄に入社した。前述の自殺した故中島尚俊・元社長とは出身大学、学部も同じの同期入社だった。84年に札幌鉄道管理局に赴任し、87年の国鉄分割・民営化でJR北海道に移行。総合企画本部長、開発本部長などを歴任し、03年に第3代社長に就任した。07年に会長に就いたが、11年11月、中島社長の自殺を受け、社長に復帰。13年には再び会長に就任した。

だが、この小池氏も、前述の坂本氏と同様に、中島社長の自殺後、複数のJR北海道関係者から、JR北海道の歪な労使関係をつくった「四人組」の一人として、その名前を挙げられることになる。

JR北海道から、「労働協約」の締結を拒否されたJR北労組は04年12月、北海道労働委員会に申し立てを行い、翌05年12月、北海道労働委は会社側の不当労働行為を認定。会社側に対し、労働組合法7条2号に基づく「誠実交渉」と、JR北労組に対する謝罪文を10日間、本社2カ所と各支社に掲出することを命じた。

会社側はこれを不服として06年1月、中央労働委員会に再審査請求を行ったが、07年5月、中労委も会社側の不当労働行為を認定した。しかし、JR北海道がJR北労組と「労働協約」を結んだのは、それからさらに2年後の09年3月末のことだった。

生き残りのための「癒着」

JR北海道経営陣はなぜ、これほどまでにJR北海道労組に偏った労政をとるに至ったのか。

今回、本書を著すにあたって、かつてJR北海道の要職を歴任した幹部OBが、インタビューに応じてくれた。ただし、本人が匿名を強く希望していることから、この幹部ＯＢの年齢はもちろん、国鉄時代やＪＲ移行後の経歴も詳らかにできないことをご了承いただきたい。幹部ＯＢが語る。

「そもそも国鉄分割・民営化前から、都市部の路線や新幹線という〝ドル箱〟を持っていた本州3社（ＪＲ東日本、ＪＲ西日本、ＪＲ東海）と、『三島会社』の中でも、最大規模の不採算路線を抱えていた我が社（ＪＲ北海道）とでは、たとえ『経営安定基金』をもたされたとしても、スタート時点から経営における困難の度合いが違った」

前章でも触れたが、「経営安定基金」とは、分割・民営化当初から、不採算の赤字ローカル線を多く抱え、鉄道事業で利益を出すのが困難とみなされていたＪＲ北海道（図表8－4）、ＪＲ四国、ＪＲ九州の「三島会社」の経営を支えるために、国鉄清算事業団（後の独立行政法人「鉄道建設・運輸施設整備支援機構」）から拠出された総額1兆2781億円にも及ぶ基金だ。

このうち分割・民営化当初の赤字規模に応じて、ＪＲ北海道には総額の半分に相当する6822億円が、ＪＲ四国とＪＲ九州には残りの2082億円、3877億円がそれぞれ交付された。

そして3社は、この経営安定基金の運用益で、鉄道事業の赤字の穴埋めをし、鉄道網を維持することとされた。だが、この基金は政府による事実上の「補助金」であり、国鉄分割・民営化前から、経営難が予想された三島会社に対する国からの「持参金」、「手切れ金」とも揶揄された。

政府は、3社に対する経営支援策として、基金の一部を、国鉄清算事業団に高金利で貸し付け、運用益をあげるなどのスキームを組んだが、分割・民営化当時に7〜8％だった金利は、バブル経済の崩壊や、95年から始まった日本銀行による「低金利政策」などによって、1％を切る「超低金利時代」に突入。それは今日まで続き、3社の運用益は瞬く間に目減りしていった。

現在のJR北海道の経営危機の最大要因は、この「鉄道事業の赤字を経営安定基金の運用益で埋める」というスキームが、低金利の長期化＝運用益の目減りで破綻したことにある（図表8－5）。よって、ことJR北海道においては、30年前の政府による「国鉄分割・民営化」の制度設計に誤りがあったことは明らかなのだが、前出のJR北海道幹部OBはこう語る。

「もっとも、低金利時代が長期化するまでは、鉄道の赤字を基金の運用益で埋めるというスキームは、ある程度成り立ってはいた。しかし、それは単に『赤字を埋める』というだけの話で、そもそも過酷な自然環境と、広大な過疎地を抱える北海道で、『完全な民間の鉄道会社』として経営を成り立たせるという計画自体に無理があった。それは残念ながら、民営化から30年以上経っても、いまだに我が社が（実質的に政府が全株式を保有する）『特殊会社』に留まっていることでも証明されている」

そして、この幹部OBによると、JR北海道は発足当時から、政府から「6822億円という莫大な経営安定化基金に見合った、自助努力を求められていた」という。幹部OBが続ける。

「発足当初から、我が社の最大の経営課題は『効率化による人件費の圧縮』だった。民営化後、

図表8-4　ローカル線は採算が取れない――自社単独では維持できない線区

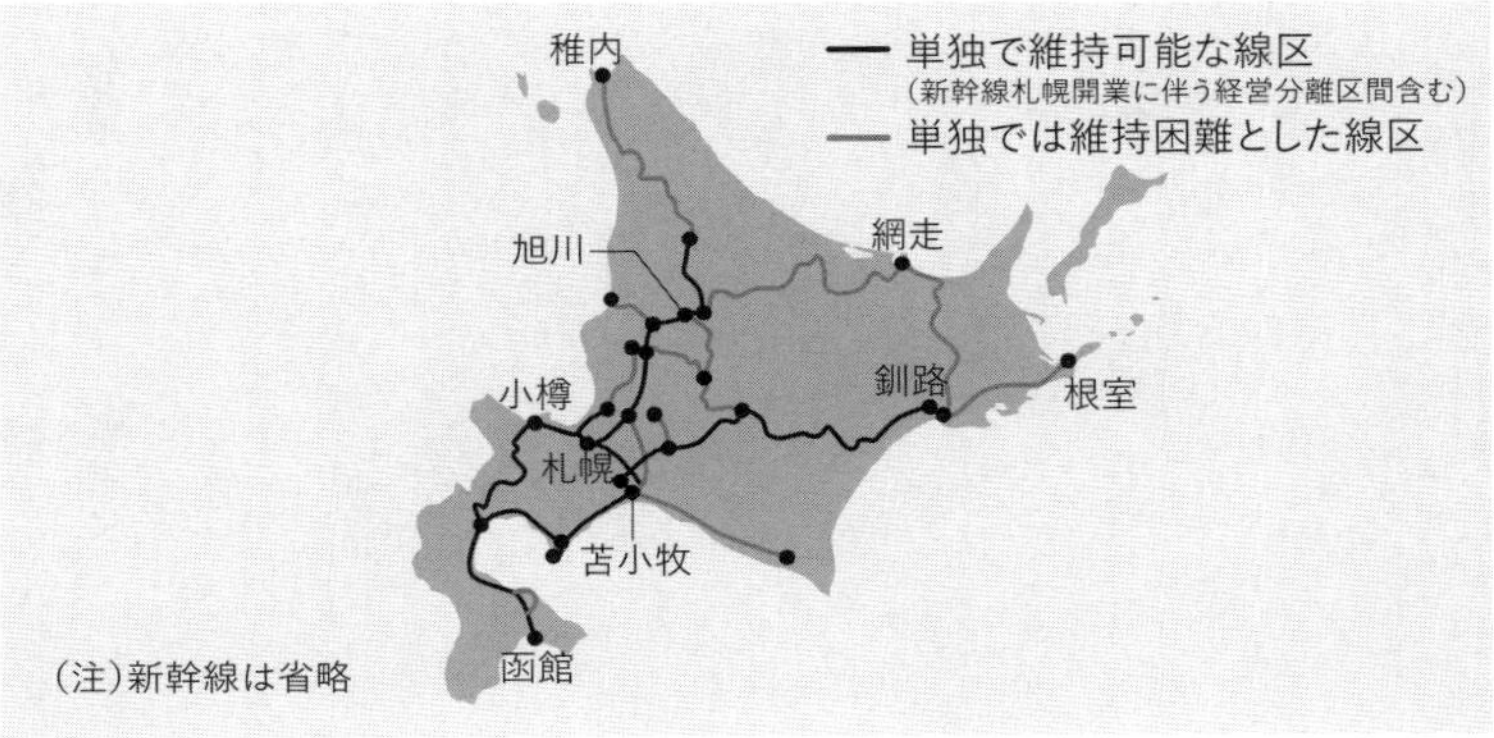

出所：「週刊東洋経済」2018年6月30日号

図表8-5　安定化基金収益があっても純損益はマイナス
――JR北海道の連結業績

	2013年度	2014年度	2015年度	2016年度	2017年度
売上高	1,894	1,742	1,713	1,725	1,737
営業利益	▲ 286	▲ 308	▲ 352	▲ 398	▲ 416
経営安定化基金収益	341	363	349	236	255
純損益	91	107	84	▲ 148	▲ 87

（注）▲はマイナス、単位は億円

出所：「週刊東洋経済」2018年6月23日号

早々に早期退職を促し、最大の不採算路線だった『深名線《しんめいせん》』（かつて深川駅から名寄駅に接続していた路線）を廃止（95年）。駅員などのワンマン化を進め、バス会社を分社化した（99年）。その一方で、検修や入換《いれかえ》（駅や車両基地の構内で車両を移動させる作業）業務の外注化や、保線の業務委託も進めた。

そして、これらの効率化を進めるためには、『一組』（『第一組合』の意味。JR北海道労組を指す）の協力が必要不可欠だった。

一方、一組は結成当初から『一企業一組合』、すなわちJR北海道労組以外の組合は不要という考え方で、効率化を進めたい会社と、『一企業一組合』を実現したい組合双方の思惑が合致した結果、労使癒着の構図が生まれた」

さらに幹部OBによると、JR北海道の労使癒着を生んだ要因は、「効率化」施策以外にもう一つあったという。

「国鉄改革以降、先輩方や我々も必死になって『完全民営化』、自立した経営を目指し、ひたすらに努力してきた。そんな中で、安定した経営の障害となる、国鉄時代の（国鉄）当局と国労のような、（会社と）最大労組との『労使対立』はもちろん、かつての動労と鉄労のような『労労対立』は、なんとしても避けたかった。

そうした〝思い〟から会社が過去、一組の提唱する『一企業一組合』に同調し、（JR北海道発足）当時の（北海道）鉄産労の牙城だった、施設や電気系統（の職場）や、バス部門などでの（組合員の）〝切り崩し〟を行い、社員に（鉄産労から）一組への『組織替え』を促したことは事実だ。

しかし、これらはすべて、JR北海道という経営基盤が脆弱な会社が、生き残るためにやらざるを得なかったこと。部外者のあなた(筆者)からすれば、行き過ぎた『労使癒着』、『歪な労政』に見えるかもしれないが、我が社は発足当初から、生き残りのための労使協調、あなたからすれば『癒着』の道を選ばざるを得なかった」

国鉄分割・民営化当初から、過酷な自然環境や、厳しい経営状況に置かれていたJR北海道の経営陣にとって、人員削減や合理化に、最大労組の協力が不可欠であったことは分かる。また、「安定した経営」の障壁となる労使対立や、労労対立を抱えたくなかったという〝思い〟も理解できる。

だが、その一方で、JR北海道経営陣の〝思い〟が組合側に利用され、最大労組を偏重する歪な労使関係をつくり出し、それによって生じた社員同士の分断が、結果的に鉄道事業者にとっての至上命題である「安全」を脅かす要因の一つとなったこともまた、事実なのだ。

JR北海道労組が掲げ、それをJR北海道経営陣が裏支えした「平和共存否定」路線は、同社で事故や不祥事が多発していた13年当時も、複数のメディアや国会などで「職場のコミュニケーションや技術の継承を妨げ、安全を阻害する一因となっている」との批判を浴びた。だが、JR北海道労組は今なお、前述の佐々木氏が掲げたこの方針を堅持しているのである。

19年6月9~10日に開催された「第34回定期大会」の運動方針(案)を掲載した5月17日付の機関紙「ひびき(職場討議資料)」では、〈運動の基調〉に続く〈具体的な取り組み〉として、組合員に対し、次のように注意喚起している。

〈若年組合員をターゲットとして、結婚式、飲み会や遊びの場を利用し、組織の破壊・分断・混乱が画策されていることから、そのあり方を議論し、さらなる団結強化を図ります〉

今なおこのような、他組合との「平和共存否定」路線を歩み続けるJR北海道労組からすれば、前述の、釧路港で亡くなった沢村明彦氏の、「組合の垣根を取り払って……」という極めて常識的な発言が、いかに「反組織的」であったか、理解していただけるのではないだろうか。

組合による「ガサ入れ」と「除名処分」

その沢村氏は、JR北海道労組札幌地本札幌運転所分会の書記長から降ろされた後も、「平組合員」として組合に留まったという。

生前の沢村氏と親しかったJR北海道労組組合員が再び語る。

「沢村さんは『信念の人』でしたから。(札幌運転所)分会の役員から降ろされた後も、『自分は間違ったことは言っていない』として、それを曲げることなく、逆にこの偏狭な組合(JR北海道労組)を内部から変革しようとしていました。彼を慕う若手組合員も多く、沢村さんは彼らを、密かに自宅に招き、『勉強会』を開いていたのです。

しかし、その勉強会への参加者が増えるにつれ、情報が徐々に漏れ出し、(勉強会の存在が)組合に察知されました。組合からすれば、彼の行動は『組織破壊行為』以外の何ものでもなく、組合は彼を処分するチャンスを窺っていたのです」

そして沢村氏が、分会の書記長から降ろされてから約2年後、組合にとっての「チャンス」が巡ってきたという。JR北海道労組組合員が続ける。

「沢村さんと同じ札幌運転所で、事務をしていた桐野義之さん（仮名）という（JR北海道労組）組合員がいたんですが、この桐野さんもまた、当時の組合の在り方に批判的で、沢村さんと、この組合を変えようと、水面下で色々相談していたんです。しかしこの動きも組合の知るところとなり、組合にとって2人は、まさに目の上のたんこぶでした。

ところが15年の秋ごろ、その桐野さんが会社のカネを横領し、懲戒解雇になるという事件があり、これを沢村さんと桐野さんが水面下で進めていた『組織破壊活動』を暴くチャンスとみた組合は、『（桐野）組合員の不祥事の調査』名目で、桐野さんの自宅に〝ガサ入れ〟した。すると彼の自宅から公安（捜査員）の名刺が見つかり、桐野さんが長年にわたって公安のスパイをしていたことが発覚したんです」

いくら自らの組合に所属する組合員が、会社の金を横領して懲戒解雇となる不祥事を起こしたとしても、だ。その「調査」名目で、その組合員宅の家捜しまでする組合など聞いたことがないが、北海道労組組合員はさらに続ける。

「そして翌16年の春になって、桐野さんが公安に流していた組合の内部資料の中に、沢村さんが書いたとみられる組合を批判する文書があったことが分かり、分会はこの文書を『組織破壊文書』と断定しました。またその調査の過程で、先ほど話した、沢村さんが開いていた『勉強会』の存在も確認されたことから、『組織破壊者』と認定され、（JR北海道労組）札幌地本は16

年5月、中央執行委員会に、沢村さんに対する制裁を求める『統制委員会』の設置を申し立てたのです」

その後の経緯については次章で詳述するが、JR北海道労組は16年6月に開かれた、「第31回定期大会」で、沢村氏に対する統制委員会の設置を決定した。統制委員会は1年に及ぶ調査と審議を経て、その審議結果を17年6月に開かれた「第32回定期大会」に答申。定期大会での審議の結果、沢村氏の「除名処分」を満場一致で決定したのだ。

労働組合における制裁の中でも「除名」は最も重い処分で、組合からの「永久追放」を意味する。つまり沢村氏はJR北海道に入社して以来、その短い半生を、JR北海道労組での労働運動に捧げてきたにもかかわらず、当の組合から、石もて追われたわけである。

第8章

第9章

異常な転勤命令

組合による除名処分の経緯

表紙の右肩に 取扱注意 と記された、6枚綴りの文書がある。タイトルは〈組合員の除名処分について〉。日付は〈2017年6月12日〉、作成者は〈北海道旅客鉄道労働組合中央執行委員会〉となっている。

JR北海道で事故や不祥事が相次ぎ、同社が国鉄分割・民営化以来、最大の危機に瀕していた13年、JR北海道労組札幌地方本部（地本）札幌運転所分会の書記長に就いていた沢村明彦《さわむらあきひこ》氏は、自らが所属する組合に対し、「組合の垣根を取り払って話し合うべき」と主張した。この発言が、JR北海道労組内部で「組合の方針に背く、組織破壊行為だ」と問題視され、書記長から降ろされたことは前章で述べた。

この文書には、沢村氏がその後、組合から除名処分を受けるまでの経緯が記されている。同文書を提供してくれたＪＲ北海道労組関係者によると、前述の17年６月11〜12日に開かれた同組合の「第32回定期大会」で、代議員となった組合役員らに配付されたものだという。

現在も、ＪＲ北海道社員の約８割が加入している同社の最大労組の実態を、これほど端的に表した資料も他にないと思われるので、ご覧いただこう。

文書はこう始まる。【（　）内は筆者補足、以下同】

ＪＲ北海道労組は、６月11日〜12日に開催した第32回定期大会において、沢村明彦組合員（文書では実名、以下同）の除名処分を全会一致で決定しました。

統制処分が除名という極めて重い処分に至った経緯について、以下の通り報告いたしますので、この問題を教訓とし、組織内への周知と、再びこのような事態を発生させることのないよう、組織点検、整備を要請いたします。

そしてまず、沢村氏に対する、組合による〈統制処分〉が申請された経緯についてこう述べる。

(1) 制裁の申し立て

・２０１６年5月18日、（ＪＲ北海道労組）札幌地方本部ならびに札幌支部より、札幌運転所分会に所属する沢村明彦組合員に対する制裁が中央執行委員会へ申請されました。

・制裁申請の内容は、「沢村明彦組合員が、組合に不団結をもたらす内容の悪辣な組合批判文書を作成し、秘密裏に複数の組合員に配布していたこと」、「札幌地方本部ならびに札幌支部が求めた説明を拒否し続けたこと」が、組合に不団結をもたらし、組合員としてあるまじき行為であることから、制裁を求めるというものでした。

(2) 統制委員会の設置

・中央執行委員会は、組合員の表彰と制裁を定めた、北海道旅客鉄道労働組合規約、第11章、第52条「制裁」に基づき、制裁申請のあった沢村明彦組合員の言動について、厳正に調査・審議することとし、２０１６年６月12日～13日開催の第31回定期大会に「統制委員会の設置」を提案、承認されました。

(3) 統制委員会の答申

・統制委員会は、関係者からの聞き取り調査をはじめ、これまで10回の委員会を開催し、調査により判明した事実関係の確認と、統制処分の可否についての審議・検討を積み重ねてきました。

・調査結果に基づく審議・検討結果は、２０１７年６月12日、中央執行委員会および第32回定期大会に答申され、審議が行われました。

統制委員会が、沢村氏に対する〈統制処分の可否についての審議・検討を積み重ねて〉いたとされる最中の16年11月、JR北海道は全路線の約半分に当たる10路線13区間、計約1237キロを「当社単独では維持することが困難な線区」と表明した。

それに該当する線区の沿線住民には動揺が広がり、この「赤字路線見直し問題」についてのJR北海道側の、沿線自治体に対する説明不足や、高橋はるみ・北海道知事（当時）のリーダーシップの欠如に批判が高まっていた。

そんな時期に、問題の「当事者」である、JR北海道社員の約8割が加入する最大組合は、一組合員の制裁に、組織を挙げて取り組んでいたのだ。

北海道警の「失態」

続いて文書は、〈統制委員会の調査により確認した事実関係〉を明らかにしていく。

(1) 公安警察の手先となったスパイ活動

・2015年11月、札幌運転所分会が、不祥事により懲戒解雇となった桐野元組合員（前章参照。文書では実名、以下同）の調査を行う過程で、桐野元組合員が公安警察と関係を持ち、組合の資料および情報を提供するなど、3年半にわたるスパイ行為が確認されました。

警備・公安の世界では、捜査対象となる組織の内部に「協力者」（スパイ）を「獲得」し、それを「運用」することによって、組織に関する情報を入手するという一連の工作を行うことを、「作業をかける」という。

統制委員会の調査結果が事実なら、桐野氏は12年5月ごろから、公安警察――おそらく、革マル派などの極左セクトを担当する、北海道警本部警備部公安第三課か、あるいは所轄の札幌中央署警備課公安係の捜査員だろうが――に、JR北海道労組の内部情報や、資料を提供する協力者として獲得され、3年半にわたって運用、つまりは作業をかけられていたわけだ。

そして統制委員会が桐野氏の〈スパイ行為〉を調査する過程で、沢村氏の〝関与〟が明らかになったという。

- 桐野元組合員は「公安警察の求めに応じて、沢村明彦組合員等から組合の資料や情報を取得し、公安警察に提供していた」ことを自ら認めました。
- また、公安警察が桐野元組合員に対し「沢村と一緒に反本部で組合つくってやれ、そうするとわれわれも応援できる」ということを携帯アプリＬＩＮＥでやりとりしていたことも確認されています。
- 沢村明彦組合員は、組合の会議の議論内容や資料を、他の関係者から半ば強制的に入手し、桐野元組合員に渡していました。これらの行為は、携帯アプリＬＩＮＥで指示や連絡が行われ、記録は常に削除するよう指示した他、携帯の電話帳登録はペンネームを使うよう指示するなど秘密裏に進めており、反組織的行為であることを認識した上の行為と言えます。【傍点部は筆者、以下同】

統制委員会の調査によると、公安警察は桐野氏に対し、沢村氏と一緒に、反JR北海道労組本部の新組合を立ち上げるようけしかけていたというのだ。「そうするとわれわれも応援できる」、と。

公安警察が桐野氏に対し、どんな「応援」をしようとしていたかは、彼らの思惑通りにことが進まなかったため、定かではない。が、公安、刑事問わず、当局が協力者を獲得、運用する際、さらには運用後においても、対象となる組織に決して、それを知られてはならないというのは、捜査の「基本のキ」である。それは即座に、協力者の身を危険に晒すことを意味するからだ。

にもかかわらず、道警の公安捜査員は、桐野氏への指示や連絡に携帯アプリ、しかも機密性の極めて低いLINEを使っていたというのである。これではJR北海道労組サイドに容易に〈確認〉されるのも当たり前で、この道警の「作業」の痕跡と、本人の〝自供〟によって、桐野氏は「公安警察のスパイ」と断定され、沢村氏の〈反組織的行為〉まで明らかになったのだ。

つまり北海道警警備部は、そのお粗末な「作業」によって、間接的に、JR北海道労組が、沢村氏を除名に追い込む手助けをしたわけである。まさに「失態」といっていいだろう。

「報本反始」と名付けられた組合批判文書

そして文書は、その道警の失態や、桐野氏の自供によって明らかになった、沢村氏による〈組織破壊活動〉を具体的に明らかにしていく。

(2) 沢村明彦組合員による組織破壊活動

・2016年3月、札幌運転所分会が行った調査により、桐野元組合員が公安警察に提供した資料に、沢村明彦組合員が書いた組合批判文書が存在することが確認されました。

・その文書は、『報本反始』なるタイトルがつけられ、№1～№4までの存在を確認しました。そして、その内容は、組合の取り組みや役員を口汚く恣意的に批判し、JR北海道労組を否定する組織破壊文書でした。調査の過程では№5があるのではという情報もありましたが、その存在を確認することはできませんでした。

・また、沢村明彦組合員は、この組織破壊文書を職場の特定の組合員に配布し、自宅で「読み合わせ」を行っていました。これは、同調者を組織化するためのグルーピング活動であり、組織破壊行為に他なりません。

「報本反始」とは、中国・前漢時代の経書、五経の一つである「礼記《らいき》」を出典とする四字熟語で、『新明解四字熟語辞典』(三省堂)によると、「天地や祖先などの恩に報いること」、「人が天地や祖先など、存在の根本に感謝し報い、発生のはじめに思いを致すこと」を意味するという。また『四字熟語辞典』(学研教育出版)によると、「本」は天地、「始」は祖先を意味し、「本に報《ほんにむく》い始《はじ》めに反《かえ》る」と訓読する。さらに『大辞泉』(小学館)によると、「日本では幕末より第二次大戦まで、祖先信仰と国家神道推進のため政府により盛んに鼓吹された」スローガンの一つでもあったという。

「反帝、反スタ」を掲げる新左翼セクト、「革マル派」が浸透するJR総連傘下のJR北海道労組の「次世代を担う優秀な活動家」(前出・JR北海道労組組合員)で、自らも左翼思想に傾倒していたであろう沢村氏はなぜ、このような復古主義的な言葉を、自身が作成した〈組合批判文書〉のタイトルに付けたのか。これには強い違和感を覚えるのだが、彼が泉下の人となった今では、その意図を確認しようもない。

ただ沢村氏は、この組合批判文書の存在や、それを〈職場の特定の組合員に配布し、自宅で「読み合わせ」を行って〉いた事実が発覚し、札幌地本から彼に対する制裁が申請された16年5月時点で、もはや札幌に留まる必要もないと思ったのだろう。郷里でもあり、初任地でもあった釧路に戻ることを希望し、その後、釧路支社に異動となったという。

転勤後も組織に抵抗

そして、この〈組合員の除名処分について〉には、釧路支社に異動した後も、組合に対する抵抗を続けていた沢村氏の姿が、次のように記されている。

(3)組合員としての義務違反

・沢村明彦組合員は、統制委員会の『統制委員会の設置の通告』『統制委員会の聞き取り調査への出頭通告』の受け取りを拒否しました。

・(沢村氏が釧路支社に異動した後)釧路地本と釧路支社支部は、組合員として規約に従い、統制委員会の聞き取り調査に応じるよう指導しましたが、統制委員会には従わないことを意思表示しました。(中略)

(4)統制委員会設置以降の規約・規則違反

・2016年11月29日、沢村明彦組合員は、勝手に釧路運輸車両所の電気班の作業場に入り込み、聞かれてもいないのに「公安と繋がっていた桐野と仲が良く、それで名前が出てきただけで、自分は何も知らない」「統制委員会を通さなくても話しをする方法はある」「(札幌運転所)分会長の説明した内容を、(JR北海道労組中央)本部の人とかが聞いて、統制委員会を開いたなら何回言っても聞いてもらえない、だからもう放っておいてくれと思っている」などと話していたことが確認されました。また、この場には(JR)北労組の組合員もいて、話した内容は聞こえていたと考えられます。

・2017年1月、沢村明彦組合員は、勝手に札幌運転所の折り返し詰所に入り込み、2時間ほどいたことが目撃されました。

・2017年2月4日、釧路地本と釧路支社支部は、沢村明彦組合員に対して、勝手に釧路運輸車両所や札幌運転所に入り込んでいること、統制委員会の聞き取りを拒否していながら、その当事者が無関係の組合員に統制委員会の話しをすることは規約違反でありやめること、組合員として規約に従い、統制委員会の聞き取り調査に応じることを指導しましたが、（沢村氏は）統制委員会には従わないことを明言しました。

文面には、釧路支社転勤後もなお、組織への抵抗を続ける沢村氏に対する、JR北海道労組の苛立ちが滲んでいるが、統制委員会は、これらの沢村氏の抵抗が〈組合の規約または決議に違反する行為〉にあたると認定。また前述の〈組合の取り組みや役員を口汚く恣意的に批判し、JR北海道労組を否定する組織破壊文書〉を作成し、〈職場の特定の組合員に配布し、自宅で「読み合わせ」を行って〉いたことは、〈組合の名誉を著しく汚す行為〉に該当するとした。そして、これらの行為は〈組織破壊〉そのものであり、〈組合の団結または統制をみだす行為〉だと指弾し、沢村氏を次のように批判するのだ。

・自らの言動については「批判は自由だ」と正当化しつつ、自分が希望した転勤を組合に飛ばされたと嘘を言ったり、勝手によその職場に行って統制委員会のことを他労組のいるところで話すなど、組合の団結と統制を乱しました。

・また、公安警察が、スパイとなった桐野元組合員に対して「沢村と一緒に別な組合をつくって反本部でやれ」と言っていることが確認されており、沢村明彦組合員が行っていた同調者の組織化は、新組合をつくることを目的としたもので、組合批判文書＝組織破壊文書はそのための道具であったと言えます。

沢村氏がなぜ、〈自分が希望した転勤を組合に飛ばされた〉と言ったのか、またそれが〈嘘〉であるか否かについては後述するが、統制委員会は文書の中で、それまでの調査で判明した〈事実関係〉をおさらいした上で、沢村氏に対する処分についてこう結論づけるのだ。

公安警察がいう「反本部で組合をつくれ」は、公安警察による労働組合への介入、組織破壊攻撃であり、私たちは「えん罪JR浦和電車区事件」のたたかいで、このことを学んできました。当然、組合として組織防衛の観点からも、事実関係を問い糺さなければなりません。しかし、（沢村氏）本人は統制委員会の聞き取りを頑なに拒否し続けました。状況としては事実関係は濃厚と言わざるを得ず、そうであるが故に統制委員会をボイコットしているというのが事実ではないかと推認されます。

そうなると、公安警察による組合弾圧に呼応した組合員ということであり、相当な関係資料も入手したと見る必要があります。現実に、沢村明彦組合員が執筆した組合批判文書＝組織破壊文書を公安警察に渡していることを、スパイである桐野元組合員が認めており、間接的に国家権力に組合を売った行為以外の何ものでもありません。

沢村明彦組合員が公安警察のスパイであるとすれば、統制委員会設置以前の問題ですが、これまでの統制委員会の調査では、疑惑は濃厚だが特定には至りませんでした。（中略）

自らの言動については「批判は自由だ」と正当化はするが、組織人として決まりを守ることについては拒否し続け、組合員に平気で嘘をつくなど人間性を疑う行為、団結を乱す行為も確認されています。こうした姿からは反省の要素を見ることはできず、情状の余地はないと判断せざるを得ません。そのことを踏まえ、確認された組織問題の内容を精査し、処分内容を検討した結果、統制委員会として至った結論は、沢村明彦組合員の「除名」が妥当ということです。

彼らのいう「えん罪JR浦和電車区事件」とは、第4章で詳述した東日本旅客鉄道労働組合（JR東労組）による「浦和電車区組合脱退・退職強要事件」のことである。事件に関与したJR東労組組合員7人全員に有罪判決が確定し、JR東日本が彼らのうち6人に懲戒解雇という厳しい処分を下したにもかかわらず、JR北海道労組はまだこの事件を〈公安警察による労働組合への介入、組織破壊攻撃〉などと認識している。この事件について無反省なのは、JR東労組だけでなく、JR総連傘下単組に共通しているようだ。

そして約1年にわたる調査や検討の結果、前述の通り統制委員会は、〈沢村明彦組合員の「除名」が妥当〉という結論に至り、17年6月11〜12日に開かれた、JR北海道労組の「第32回定期大会」に答申し、同大会において審議が行われたという。

・答申に対する質疑では、7名の代議員から発言があり、全員が答申に賛成することを明らかにした上で、「自分が潔白なら堂々と話せばいいのであって、話さないのはやましいことがあるからだ」「グルーピングは権力の意を受けたことを体現するものであり許されない」「批判は自由だが行動は統一しなくてはならない」「話し合いの拒否は自分の非を認めること」「(JR北海道労組)結成から30年、初めての除名の答申となった。組織破壊者を絶対に許さない」「内部から組織破壊者を生み出したことを反省しなくてはならない」「全組織的に権力の介入を許さない体制をつくらなくてはならない」など、仲間を裏切る行為を断罪しました。

札幌運転所分会の書記長を降ろされた後の沢村氏の言動が、組合にとっての「組織破壊行為」にあたるとしても、だ。沢村氏はJR北海道入社以来、20年にわたってJR北海道労組という組織に尽くしてきた、自分たちの〈仲間〉ではないのか。にもかかわらず、組合がいったん「組織破壊者」と認定するや、かつては沢村氏と寝食を共にしたであろう7人の代議員たちは、まるで判を押したように、彼の言動を〈断罪〉するのだ。こういうところに私は、この組合の「左翼全体主義」ともいうべき、気味悪さを覚えるのである。

・その後の採決において、出席代議員全員の賛成により、除名処分が決定しました。
・組合員の制裁については、「北海道旅客鉄道労働組合規約」第52条で定めていますが、「制裁の決定が中央委員会であるときは、その決定に異議ある当事者は、大会に再審査請求をすることができる」としており、今回、決定した統制処分については、大会決定ですので、再審査の請求はできないことを確認しました。

また統制委員会の答申が承認されたことから、第32回定期大会をもって、統制委員会の任が解除されました。

かくして、沢村氏はＪＲ北海道入社以来、その半生を捧げてきた、ＪＲ北海道労組から永久追放されたわけだが、同組合の中央執行委員会は、この文書の最後で、大会代議員となった組合役員らにこう呼びかけるのだ。

組織破壊者とは断固たたかい抜こう！

組合員の統制処分が除名という極めて重い処分に至った経緯について、以上の通り報告いたしますので、この問題を教訓とし、組織内への周知と、再びこのような事態を発生させることのないよう、組織点検、整備を要請いたします。

私たちは、組織破壊者とは妥協することなく、その攻撃を跳ね返すために断固たたかいましょう。

最後の一文からは、第4章で述べた、ＪＲ革マルの首領、松崎明氏が編み出し、その後のＪ

R東労組の運動の支柱となった「積極攻撃型組織防衛論」が、このJR北海道労組においても、脈々と息づいていることを感じさせる。

また、念のために付記しておくが、〈スパイ行為〉や〈公安警察〉などという禍々しい単語が、次々と登場するこの文書は、労使対立や労労対立が激しく、それらに日常的に警察当局が介入していた国鉄末期、すなわち「昭和」の時代のものではない。「平成」、しかも元号が「令和」に代わる、わずか2年前に出されたものだ。そんな現代の日本社会において、内部文書に〈組織破壊行為〉や〈組織破壊者〉などの言葉が、頻繁に出てくる労働組合が果たして、JR総連傘下の組合以外に存在するのだろうか。

実名入りの除名処分記事

そして、JR北海道労組は、「第32回定期大会」の模様を伝える同組合の機関紙「ひびき」(17年7月7日付)に、沢村氏の除名処分を満場一致で決定した——とする、彼の実名入りの記事を掲載し、まるで見せしめのように、JR北海道社員全員に周知させたのである。

このとき、沢村氏はすでに、JR北海道釧路支社に異動していたのだが、前述の文書にあった、沢村氏が〈自分が希望した転勤を組合に飛ばされたと嘘を言った〉とは、どういうことなのか。前章にも登場した、生前の沢村氏と親しかったJR北海道労組組合員はこう語る。

「札幌地本から制裁を申し立てられた時点で、沢村さんが釧路に戻ることを決め、釧路支社への転勤希望を出していたことは事実です。が、彼が希望していた転勤先はあくまで、初任地で、出身母体でもあった（釧路支社の）『釧路運輸車両所』でした。

沢村さんは釧路（運輸車両所）時代に検修（車両の検査修繕・整備業務）を経て、運転士になり、本社に異動後も、札幌運転所で検修（科）の車両技術係に就いていた。つまりは検修、運転一筋の人で、うちの会社では通常、彼のような元運転士が（釧路支社への）転勤希望を出せば、（釧路）運輸車両所に配属される。しかし異動先は、同じ釧路支社でも、彼が入社以来、一度も経験したことのない、畑違いの「輸送指令」（列車の運行を管理する部署）でした。

沢村さん本人はもちろん、彼と親しかった組合員の誰もが、『組合の意を受けた会社が（輸送指令に）飛ばしたんだ』と思いました。組合からすれば、除名処分で、彼を組合からは追放できるものの、会社まで『辞めろ』と言えば、それこそ浦和（電車区）事件の二の舞になる。よって会社に頼んで、彼を畑違いの部署に飛ばし、彼が自分から（会社を）辞めるよう仕向けたんだと思います。

一方、ご承知の通り、釧路はJR北海道労組の牙城で、その中でも釧路運輸車両所にはゴリゴリの活動家が多い。会社としては、そんなところに沢村さんを戻して、新たな揉め事が起こっても困る。つまり組合、会社双方の利害が一致したわけですが、この畑違いの異動に、沢村さんは、組合だけでなく、会社にも絶望したのです」

この沢村氏の除名問題、さらには前章で詳述したJR北海道労組元委員長、佐々木信正氏に関する話など、JR北海道労組に関係する一切の事実関係について確認すべく、私は、18年2

月21日、同組合に取材を申し込んだが、「取材を受ける気はありません。受けない理由も答えるつもりはありません」（笹森哲也中央執行副委員長＝当時、現中央執行委員長）と拒否された。

一方、前述の沢村氏の異動をめぐって、会社が「組合の意を受け」たか、否かについて同日、JR北海道に確認したところ、その2日後の23日、同社はこう答えたのだ。

「人事については会社の専権事項であり、労働組合が介入できる事柄ではありません」（広報部）

なるほど、模範解答ではある。が、私には、このJR北海道の答えを鵜呑みにはできなかった。というのも、同社には、その前例があるからだ。

「釧路不当配転問題」

03年10月26日、北海道鉄道産業労働組合（鉄産労）と国鉄労働組合（国労）の一部が統一して、新組合「JR北海道労働組合」（JR北労組）が結成されたことは前章で述べた。だが、その約3カ月後の04年2月1日、JR北海道は、札幌車掌所に勤務していた社員5人に突然、釧路運輸車両所への転勤を命じたのだ。同社の定期異動は4月か6月で、2月の発令は異例だった。

しかも転勤を命じられた社員5人のうち、大卒の幹部候補生であるJR北海道労組組合員1人を除く4人が、JR北労組の組合員だった。後にJR北海道関係者の間で「釧路不当配転問題」と呼ばれる、この転勤問題の顚末を、昆弘美・現JR北労組中央執行委員長（57歳）に聞いた。

「発令時期も内容も、すべてが異例の、いや、異常な転勤命令でした。

札幌―釧路間は距離にして約300キロ（メートル）、特急でも片道4時間はかかる遠隔地です。このような車掌職の遠隔地への（転勤）発令は、家庭の事情などによる本人の希望や、（列車）区所の統廃合など、特別なケースを除いて、過去にまったく例がありませんでした。

転勤を命じられた4人の（JR北労組）組合員は当時、短い人で9年、長い人では18年近く札幌車掌所に勤務しており、生活基盤も札幌市内にあり、将来的にも札幌で生活することを前提にしていた人ばかりで、誰ひとりとして、釧路への転勤を希望していませんでした。

会社（JR北海道）は転勤の理由として、（釧路運輸車両所の）『若手車掌の育成』を挙げていましたが、ご存知の通り、釧路（運輸車両所）は旧動労（国鉄動力車労働組合）、北鉄労（JR北海道労組）の牙城。当時の釧路の車掌職には、北労組の組合員は1人もおらず、ほぼ全員が、北鉄労の組合員でした。

当時はすでに、北鉄労が『平和共存否定』を、組合の方針として掲げており、そんな状況下で北鉄労の組合員が、我々の組合員の指導など受けることがないことは、会社が一番良くわかっていたはずでした。実際に転勤後、我々の組合員が、指導業務に就けられたことは一度もありませんでした。

また4人のうち1人は、札幌市内に高齢で病気の母親がおり、その介護を日常的に抱えていたことから、転勤から半年後には生活がたちいかなくなり、退職を余儀なくされたのです」

JR北海道はなぜ、このような「異常」な人事を行ったのか。昆委員長が続ける。

「会社の目的は組合（ＪＲ北労組）潰しでした。４人に対する転勤命令が発令される前、札幌車掌所の労働組合の構成は、新組合（ＪＲ北労組）の結成によって、北労組が１２３人、北鉄労が１１８人となり、北労組が最大組合となりました。

ところが発令後は、転勤した４人に加え、この会社によるあからさまな不当労働行為に動揺した組合員が脱退、また北鉄労に移ったこともあり、北労組１１７人、北鉄労１１９人と勢力が逆転したのです」

この配転命令に対し、４人のＪＲ北労組組合員は04年２月12日、札幌地裁に転勤命令無効の仮処分申請を行い、約１カ月後には本訴に切り替えた。同地裁に、転勤命令無効の確認を求める訴訟を起こしたのだ。

しかし、後にＪＲ北労組は、後述する、労働委員会への救済申し立てや、その結果を受けて、ＪＲ北海道が東京地裁で起こした行政訴訟に、戦力を集中させるため、この札幌での訴訟を取り下げる。だが、この本訴提起から約３カ月後の04年６月に開かれた、ＪＲ北海道労組の「第19回定期大会」に、来賓として出席した小池明夫社長（当時）は、「祝辞」の中で、次のように述べたという。

「ＪＲ北労組組合員４人から転勤無効訴訟が提起されました。需給調整に基づく通常の人事異動であり、また労使間のルールに基づき、手続き上も問題のない発令になっています。私どもは訴訟を提起されたわけですから、司法の場で正当性を明確にしていきたいと思います。仮に和解を提起されても、この転勤問題で応じる考えはありません。

JR北海道労組の皆様とは、良きパートナーとして17年間にわたり時間をかけて築いてきた信頼関係を、これからも一層強化していく必要があるだろうと思っています」【「旬刊 ACCESS」04年7月1日号より。傍点部は筆者】

「不当労働行為」と認定

その後、JR北労組組合員3人は、05年1月、北海道労働委員会（都道府県知事所管の労使紛争の解決を目的とした行政委員会。旧「地方労働委員会」）に、救済申し立てを行った。申し立てを行った組合員が3人となっているのは、この間に前述の、札幌市内で病身の母親を抱えていた組合員が、釧路から介護に通う生活に耐えきれず、退職を余儀なくされたからである。

道労委は06年6月9日、JR北海道の、JR北労組組合員3人に対する転勤命令を、「不当労働行為」と認定。JR北海道に対し、本社の2カ所と札幌車掌所、釧路運輸車両所に、3人に対する「謝罪文」を掲出するよう命じたが、3人が求めていた「原職復帰」（札幌車掌所での勤務に戻すこと）は認められなかった。

このため同月22日、JR北海道、JR北労組双方が中央労働委員会（厚生労働省の外局。全国単位の労使紛争の解決を目的とした行政委員会）に、再審査請求を申し立てた。前出の昆委員長が再び語る。

「05年9月に行われた北海道労働委員会の審問で、会社（JR北海道）側の証人に立った当時の総務部専任部長（労務担当）は、（道労委）委員の前で、『ここ（道労委）で、どんな命令が出ても（JR北海道は）屈しない』、『あくまで司法の判断を求める』などと、労働委員会を軽視するような発言を繰り返したのです。このため委員の間からは、『発言を撤回してほしい』、『それでは労働委員会で審査する意味がないではないか』と、会社側の態度を、批判する発言が相次ぎました。

また中労委も、問題の長期化を懸念し、会社側に対し、繰り返し和解を提案しましたが、会社側は（中労委に）役員さえ派遣せず、担当者が即答で拒否したのです。

当時の（中労委の）委員は、大学教授や弁護士、元日経連（日本経営者団体連盟、現日本経済団体連合会）の専務理事らで構成されていたのですが、この会社側の傲岸不遜な態度に、『これが果たして、国民の税金を投じて民営化された会社なのか』と呆れ返っていました」

そして中労委は、07年8月1日、JR北海道の不当労働行為を以下のように認定し、同社に対し、JR北労組組合員3人の「原職復帰」も命じたのだ。【（ ）内は筆者補足】

〈本件労使関係としては、（中略）会社は、北鉄労（JR北海道労組）との関係を重視しその苦情・要求には前向きに対処する一方で、組合（JR北労組）に対しては、鉄産労当時の方針・活動を変容させるのではないかとの懸念を持ち、その申入れには積極的に対応しなかった。

本件転勤命令についても、北鉄労及び同組合員は本件転勤命令を嫌忌していたが、会社は、大卒総合職の者を除き、本件転勤命令を北鉄労の組合員には命じず、組合（JR北労組）の組合員のみに命じて、組合員の組合活動意思を萎縮させた。

しかも、この過程では、会社は、北鉄労には何らかの方針を示していたと窺われる一方、組合（ＪＲ北労組）にはこれを最後まで秘匿するなど、対立関係にある北鉄労と組合との本件転勤命令に至る労使関係において、北鉄労を優遇して取り扱っていた。

以上に加え、本件転勤命令が平成15（03）年10月26日の組合結成のほぼ3か月後になされていることを勘案すると、会社は、旧鉄産労の組合員と国労北海道本部の一部組合員で結成した組合を快く思わず、会社における車掌の中心的職場である札幌車掌所における組合の勢力が拡大することを懸念し、これを抑制することを願うとともに、大卒総合職の者を除き、協調関係にある北鉄労の組合員には彼らが嫌忌する本件転勤命令を回避することを意図してＡら（命令書では実名。３人のＪＲ北労組組合員）及びＢ（前述の退職した元ＪＲ北労組組合員）に対し本件転勤命令を行ったものとみざるを得ない。

このような本件転勤命令は、組合の組合員を、社員の配置において、組合（ＪＲ北労組）の組合員であるが故に不利益に取り扱うものであるとともに、組合員の組合活動意思を萎縮させ、組合の組合活動を抑制するものであるから、労働組合法第７条（不当労働行為）第１号及び第３号の不当労働行為に該当する〉

さらに中労委は命令書の中で、前述のＪＲ北海道労組の定期大会での、小池社長の「祝辞」についても触れ、次のように批判したのだ。

〈会社社長は、北鉄労の大会において、本件転勤命令について、Ａら及びＢが組合の支援を得て提起した転勤無効確認訴訟を問題とし、仮に和解を提起されても応じる考えはないとする一方、組合と対峙する北鉄労とは協調した関係を堅持していく旨表明した。組合（JR北労組）と対峙する別組合の大会の場において、組合が支援する本件転勤命令に係る訴訟に関し全面的に対決し和解に応じる考えはないと述べた当該発言は、組合の存在や組合の活動に対する会社の不快の念を推測させるものといえる〉

ところが、JR北海道は、この中労委の命令を「極めて遺憾」として、その取り消しを求め07年9月、東京地裁に中労委、つまりは国を相手に行政訴訟を起こしたのだ。これに対し、中労委は、JR北労組組合員3人の原職復帰をJR北海道に命じる、「緊急命令」を東京地裁に申し立てた。

08年12月8日、東京地裁は、JR北海道の請求を棄却するとともに、中労委が求めていた「緊急命令」を決定した。これによって同月17日、3人のJR北労組組合員は、釧路への転勤命令発令から4年10カ月ぶりに、札幌車掌所に復帰した。

一方、JR北海道は、この判決も不服として控訴したが、東京高裁も09年9月24日、会社側の請求を棄却。万策尽きたJR北海道は、上告を断念し、同社の不当労働行為を認定した中労委命令が確定した。会社側は、JR北労組と3人の組合員に「謝罪文」を交付するとともに、本社と札幌車掌所にそれを掲出した。

ちなみにJR北海道が上告を断念した09年当時の社長は、前出の小池氏ではなく、彼と同期で、この2年後に小樽市の海岸沖で、遺体で見つかることになる、中島尚俊氏だった。

釧路は革マルの牙城

このＪＲ北海道の「釧路不当配転問題」を取材するまで、私は数年間にわたって、ＪＲ東日本の労政についての取材を続けてきたが、当時、ＪＲ東労組と癒着していたＪＲ東日本でも、最大労組と対立する組合の一般組合員に対し、これほど、あからさまな不当労働行為に及んだケースは無かった。

果たして、このＪＲ北海道による不当労働行為は、当時の会社側の、誰の、いかなる判断に基づいて行われたものなのだろうか。またこのような、明らかにＪＲ北海道労組に阿った人事施策に対し、それを行う経営側の誰からも、異論は出なかったのだろうか——。

これが、この不当配転の経緯を取材した後に、私が抱いた疑問だった。

そこで私は16年、札幌車掌所に勤務する５人の車掌に、釧路運輸車両所への転勤命令が発令された04年2月当時の経緯を知り得たであろう、ＪＲ北海道運輸部や総務部の、幹部や社員を訪ね歩いたところ、１人の関係者が証言してくれた。

「この話（釧路不当配転問題）の顛末は当時、運輸部にいた社員なら、誰でも知っているんじゃないですかね。

ことの発端は、平成15（03）年5月から16（04）年2月にかけて、釧路（運輸車両所）の車掌5人が相次いで定年（退職）を迎えたことでした。

会社は当初、この（車掌の）人員減には、従来通り『行路の持ち替え』で対応しようと考え、15年の年度初め（4月）の時点では、『平成15年度効率化施策等スケジュール』のなかに『釧路運輸車両所の行路の持ち替え施策』も組み込み、15年の9月から実施する予定だったのです」

この関係者によると、JR北海道では以前から、釧路運輸車両所で、車掌の欠員が生じた場合、運輸部が組合側と協議した上で、「車掌行路の持ち替え」で対応してきたという。車掌行路の持ち替えとは、釧路運輸車両所の車掌が乗務する列車の一部を、札幌車掌所の車掌が乗務するそれに変更することだ。関係者が続ける。

「札幌（車掌所）は、当時も今も、（JR北海道で）最大の車掌職場ですから、仮に釧路（運輸車両所）で一気に5人が退職したとしても、『行路の持ち替え』で充分、対応できたのです。

ところが、これ（釧路運輸車両所の行路の持ち替え施策）に一組（第一組合。JR北海道労組）から『待った』がかかった。

というのも、ご存じのように、釧路は『革マル』（旧動労）の牙城で、退職した5人も、一組の所属でした。このため一組からすれば、行路の持ち替えで対応されると、釧路の（JR北海道労組の）組合員は5人減のままになる。これを嫌がった一組は、15年の夏ごろから、運輸部に『どうするんだ?』とプレッシャーをかけ始めたんです。

彼ら（JR北海道労組）は、ズル賢いですからね。後々、『組合が人事に介入した』と言われないように、会社に対し、『人をもってこい（人員を補充しろ）』などという、直接的な言い方はしない。『行路の持ち替えだと、（釧路運輸車両所の）ウチの組合員が5人減のままになってしまうが、どうするんだ?』と、暗に人員補充を要求したわけです。

この一組の意向を忖度したのが、田畑(正信・運輸部)管理課長(当時)でした。田畑課長は以前から、一組とはズブズブの関係でしたから、彼ら(JR北海道労組)が何を要求しているか、阿吽の呼吸で分かったんでしょう。一組の望み通り、人員補充で対応することにしたのです。

けれども、一組、二組(第二組合、JR北労組)を問わず、札幌(車掌所)に勤めていた車掌の中で、釧路(運輸車両所)に転勤を希望する者など、誰もいませんでした。

以前から組合に弱かった田畑課長が、(札幌車掌所の)一組の組合員に、『釧路に行ってくれ』など、言えるはずがない。また、一組からしても、自分のところの組合員を、札幌から釧路にもって来られても、(JR北海道労組全体の組合員数は変わらないため)何の意味もない。

そこで田畑課長は、(上司である)豊田(誠)運輸部長(当時)と相談して、新組合(JR北労組)の結成後、会社と対立関係にあった二組所属の車掌を、釧路に転勤させることにしたのです。また、ご承知の通り、新組合結成後、札幌においては、一組と二組の勢力が逆転していたので、ここで札幌の二組の組合員を減らせば、一組に恩が売れるとも、考えたのでしょう」

田畑氏は58年生まれの60歳。千葉工業大学工学部機械工学科卒業後の81年に、国鉄に入社した。国鉄分割・民営化後はJR北海道に移行し、前述の通り運輸部管理課長、さらには運輸部長などを歴任。現在は常務取締役として、運輸部門トップの鉄道事業本部長に就いている。

一方の豊田氏は、運輸部長から旭川支社長などを経て、13年に常務取締役・鉄道事業本部長に就任。同社の安全部門トップである「安全統括管理者」に就いた。だが、同年11月に発覚した「レール検査データ改竄問題」で、国交省から行政処分を受け、「安全統括管理者」を解任。鉄道事業本部長からも外され、翌14年に退任し、グループ会社「ジェイ・アール北海道バス」の社長に転出した。現在は同じJR北海道のグループ会社「札新開発」の社長に就いている。

前出の昆・JR北労組委員長によると、会社側が当初考えていたとされる「釧路運輸車両所の行路の持ち替え施策」は03年4月の時点で、当時の第二組合だった北海道鉄産労にも提示され、その実施時期は、前出のJR北海道関係者の証言通り、「平成15（03）年9月」となっていたという。

ところが、03年7月に、会社から鉄産労に対し、「行路の持ち替えの実施時期が延びる」との説明があり、さらに同年10月に提示された、JR北海道の「平成15年度下期効率化施策等スケジュール」では、「釧路運輸車両所の行路の持ち替え施策」の項目に抹消線が引かれていたというのだ。

人道にもとる人事

この時点で、すでに会社側は、JR北海道労組の意に沿って「行路の持ち替え」から「要員の配置」に舵を切っていたのだろう。鉄産労に対し、「平成15年9月に発生した十勝沖地震によって、釧路（運輸車両所）の車掌基地の重要性が再認識されたので、釧運車所の行路の持ち替え（施策）は中止する」と説明したという。

この説明に、会社の施策転換を察した鉄産労は「道東地区では以前から自然災害が多発しており、効率化施策の策定時において（災害は）織り込みのはずだ。また、災害時には列車の運行が停止されるため、車掌はその対応にほとんど無力である。さらに、いつ発生するとも判らない自然災害の発生に備えて要員をあらかじめ配置する必要はありえず、とうてい真の理由と考えられない」などと反発した。

また後に、この配転を「不当労働行為」と認定した中労委も、前述の命令書で〈異常《災害》時の対応については、車掌業務の性格からすると、同（釧路）運輸車両所において車掌の人員を確保することが、同（釧運車所の行路の持ち替え）施策を差し控えさせる理由になり得るかについては疑問がある〉と疑義を呈していた。【（ ）内は筆者補足】

前出のJR北海道関係者の証言に戻ろう。

「十勝沖地震など、後付けの理由に過ぎません。田畑課長と豊田部長の2人は、一組の意を汲んで、あからさまな不当労働行為をやろうとしていたんです。しかし、これに猛反対したのが、労担（労務担当）の森（義雄・総務部専任）部長（当時）でした。

森部長は、田畑課長に『そんなことをすれば間違いなく不当労働行為になる。行路の持ち替えで対応すべきだ』と注意したのですが、すでに一組と〝密約〟を交わしていた田畑課長は、聞く耳を持たなかった。そこで森部長は、田畑課長の上司である、豊田部長に配転を断念させようと、彼を（JR北海道の）顧問弁護士のところまで連れていき、弁護士と一緒に『不当労働行為にあたる。（配転は）止めるべき』と説得したそうですが、豊田部長も言うことを聞かなかったそうです」

森氏は69年、地元の高校を卒業後、国鉄に入社。国鉄時代は北海道支社総務部勤労課に勤務し、JRに移行後は開発事業本部の係長、運輸部輸送課長などを経て、03年に総務部専任部長に就き、労務を担当していたという。

「当時の総務部の中でも、この不当配転に反対していたのは森部長だけで、綿貫(泰之)人事課長(当時)も、この運輸部の(配転)案を了承していました。そして最終的には、総務部トップの小山(俊幸・総務)部長(当時)までもが、この配転を承認したため、森部長も諦めざるを得なかったのです。

それでも森部長は最後まで、『配転をするなら、せめて定期異動でやるべきだ』、『(札幌から釧路に転勤させる社員の)人選は、絶対に向こう(組合)にやらせてはいけない。こちら(会社)で選ばなければダメだ』などと主張し続けていました。にもかかわらず、田畑課長は、森部長に内緒で、人選についても一組と相談していたのです」

綿貫氏は62年生まれの57歳。85年に北海道大学経済学部卒業後、国鉄に入社した。JR北海道入社後は人事課長、総務部長、函館支社長などを歴任し、18年に常務取締役に昇格。現在は総合企画本部長を務めている。

一方の小山氏は、57年生まれの62歳。東京大学経済学部卒業後の81年、国鉄に入社。JR北海道では、総務部長や総合企画本部長などを歴任し、12年に常務取締役に就任。14年に、前述の豊田氏が解任された後の鉄道事業本部長に就いたが、その後、再び総合企画本部長に戻り、

17年に専務取締役に就任した。18年には副社長に昇格し、現在もJR東日本出身の白川保友《しらかわやすとも》会長（元セントラル警備保障顧問）、JR北海道プロパーの島田修《しまだおさむ》社長に次ぐ、JR北海道ナンバー3の地位にある。

「運輸部では、配転させる5人全員を、二組（の組合員）にすると、さすがに露骨すぎるので、一組にとって支障のない、大卒の総合職の組合員を1人、混ぜたわけです。けれども異動時期は、新組合の結成で、札車での（組合の）勢力が逆転したことに焦った、一組からの圧力に抗しきれず、『2月』という定期異動とはかけ離れた時期になったのです」（前出・関係者）

その後、このJR北海道による、組織ぐるみの不当労働行為が、中労委や東京高裁によって〝断罪〟されたことは前述の通りだが、関係者は最後にこう語った。

「今、振り返っても、『不当労働行為』どころではない、人道にもとる人事でした。私もこの会社に身を置く者ですから、『この会社では一組に逆らったり、睨まれたりすれば将来はない』ということぐらいは分かっていました。が、それにしても、あの配転は非道すぎました。当時の田畑（運輸部管理）課長や豊田（運輸）部長は、自らの保身のためだけに、一般の、真面目に働いている社員を犠牲にしたわけですから。

彼ら会社幹部にとって、一般社員の人生など、どうでもいいことがよく分かりました。田畑課長と豊田部長が立案し、綿貫（人事）課長と小山（総務）部長が了承したこの人事で、4人の鉄道員の人生が狂わされ、うち1人は、鉄道員でいることすらできなくなった。

気の毒だったのは森（総務部専任）部長でした。社内で唯一、この不当な人事に最後まで反対していたにもかかわらず、その後の裁判（前述のＪＲ北労組による労働委員会への救済申し立てや行政訴訟）では、労務の責任者として、彼１人が矢面に立たされた。つまりは組合に迎合したキャリア連中の尻拭いを、ノンキャリがさせられたわけです」

ちなみに、前述の05年９月に行われた北海道労働委員会の審問で、委員を前に「ここ（道労委）で、どんな命令が出ても（ＪＲ北海道は）屈しない」、「あくまで司法の判断を求める」などと発言したとされる、当時の総務部の専任部長とは、森氏のことである。

森氏はその後、10年にＪＲ北海道のグループ会社の社長に転出。13年にはその社長職からも退任したという。

私は、そのグループ会社の法人登記簿から、森氏の住所を割り出し、16年９月、札幌市内の彼の自宅を訪ねた。森氏は丁寧に応対してくれたものの、こう言って、私の取材を拒絶した。

「会社（ＪＲ北海道本体）を離れて６年にもなり、正直言って、会社や組合のことはもう関心も、興味もありません。また、今も（ＪＲ北海道の）子会社から『顧問契約』という立場ですが、わずかながらも報酬をいただいています。よって遠いところから来ていただいて、申し訳ないのですが、現役時代のお話はできません」

最大労組との関係悪化を恐れるあまり、過去に「人道にもとる人事」に手を染め、また、それを容認した幹部らが、現在も「常務取締役」や「副社長」に就いてるような会社に、だ。前述のＪＲ北海道労組を除名された沢村明彦氏の「畑違いの部署」について、「人事については会社の専権事項であり、労働組合が介入できる事柄ではありません」などと言われても、信じろというほうが無理な話だろう。

ちなみに、沢村氏の札幌運転所から釧路支社の輸送指令への異動が、実質的に決まったとみられる16年5月時点での総務部長は、前述の綿貫・現常務取締役総合企画本部長、人事を担当する総務部副部長は、村林健吾・現総務部長だった。

話を、その沢村氏に戻そう。生前の沢村氏と親しかった前出のJR北海道労組組合員が再び語る。

「沢村さんが釧路（支社）の指令に飛ばされた後、帯広運転所に勤務していたSという（JR北海道労組）組合員が、沢村さんと同じ釧路の指令に配属されたのですが、彼は、沢村さんを監視するために組合が送り込んだ『見張り役』といわれていました」

これにはさすがの沢村氏もうんざりしていたという。どこまでも陰湿な組合である。

「SLAPP」の被告と原告

17年8月27日、日曜日の午後3時半。JR釧路駅から北西に、徒歩15分ほどの住宅街に建つ「JRアパート」。

私は、建物から少し離れた、しかし、その出入口は確実に視野に入る場所に、立っていた。この「昭和」を彷彿とさせるような、年季の入った「アパート」から親子連れ――願わくば、父親だけが――出てくることを、あるいは帰ってくることを期待して。

この日、私は、約2カ月前にJR北海道労組から除名処分を受けた、沢村明彦氏の自宅を訪れていた。

彼の釧路支社転勤後の住まいや家族構成は、前出のJR北海道労組組合員の協力で知り得ることができた。だが、さすがに彼の勤務ダイヤまでは割り出すことができなかったことから、いざ沢村氏の自宅を訪れても、当直などで不在、つまりは〝空振り〟に終わる可能性があった。ただ、事前に沢村氏には、小さい子どもがいると聞いていたため、日曜日なら当直に入る可能性も低いだろうと、勝手に山を張り、この日を選んだのだ。

とはいえ、神戸空港から朝いち発の新千歳空港行きの飛行機に乗っても、新千歳空港から釧路空港行きの便への乗り継ぎの際にタイムロスが生じ、さらに釧路空港から連絡バスで釧路駅に移動し、このアパートに着いたころには、午後3時を過ぎていた。

ただ、到着後すぐに、沢村氏の部屋のインターホンを押したわけではない。もし、彼が外出中で、家人だけが在宅していた場合、こちらから来訪を告げてしまうと、家人からの通報で彼が警戒し、最悪、帰宅しない可能性もあるからだ。

だが、その一方で、前述の通り、彼の家には、幼子がいると聞いていた。となると、最初のインターホンを押すタイミングは「午後7時」だろう。私にもそれくらいの配慮はある。よって、午後7時までの約3時間半、ここで〝立ち張り〟することにした。

実は、沢村氏と私は、過去に浅からぬ縁があった。

私は06年7月から、講談社発行の「週刊現代」誌上で、「テロリストに乗っ取られたJR東日本の真実」と題し、このＪＲ革マル問題を追及する連載キャンペーンを始めた。それは最終的に半年間、計24回にわたる、近年の週刊誌では異例の長期連載となった。

連載開始から約１カ月後の06年８月、ＪＲ東労組とＪＲ総連、そして「浦和電車区事件」の被告（当時）だったＪＲ東労組大宮地本執行副委員長の３者が、私と講談社を相手取り、組合の名誉を毀損されたなどとして、東京地裁に損害賠償を求め、提訴した。さらに約２カ月後の同年10月には、松崎明氏が、私の連載で名誉を傷つけられたとして、同じく東京地裁に損害賠償請求訴訟を起こした。

ところが、この松崎氏による提訴と前後し、ＪＲ東労組をはじめＪＲ北海道労組、さらには日本貨物鉄道労働組合（ＪＲ貨物労組）やＪＲ東海労働組合（ＪＲ東海労）、ＪＲ西日本労働組合（ＪＲ西労）などの、ＪＲ総連傘下単組の組合員計47人が、私の記事で「精神的苦痛」を被ったなどとして、全国の裁判所に一斉に訴訟を提起してきたのだ。

前述のＪＲ東労組やＪＲ総連、そして松崎氏の訴訟には代理人弁護士が付いていたが、これら47件の訴訟は、代理人弁護士を立てない「本人訴訟」だった。

本人訴訟を起こしてきた47人について、私は当時、彼らの顔はもちろんのこと名前すら知らなかった。従って、当然のことながら、24回の連載で、彼らについて書いたことは、一度もなかった。

記事で触れていない人の名誉が、それによって毀損されることなどあり得ないことは、子どもでも分かる理屈だ。にもかかわらず、「記事によって、原告の社会的評価が傷つけられ、名誉が甚だしく毀損された」と主張し、一人当たり100万円の慰謝料を払え、新聞に謝罪広告を掲載しろ——などと求め、全国の裁判所で訴訟を起こしてきた彼らの行動は、完全に常軌を逸していた。

しかも47通の訴状の内容は、ごく一部を除いて、誤記の箇所に至るまで、判で押したように同じで、雛形があるとしか思えなかった。

後の取材で、この〝集団訴訟〟は、JR総連の組織的な「取り組み」であることが分かった。彼らが作成したとみられる〈2006年11月1日〉付の〈『週刊現代』訴訟一覧〉という表には、日本地図が描かれ、それを囲むように、前述のJR総連傘下単組組合員の氏名と、提訴予定日が記されていた。そして前述の47人は、この表に記載された提訴予定日通りに、私を訴えてきたのだ。

つまりJR総連は、組織として訴訟を濫発してきたのである。裁判制度を悪用し、自らに都合の悪い言論に圧力をかけようとしたのだ。どうりで訴状の内容が一言一句、同じだったわけである。

これらの訴訟にまともに対応するなら、私は、北は札幌地裁から南は山口地裁まで、全国の裁判所に出廷しなければならず、連載の取材、執筆に著しい支障をきたすことは必至だった。

彼らの狙いはまさにここにあり、明らかに「JR革マル問題」の追及を封じ込めることを目的にした「SLAPP」(Strategic Lawsuit Against Public Participation　恫喝訴訟)だった。

この47件の恫喝訴訟のうち、最多の20件が、JR東労組の幹部組合員によるものだったが、それに次ぐ10件の訴訟を起こしてきたのが、ＪＲ北海道労組だった。

「旬刊　ＡＣＣＥＳＳ」07年3月10日号には「本人訴訟を全組織的な闘いと位置付けて推進」との見出しで、以下のような記事が掲載されている。

〈ＪＲ北海道労組は第34回中央委員会（2月10日）で《革マル・テロリストキャンペーン》により名誉が毀損されたとして組合員10人が個人で提起している「週刊現代訴訟」を全組織的な闘いと位置づけ推進していく方針を決定した。一人ひとりの闘いが組織を規定するとの考え方に基づき、訴訟を通じて組織のさらなる強化を目指す。

ＪＲ総連傘下組合員47人はそれぞれ、全国各地で週刊誌を相手取った訴訟を所属単組の怒りを代表する形で提起しているが、ＪＲ北海道労組ほど本人訴訟の意義を原告個人の質的強化に見出している単組はないだろう〉

訴訟制度を〈組織のさらなる強化〉や〈原告個人の質的強化に〉利用されては、たまったものではないが、この〈組合員10人が個人で提起している「週刊現代訴訟」を全組織的な闘いと位置づけ推進していく方針を〉主導していたのは、ほかでもない。当時の中央執行委員長だった佐々木信正氏だ。前述の記事によると、佐々木氏は同中央委員会で次のように挨拶したという。

〈週刊誌の記事は不当である、名誉が毀損されたということでわが仲間10人が本人訴訟で頑張ってもらっています。しかし、裁判では「（週刊誌は）ＪＲ総連を批判しているけれども、その構成員は批判していない」という訳の分からない判断をしています。札幌支部を批判しておいて、しかし支部委員長は批判していないと言っているのと同じ。これは通用しないでしょう。全国で47人の仲間が闘っています。引き続き皆さんのご協力をいただきたいと思います〉

当然のことながら私は、この47件の訴訟すべてに勝訴したが、このJR北海道労組で、私に対して訴訟を起こしてきた10人のうちの1人が、中央本部青年部事務長時代の沢村明彦氏だった。つまり彼と私は約10年前、原告と被告の関係にあったわけだ。

私は割と根に持つ性格で、提訴から10年以上が経った今でも、47人全員の氏名、住所、経歴などが記された、訴状や当事者目録、準備書面や判決文などの訴訟資料すべてを保管している。そこにはもちろん沢村氏のものもあったのだが、当事者目録に記された彼の住所は、残念ながら札幌運転所勤務時代のものだった。

10年以上前の話とはいえ、また、たとえ当時のJR総連、JR北海道労組の組織決定に基づいた行動とはいえ、だ。自らに都合の悪い言論を封殺するようなSLAPPを起こした「元原告」が、その恫喝訴訟の「元被告」から、一度くらい自宅を訪問されても、文句は言えないだろうと、私は改めて、沢村氏の新たな釧路の住所を割り出し、訪れたのだ。

目的はもちろん、JR北海道労組から除名処分を受けた真相を、沢村氏本人から直接、聞くことだった。さらに欲を言えば、JR北海道労組が「組織破壊文書」と規定した、彼が書いたとされる組合批判文書「報本反始」も見せてもらいたかった。

「人殺しの組合にはいられない」

時計の針が午後7時をさした。私は「JRアパート」の階段を上がり、沢村氏宅のインターホンを押した。鉄扉の向こうで「はい」という女性の声が聞こえた瞬間、私は〝空振り〟したことを悟った。

閉まったままの扉に向かい、こちらの名前と身分を名乗り、休日の夜に突然、訪問した非礼を詫びると、彼女は「お待ちください」と、扉を開けてくれた。

鉄扉の向こう側には、小柄でかわいらしい女性が立っていた。彼女は果たして、私が、かつて自分の夫が訴えた相手であることを、知っているのだろうか。「ライター」などと名乗る男の突然の訪問を受けても、物怖じひとつせず、終始、愛想よく接してくれた。

本章の冒頭で引用した、沢村氏に除名処分を下すまでの経緯を記したJR北海道労組の内部文書には、沢村氏が〈組織破壊文書を職場の特定の組合員に配布し、自宅で「読み合わせ」を行っていました〉とあった。なるほど彼女なら、組合からパージされた夫が、自らを慕う若手組合員を自宅に招き、「勉強会」を行っていたとしても、不満ひとつ言わず、温かく見守っていたのだろう——沢村氏の妻の対応は、そう思わせる、懐の深さを感じさせた。

しばらくすると、幼稚園あるいは保育園の「年長さん」ぐらいの年だろうか、女の子が母親の足元に駆け寄り、好奇心に満ちた瞳で、日曜日の食事時に現れた「珍客」を見つめていた。

この妻と子供の表情や仕草から私は、沢村氏が――その思想信条や、過去の言動は別として――少なくとも家庭においては、よき夫であり、父親に違いないことを確信した。

沢村氏の妻によると、彼はこの日、当直勤務でなく、「出張中」とのことで、明後日には帰ってくるとのことだった。私は再度、主の不在時に自宅を訪問した失礼を詫び、沢村氏に手紙を書きたいので、一時間後に再訪したい旨を伝えたところ、彼女は快諾してくれた。そこで、釧路駅近くにとったホテルに戻り、沢村氏への手紙をしたため、持参した神戸の菓子折りを手に再度、彼の自宅を訪れた。

沢村氏の妻は、彼への手紙は受け取ってくれたものの、手土産は固辞するので、「これは沢村さんにではなく、お子さんに……」と半ば強引に押し付け、JRアパートを後にした。神戸から約7時間かけて釧路まで来た挙句、空振りに終わったにもかかわらず、不思議と徒労感は無かった。

それから数日後の9月初め、私の自宅に宅配便が届いた。送り主は沢村明彦氏。彼の妻に渡したはずの菓子折りが、包装紙を開かないまま入っており、添えられていた手紙には、こう書かれてあった。

〈先日、私のところへ訪ねて来られたようですが、西岡さんに話するようなことはありませんので、二度と私のところに来ないで下さい〉

生前の沢村氏と親しかった前出のJR北海道労組組合員が話していた通り、彼はやはり「信念の人」なのだろう。

たとえ、自分が正しいと思ったことを発言した結果、半生を捧げてきた組織からパージされ、不本意極まりない「除名処分」を受けても、さらには、組合の意を受けた会社から「畑違いの部署」に飛ばされても、かつての「敵」と組むような真似だけはしない――その短い文面からは、彼の強い意志が伝わってきた。

だが、私も、諦めのいい人間なら、こんな稼業に就いていない。その後も沢村氏への再度のアプローチを模索し、いくつかのルートを開拓していた。しかし、その最中の18年1月13日、当の本人の訃報に接したのだ。

沢村氏が亡くなったと聞いたとき、真っ先に浮かんだのが、彼の妻と幼い娘の顔だった。もちろんその時点では、そして今なお、彼の死が事故によるものか、自殺なのかは定かではない。が、このときに私は、彼の死に至るまでの一連の事実だけは、必ず公にすると心に決めた。それが、かつての「敵」からの、せめてもの弔いと思ったからだ。

沢村氏の不慮の死から数日後、彼の自宅に――おそらく彼ら夫婦の親御さんからの、孫へのプレゼントだろう――女の子用のランドセルが届いたという。

同じころ、札幌運転所に勤める、動労時代からのベテラン組合員が1人、JR北海道労組札幌地本札幌運転所分会の事務所を訪れた。生前の沢村氏をかわいがっていたという、その年配の組合員は、その場で組合からの脱退届を書き、分会役員に手渡すと、こう言ったという。

「人殺しの組合にはいられない」

第10章

「人事権」と「車両選定」への「介入」

2人の社長の自殺

北海道札幌市の中心部から、北西約40キロの直線距離にある小樽市のオタモイ海岸——。アイヌ語で「砂の入り江」を意味する名前とは対照的に、断崖が連なる海岸の沖合約1キロに、男性がうつぶせで浮かんでいるのを、釣り人が見つけたのは、2011年9月18日午前7時53分のことだった。

通報を受けた第一管区海上保安本部・小樽海上保安部の巡視艇が、遺体を収容。北海道警の検視の結果、遺体は、その6日前の12日深夜から未明にかけて、札幌市内の自宅から失踪し、行方不明届が出されていたJR北海道第4代社長、中島尚俊氏（当時、享年64）のものと判明した。

旭川市出身の中島氏は、親子二代の鉄道マンだった。旭川鉄道管理局に勤務していた彼の父親は、ダイヤ（列車運行時刻表）を作成する専門家、「スジ屋」だったという。普通列車から特急列車まで、すべての列車の動きを秒単位で計算し、複雑なグラフ上に「筋《スジ》」を引くことからこう呼ばれる。その父親を尊敬していた中島氏は１９６５年、地元の北海道旭川北高校を卒業後、東京大学経済学部に進学。東大卒業後の69年、国鉄に入社した。いわゆる「学士採用」、今でいうところの「キャリア組」である。

故・中島尚俊氏（JR北海道元社長）
写真：時事

国鉄入社後は、本社旅行局などを経て、85年に東京南鉄道管理局に配属された。当時の「東京3局」（東京西、南、北鉄道管理局）の中でも、東京南鉄道管理局は、全国一の売り上げと職員数を誇っており、そのマンモス所帯を営業部長として取り仕切ったという。

国鉄分割・民営化の際には、「故郷に恩返しをしたい」と、自らＪＲ北海道入りを志願。ＪＲ北海道でも、旅営業部の販売部長を振り出しに、旅行本部長や営業推進本部長、鉄道事業本部営業部長など一貫して営業畑を歩み、94年に取締役に昇格した。その後、常務取締役・旅行本部長、代表取締役専務・鉄道事業本部営業推進本部長を歴任し、07年6月から代表取締役社長に就いていた。

ＪＲ北海道では、中島氏と同じ69年採用の事務職に、小池明夫会長や小池善明・元常務（札幌証券取引所理事長）、技術職に、柿沼博彦副社長（肩書はいずれも11年当時）らがいたことから、「花の（昭和）44年組」と呼ばれていたという。

その中島社長の自殺から、約2年4カ月後の14年1月15日。

午前8時20分、中島社長の遺体が発見されたオタモイ海岸沖から西に15キロの余市町、余市港の沖合100メートルの海上に、スーツ姿の男性が浮かんでいるのを、訓練のため出港した海上自衛隊余市防衛隊のミサイル艇「わかたか」が発見した。

わかたかはすぐに基地に引き返し、小樽海上保安部と北海道警余市署に通報。小樽海保の巡視艇によって引き上げられた遺体は、後に坂本眞一・第2代ＪＲ北海道社長（当時は相談役）と判明する。

わずか2年余の間に、社長経験者が相次いで自殺するような会社が、「正常な組織」であるはずがない。

私はこれまで5年以上にわたって、この「2人の社長の自殺」という、前代未聞の〝事件〟の真相を追い続けてきたのだが、そこから浮かび上がってきたのは、前章までに詳述した「異常な労組」と、それと癒着した経営幹部による「歪《いびつ》な労政」によって蝕まれてきた、この会社の末期的な姿だった。

「弟分」の自殺

まずはJR北海道の宿痾《しゅくあ》が噴き出すきっかけとなった、石勝線の特急脱線・火災事故（11年5月27日）から、中島社長の失踪（同年9月12日）に至るまでの、約4カ月に起こった出来事を、振り返ってみよう。

11年5月27日、東京都港区の青山葬儀所――。石勝線の事故が発生する約3時間前、同葬儀所で営まれた通夜の参列者の中に、中島社長の姿があった。

故人は、JR東日本の元副社長で、当時は同社のグループ会社で、駅ビル型商業施設を展開する「ルミネ」の代表取締役社長を務めていた、谷哲二郎氏（享年61）。この2日前、谷氏は東京都葛飾区西新小岩の河川敷で縊死していた。

谷氏は72年に東大法学部を卒業後、国鉄に入社した。経理局主計課の補佐などを経て、JR東日本に移行。財務部長や総務部長などの要職を歴任し、06年に副社長兼総合企画本部長に昇格。09年からはルミネの代表取締役社長を務めていた。

ちなみに谷氏が自殺した当時、彼の上司で、ルミネの会長に就いていたのは、花崎淑夫氏（73歳）。かつてはJR東労組の首領、松崎明氏と「松田《まつだ》（昌士《まさたけ》）氏以上に癒着していた」（JR東日本OB）といわれる人物で、第3章で述べた、94年のJR東日本による「週刊文春キオスク販売拒否事件」を主導したのも彼だった。

この花崎氏については、前述の牧久氏の近著『暴君』（第3章参照）に詳しいので、そちらに譲る。ただ、それまで長年にわたってJR東日本の取材を続けていた私にとっても、「谷氏自殺」の報は衝撃的だった。よって当時、私も、彼の自殺の動機や背景を調べたのだが、結果的に判然としないまま終わった。

だが、その取材対象者の一人に「中島尚俊」の名前があった。というのも、中島社長と谷氏は同じ東大出身というだけでなく、国鉄本社時代も直属の上司、部下の間柄で、「国鉄時代の中島さんは、谷さんを弟分のように可愛がっていた」（JR関係者）という。そして、この関係者の証言によると、中島社長は谷氏の通夜の席でも「なんで自殺なんかしたのか……」と無念の言葉を漏らしていたというのだ。

その「弟分」との最後のお別れということもあって、中島社長は当初、翌日の告別式にも参列する予定だったという。が、通夜が終わってから約4時間後、東京に滞在していた彼のもとに、JR北海道本社から凶報が入る。石勝線の特急脱線・火災事故発生の連絡である。

石勝線の脱線・火災事故の経緯

国土交通省運輸安全委員会の鉄道事故調査報告書（13年5月作成）によると、事故の経緯はこうだ。

11年5月27日午後9時55分ごろ、勇払《ゆうふつ》郡占冠《シムカップ》村ニニウの「清風山信号場」内を、釧路発札幌行きの特急列車「スーパーおおぞら14号」（6両編成）が通過中、4両目に乗車していた車掌が異音と振動を感知した。

車掌から連絡を受けた運転士はすぐに列車を停止し、列車は信号場内の「第1ニニウトンネル」内で停車したが、その後、列車で火災が起こり、煙が列車内に入り込んできた。

当時、同列車には、乗客248人と、運転士1人、車掌1人、客室乗務員2人の計252人が乗っていたが、全員が徒歩でトンネルの外に避難。この際、乗客と車掌計79人が煙を吸うなどして軽傷を負った。列車は、5両目が脱線しており、火災によって全車両が焼損した。

JR北海道本社が、事故の発生を認知したのは、列車が停止してから約2時間後、日付が変わった28日午前零時過ぎだった。本社からの連絡で、刻一刻と明らかになっていく事故の状況に、中島社長がまんじりともせぬまま、夜を明かしたことは想像に難くない。

同日朝一番の飛行機で北海道に戻った中島社長は、北海道陸運局に直行。運輸局長から警告文書を手渡された彼は、報道陣を前に沈痛な面持ちで、「大変な事態と受け止めている」とコメントし、その足で、負傷した乗客を見舞うため、現地の病院に向かったという。

事故から2日後の29日には、国交省の特別保安監査が始まり、中島社長は土日を返上して、それらに対応。6月9日には、事故後初めて現場を視察した。

そして同月18日、国交省はJR北海道に対し、鉄道事業法に基づく「事業改善命令」を発令した。この命令に基づき、JR北海道が国交省への提出を命じられた「改善措置報告書」の提出期限は、約3カ月後の「9月17日」と決まった。

しかし、石勝線の事故後も、JR北海道では事故や不祥事が続発した。6月6日には特急列車「スーパー北斗」のエンジンから白煙が上がり、9日には千歳線の運転士による居眠り運転が発覚。14日には石勝線追分駅構内で信号機の誤作動が起こり、国交省は「重大インシデント」に認定した。

国交省から事業改善命令を受けた後も、同社の事故は止まることを知らず、7月5日には函館線の特急「スーパー宗谷2号」でタンクが破損、8月17日には学園都市線の列車から白煙が上がった。さらに9月2日には「JR北海道唯一のドル箱」といわれる、新千歳空港―札幌・小樽間の「快速エアポート」など29本の列車がシステム障害で運休したのだ。

36協定違反

そして9月7日、中島社長自殺の、大きな要因になったとみられる〝事件〟が公になる。

JR北海道は同日付で〈常務取締役総務部長　島田修《しまだおさむ》〉名の〈36協定違反に対するお詫び〉という文書を全社員に向けて発信。それと同時に、報道機関にも同社の「36協定違反」の事実を公表したのだ。

36《サブロク》協定とは、時間外労働に関する労使協定のことで、労働基準法第36条に基づいていることからこう呼ばれる。使用者（会社）が、労働者（社員）に対し、同法第32条に定める法定労働時間（1日8時間、週40時間）を超える時間外労働を命じる場合、労働組合などと書面による協定を結び、労働基準監督署に届け出ることが義務付けられている。

もし届け出をしないで時間外労働をさせると、労働基準法違反となり、６カ月以下の懲役または30万円以下の罰金が科される。

当時のＪＲ北海道の報道発表資料によると、同社の36協定違反は、次のような経緯で判明したという。【（　）内は筆者補足】

〈(11年）７月８日に札幌中央労働基準監督署が、平成23（11）年４月及び５月の本社計画部門における時間外労働についてサンプリングで調査したところ、１名が36協定の特別条項で定める労働組合との協議を行わずに、１ヶ月45時間の上限を超える時間外労働をさせており、36協定に違反し、労働基準法違反であるとして７月21日に是正勧告を受けました〉

〈計画部門〉とは、列車の運転（運転士や車掌）や、車両メンテナンス（検修）などの「現業機関」と違い、運輸部や車両部など鉄道事業の各系統をはじめ、経営企画部や総務部など、いわゆる「デスクワーク」に従事する部署のことだ。

〈これを受け社内で調査したところ、４月及び５月で計11名（の社員）が違反していることが判明しました。

５月27日に発生した石勝線列車脱線火災事故により、６月も（事故対応等で）長時間労働が多数発生していることが考えられたため、社内で調査したところ、６月は16名が違反していることが判明しました〉

ＪＲ北海道と、同社の最大労組である北海道旅客鉄道労働組合（ＪＲ北海道労組）は当時、時間外労働について〈1日8時間、1ヶ月45時間、1年間360時間を限度とする〉とする36協定を締結していた。ただし同協定は、会社に、前述の限度時間を超える時間外労働を、社員にさせる必要が生じた場合、以下のような〈特別条項〉も定めていた。

〈臨時的な事情が生じた場合、甲(JR北海道)と乙(JR北海道労組)が別に協議し、更に1ヶ月30時間を限度として延長することができる。(中略)ただし、緊急やむを得ない場合には、(甲は)事後に乙に通知することとする〉

そして、労基署からの是正勧告を受けたJR北海道が、社内調査をさらに進めたところ、11年度を含む過去3年間で、延べ約450人分の36協定違反が判明したというのだ。

このJR北海道による36協定違反に対し、JR北海道労組は猛反発。前述の、国交省に提出する「改善措置報告書」の作成には、組合側の協力が不可欠だったが、それについての労使協議を拒否し、36協定違反問題で、会社側を徹底的に追及するのだ。たとえば、このように。

〈コンプライアンス無視の会社! 労基署から「是正勧告」されるまで組合には一切知らせず! 不正な時間外労働が常態化か?〉(11年8月19日付「FAXひびき」)

〈国土交通省からの「業務改善命令」に続き、今度は、労働基準監督署から、「是正勧告」と「指導」! どうなっているんだ? この会社!〉(11年8月24日付同前)

〈社員に法令遵守(コンプライアンス)を求める会社が法律に違反! これが問われている体質か?! 結んでも守る気のない「36協定」なら、締結する必要はない!〉(11年8月29日付同前)

〈4月、5月と「36協定」に違反しているにもかかわらず、組合を無視し続けた会社の姿勢は

図表10-1 「FAXひびき」での36協定違反批判

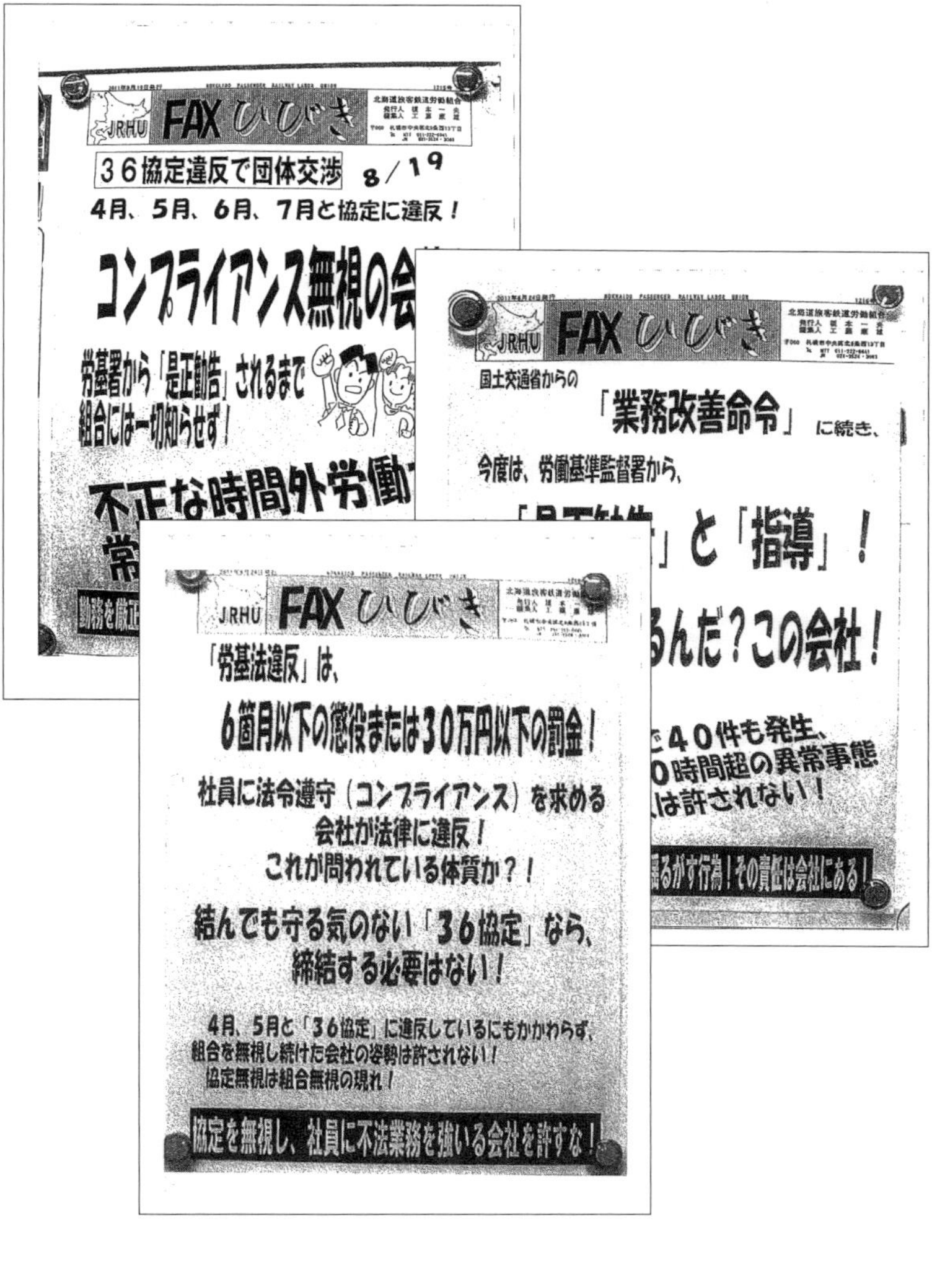

許されない！　協定無視は組合無視の現れ！　協定を無視し、社員に不法業務を強いる会社を許すな！〉（同前、図表10－1）

「ＦＡＸひびき」とは、彼らの機関紙「ひびき」のＦＡＸ版だ。36協定違反を犯したとはいえ、こんな「アジビラ」と見紛う内容のＦＡＸが、相次ぐ事故や不祥事の対応に追われる最中、連日のように職場の組合掲示板に張り出されるのだから、当時のＪＲ北海道の現場管理者もたまったものではなかっただろう。

中島社長の「失踪」

労基署による是正勧告から、自殺に至るまでの約2カ月にわたって、中島社長を苦しめた、この36協定違反問題の〝真相〟については後述するとして、中島社長は、改善措置報告書の提出期限の「9月17日」が土曜日にあたっていたことから、前日の16日に自ら国交省に出向き、報告書を提出する意向を、早い段階から周囲に伝えていたという。

そして9月10日、札幌駅で開かれたイベントに出席。これがＪＲ北海道社長としての最後の公務になった。イベント終了後、本社に立ち寄り、翌11日も1人で出社。午前10時から1時間ほど社長室に在室していたところを、警備員に目撃されている。その後、中島社長は札幌市内の自宅に戻り、同日午後9時から翌12日午前零時の間は、自室にいたことを、夫人が確認している。

社長夫人が、夫の不在と、彼の車が無いことに気づいたのは、12日午前9時ごろ。そのときにはすでに「遺書」とみられる封筒が自室の机の上に置かれていたため、夫人はすぐに警察に通報したという。

複数のJR北海道関係者によると、遺書は家族をはじめ、会社幹部、組合関係者宛てのものが「十数通」あったといわれているが、詳細は分からない。

夫人からの通報を受けた北海道警察は捜索を開始。その日の午後には、札幌の自宅から約15キロ北の石狩浜付近の路上で、中島社長の車が発見された。そして、その数時間後には「中島社長が行方不明」の情報を掴んだ報道各社からの問い合わせが殺到したのだろう。12日の午後8時になって、JR北海道は記者会見を開いた。

島田修氏（JR北海道社長）
撮影：梅谷秀司

記者からの質問に答えたのは当時、広報部担当の常務取締役で、総務部長に就いていた島田修氏（現社長）だった。

島田氏は58年生まれの61歳。80年に中島社長と同じ、東大経済学部を卒業後、国鉄に入社。JR北海道移行後は、鉄道事業本部営業部長などを経て、07年に取締役総務部長に就任。その後、常務取締役に昇格していた。

中島社長が失踪した12日以降、遺体が発見され、死亡が確認される9月18日までの間、札幌市中央区のJR北海道本社では、この島田常務による会見を含め、3回にわたって記者会見が開かれた。それら3回の会見での、記者と会社側のやりとりが、地元経済誌「財界さっぽろ」(11年11月号)に詳録されているので、引用させていただく。

12日の会見では冒頭、島田常務から、中島社長の失踪を、JR北海道が知るに至った経過についての説明がなされたのだが、このなかで「書き置きが自室に残されていたと伺っております」と、遺書の存在に触れたため、当然のことながら、記者の質問は、その「書き置き」に集中した。

「書き置きの中身は?」、「島田常務は書き置きを読んだのか?」、「遺書という話があるが?」などの記者からの矢継ぎ早の質問に対し、島田常務は、警察が中島氏を捜索中であることを理由に、また「(中島社長が)元気に発見されてお出になることに差し障りがあってはいけない」として、「現時点でのお答えは差し控えさせていただきます」と回答を避けた。

また「(中島社長が)最近、思い悩んでいる様子はなかったか?」との質問に対して島田常務は、「一連の事故への対応でさまざまな形でのご苦労、ご心労が重なっていたことは事実かと思います」としながらも、「ただ、こうした事態になるほど悩んでいたという感じは、私は受けていません」と答えた。

12日に予定されていた公務についての質問に対しては、「午前中、現場の職場表彰に自宅からまっすぐ市内の駅に向かう予定になっており、その後、社内でいくつか定例の会議に出席する予定でした」と回答。さらに中島氏不在時の職務代行についての質問には、「柿沼（博彦）副社長、栗原（進）専務（いずれも当時）の順で職務代行をするという決議を取締役会でしています」と答えた。

そして当時の地元の記者たちにも、前述の36協定違反をめぐって、ＪＲ北海道労組の労使対立が激化していたという認識は、当然あったのだろう。記者の質問は、労使関係に集中していく。

記者 （中島社長は）事故以外、例えば組合との関係などで悩んでいた様子はあったか？

島田常務 事故以来、さまざまな問題処理の陣頭指揮をとっておりました。（中略）トータルでさまざまな問題で心労はあっただろうと考えております。

記者 いろんな苦労があったとのことだが、労働組合への対応も入っているのか？

島田常務 それは私の所管ですので私の問題ですが、心配をおかけしたことは事実だと思います。

【傍点部は筆者、以下同】

そして会見の最後に記者から「社長に一声かけるとすれば？　個人的に社長との付き合いはどれくらいか？」と尋ねられた島田常務は、苦渋の表情を浮かべてこう答えたという。

「早く発見されて欲しいということに尽きます……。

個人的には国鉄本社時代に直接の上司、部下の関係で仕え、JR発足後も営業部門の上司、部下の関係で十数年ご一緒させていただきました。直近では総務部長として4年間、下におりましたので、当社のほうでもお付き合いが長いほうだと思います」

「技術の天皇」

9月16日、本来ならば、中島氏が国交省に自ら出向き、提出する予定だった改善措置報告書が、小池明夫会長（当時）によって提出された。そして同日午後3時から行われた、報告内容についての記者会見では、中島氏が座るはずだった会見席の中央に「職務代行者」の柿沼博彦・副社長（当時）が座った。

柿沼氏は43年生まれの76歳。北海道大学工学部を卒業後、同大大学院工学研究科に進み、電子工学専修修士課程を修了後の69年、国鉄に入社した。東京・品川の「大井工場」（現「東京総合車両センター」）で、車両の検査業務などに就いた後、75年から本社の車両設計事務所で、東北新幹線の開発に携わったという。

国鉄分割・民営化でJR北海道入りし、国鉄時代から北海道における車両製造、改造、整備の中核施設だった「苗穂工場」に技術技師として赴任。「フラノエクスプレス」や「トマムサホロエクスプレス」など、大きな窓やサロンなどを備えたリゾート列車のデザインから製造までを指揮した。その後は新型車両の開発に情熱を注ぎ、94年には札幌駅—函館駅間で、特急列車「スーパー北斗」をデビューさせたという。

「このスーパー北斗に使われた『キハ281系気動車』などの『車体傾斜式車両』の開発が、柿沼さんの（JR北海道における）最大の功績でした」というのは、JR北海道の技術系社員だ。

柿沼博彦氏（JR北海道元副社長）
撮影：今祥雄

車体傾斜式車両とは、カーブを通過する際に、車体を内側に傾斜させることで遠心力を軽減し、乗り心地を落とすことなく、高速で走行することができる車両のことだ。技術系社員が続ける。

「この車体傾斜式（スーパー北斗）の導入によって、札幌駅─函館駅間の所要時間は最大で30分短縮され、2時間59分になりました。柿沼さんはさらに、この『281系』に改良を加えた『キハ283系気動車』を開発。97年に『スーパーおおぞら』に投入され、札幌駅─釧路間の所要時間を最大で45分短縮しました。その後も柿沼さんは、空気ばね車体傾斜方式を用いた『キハ261系気動車』を開発し、00年に『スーパー宗谷』に導入。これによって札幌駅─稚内駅間は54分短縮されたのです」

柿沼氏はその後、鉄道事業本部長などを経て、05

年、副社長に就任。以降、7年間にわたってJR北海道の技術・開発部門を一手に掌握したことから、同社で「技術の天皇」（前出・社員）と呼ばれた。

12年には代表権のない取締役会長に就任。13年に会長から「特別顧問」に退いてもなお、技術職の最高位である「技監」として、社内に君臨したという。

柿沼氏の来歴や、JR北海道における彼の〝功罪〟については、JR北海道の抱える病理にいち早く注目した「日経ビジネス」記者、吉野次郎氏による『なぜ2人のトップは自死を選んだのか――JR北海道、腐食の系譜』（2014年、日経BP社刊）に詳しい。

よって、これ以上の彼についての紹介は同書に譲るとして、この柿沼氏も、坂本相談役や小池会長とともに、中島社長の死後、複数のJR北海道関係者から、同社の歪な労政をつくった「四人組」の一人として、名指しされることになる。

中島社長の遺書

16日の会見では、その柿沼副社長の左隣に前出の島田常務が並んだ。しかし、報告書の中身に関する質問もそこそこに、記者からのそれは、未だ行方不明状態にあった中島社長に関することに集中した。

記者　社長が行方不明の状況であることについては？

柿沼副社長　社長が発見されない状態ですが、（業務の改善に）一丸となって取り組んでいきたい。

記者　社長不在で（改善措置報告書を）提出したことについては？

柿沼副社長　中島に提出してもらいたかったが、報告書には中島の思いが入っていると認識しています。

記者　社長の考えはどの程度入っているのか？

柿沼副社長　すべてに含まれていますが、中島が一番こだわったのはお客様のための安全ということです。この部分はいままでと違うところです。

記者　社長がいなくなった理由として考えられるものは何か？

柿沼副社長　事故から3カ月間、社長の心労が極めて限界に達していたのかなと思います。わたしも常にそばにいましたが、社長の変化に気づくことができず情けない思いです。

そして9月18日、冒頭で記した通り、中島社長は、小樽市のオタモイ海岸から沖合1キロの海上で発見され、その死亡が確認された。あるJR北海道社員は、遺体発見当時の模様をこう述懐する。

「中島社長が失踪された当初、車が石狩浜近くで発見されたので、その先の海岸から入水されたことは間違いないと思っていました。しかし、ご遺体が小樽市沖で見つかったのは意外でした。というのも、あの辺（石狩浜周辺）の潮は、西から東に向かって流れているので、誰もが（中島社長の遺体が）流されるなら北東方面だと考え、関係者は皆、（石狩市）厚田（区）や浜益（区）

の日本海沿いの海岸を、必死で捜索していたんです。まさか逆方向の小樽方面に流されていたとは思ってもいませんでした」

指紋などから、遺体を中島社長のものと確認した北海道警が、ＪＲ北海道に連絡を入れたのは午後6時。これを受け午後8時から3回目の記者会見が行われた。会見席の中央に座ったのは小池会長、その右隣に柿沼副社長、左隣に島田常務が着席した。

会見の冒頭、小池会長が、中島社長の遺体発見の経緯について説明した後、中島社長の遺書のうち、社員に宛てられたものを公表した。

遺書は、白い縦長の封筒に入れられ、封筒の表には「社員の皆さんへ」、裏には「中島」と自筆で記されていたという。封筒の中には、パソコンで印字されたＡ４版の紙1枚が入っており、そこにはこう綴られていた。

〈社員の皆さんへ

○毎日、それぞれの持ち場で、安全輸送、接客、収入確保、経費削減に取り組んでいただき有難うございます。

○この度の36協定違反では、長期間にわたって協定に違反する事態が発生しており、社員の皆さんに多大なご迷惑をおかけしたことを、お詫びいたします。

○現在、5月27日の脱線火災事故を反省し、全社を挙げて企業風土の改善などに取り組んでいる時に、真っ先に戦線を離脱することをお詫びいたします。

○当社は、年間に日本の人口とほぼ等しい、1億3000万人の方にご利用いただいています。

これだけ多くのお客様の尊い人命をお預かりしているという事実を認識し、「お客様の安全を最優先にする」ということを常に考える社員になっていただきたいと思います。
○長い間のご支援、ご協力ありがとうございました〉

これが、中島社長が社員に宛てたとされる遺書の全文だが、前述の通り、彼の遺書は当時から十数通あるといわれており、記者の質問もそれに集中した。

記者　書き置きは全体で何通、誰宛てか。

小池会長　10通程度。そのうち4通が会社の幹部宛てで、もう1通がいまお配りした「社員の皆さんへ」というものです。

記者　幹部というのは誰か？

小池会長　実名と内容は、公表は差し控えたいと思いますが、共通した中身としては今回の事態へのおわび、これまでのお礼、後事を託しますということでした。長いものではなく、ほんの数行というものでした。

記者　今後の予定は？

小池会長　葬儀の話とか、捜索で協力していただいたところへのごあいさつなどが当面あると思います。代表権を持っているのは私1人ですので、対外的な関係は私、社内的な実務は当面、社長代行者の柿沼副社長ということで進めていきたい。

記者　柿沼副社長、島田常務にもお気持ちを伺いたい。

柿沼副社長　大変、無念な思いです。中島さんの意志が入っている安全に関する立て直しを、幹部一同進めてまいりたいと考えています。

島田常務　私個人としては、事実がきちんと受け止められていません。信頼回復に向けて、中島がこういうことを大事にして欲しいということを残してくれたので、それを実行に移すことが与えられた使命だと思います。

そして記者たちの質問は、12日の中島社長失踪時の会見と同様に、対立を極めていた労使関係へと移っていく。

記者　（中島社長自殺の原因は）労組トラブルが原因という見方もできるが。

小池会長　36協定違反というのは、私どもが全面的に悪いということで、これから解決する方向で議論していました。経営環境が厳しい中、労使が協力して乗り越えていかないといけない。組合もそういう思いでいたはずだと思いますので、そのこと（が原因）とは思いにくいなという気がします。

記者　労組との話し合いの場があったのか？

小池会長　社長が出ていたわけではないが、組合と協議していたのは事実です。今回の事象はどうあっても会社側に非がありますので、その事実を中島も全面的に認めており、具体的な解決法について個別に指示も出していました。労働組合に対して全体の改善報告を議論する場があり、そこで36協定違反について謝罪した事実はありました。

中島社長の遺体が発見されてから3日後の21日、札幌市西区の斎場で、中島社長の密葬が行われた。親族やJR北海道の幹部、OBだけでなく、大塚陸毅《むつたけ》・JR東日本会長（当時）ら、JR各社のトップも参列したという。

不可解な36協定違反問題の浮上

中島社長は、なぜ〈真っ先に戦線を離脱〉し、自ら命を絶たざるを得なかったのか？　そして、彼をそこまで追い詰めたものは一体、何だったのか？

中島社長の社員に宛てた遺書や、小池会長の記者会見での発言から、それを前述の「36協定違反問題」と指摘するJR北海道関係者は少なくない。なかでも、36協定違反が発覚した当時の、社内の混乱ぶりを知る総務部関係者の1人はこう証言するのだ。

「そもそもあの段階で、『本社（計画部門）』の36協定違反問題が浮上してきたことが異常でした。さらに言えば、あの時期に労基署が（調査に）入ったこと自体が、不可解極まりなかった」

ここでもう一度、JR北海道の労使間で「36協定違反問題が浮上」する前後の経緯を、簡単に振り返ってみよう。

11年5月27日、石勝線で特急脱線・火災事故が発生し、6月18日、国交省はJR北海道に事業改善命令を発令した。

ところが、この改善命令から約3週間後の7月8日、札幌中央労基署がJR北海道の「本社計画部門」に調査に入り、36協定違反が発覚。同月21日、労基署は是正勧告を行った。

それを受け、JR北海道が社内調査を行ったところ、同年4～6月に本社で勤務していた社員のうち計27人が違法な状態で働かされていることが判明。さらに調査を進めたところ、11年度を含む過去3年間で、延べ約450人分の36協定違反が明らかになった。

これに対し、同社の最大労組であるJR北海道労組は猛反発し、労基署の是正勧告以降、連日のように会社に対し、追及行動を展開した。JR北海道は9月7日、社員に向けて、島田常務名の〈お詫び〉を出すと同時に、報道機関にも36協定違反の事実を公表。中島社長が失踪するのはその5日後のことだ。前出の総務部関係者が再び語る。

「そもそも組合と（会社と）の対立は、石勝線の事故や、36協定違反が起こる（発覚する）4年前、中島さんが社長に就任（07年）してから、ずっと燻っていたんです。というのも、中島社長は、それまでの『一組』（第一組合のこと。JR北海道労組）に偏った労政を変えようとしていた。そして、その中島社長の下で実際に労務対策に当たっていたのが、中島社長就任と同時に、総務部長に就いた島田さんでした」

この関係者によると、中島社長就任前のJR北海道では、JR北海道労組がことあるごとに、運輸部や車両部などの「主管部」を直接呼び出し、抗議したり、要求を突きつけていたという。ところが島田氏が総務部長に就いて以降は、窓口を総務部に一本化し、組合が主管部に直接、接触することを認めないなど、ＪＲ北海道労組に対し、厳しい姿勢で臨んでいたというのだ。関係者が続ける。

「特に島田さんが常務に昇格した平成22（10）年以降、彼ら（ＪＲ北海道労組）は（島田氏から）完全に抑え込まれていました。この中島―島田体制での労政に不満を募らせていた一組は、（改善措置）報告書をめぐる（労使の）協議にも、応じようとはしなかったのです。

そして7月1日に開かれた経協（経営協議会）で、組合側は『労使関係がここまで悪化したのは、総務部がこれまで主導してきた、組合に対する嫌がらせが原因だ』などと主張し、（経協の）途中で退出した。これによって労使協議は完全に決裂しました。

ところが、それからわずか1週間後に（札幌中央）労基署が（調査に）入った。あまりにタイミングが良すぎるとは思いませんか？　しかも（労基署は）現業（部門）ではなく、本社（計画部門）を狙い撃ちにしてきた。明らかに（ＪＲ北海道）社内事情に精通している人物が、労基署に投書したか、通報したとしか思えないのです」

この総務部関係者によると、ＪＲ北海道の本社計画部門の社員の超過勤務は、旧国鉄時代から続く「慣行」で、同社では長年、「本社の超勤については、（ＪＲ北海道労組を含め）どの組合も触れない（問題視しない）というのが不文律だった」というのだ。関係者が続ける。

「しかも平成18（06）年ごろまでは、『サービス残業』だったのです。さすがにこのままではいけないということで、当時の総務部がタイムレコーダーを導入し、サービス残業から『実質残業』に切り替え、超えた分（超過勤務分の賃金）は、払うということにした。

この時も一組は何の文句も言ってこなかった。本社〔計画部門〕の管理職を除く社員は、ほぼ全員が、一組の組合員だったにもかかわらず、です。

会社は『金〔残業代〕さえ払えばいいだろう』、組合も『金さえ払ってくれればかまわない』という馴れ合い状態で、当然のことながら〔超勤手当の〕支給実績は跳ね上がった。超勤時間も平成22〔10〕年ごろまで伸び続け、〔36協定で定める〕限度時間を超えることになった。これも一組だけでなく、すべての組合が知っていましたが、皆、黙認していたのです。

にもかかわらず〔11年7月21日に〕労基署から是正勧告を受けるや、一組はまるで、それ〔本社の36協定違反〕を、初めて知ったかのように、糾弾し始めたのです」

労基署の是正勧告以降、JR北海道労組が「FAXひびき」などで〈組合には一切知らせず！不正な時間外労働が常態化か？〉〈どうなっているんだ？　この会社！〉などと連日のように、追及行動を展開したことは前述した。が、彼ら労働組合の、経営に対するチェック機能こそ果たして、〈どうなって〉いたのだろうか。関係者が続ける。

「36協定違反では、会社に、全面的に非があることは認めます。しかし、それが明らかになったなら、労使で今後、どう改善していくかを協議すればいい話ではないですか。けれども、彼ら〔JR北海道労組〕はそれを、会社を攻撃する材料に使った。自分たちも長年にわたって、本社の超勤を黙認していたにもかかわらず、です。

当時は石勝線の事故に続いて、学園都市線や快速エアポートなど、主要路線でも事故が相次ぎ、その対応と、報告書の提出を控え、中島社長だけでなく会社全体が疲弊し切っていた。

しかし、一組からすれば、この会社が弱っている時こそ、中島社長が進めていた労政改革を潰す千載一遇のチャンスだったのでしょう。組合側からの攻撃に、社長は追い込まれていったのです」

労使双方に追い詰められた中島社長

だが、この36協定違反問題で、中島社長を追い込んだのは、JR北海道労組だけではなかったという。

「この組合の動きに便乗して、『36（協定）が破棄されれば、列車が止まる』などと大騒ぎしたのが、柿沼副社長と運輸部の連中でした。

それまで組合と癒着することによって、その地位や立場を保っていた彼らは、常日頃から、中島社長や島田常務の進める労政改革を苦々しく思っていましたから。つまり中島社長は（JR北海道）労使双方から追い詰められたんです」（同前）

同じ経営側の人間でありながら、組合の尻馬に乗り、自ら中島社長を追い詰めておいて、だ。前述の記者会見では、中島社長の失踪について「心労が極めて限界に達していたのかなと思います」などと、柿沼氏もよく言えたものである。が、この総務部関係者によると、柿沼氏がJR北海道労組、なかでも当時、同組合の「顧問」に就いていた佐々木信正氏との関係を深めたのは、中島氏が自殺する6年前、柿沼氏が副社長に就任する05年前後のことだったという。関係者が再び語る。

「（05年）当時、柿沼氏は代表取締役専務・鉄道事業本部長に就いており、既に60歳を越えていました。このため小池社長（当時）は、柿沼氏を（JR北海道本体の）外に出し、『札幌交通機械』の会長に据えようとしていたのです」

札幌交通機械は、JR北海道の苗穂工場に拠点を置き、JR北海道の車両をはじめ、札幌市営地下鉄、市電などの車両整備を行う、JR北海道のグループ会社だ。18年4月に同じグループ会社である「札幌工営」を吸収合併した。

「ところが、これを知った柿沼氏は焦った。というのも、それまで彼は『車体傾斜車両』をはじめ、『次世代特急』や『トレイン・オン・トレイン』、『DMV（デュアル・モード・ビークル）』など、自分の〝趣味〟ともいえる新型車両の研究・開発を、好き放題やってきましたから。子会社に出たら、それら車両の開発から外される。それを柿沼氏は嫌がったのです」

次世代特急とは、JR北海道が、川崎重工業と共同で開発を進めていた新型車両「キハ285系特急形気動車」のことだ。前出の技術系社員によると、同車両は、世界で初めて「振り子装置」と「車体傾斜装置」の両方を搭載した、「複合車体傾斜システム」を採用。さらに「モータ・アシストハイブリッド駆動システム」という、ディーゼルエンジンと電気モーターなどを組み合わせた駆動装置を搭載することによって、「スピードアップと省エネルギー化を両立させる車両」（同前）だった。

また「トレイン・オン・トレイン」（train on Train。略号t／T）とは、在来線を走る貨物列車を車両ごと、専用車両に載せて、新幹線で輸送するシステムのことだ。

前出の技術系社員によると、北海道新幹線（新青森駅―新函館北斗駅間）は、青函トンネルを、貨物列車と共用しており、貨物列車の運行ダイヤとの関係上、1日に通せる新幹線の便数は限られるという。

この問題を解消するため、JR北海道で以前から研究が進められていたのが、新幹線で貨物列車を運ぶことによって、新幹線の便数を増やすというこのt／Tで、同社は、柿沼氏が鉄道事業本部長に就いていた04年の段階で「貨物列車及び列車搬入搬出方法」として、関連技術の特許を出願している。

そしてDMV（デュアル・モード・ビークル）は、簡単に言えば、レールと道路の両方を走ることができる車両のことだ。前出の社員によると、JR北海道は02年ごろから「日本除雪機製作所」と共同開発を始めていたという。

日本除雪機製作所（現「NICHIJO」）は札幌市に本社を置く、除雪車や除雪装置などのメーカーで、川崎重工が株の75％以上を保有する、同社の傘下企業だ。JR北海道と日本除雪機は04年、DMVの試作車を完成させ、苗穂工場などで試験走行を繰り返していた。

組合による「人事権への介入」を招く

これら新型車両の開発を、JR北海道社内で一手に掌握していたのが柿沼氏だった。しかし、彼は車両開発に心血を注ぐ一方で、「列車の保守・点検には関心が薄かった」（前出・社員）という、こうした「技術の天皇」による開発偏重姿勢が、11年から13年にかけて相次いだ特急列車の火災・故障事故に繋がったという指摘もある。

前述の通り、11年5月27日には石勝線で、特急列車「スーパーおおぞら14号」が、部品が脱落したことにより脱線、炎上。同年6月6日には「スーパー北斗」のエンジンから白煙が上がり、翌7月5日には「スーパー宗谷」から部品が脱落。これらはいずれも、柿沼氏がトップとして開発に携わった車両だった。

さらに13年に入ると、根室線や函館線、石勝線で特急電車の火災事故が相次ぎ、同年9月には、函館線大沼駅構内で起こった貨物列車の脱線事故によって、JR北海道がレールの異常（幅の広がり）を把握しながら1年近く放置していたことが発覚。さらに11月、同社が、監査妨害を目的に、レール検査データの改竄を長年にわたって行っていたことが判明するに至って、JR北海道は発足以来、最大の経営危機を迎えたのだ。

これらの相次ぐ事故や不祥事の発生に伴い、それまでJR北海道が疎かにしてきた「安全対策」費は増大し、同社の経営を圧迫。JR北海道は14年9月、前述の「次世代特急」開発の中止を決定し、同月末に完成した試作車3両は、17年3月に解体された。また「t／T」計画も中断し、DMVも14年3月を最後に、試験運転を凍結。同年9月、導入断念を発表した。

つまり柿沼氏が副社長に就任する前の時点で、その精力を傾けてきた新型車両の開発はすべて頓挫したわけだが、話をその05年当時に戻そう。

総務部関係者が再び語る。

「自分が外（グループ会社）に出されることを知った柿沼氏が頼ったのが、佐々木（ＪＲ北海道労組）委員長（当時）でした。

柿沼氏は当時、労務を担当し、組合に通じていた（総務部）担当部長を通じて、佐々木委員長に、自分が会社に残れるよう、坂本会長（当時）への〝口添え〟を頼んだのです。当時の坂本会長と佐々木委員長が昵懇の間柄だったことは、社内でも周知の事実でしたから。

しかし、ことは社内の人事。しかもトップ（小池社長）がいったん決めたことを、いくら坂本会長と佐々木委員長が親しいからといっても、さすがに覆せないだろうと、当時の（労務）担当部長も半信半疑で、佐々木委員長に依頼したそうです。

異動の時期（05年6月）が近づくにつれ、担当部長の自宅には、毎晩のように柿沼氏から、『（人事異動は）どうなった？』などと、問い合わせの電話が入り、これには担当部長も閉口していたそうです。が、結果的に、柿沼氏は会社に留まることができた。

しかも、坂本会長は、柿沼氏のために、当時はなかった『副社長』というポストを新たに設け、それに据えたのです。

これには、実際に柿沼氏の依頼で、佐々木委員長に口添えをお願いした担当部長だけでなく、（経営）幹部全員が、『そこまでするか……』と驚いていました」

つまり柿沼氏は「会社に留まり、車両開発を続けたい」がために、自ら、経営権の要である「人事権」への、組合による介入を招いたというのである。そして柿沼氏は、このときの佐々木氏による〝口添え〟にたいそう感謝したのだろう。「それ以降、(柿沼氏と佐々木氏の) 2人は頻繁に会食を重ねていた」(同前)という。

アルミ製車両導入に反対した理由

しかし、この総務部関係者によると、柿沼氏が過去、自らを利するために、組合と会社の力関係を利用したのは、これに留まらないというのだ。関係者が再び語る。

「柿沼氏のために『副社長』ポストが設けられ、彼がそれに就いてから4年後、平成21(09)年ごろのことでした。当時、会社では学園都市線(札沼線)の電化を控え、運輸部を中心に、新しく導入する車両の選定が大詰めを迎えていました」

JR北海道では当時、学園都市線(桑園《そうえん》駅―北海道医療大学駅間)で運行してきたディーゼル車を、3年後の12年1月1日から、電車に切り替える計画を進めていたという。関係者が続ける。

「それまで札幌都市圏の在来線の通勤型電車には、『731系』などステンレス製の電車を採用していたのですが、運輸部としては学都(学園都市)線の電化を機に、我が社としては初となる、アルミ(合金)製の車両を導入することを検討していたのです」

前出の技術系社員によると、JR北海道では旧国鉄時代から、複数のメーカーに車両製造を発注していたのだが、JR北海道初の通勤型電車となった「731系」をはじめとする同型電車の製造は主に、川崎重工業か、日立製作所が受注していたという。

また09年時点ですでに、ＪＲ九州をはじめ、本州の地下鉄や私鉄各社でも、車両の軽量化の観点から、通勤型車両へのアルミ合金製車両の導入が進んでおり、当時、アルミ製車両の製造に力を入れていた日立は、ＪＲ北海道にもそれを導入することに積極的だった。一方の川重は、通勤型車両においては従来通り、ステンレス製をメインに製造を続けていたという。再び総務部関係者が語る。

「運輸部では、車両軽量化やメンテナンスコスト低減の観点から、（学部線に）新たに導入する車両には、日立製のアルミ車両が適していると判断し、09年の春から夏にかけて、『御前会議』にかけ、アルミ製車両の適性や、ステンレス（製車両）との比較、さらには設計料や試作費の見積もりなどについて説明し、アルミ車両を導入することを前提に（学部線の電化を）進めることで、中島（尚俊）社長（当時）の了承を得たのです」

この総務部関係者のいう「御前会議」とは、中島社長をはじめ、副社長の柿沼氏、当時の佐藤和博・専務取締役、菅原重光・常務取締役兼鉄道事業本部長ら、運輸部門のトップが集まった経営会議のことだ。関係者が続ける。

「09年の夏段階では、柿沼副社長も（車両選定について）『（運輸部の）みんなで決めればいいじゃないか』と、静観していたと聞きます。しかし、その後、柿沼副社長に胃ガンが見つかり、手術のため、その年の秋に入院したのです。

柿沼副社長が不在の間、運輸部では、入院前の段階で、副社長が特段、反対意見を唱えなかったことから、アルミ製車両を導入することに決めた。そして経営会議で、中島社長の承認も得て、日立製のアルミ車両の採用が正式に決定したのです」

ところが、柿沼氏の退院後、事態は一変したという。

「入院から復帰した柿沼副社長は突然、御前会議の席で、『(日立の)アルミ(製車両)はダメだ』と言い始めた。『従前から使っている(川重の)ステンレス(製車両)にしろ』と。これには運輸部をはじめ、その決定を了承した菅原鉄本長(鉄道事業本部長)や佐藤専務、中島社長も驚きました。

しかも、その(アルミ製車両を不可とする)理由が、『アルミは、列車火災が発生した場合、600度の高温に耐えられない』という、とってつけたようなものでした。ひとたび列車火災が発生すれば、車両が『600度の高温に耐え得るか否か』などの議論は、ほとんど意味を為さないことは、過去の列車火災の事故事例を引くまでもなく、分かることです。

また柿沼副社長は『アルミ(製車両)は、北海道での冬季の実証実験が為されていない』とも主張していましたが、アルミ製車両は当時すでに、柿沼副社長自らが、その開発にかかわったとされる東北新幹線でも使われていたのです」

このとき、柿沼氏がアルミ製車両に反対した「理由」が、いかに不自然なものであったかは、16年3月に開通した北海道新幹線に導入された、JR東日本所有の「E5系」、JR北海道所有の「H5系」が、ともにアルミ合金製であることでも〝実証〟されている。

それにしてもなぜ、柿沼氏は無理筋の理由を並べ立ててまで、アルミ製車両の導入に反対したのだろうか。関係者が続ける。

「普段は極めて論理的な柿沼副社長が、あまりにも不自然な理由で、アルミに反対したことから、その場（御前会議）にいた誰もが、問題は『アルミか、ステンレスか』ではなく、『日立か、川重か』ということなんだ、と。つまり柿沼副社長は、自らに近い『川重を使え』と言っているんだな、と理解したのです」

組合による「車両選定」圧力

前述の通り、柿沼氏は「次世代特急」の研究開発を長年にわたって川重と共同で進め、DMVも、川重の傘下企業である日本除雪機製作所と共同で開発するなど、「川重と極めて親密な関係にあった」（前出・関係者）という。

「しかし、いくら『技術の天皇』と言われた柿沼副社長でも、会社の最高意思決定機関である経営会議を経て、トップ（中島社長）が決定したものを、そう簡単に覆すことはできませんでした。また、日立のアルミ（製車両の）採用に反対する理由が、あまりにも不自然だったことから、佐藤専務も菅原鉄本長もさすがに異を唱え、車両選定をめぐる協議は揉めに揉めたのです」

そして、この総務部関係者によると、その後、JR北海道社内で不可思議なことが起こったという。

「経営会議が、アルミかステンレスかをめぐって紛糾した直後のことです。経協（経営協議会）

の席で、組合（ＪＲ北海道労組）が、この車両選定の話を持ち出してきたのです。

これまで組合が、車両選定など、会社の設備投資に口を挟むことなど一切無かった。無論、こちら（経営側）から計画段階で、彼らに説明するようなこともありませんでした。

これには佐藤専務や菅原鉄本長をはじめ、経協に出席していた（経営側の）メンバー全員が驚いたそうです。

といっても、組合は『日立のアルミは止めて、川重のステンレスにしろ』などと露骨な言い方はせず、『（車両選定をめぐって）無駄なことをやっている』、『経営も厳しい折に、無駄遣いになるようなことはすべきではない』などと、遠回しの表現を使ってきた。

つまりは『従来通りのステンレス製車両で何ら問題はなく、新たにアルミ製車両を導入すれば、その分、設計料や試作費などコストがかかり、無駄遣いだ』というわけです。

彼らの主張はまさに、柿沼副社長のそれと同じでした。

しかし、新たにアルミ製車両を導入する際にかかる設計料や試作費を『無駄遣い』というならば、『ニッパーゴ』（２８５系、「次世代特急」のこと）やＤＭＶなど、柿沼副社長の〝趣味〟ともいえる新型車両に費やされた開発・研究費はどうなるのか。

ちなみにニッパーゴが解体された際（17年）、『道新』（北海道新聞）に『開発費25億が鉄くずに』などと報じられましたが、実際にかかった研究・開発費はその3倍超。これこそＪＲ北海道最大の『無駄遣い』でした。

しかも、この平成21（09）年の時点で、ニッパーゴの開発は実質的にストップしていて、再開のめどすら立っていない状態だったのです。

にもかかわらず、組合は、それらの現状には一切触れず、同じ設備投資でも、車両選定だけを問題にしてきた。これによって、経協に出席していた（経営側の）メンバーの誰もが、組合に情報を漏らしているのが、柿沼副社長であることを確信したのです。

つまり、会社が組合に弱いことを熟知していた柿沼副社長は、その組合を利用して会社に圧力をかけるという、まさに経営側の人間としてあるまじき『禁じ手』を使って、（日立のアルミ製車両を採用するという）決定を覆そうとしたのです」

この柿沼氏の「禁じ手」に、当時の佐藤専務は不快感を露にし、柿沼氏も出席していた取締役会の席上、『本来ならば決して漏れてはならない経営会議の内容が、組合側に漏れている。注意していただきたい』と発言。名指しこそしなかったものの、柿沼氏の姿勢を痛烈に批判したという。

「フローチャート」による恫喝

ところが、である。その柿沼氏は、さらなる「禁じ手」に及んだというのだ。ターゲットとなったのは、学都線の電化に、日立のアルミ製車両を採用すべきと主張していた運輸部門のトップ、菅原鉄道事業本部長だった。

「佐藤専務と菅原鉄本長が、アルミかステンレスかをめぐって、柿沼副社長と対立している最中のことでした。現役時代から柿沼副社長の子飼いで、当時は『サイバネット』という（JR北海道の）子会社の社長に就いていたTという男が、菅原鉄本長のもとを訪れ、1枚の紙を手渡したのです」（前出・総務部関係者）

「サイバネット」とは、正式名称を「北海道ジェイ・アール・サイバネット株式会社」という。前出の技術系社員によると「柿沼さんの意向で立ち上げられた弱電（通信・制御・情報）機器の製造会社」だといい、97年に苗穂工場の敷地内に設立。情報処理システムや通信システムの開発を主な業務としていたが、16年に前出の札幌交通機械に吸収合併された。

前出の総務部関係者によると「T」氏は、JR北海道の元「技術開発部長」で05年に退職後、サイバネットの代表取締役社長となり、12年6月まで同社の社長に就いていたという。

そのT氏が菅原本部長に手渡したのが、次ページのフローチャート（図表10－2）だ。ちなみに原本はカラー刷りで、当時の菅原本部長から佐藤専務、中島社長に提出され、中島社長が生前、この総務部関係者に保管するよう命じたものだという。

フローチャートは、JR北海道と川崎重工業との**（今までの関係）**⇩川重に対する**（JR北海道の問題）**⇩それらを受けての**（川重の現状）**⇩川重とJR北海道との関係悪化で想定される**（行き先）**⇩川重とJR北海道との悪化した関係の**（プロにお任せするしかない解決策）**と、時計回りに展開。チャートの作成者が、異常なまでに川重との関係を重視しているのがよく分かる。

（今までの関係）でも、〈日立が顧客に相談無しでA1特化した後は、川重はJR北海道によ

図表10-2 T氏が菅原鉄道事業本部長に手渡したフローチャート

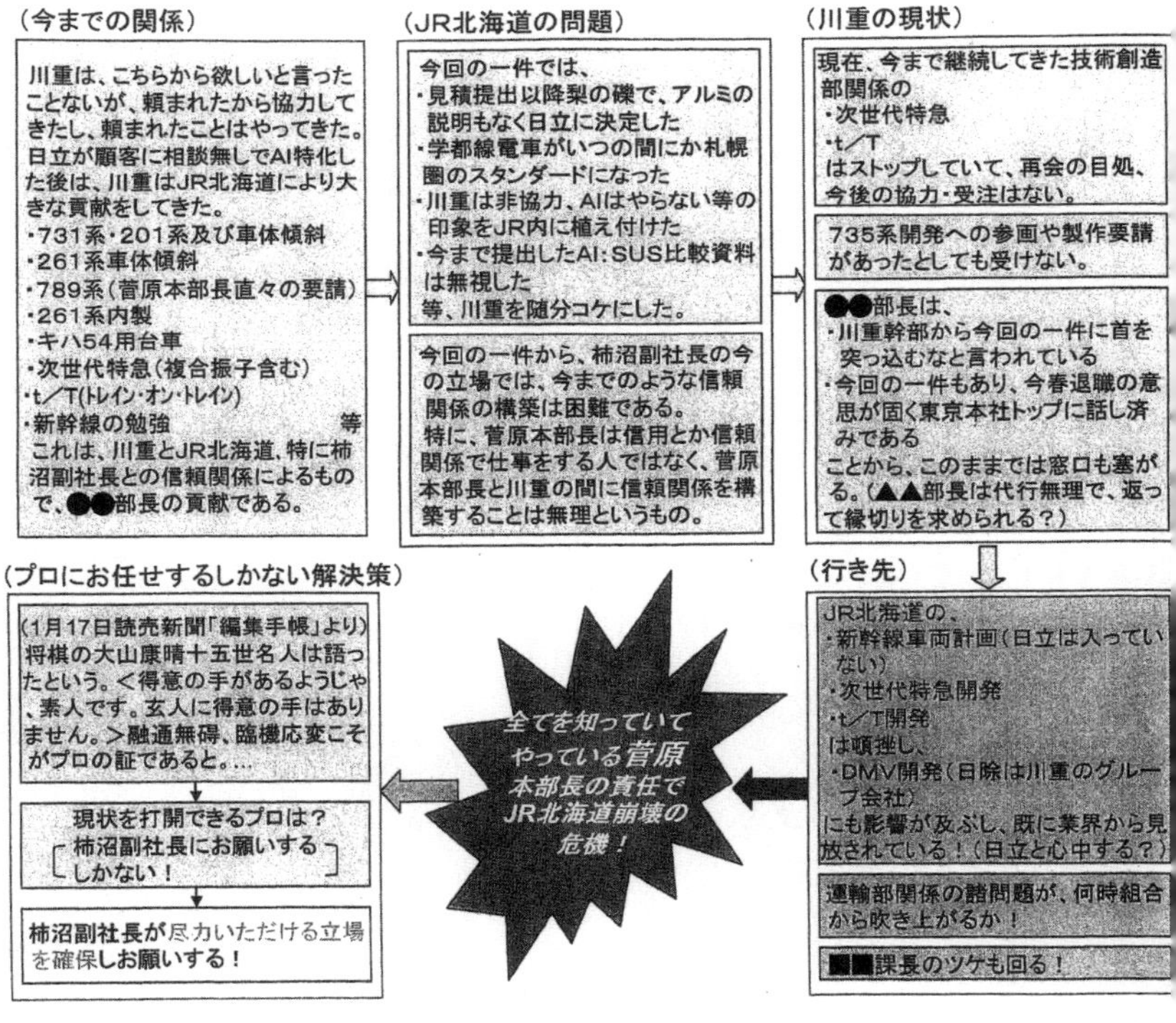
（今までの関係）
川重は、こちらから欲しいと言ったことないが、頼まれたから協力してきたし、頼まれたことはやってきた。
日立が顧客に相談無しでAl特化した後は、川重はJR北海道により大きな貢献をしてきた。
・731系・201系及び車体傾斜
・261系車体傾斜
・789系（菅原本部長直々の要請）
・261系内製
・キハ54用台車
・次世代特急（複合振子含む）
・t／T(トレイン・オン・トレイン)
・新幹線の勉強　等
これは、川重とJR北海道、特に柿沼副社長との信頼関係によるもので、●●部長の貢献である。

（JR北海道の問題）

今回の一件では、
・見積提出以降梨の礫で、アルミの説明もなく日立に決定した
・学都線電車がいつの間にか札幌圏のスタンダードになった
・川重は非協力、Alはやらない等の印象をJR内に植え付けた
・今まで提出したAl：SUS比較資料は無視した
等、川重を随分コケにした。

今回の一件から、柿沼副社長の今の立場では、今までのような信頼関係の構築は困難である。

特に、菅原本部長は信用とか信頼関係で仕事をする人ではなく、菅原本部長と川重の間に信頼関係を構築することは無理というもの。

（川重の現状）

現在、今まで継続してきた技術創造部関係の
・次世代特急
・t／T
はストップしていて、再会の目処、今後の協力・受注はない。

735系開発への参画や製作要請があったとしても受けない。
●●部長は、
・川重幹部から今回の一件に首を突っ込むなと言われている
・今回の一件もあり、今春退職の意思が固く東京本社トップに話し済みである
ことから、このままでは窓口も塞がる。（▲▲部長は代行無理で、返って縁切りを求められる？）

（行き先）

JR北海道の、
・新幹線車両計画（日立は入っていない）
・次世代特急開発
・t／T開発
は頓挫し、
・DMV開発（日除は川重のグループ会社）
にも影響が及ぶし、既に業界から見放されている！（日立と心中する？）

運輸部関係の諸問題が、何時組合から吹き上がるか！
■■課長のツケも回る！
全てを知っていてやっている菅原本部長の責任でJR北海道崩壊の危機！

（プロにお任せするしかない解決策）

（1月17日読売新聞「編集手帳」より）将棋の大山康晴十五世名人は語ったという。＜得意の手があるようじゃ、素人です。玄人に得意の手はありません。＞融通無碍、臨機応変こそがプロの証であると。…

現状を打開できるプロは？

［柿沼副社長にお願いするしかない！］

柿沼副社長が尽力いただける立場を確保しお願いする！

り大きな貢献をしてきた〉と、日立を批判する一方で、川重を賞賛。ちなみに〈Ａ1〉とは、アルミニウムのことだが、チャートの作成者はここで、川重がＪＲ北海道に〈してきた〉とする〈大きな貢献〉を具体的に列挙する。

　この中の〈２６１系車体傾斜〉というのは、柿沼氏が開発した「スーパー宗谷」などに用いられている「空気ばね車体傾斜」の技術を意味するのだろう。また、わざわざ〈菅原本部長直々の要請〉と記している〈７８９系〉は、八戸駅―函館駅間の特急「スーパー白鳥」や札幌駅―旭川駅間の特急「ライラック」に導入された電車だ。〈次世代特急〉や〈ｔ／Ｔ〉についてはもはや、説明するまでもないだろう。

　そしてチャートの作成者は〈これは、川重とＪＲ北海道、特に柿沼副社長との信頼関係によるもので、●●部長の貢献である〉と、柿沼氏を持ち上げる。この〈●●部長〉や、後に登場する〈▲▲部長〉はそれぞれ、ＪＲ北海道退職後、川重に再就職したＯＢで、〈■■課長〉は09年当時、学部線に日立のアルミ製車両を採用しようとしていた運輸部の直接の担当者だ。〈●●部長〉や〈▲▲部長〉はこの車両選定問題に直接関係が無く、〈■■課長〉に至っては「被害者」と言ってもいい存在なので、私のほうで伏せ字にした。

　またチャートの作成者は、**（ＪＲ北海道の問題）**にある通り、〈今回の一件では、・見積提出以降梨の礫で、アルミの説明もなく日立に決定した……等、川重を随分コケにした〉とずいぶん、お怒りのご様子なのだが、その内容からして〈今回の一件〉は、前述の車両選定問題とみて、間違いないだろう。

この中の〈SUS〉はステンレスのことだが、ここで作成者は〈菅原本部長は信用とか信頼関係で仕事をする人ではなく、菅原本部長と川重の間に信頼関係を構築することは無理というもの〉と菅原鉄道事業本部長をこき下ろしている。

さらに**（川重の現状）**では、〈次世代特急〉や〈t／T〉は〈ストップしていて、再会《原文ママ》の目処、今後の協力・受注はない〉と嘆いた上で、〈735系開発への参画や製作要請があったとしても受けない〉と川重の考え方を〝代弁〟するのである。〈735〉とは、JR北海道が将来、学部線に導入する電車に、あらかじめ付けていた車両番号だ。

そして、このフローチャートの作成者は、車両選定問題をめぐり、川重との関係が悪化した末の**（行き先）**として、〈運輸部関係の諸問題が、何時組合から吹き上がるか！〉などと、運輸部門の最高責任者である菅原鉄道事業本部長に対し、組合との関係悪化をちらつかせ、恫喝する。

さらには〈JR北海道崩壊の危機！〉などという大仰な表現で、菅原本部長をさらに脅した後、**（プロにお任せするしかない解決策）**として、〈柿沼副社長にお願いするしかない！〉と提案。〈柿沼副社長が尽力いただける立場を確保しお願いする！〉ように、菅原本部長を促すのである。前出の総務部関係者が再び語る。

「もはや、誰がこのフローチャートを作成したか、あるいは作成させたか、お分かりでしょう。このチャートを菅原鉄本長に手渡したのはTですが、当時、子会社の社長だった彼に、チャートの**（JR北海道の問題）**にあるような、学部線電化をめぐる、運輸部と川重とのやり取りの詳細まで、知り得るはずがない。

また、そもそも、（技術開発部の）担当部長で（JR北海道を）退職した、一介のノンキャリOBに過ぎないTが、現役の常務取締役である菅原鉄本長に直接、本人のことを悪しざまに書いた文書（フローチャート）を渡すこと自体が、不自然極まりなく、Tの背後に、柿沼副社長がいたことは明らかでした」

「設備投資権」への介入を招いた

この柿沼副社長による相次ぐ「禁じ手」に、佐藤専務や菅原鉄本長をはじめ、運輸部の現場社員らは猛反発したという。その一方で、当時、会長に就いていた小池氏が「柿沼副社長に同調した」（前出・関係者）ことから、この車両選定問題は、JR北海道社内を二分する騒動に発展。当時の中島社長は両者の板挟みに遭い、苦渋の決断を迫られていたという。

だが、そんな折、ある人物が「裁定」に乗り出してきたというのだ。当時、相談役に就いていた坂本氏である。関係者が続ける。

「坂本相談役の裁定で、取りあえずは日立のアルミ（製）車両を、試作車として3両2編成（計6両）だけ購入し、『1冬試験』（1冬季に、寒冷環境下での車両への影響を調査する走行試験）を行った上で、改めて（アルミ製車両の導入を）決定しよう——ということで決着したのです」

しかし、「1冬」だったはずの、日立のアルミ製試作車6両の走行試験は、10〜12年度の3

期に及んだ。

「その間に会社は、川重にステンレス製車両を製造発注したのです。けれども、急な発注だったため車両の製造が間に合わず、結果的に、学都線の電化計画は、当初予定から半年遅れの平成24（12）年6月1日になりました。

また運輸部としては当初、30両（のアルミ製車両）を、日立に発注する計画でしたが、実際に発注したのは、その試作車6両に留まり、あとはすべて柿沼副社長の思惑通り、川重製のステンレス製車両が配備されたのです」

その川重製のステンレス車両が、学園都市線の桑園駅─北海道医療大学駅間電化に合わせて導入された、前出の「731系」の改良型、「733系」電車である。

このような経緯から現在、学都線では、前述の、もともとは「試作車」としてつくられた日立製のアルミ車両「735系」6両と、この「733系」が並行して、運用されているのだ。

つまり柿沼副社長は、「学園都市線の電化には日立製のアルミ車両を採用する」という会社の決定を、実質的に覆すことに成功したわけである。そして彼は、「川重との良好な関係を維持したい」という自己の利益のために、会社と組合との力関係を利用した挙げ句、車両選定という「設備投資権」に、組合の介入を招き、結果的に、公的企業であるJR北海道の施策を捻じ曲げたのだ。

この車両選定をめぐる騒動の翌年、10年6月のJR北海道の人事異動で、柿沼氏と対立していた佐藤専務は、グループ会社の「札幌駅総合開発」の社長に転出。常務取締役に就いていた菅原鉄道事業本部長も同様に、「北海道ジェイ・アール運輸サポート」の社長として、本社外に出された。それは、まるで「技術の天皇」に逆反した者に対する、報復人事のようだった。

私は17年11月、佐藤・元専務、菅原・元鉄道事業本部長にそれぞれ手紙を書いた上で、自宅を訪ねたが、2人とも、取材に応じてはくれなかった。

柿沼氏を直撃

1972（昭和47）年、日本で初めて開催された冬季オリンピックで、スキージャンプ競技が行われた「大倉山ジャンプ競技場」。ジャンプ台の上に設けられた展望ラウンジからは、札幌の街並みはもちろん、石狩平野や石狩湾が一望できる。

この大倉山の麓に位置する「宮の森」地区は、札幌でも有数の高級住宅街として知られ、白樺の林の中に、豪邸が立ち並ぶ。

その中でもひときわ目立つ、3階建てのモダンな家屋。建物全面にモノトーンのブリックタイルを施し、採光とデザイン上の観点から、東の方向に面した、2階から3階にかけての階段部分の外壁はすべて、ガラス張りになっている。

さすがは、かつて、リゾート列車「フラノエクスプレス」のデザインで、JR北海道初の「ブルーリボン賞」（「鉄道友の会」から画期的な鉄道車両に与えられる賞）を受賞した「技術の天皇」の住まいだけのことはある。

私が、柿沼氏の自宅を訪れたのは18年2月28日のことだった。

事前に、北海道在勤の知り合いの記者から「冬の北海道で〝夜回り〟するなど、自分から事故を起こしにいくようなもの。雪道に慣れていない関西の人ならなおのこと」と釘を刺されていたため、〝朝駆け〟することにした。

午前6時に札幌中心部のホテルを出たものの、知り合いが懸念していた通り、慣れない雪道にタイヤをとられ、目的地周辺に到着した頃には、カーナビの予想到着時間を10分以上オーバーしていた。しかも柿沼氏の自宅周辺の道はいずれも、折からの積雪で、車1台が通れるだけの幅しかなく、対向車が来れば万事休す。このため、途中で見つけた空き地に車を止め、柿沼氏宅に徒歩で戻ったころには午前7時になろうとしていた。

後章で詳述する、13年の「レール異常放置」や「レール検査データ改竄」などの不祥事や、翌14年1月の、中島社長に次ぐ坂本相談役の自殺という異常事態を受け、政府が、JR北海道の人事刷新に乗り出す方針を決めた同年3月の時点で、柿沼氏は「特別顧問」から退いていた。

このため彼の自宅に直接伺ったわけだが、朝一から他人様の家のインターホンを鳴らすのも憚られるので、ひとまず先方が外出するのを待つことにした。

柿沼氏宅から東に約15メートル。玄関扉の開閉が、ギリギリ確認できる位置で立ち張りを始めてから約1時間。周辺には白樺の林が広がり、時折、キツツキのドラミングが聞こえる。この間、車一台、ひと一人通ることなく、張り込みをする環境としては最高だった。が、この日の札幌の最低気温はマイナス9・3度。とにかく寒い。

立っているうちに靴の底から冷えはじめ、1時間もすると足裏の感覚が無くなってきたので、足踏みを始めた。北海道の記者は毎冬、こんな寒さの中で朝駆けをしているのか、と感心しながら数分間、足踏みを繰り返しただろうか。重量感のある扉を開ける音がかすかに響いた、ような気がした。

足を滑らさないように小走りで近づくと、門に設置しているポストから、新聞を取り出そうとするセーター姿の白髪の男性の姿が見えた。柿沼氏だった。玄関からポストまで少し距離があったのが、こちらに幸いした。

早朝に突然、自宅を訪問した非礼を詫び、名刺を差し出すと、柿沼氏は「いい加減なこと書かれても困るから……」と呟いた。私は、その言葉尻を捉えて「だからこそ、直接お伺いしたんですが……」と早々に質問を切り出した。

——10年近く前のお話で恐縮なんですが、平成21(09)年、学園都市線の電化に際して、いったんは日立のアルミ製車両を採用することが、(JR北海道)社内で正式決定していたにもかかわらず、柿沼さんの意向で、川重のステンレス製(車両)に変更されたことがありましたね?(筆者、以下同)

「え?(社内決定は)変わっていないでしょ」

——いや、柿沼さんが入院されている間に、日立のアルミに決まり、復帰されてから川重のステンレスに変わったんじゃないんですか?

「私は当時、入院していて（会社に）いなかったので（日立のアルミ製車両に決まったことを）知らないんです」

——すみません。もう一度。平成21年の秋、柿沼さんが入院されていた間に、学園都市線の電化には、いったんは日立のアルミ製車両を導入することが社内で決定していた。違いますか？

「あの時私は（入院して）胃を摘出したんですね、それで（会社に）いなかったから、よく知らないんですよ」

——柿沼さんが退院された後、会社に復帰されて以降に、日立のアルミ（製車両）を採用するという会社の決定が覆されたと聞いているんですが。

「一度（会社で）決まったものが、変わるはずないでしょう」

——当時は佐藤専務、菅原鉄本長のラインで日立（製車両）に決め、中島社長もこれを了承していた。

「社長が決めたものを、（私が）ひっくり返せるわけがないじゃないですか」

——もう一度、確認しますね。経営会議で、学園都市線の電化には、日立のアルミ製車両を導入することが、正式決定していたのにもかかわらず、入院で不在だった柿沼さんが（会社に）戻られて、川重のステンレス製に覆されたんですよね？

「私にそんな権限はないですよ、私は技術開発をするように言われていただけですから」

柿沼氏のコメントを整理すると、こうなる。

『平成21年秋の時点で、私は入院のため会社にいなかったので、その間、学園都市線の電化をめぐって、会社が日立のアルミ製車両を導入すると決めていたことは知らなかった。しかし、会社がいったん日立のアルミ製車両を導入すると決定したものが変わるはずもなく、その決定を、私が、川重のステンレス製車両にひっくりかえしたわけでもないし、そんな権限もない』

なるほど。確かに、前述の総務部関係者の証言によると、この車両選定問題は最終的に、坂本相談役の「裁定」で、日立のアルミ製車両を、試作車として6両購入し、走行試験を行った上で、改めて決定する——ということで決着した。

柿沼氏はこのときの「決着」をもって、『私がひっくりかえしたわけでもないし、そんな権限もない』と主張しているわけだ。実に老獪な受け答えだった。

その後も柿沼氏とは、この車両選定問題をめぐって、堂々巡りのやりとりが続いたのだが、彼は、前述の一問一答と変わらず、この問題への自らの関与を否定しただけでなく、当時、JR北海道内部が、アルミ製と、ステンレス製のどちらの車両を採用するかで、社内が二分するほど揉めていたこと自体を「知らなかった」と言うのだ。

これ以上、この問題で、彼を追及しても埒が明かないと思った私は、質問を切り替えた。

——もう一つ、教えて下さい。佐々木信正さんはご存知ですよね？

「はい」

——極めて親密なご関係とうかがっているんですが。

「親密な関係というか……」

——月に一度は会われて、お食事を共にされていたとか。

「経営をめぐる議論したことはありますけど、あくまで組織（会社）と組織（組合）の関係なのでね」

——平成17年、柿沼さんが副社長になられる前に、当時の小池社長から「札幌交通機械の会長でどうか」という打診がありましたよね？

「いや、私が（JR北海道に）いた間に、子会社に出るような話は聞いたことがないですよ」

——そうですか。では、当時の坂本会長が、柿沼さんのためにわざわざ、それまでなかった「副社長」というポストを作られた経緯については？

「それは坂本さんに言われて技術開発をして欲しいということで。当時は次世代特急とかDMVとかあったから」

「もう寒いのでいいですか？」

柿沼氏はやんわりと、これ以上の質問を拒んだ。確かに、氷点下の朝に、セーター姿のままでの、玄関先での長話は、齢75のご高齢の身には堪えたのだろう。このまま食い下がって、風邪などひかれても困るので、私は、改めて突然訪問した非礼を詫び、丁重にお礼を述べて引き揚げた。

それにしても、車両選定問題についての柿沼氏の回答は意外だった。といっても、それは、彼が、この問題への関与を否定したことではない。

私は過去に「技術者」、あるいは「技術屋」といわれる人たちを何度か取材する機会があったが、彼らは自らが確立した「理論」と「信念」、そして「経験」に極めて忠実で——たとえ、それが自分にとってどれほど不都合な事実であっても、また最悪の場合、自らを窮地に追い込むことになっても——それらに基づいた証言しかできない人が多かった。

よって、柿沼氏も、少なくとも、アルミ製車両に対する、ステンレス製車両の優位性ぐらいは説くのではないかと思っていたのだ。が、彼は当時、自分が、ステンレス製車両を推していたという事実自体を否定した。これには正直、驚いた。

T氏の証言

翌朝、札幌市に隣接する江別市に車を走らせた。学園都市線に新たに導入する車両をめぐって柿沼氏と、佐藤専務、菅原鉄道事業本部長が対立していた最中に、菅原本部長に前述のフローチャートを手渡したとされるT氏に会うためだ。

T氏は12年6月の時点ですでに、前述の「北海道ジェイ・アール・サイバネット」の社長を退任していた。

突然の訪問にもかかわらず、T氏は玄関先まで入れてくれた。柿沼氏のときと同様に非礼を詫び、早速、質問に移らせてもらった。

――昔の話で申し訳ないのですが、平成21（09）年、学園都市線の電化をめぐって、日立のアルミ製車両を推していた当時の運輸部と、川重製のステンレス車両を推す柿沼副社長との間で、対立があったと聞いているんですが（筆者、以下同）

「いや、その時はね、私、車両をやってないんで」（T氏、以下同）

――ええ、その時は「サイバネット」の社長を務めておられたんですよね。その時の話なんですが、こういった文書をTさんが、菅原鉄本長に持っていかれたとうかがっているんですが（と、T氏にフローチャートのコピーを渡す）

（フローチャートを見ながら）「う〜ん……」（しばらくの沈黙の後）「随分前の話だから、よく覚えてないなぁ……」

――でも、これはTさんが、菅原鉄本長に手渡された文書だと証言されている方が、実際におられるんですよね。しかもこの文書は、その後、菅原鉄本長から、当時の佐藤専務、さらには中島社長へと提出され、中島社長から「預かっておいてくれ」と言われた方から直接、いただいたものなんですよ。

（再びフローチャートを見ながら、長い沈黙の後）「う〜ん……、この時、いろいろ問題があったということなのかなぁ……。よく覚えてないなぁ……」

――どういう問題があったんですか？

「私は、もともと、何ていうか、北海道に合わない、と思ってたの」

——それは、アルミ製の車両が、という意味ですか？

「うん。北海道って気温差あるでしょ、だからアルミ（製車両）は合わないと思ったわけ。それと、アルミは、あれ、オーストリアだったかな、ケーブルカーで火災があったりとか。『車』（車両）は、スタンダードっていうかさ、あれもこれも持つべきではない。というのは、高い車になってしまうから」

00年11月11日、オーストリア・ザルツブルク郊外のカプルン村から、キッツシュタインホルンのスキー場に向かうケーブルカーが、トンネル内で炎上。日本人10人を含む155人が死亡する大惨事となった。T氏が言っていたのは、この火災事故のことだろう。

——アルミの車両は、ステンレスの車両に比べて価格が高いんですか？

「いや、（採用する車両の）種類が増えれば、それだけ（設計料や試作費などに）金もかかるから。私は、基本的には、北海道では、断熱性だとか、ステンレスのほうが燃えにくいとか、それと従前から（ステンレス製車両が）多いとか、そういうのがあって、私は北海道では、スタンダードな車のほうが、どういう形であれ、発展性があるからね、電車であっても。私は731（系）と201（系）、双子の電車と気動車、そういうのもやったし」

つまりT氏は「JR北海道の車両は、ステンレス製が『スタンダード』だ」と言っているわけである。「キハ201系」気動車は、JR北海道が97年に導入した通勤型のディーゼル車だ。富士重工（現SUBARU）製のステンレス車両で、前述の「731系」電車と同時並行で製造された。両車両のコンセプトは同一で、設計・開発プロジェクトも合同で行われ、内外装のデザインもそっくりなことから、T氏に限らず、JR北海道社内で「双子」と呼ばれているのだろう。T氏はこう続けた。

「アルミで（車両を）つくるというのは、もともと『車屋』、『技術屋』として、適切ではないと思っているんです」

――なるほど。Tさんご自身が、列車の車両にアルミを使うということに、賛成でないというお立場であることは、よく分かりました。その上で、確認させていただきたいのですが、これ（フローチャート）を作成されたのは、Tさんですか？

（フローチャートを見ながら再び沈黙した後）「う～ん……記憶にないなぁ」

――では、改めて伺いますが、これを菅原鉄本長に持っていかれたのは、Tさんではないのですか？

「いや、記憶にねえなぁ……」

――そうですか、分かりました。柿沼さんも平成21年当時、さきほどTさんが仰られていたことと、同じ理由で、アルミ製車両の採用に反対されていたと伺ったんですが。

「ふ〜ん……」

――その柿沼さんの意向を受けて、Tさんがこの文書を、菅原鉄本長に持っていかれたということはありませんか？

「だって、記憶にねえもん」

――では、札沼線の電化にアルミ製車両を採用する是非をめぐって、柿沼さんとお話しされたことはありませんか？

「アルミ（製車両）がどうのこうのとか、今の技術系の話というのは、[redacted]（フローチャートに登場する、日立のアルミ製車両を採用しようとしていた運輸部の担当課長）には、話したことはあるよ。俺の（車両部時代の）後輩だから。（アルミ製車両の導入は、JR北海道が）今までやってきた（ステンレス製車両をスタンダードとするJR北海道の）流れとも、北海道の車両はどうあるべきかという話とも、『ちょっと違うんじゃないの』という話はしたよ」

――それは、柿沼さんに言われて、[redacted]課長に話をしたということですか？

「違う、違う。『技術屋』として、そういう信念をもって『車』の開発をやってきたからね」

どうやらT氏のほうが、元上司だった柿沼氏より、「技術屋」としては、はるかに正直な人物だったようだ。

87年、国鉄分割・民営化当時、国鉄内部で「改革」を目指した若手幹部の一人だったJRの元幹部によると、当時、「国鉄再建監理委員会」委員長を務めていた亀井正夫氏（住友電気工業元会長、02年に死去）は、改革派の若手幹部を前に、分割・民営化後のＪＲの経営の要諦をこう説いたという。

「人事権、設備投資権、価格決定権。経営者たるもの、これらについては、断じて組合の容喙を招いてはならない」

翻って、ＪＲ北海道では、少なくとも中島社長が亡くなる2年前の時点ですでに、故亀井氏のいうところの、経営者が死守しなければならない三つの権利のうち、二つにおいて、「組合の容喙」を招いていたわけである。

第11章

労政改革の否定が招いた「2人の社長の死」

死の「引き金」になった労使の「合意文書」

私の手元に〈合意【抜粋】〉と題した1枚のペーパー（図表11－1）がある。前章で証言してくれたJR北海道総務部の関係者が提供してくれたものだ。関係者によると、この〈合意〉は、中島尚俊社長の失踪翌日の2011年9月13日、JR北海道と北海道旅客鉄道労働組合（JR北海道労組）との間で締結されたものだという。

合意文書は【社長メモ】、【委員長メモ】、【共通メモ・その他】の3項目で構成されており、合意に達したとみられる、会社側、組合側双方の36協定違反問題についての見解や、今後の労使関係についての要求が明記されている。

図表11-1　労使「合意」の抜粋

合　　意【抜 粋】

【社長メモ】

○　「３６協定違反」をめぐる貴組合への背信行為および「コンプライアンス違反」については、弁解の余地はなくあげて会社の責任である。深くお詫びするとともに再発防止はもちろんのこと、時間外労働の常態化解消への努力と仕事のあり方や適正な要員配置を目指し、誠意をもって協議していく。

尚、「３６協定締結」の際は今後、社長名で締結することとしたい。

○　労使信頼関係の回復と再確立は、何にも増して重要であり、「労使対等」「車の両輪」「運命共同体」論にもとづき、社長が前面に立って貴組合とのコミュニケーションを図り、国鉄改革直後の真の労使関係を再現するために努力する。今後、社長－委員長、総務部長－書記長、専任部長－交渉部長を基本とした関係を深め、信頼関係を醸成していくこととする。

【委員長メモ】

○　「社長メモ」は会社の新たな姿勢と受け止め評価するが、これまでの不信感は一朝一夕では拭い去ることは困難である。「３６協定締結」の可否は、会社の誠意ある対応と課題解決に向けた努力の推移を慎重に見極めながら判断することとする。

今後の「３６協定」締結に関しては、合意事項の遵守、会社の努力姿勢を見守るためにも、「期間限定」協定（３ヶ月）とし、「特別条項」の協議はこれに同意しない。

○　労使関係の再確立のために、これまで積み残しとなっている懸案事項の解決を図ること、「トップ懇」や「月一懇」の早期開催、本社主管部と本部（本部業職種別部会）とのコミュニケーション形成、支社と地本（直轄と地本）との関係確立、現場と分会との関係確立や「労働安全衛生委員会」の適正な開催と内容の見直し等々、これまでの状況克服のために会社は指導を強化することとされたい。

【共通メモ・その他】

○　「社長メモ」「委員長メモ」は双方において了解・確認し実行する。今後は労使信頼関係の構築に一層の努力をする。

○　会社の置かれている経営環境は予断を許せる状況ではなく、今後も労使は力を合わせ働きやすい職場環境の確立、会社の恒久発展のために今こそ「労使共同宣言」の精神を忘れず努力することとする。

○　上記にかかわらず、特別条項の扱いについて労使で協議する。

結論からいえば、この合意文書の内容が、中島尚俊社長が自ら命を絶つ、直接的な〝引き金〟になった可能性が高い。よって、細大漏らさず引用しよう。

まず【社長メモ】の項目には、次のように記されている。

○「36協定違反」をめぐる貴組合への背信行為および「コンプライアンス違反」については、弁解の余地はなくあげて会社の責任である。深くお詫びするとともに再発防止はもちろんのこと、時間外労働の常態化解消への努力と仕事のあり方や適正な要員配置を目指し、誠意をもって協議していく。

尚、「36協定締結」の際は今後、社長名で締結することとしたい。

○労使信頼関係の回復と再確立は、何にも増して重要であり、「労使対等」「車の両輪」「運命共同体」論にもとづき、社長が前面に立って貴組合とのコミュニケーションを図り、国鉄改革直後の真の労使関係を再現するために努力する。今後、社長—委員長、総務部長—書記長、専任部長—交渉部長を基本とした関係を深め、信頼関係を醸成していくこととする。

ちなみに、この社長メモに記された「労使対等」、「車の両輪」、さらには〈真の労使関係〉等のフレーズは、生前のJR革マルの首領、松崎明氏が好んで口にした言葉で、とても経営側から発せられたものとは思えない。

そして、この社長メモで表明された会社側の謝罪や今後の方針を受け、【委員長メモ】は次のように応じている。

○「社長メモ」は会社の新たな姿勢と受け止め評価するが、これまでの不信感は一朝一夕では拭い去ることは困難である。「36協定締結」の可否は、会社の誠意ある対応と課題解決に向けた努力の推移を慎重に見極めながら判断することとする。

今後の「36協定」締結に関しては、合意事項の遵守、会社の努力姿勢を見守るためにも、「期間限定」協定（3ヶ月）とし、「特別条項」の協議はこれに同意しない。

総務部関係者が解説する。

「会社（JR北海道）は従来、安定的な輸送業務を遂行するという観点から、一組（第一組合、JR北海道労組）と、有効期間を『1年』とする36協定を結んできました。短期間の（36）協定では、その都度、各職場で（36協定を）締結し直さなければならず、現場を無用に疲弊させ、現場管理者に負担をかけるとともに、社員に不安を与えることに繋がるからです。

にもかかわらず、組合側は、（36協定の期間を）『3カ月』と刻んできた。さらには臨時で（36協定で定めた時間外労働を）延長できる『特別条項』の協議にも応じないと言っているわけです。特別条項が無くなるということは、実質的に、社員に残業や休日出勤をさせられないということに等しく、あきらかに組合側の嫌がらせでした」

労政改革を否定する「現場協議」の復活

委員長メモの引用を続けよう。

○労使関係の再確立のために、これまで積み残しとなっている懸案事項の解決を図ること、「トップ懇」や「月一懇」の早期開催、本社主管部と本部（本部業職種別部会）とのコミュニケーション形成、支社と地本（直轄と地本）との関係確立、現場と分会との関係確立や「労働安全衛生委員会」の適正な開催と内容の見直し等々、これまでの状況克服のために会社は指導を強化することとされたい。【傍点部は筆者】

「労働安全衛生委員会」とは、労働災害防止には労使一体となった取り組みが必要との観点から、労働安全衛生法で設置が義務付けられている、労使間の協議機関の一つだ。50人以上の労働者のいる事業所（職場）では、「安全委員会」（同法第17条）か「衛生委員会」（同法第18条）、もしくは両委員会を統合した「安全衛生委員会」（同法第19条）を設けなければならない——とされている。

労働者の意見を、事業者（会社）による安全衛生施策に反映させることが目的で、事業者は、委員の半数について、労働者の過半数で組織する労働組合があるときは、その労働組合の推薦に基づき指名しなければならないとされ、月1回以上の開催を義務付けられている。

前出の関係者が再び解説する。

「要するに組合側は、それまで中島―島田体制で進めてきた労政改革を、元に戻せと言ってきたわけです。さらには労使トップ同士の懇談会や、幹部同士の『月一懇』の開催など、〈コミュニケーション形成〉や〈関係確立〉という名目で、中島―島田体制以前の〝労使癒着〟を復活させろと求めてきた。

しかし、最大の問題は〈現場と分会との関係確立〉という要求です。これこそ旧国鉄時代の悪弊、『現場協議』の復活にほかなりません」

第2章でも触れたとおり、68年、労使紛争が激化していた国鉄では、当局が、違法ストや、順法闘争などによる混乱を回避したいあまり、当時の最大労組だった国鉄労働組合（国労）が要求していた「現場協議に関する協約」を締結した。だが、この「現場協議」は実質的には、各職場における「団体交渉」で、全国のあらゆる駅や待機所は、組合員による、駅長や区長、助役ら管理職の「吊るし上げ」の場と化した。

そして、この文書の最後には【共通メモ・その他】として、最終的な合意内容が次のように記されている。

○「社長メモ」「委員長メモ」は双方において了解・確認し実行する。今後は労使信頼関係の構築に一層の努力をする。

○会社の置かれている経営環境は予断を許せる状況ではなく、今後も労使は力を合わせ働きやすい職場環境の確立、会社の恒久発展のために今こそ「労使共同宣言」の精神を忘れず努力することとする。
○上記にかかわらず、特別条項の扱いについて労使で協議する。

最後の一文からは、会社側が最後まで、36協定の特別条項についての協議にこだわり続けた様子がうかがえる。だが、〈現場と分会との関係確立〉については、組合側の要求を丸呑みせざるを得なかったのだろう。前出の総務部関係者はこう語った。

「社長就任以来、それまで20年近くに及んだ、異常な労政からの転換を目指していた中島社長にとって、この合意文書にサインしてしまえば、自らの労政改革を否定するだけでなく、JR北海道の労政を、旧国鉄時代まで逆戻りさせてしまうことになる。よって、この合意書にサインするくらいなら、自ら命を絶とうと考えられたのだと思います」

そして中島社長は、この合意書にサインする予定だった前日の11年9月12日、JR北海道関係者の前から姿を消したのだ。が、トップ不在のままでなぜ、JR北海道は、JR北海道労組と、この〈合意〉を締結することができたのか。

総務部発の文書

それについては後章で詳述するとして、中島社長の自殺から約4カ月後の12年1月、JR北海道は〈労働組合との対応に関する基本的考え方について〉(巻末資料1参照)と題した文書を、各職場の管理職に向けて発信した。発信元は〈総務部〉、当時の同部のトップは、島田《しまだ》修《おさむ》・常務取締役(現社長)である。

総務部発の文書はこのように始まる。

〈平成23年9月13日にJR北海道労組と合意書《別紙【抜粋】参照》を締結したところであるが、労使信頼関係の回復と再確立に向けて、合意書に基づき以下のとおり対応することとする〉

そして〈1　36協定について〉として、12年1月時点での〈現状〉を次のように記している。

【( )内は筆者補足、以下同】

○労働組合からは『「36協定締結」の可否は、会社の誠意ある対応と課題解決に向けた努力の推移を慎重に見極めながら判断することとする』とされている。

○(11年)10月25日開催の団体交渉において、会社側は今後の課題として、①「特別条項」適用手続きの確立②33発動適用の具体的対応方法の検討を提起しているが、労働組合からは過去3年における違反の徹底した原因究明、長期的対策と現段階での対策がまず必要であることから、2点の課題はその後の協議という理解であると言われている。従って労働組合としては「特別条項」について現状受け付けられないということが基本的な考え方となっている。

労働基準法は、36協定以外に、同法で定める労働時間や休日の例外規定を設けている。それが第33条で、事業者が、災害などの避けることのできない事情から、臨時の必要がある場合は、行政官庁の許可を受けた上で、労働者に、時間外労働や、休日労働を命じることを認めている。この規定に基づいて、時間外労働や休日労働を命じることを〈33発動〉というのだが、総務部発の文書からは、中島社長の自殺後もなお、JR北海道労組が、36協定（特別条項）を〝人質〟に取って、会社との交渉に臨んでいた姿が浮かび上がる。引用を続ける。

○このような状況の中、札幌車掌所において、9月に公休日労働を3日間させていたことが（11年）12月22日に判明した。原因は、管理者による命令ではなく、追認の形式をとっていたことにある。なお、この違反発覚により、労働組合の姿勢がより硬化することになった。
○平成24（12）年2月11開催予定の（JR北海道労組の）定期中央委員会までに、「36協定」締結に向けた整理を労働組合と行う必要がある。

そして総務部発の文書は、組合に対する〈今後の対応〉について、次のように述べている。

○当面の課題として、今冬期を乗り切ることが絶対条件であり、会社としての努力姿勢を示しながら、あらゆる工夫を施す必要がある。（中略）あわせて「特別条項」については、今年度はその適用が受けられないという認識で業務命令をしてもらうこととする。（中略）なお、要員配置については、平成24年度の社員数はすでに決定しており、すぐには解決できないことから（中略）労働組合と協議していくこととする。

その文面には、組合側に36協定を人質に取られ、限られた要員で、業務を遂行せざるを得ない、会社の苦悩ぶりが表れているが、文書は〈2　コミュニケーションについて〉と題し、こう続く。

〈労働組合との間におけるコミュニケーションについては、今後、以下の基本的スタンスのもと、会社幹部が共通認識を持ち、会社一体となって良好な労使関係の再構築を図っていくことにする〉【傍点部は筆者、以下同】

中島社長就任前の労政に逆戻り

そして総務部は、⑴本社・本部間、⑵本社主管部・本部間、⑶支社・地本間、⑷現場・分会間と、社内の各レベルに応じ、組合との〈コミュニケーション形成〉について具体的な指示を出している。

⑴本社・本部間

○社長―委員長、総務部長―書記長、専任部長―交渉部長を基本として関係を深め、信頼関係構築に全力をあげる。

○労働組合への情報提供にあたっては、特段の配慮を要する場合を除き情報開示を基本とし、意図的・恣意的な情報操作は行わない。（中略）労働組合の視点からの厳しい指摘・意見の具申に対しては、謙虚にこれを受け止め、対処していくことにする。

○情報開示及び労働組合からの問い合わせに対しては、これまで主管部との接触を一切閉ざしていたことが、会社への不信感を増長させたとの反省に立ち、総務部を基本窓口とし、主管部と共同で行っていくこととする。

当時、実際にこの文書を受け取ったJR北海道の元幹部はこう嘆く。

「まさに、それまで中島―島田体制で進めてきた労政改革を全否定する内容だった。『総務部を基本窓口』としているが、結果的には組合との交渉に、主管部が引きずり出されることになった。つまり中島社長就任前の労政に逆戻りしてしまったということだ。

こんな文書を、自らの所管部（総務部）から出さざるを得なかった島田さんも、さぞかし不本意だったことだろう」

(2) 本社主管部・本部間

○（営業部や運輸部、工務部などの）本社主管部と本部業種別部会〈営業部会、運転部会、工務部会など〉とのコミュニケーション形成については、各業種別部会との意見交換会〈年1～2回程度〉及び定期委員会への来賓としての参加要請に対して、主管部部長・課長レベルで対応することとする。

(3) 支社・地本間

○本社・本部間において、（12年）3月までは月1回のペースで開催している経営協議会に対応する形で、2月上旬を目途に支社・地本間において、安全を題材とした経営協議会地方部会を開催。〈安全に対する支社・地本レベルでの意見交換〉

○4月以降の経営協議会については、本社・本部間における考え方が明確となった時点で、それに準ずる形での地方開催を検討する。

○日常におけるコミュニケーション形成については、総務部と連携をとりながら、支社長―地本委員長、支社次長〈企画〉―地本書記長、支社次長〈企画〉―地本書記長、支社企画GL（グループリーダー）―地本業務部長での意思疎通を図り、支社・地本レベルでの良好な労使関係確立を図る。

ＪＲ北海道社内の各レベルにおいて、組合側の要求に応じた、〈コミュニケーション形成〉という名の、労使癒着が再構築されていくさまがよく分かるが、亡くなった中島社長が最も懸念していたという、合意文書での〈現場と分会との関係確立〉、すなわち「現場協議の復活」（前出・総務部関係者）はどうなったのか。

(4) 現場・分会間

○分会大会及び行事の参加要請に対しては、基本的に出席することとする。

○「労働安全衛生委員会」をコミュニケーションの場として積極的に活用し、意見の吸い上げを図る。

○分会役員から現場長に対する話し合いの申し出については、基本的に話しを聞く方向で対応することとするが、この場合、現場長権限で対応できない内容については、その旨を伝え、関係機関《主管部及び支社等》に伝えるとの返答をする。なお、現場長権限で対応可能な内容については、積極的に対応することとする。

○現場で対応に迷ったり困ったりした場合は、現場から主管部経由で総務部が連絡を受け、総務部と主管部が協議して、すみやかに対処方針を決めることとする。

「佐々木だけは呼ばないで下さい」

前出のJR北海道の元幹部が再び語る。

「この文書が発信された後、現場では『労働安全衛生委員会』を中心に、現協（現場協議）が復活した。（文書の）最後で、気休め程度に『現場で対応に迷ったり困ったりした場合は……』などといってるが、一組に屈した経営幹部が、組合対応を現場に〝丸投げ〟したということだ」

JR北海道労組に屈服したJR北海道経営幹部によって、国鉄分割・民営化から25年後に再び、労使対立の矢面に立たされることになったであろう、当時のＪＲ北海道の現場管理者たちには、同情を禁じえない。

そして、この文書が、総務部から発信された５カ月後の12年６月、島田修・常務取締役総務部長は、一連の36協定違反問題の責任を取る形で更迭され、グループ会社である「ＪＲ北海道ホテルズ」の社長に転出させられた。

つまりＪＲ北海道労組は、36協定違反問題によって、中島社長が目指していた労政改革を潰しただけでなく、その担い手だった島田常務を、ＪＲ北海道本体から放逐することにも成功したわけである。

前出の総務部関係者が再び語る。

「中島社長の死後、島田さんはあるＪＲ北海道関係者の前で、『私の力が及ばず、中島社長を（組合の）矢面に立たせてしまった』と涙を流されていたといいます。

また中島社長の葬儀の際、島田さんは坂本（眞一）相談役に『佐々木（信正・当時はＪＲ北海道労組顧問）と榎本（一夫・当時は同中央執行委員長）だけは、（葬儀に）呼ばないで下さい』と懇願したそうですが、その願いが聞き入れられることはありませんでした。

そして中島社長の死後、佐々木顧問と坂本相談役、小池（明夫）会長と柿沼（博彦）副社長の４人は、自分宛ての（中島氏の）遺書を、お互いに見せ合ったというんです。彼らは、島田さんにも遺書を見せるよう求めたそうですが、島田さんはそれを頑として拒んだと聞きました」

故人が亡くなる直前に、それぞれにしたためた最後の手紙を、互いに見せ合うなど、あまり趣味のいいこととは思えないが、4人には、中島社長の自殺に際し、何か後ろめたいことでもあったのだろうか。

そして、中島社長の遺書を互いに見せ合ったとされるこの「四人組」が後に、「JR北海道の歪な労政の元凶」として、JR北海道社員やOBに指弾されることになるのだ。総務部関係者が続ける。

「ホテルに飛ばされた後も島田さんは（JR北海道）本体への復帰を期していました。そしてそのころの島田さんは『中島社長は組合に殺された』、『あの組合とは一度、ぶつからなければダメだ』と話されていたんです」

中島社長の死後、前述の〈合意〉文書の通り、JR北海道の経営陣は組合に完全屈服し、実質的な「現場協議」が復活した。そしてそれを経営側で主導したとみられる小池氏が社長に復帰し、柿沼氏が代表権のない会長に就いた。

だが、その後のJR北海道の惨状は、第8章で述べた通りだ。

取締役ではない相談役や顧問が取締役会に出席

12年から13年にかけて、函館線、留萌線、江差線などで脱線や、特急列車の火災事故が相次ぎ、13年9月19日には、函館線大沼駅構内で貨物列車が脱線した。この事故により、JR北海道がレールの異常（幅の広がり）を把握しながら1年近く放置していたことが発覚。さらに道内全域の約270カ所で、同様のレール異常が放置されていたことも判明し、国交省は同月21日、特別保安監査に乗り出した。

この間、小池氏に代わって、専務だった野島誠氏が社長に昇格し（13年6月21日付）、小池氏は再び代表権を持つ会長に就任した。だが、小池氏の会長再就任と同時に、その座から退いた柿沼氏はその後も、「特別顧問・技監」としてJR北海道に留まったのだ。

前述の「レール異常放置問題」の発覚で、JR北海道の安全意識や企業体質に対するメディアの批判は、11年の石勝線列車脱線・火災事故や、それに続く中島社長の自殺以来、約2年ぶりに再燃した。

そんななか、国交省がJR北海道に対する、2度目の特別保安監査に入る5日前の10月4日、日本経済新聞朝刊に「JR北海道、組織に病巣　相次ぐトラブル、異常も放置　現場に無関心、労使覆う」との見出しの記事が掲載された。

記事は、JR北海道で相次いだ事故や不祥事に触れた上で、〈規律を欠く現場を改善できない背景には労使がそろって問題解決の能力を失っている窮状が浮かぶ〉と指摘。その「病巣」の一つとして、こんなシーンを摘出してみせたのだ。

〈レールの異常放置が明らかになって初めて開かれた9月27日の取締役会。いつものように取締役ではない相談役や顧問が顔をそろえた。今もにらみをきかせる過去の重鎮が現役のリーダーシップを阻み、経営側に規律の緩みを生み出す〉

この〈取締役ではない相談役や顧問〉が前出の坂本氏や柿沼氏を指していることは明らかだ

が、さらに記事はこう続き、問題の核心を突くのである。

〈乗客78人が負傷した2011年の石勝線トンネルの脱線火災事故。その後に自殺した当時の中島尚俊社長は、自らが労務対策の全般を主導する変革を試みた。

小池明夫氏が会長から社長に再登板すると、組合との関係は元に戻った。経営陣が組合に干渉しない及び腰がまた見られるようになり、トラブルも増えた。小池氏が6月に現職の野島誠氏に社長を譲る際は「事故の連鎖を断ち切る」と口をそろえたが、現場を把握できない状況は変わっていないことが露呈した〉

石勝線の事故と中島社長の自殺以降、日経グループのメディアは新聞、雑誌を問わず、JR北海道の企業体質、特に労使の関係について、一貫して厳しい論調で臨んでいた。その中でも、この日経新聞札幌支社の記者による署名記事は、JR北海道内外に強烈なインパクトを与えた。

この日経の記事を受け、地元の「北海道運輸・航空記者クラブ」はJR北海道に対し、会見を開くよう要求。会見に応じた小山俊幸常務（当時、現在は副社長）は、坂本氏と柿沼氏が毎回、取締役会に出席していることを認めた。

そして11月11日、JR北海道が、国交省の監査を妨害することを目的に、「レール検査データの改竄」を長年にわたって行っていたことが、NHKのスクープで発覚し、同省の特別保安監査は3度に及んだ。

国会でもＪＲ北海道を追及

このＪＲ史上、他に例を見ない不祥事を受け同月22日、衆議院国土交通委員会は、野島社長と小山常務を参考人招致し、平沢勝栄議員らが２人を厳しく追及した。そしてここでも、前述の日経新聞が報じた、坂本氏と柿沼氏が出席していたＪＲ北海道の「取締役会」が、取り上げられたのだ。【（ ）内は筆者補足】

平沢議員　ＪＲ北海道は今でも、取締役会に、取締役ではない旧経営陣が出ていると聞いていますけれども、これは事実ですか。

小山常務　取締役を退任しております（坂本）相談役と（柿沼）特別顧問につきましては、当社の定款の定めに基づきまして、取締役会の決議により選出しております。そして、オブザーバーとして取締役会に出席し、それぞれの経験や知見に基づき、必要により、経営全般や鉄道の技術的な意見を頂戴しております。したがって、両氏が出席すること、これまでそういうことでやっておりましたけれども、（中略）この10月からは両氏には取締役会への出席は要請してございません。

つまり、ＪＲ北海道は、前述の日経新聞の報道以降、坂本、柿沼両氏に対し、取締役会への出席を見合わせるよう「要請して」いたわけだが、平沢議員の追及は続く。

平沢議員　いろいろ貴重な提言とか意見をいただいたということですけれども、まずほかの社には例がないことです。取締役でない人が出てくる。しかも、旧社長だったか会長だったか知りませんけれども、もうそれを退いて、相談役だとか、何かそういう役職を与えて取締役会に出てくる。社長はやりにくいでしょう。そんな旧経営陣が出てきたら、社長は自分の思うとおり言えないんじゃないですか。

（中略）普通の会社でありますか。例えばＪＲ東日本でこんなことをやっていますか。何でＪＲ北海道はこんなことをやっているんですか。

小山常務　他社の状況につきましては、私の方でその辺の状況を把握してございませんけれども、弊社におきましては、今、申し上げましたとおり（中略）これまでやってまいりましたけれども、現経営陣の責任のもとで業務を執行するということが、御指摘のとおり大切だということで、この十月からは取締役会への出席は要請してございません。

平沢議員　要するに、非難が高まったから、急遽改めたということなんでしょうけれども、今までがおかしかったんです。（中略）社長は一生懸命やっておられると思いますけれども、そこに旧経営陣が取締役会にも出てきてああだこうだ言ったら、社長が自分の思うとおりできないじゃないですか。こんな会社がほかにありますか。

そして平沢議員はこの国土交通委員会で、第８章で触れた、札幌運転所の運転士がＡＴＳをハンマーで破壊した不祥事についての対応も、ＪＲ北海道に質した。

平沢議員　今年の9月に運転士が、ＡＴＳ、自動車両停止装置を、自分のミスを隠すためにハンマーでぶっ壊したというような事件がありました。この事実関係と、この運転士に対してどういう対応をされたか、ちょっと教えてください。

小山常務　運転士がＡＴＳのスイッチを破損させた経緯でございますが、（中略）その後、委員（平沢議員）御指摘のとおり、本人がＡＴＳを切り忘れたというミスを隠そうとしてスイッチをハンマーでたたいて車両故障に見せかけようとしたという事実が判明してございます。

その対処につきましては、弊社における懲戒の中で、当社の顧問弁護士とも相談をいたしまして、こういった破損させたという客観的事実と、懲戒の基準に照らしまして、解雇に次ぐ重い処分である出勤停止とし、また、期間は15日間というふうな処分を下しました。

平沢議員　15日間ですか。あきれ返って物が言えません。組合（ＪＲ北海道労組）に遠慮しているんじゃないですか。これは、器物損壊、被害届を警察に出しましたか。

小山常務　本件につきましては、破損行為には計画性がなかったこと、また、破損が修理できたということで、また、本人も深く反省をしてございますので……（**平沢議員**「ちょっと待って。計画性がなかった、もう一つは何ですか？　計画性がなかった、その次は何ですか？」）計画性がなかったということと、破損、損害額が軽微でありまして、すぐに修理ができたということ、そして、本人も大変深く反省をしておりますので、刑事告訴は、私どもからはしてございません。

平沢議員　警察が来ていると思うんですけれども、警察が現場に立ち会っていると思うんですけれども、警察は被害届を出すように勧めたのかどうか。

荻野徹・警察庁長官官房審議官（刑事局担当）　御指摘の事案でございますけれども、本件事案につきましては、北海道警察において、ＪＲ北海道から通報を受けて、器物損壊容疑事件として関係者からの事情聴取、実況見分等、所要の捜査を行ったところでございますが、ＪＲ北海道側から被害の届け出をしない旨の申告があったということでございます。

平沢議員　警察が現場に行っていろいろ調べて、事件にやろうとしたら、ＪＲ北海道側が被害届を出さない。おかしくないですか、ＡＴＳを壊したんですよ。それと、もう一つは、15日間の出勤停止。どう考えたって解職じゃないですか、これは。ＪＲ北海道の常識というのは、社会の常識と外れているんじゃないですか。ＡＴＳを壊した人間をまだ、今どこの部署に勤めさせているんですか、この男を。これは組合に遠慮しているんじゃないですか。

小山常務　本人につきましては、そのまま運転士として乗務させるということは適切ではないということで、当該運転所ではありますけれども、直接安全にかかわらない業務であります、準備作業ですとか後片づけ、それから、これから冬期に入りますので、冬期の除雪作業に従事させ、指導、教育をしっかり行ってまいる所存でございます。

平沢議員　社長、野島参考人、15日間の出勤停止はおかしくないですか。どう考えられますか。一般の社会常識に照らしておかしいと思われませんか。

野島社長　今ほど常務の小山からも御説明をさせていただきましたが、懲戒処分の決定に当たりましては、顧問弁護士とも相談し、これまでの当社の懲戒基準等に照らし合わせて処分を決定したところでございます。

平沢議員　この辺が、要するに、ＪＲ北海道が一般社会と常識感覚が大きく食い違っているところじゃないかな。ちなみに、私、ほかの鉄道会社に聞いてみたんです。ほかの鉄道会社で同じようなことがあったら、即、これは解職だと言っているんです。

ところが、ＪＲ北海道は、15日間で、すぐほかのポストに異動させて、まだ勤務させている。だから、ＪＲ北海道は、信賞必罰、きちんとした対応がとれないから社内の体質がおかしくなっちゃったんじゃないですか。まあまあ、なれ合いでやっているからおかしくなっちゃっているんじゃないですか。

坂本元社長の「自殺」とその理由

そして、この衆議院国土交通委員会の参考人招致から約2カ月後の14年1月14日夜、メディアや国会の場で、「ＪＲ北海道の企業体質をつくった旧経営陣の一人」として、批判の的になっていた坂本氏が、自宅マンションから姿を消した。ＪＲ北海道関係者が当時の様子を振り返る。

「（レール異常放置が発覚した）大沼駅構内での脱線事故以降の坂本相談役は、傍目にも分かるほど、痩せていかれました。マスコミや国会での批判を受け、取締役会の出席を止められた相談役は、週1回の経営会議や、年末年始の社内行事への出席も見合わせるようになり、『この会社にはもはや、自分の居場所はない』と感じられていたのではないでしょうか」

この関係者によると、坂本氏は14日午前9時半、JR北海道の秘書の迎えで、自宅マンションを出発。午前中は、自らが会長を務めていた、「北海道観光振興機構」での打ち合わせをこなし、午後からJR北海道に出社。午後5時ごろに退社し、秘書の車で自宅マンションに戻ったという。

おそらくその後、着替えることなく、坂本氏は自ら車を運転し、余市港に向かったのだろう。というのも、遺体発見当時の着衣が、前日の最後に秘書が見たものと同じだったからだ。

JR北海道が、坂本氏の失踪に気づいたのは、翌朝のことだった。秘書が前日と同時刻に自宅マンションに迎えに行ったところ、応答が無かった。坂本氏の携帯に電話したものの、繋がらなかったため、異変を感じた秘書が、合鍵で坂本氏の部屋に入った。が、彼の姿は無かった。

このとき、JR北海道関係者の頭には、約2年4カ月前の中島社長の自殺が浮かんだのだろう。同社はすぐに、所轄の札幌中央署に相談したという。すると数時間前に余市港で収容された遺体の着衣が、坂本氏の前日のそれと酷似していることが分かり、社員が余市署に確認に向かったところ、坂本氏の遺体であることが判明したという。

中島社長のときと違い、遺書や書き置きなどは残されていなかったものの、北海道警は、周囲の状況などから自殺と断定。余市港の岸壁には、中島社長のときと同様に、坂本氏のマイカーである、シルバーのBMWが残されていたという。

この坂本氏の自殺の背景や動機についても、私は、中島社長のそれと同様の時間と、労力をかけて取材した。が、残念ながら、中島社長の取材の過程で掴んだ、前述の〈合意〉文書のような、〝確証〟を得るには至らなかった。

ただ、坂本氏と国鉄入社同期のJR北海道幹部OBは、中島社長の死後、坂本氏が漏らした言葉を今でも覚えているという。

「中島さんの『お別れ会』(11年10月28日)の前日の夜、坂本君と私と、(JR)貨物の伊藤(直彦・JR貨物元会長。現在は名誉顧問)君の、(国鉄入社)同期3人で飲んだんです。

その時、坂本君は『仕事を理由に、死ぬなんていう(中島氏の)気持ちが分からない』なんて言っていたんですが……。

あの時の坂本君じゃないけれど、正直、今でも私には、彼が亡くなった動機が分からないんですよ。最近も、彼と親しかった(坂本氏と同じ)『土木屋』の連中と会ったんですが、皆、首を傾げるばかりで……」

一方、坂本氏の元部下だった別の幹部OBはこう語った。

「坂本さんは間違いなく、『JR北海道中興の祖』だった。北海道新幹線もJRタワーも、坂本さんがいなければ実現し得なかった。が、それと同時に坂本さんは、自らも気づかないうちに、この会社に『負の遺産』も築いてしまった。

といっても、それ(負の遺産)は当時、マスコミで批判されたような『合理化や外注化、多角化経営が、(JR北海道の)人材不足や、会社全体の安全意識の低下を招いた』などということではない」

坂本氏は96年にＪＲ北海道の第2代社長に就任して以降、同社の脆弱な経営基盤を強化するため、ＪＲタワーの建設をはじめとする札幌駅南口開発や、ホテル、リゾート施設の運営など、鉄道事業以外の経営多角化に力を入れた。その一方で、社長在任中の7年間で、社員数を約1万1８００人から約９２００人まで削減。さらには車両整備や保線作業の外注化を進めた。

しかし、レール異常放置問題の発覚後、この坂本氏が進めた合理化や外注化が、ＪＲ北海道が本来持っていた技術の継承を遮断し、社員の安全意識の低下を招き、事故が多発する要因の一つとなった――と指摘するメディアは少なくなかった。幹部ＯＢが続ける。

「しかし、それらはあくまで『結果論』に過ぎない。合理化も、外注化も、そして経営の多角化も、いずれも財政基盤の弱い我が社にとっては必須の施策だった。問題は、坂本さんが、その合理化、外注化施策をめぐって、組合と〝正しい距離〟を保てなかった。つまりは癒着してしまったということだ。

もちろん、（合理化や外注化に伴う）人員削減や配置転換には、組合の協力が不可欠だった。が、それが一段落した時点で、労政転換に舵を切るべきだった。しかし、あの人（坂本氏）は、（ＪＲ）西や東海の経営者のように、非情になれなかった。根が優しい人だったから……。

しかし、その坂本さんの『優しさ』が仇となった。坂本さんより下の経営幹部は皆、組合に対して及び腰となり、彼らを増長させた。そして、その組合の増長こそが、社員同士の分断を招き、安全意識や技術の継承を阻害した。

さらに、組合に対する経営側の卑屈な態度は、一般の社員に愛社精神を失わせ、彼らから仕事に対する誇りを奪い、会社全体に無気力と厭世観を蔓延させた。それが、あのレール異常放置や検査データの改竄などの不祥事や、相次ぐ事故という形となって噴き出した。けれども、坂本さんがそれに気づいたときにはもう遅かった。次々に噴き出した負の遺産によって、彼がこれまで築き上げてきた、JR北海道だけでなく、北海道財界における功績まで崩れていった。

それは坂本さんにとって、これまでの人生を否定されることと同様で、彼にはそれが耐えきれなかったのだろう。私自身は、坂本さんが亡くなった理由を、そう理解している」

その一方で、このJR北海道幹部OBは、坂本氏には過去、「自らが築いた負の遺産に気づくチャンスはあったはず」とも言うのだ。

「中島さんの死だ。中島さんが亡くなったときに、（組合に対し）『弔い合戦』を仕掛け、労政転換に踏み切っておけば、坂本さんは死なずに済んだんじゃないか、と今でも思っている。中島さんの自殺には、組合側も相当のショックを受けていたから。あのとき、彼らを徹底的に追い込んでいれば、間違いなく勝てたはずだった。

しかし、坂本さんはそうしなかった。自ら、その（労政転換の）チャンスを逃したんだ。その結果、自分が『弔われる側』になってしまった」

ＪＲ東日本元常務が会長に就任

坂本相談役の自殺から6日後の14年1月21日、レール検査データの改竄問題で、役員や社員ら計75人を処分したJR北海道に対し、国土交通省は、再発防止策「JR北海道の安全確保のために講ずべき措置―JR北海道の再生へ―」を提示。24日には、11年の石勝線の特急列車脱線・火災事故に続いて2回目の、鉄道事業法に基づく「事業改善命令」と、JR発足後初めての、JR会社法に基づく「監督命令」を出した。

さらに2月10日、国交省は、レール検査データの改竄問題で、法人としてのJR北海道と社員を、鉄道事業法違反の罪で刑事告発し、告発を受けた北海道警は同容疑で同月12日、JR北海道本社など関係先5カ所の家宅捜索に入った。JR北海道本社に道警の捜索が入るのもこれが初めてのことだった。

そして4月1日、当時の野島誠・JR北海道社長（当時57歳）と小池明夫会長が更迭された。後任の社長には、JR北海道ホテルズの社長に転出していた島田修氏が、復帰して就任し、会長にはJR東日本の元常務で、同社のパートナー会社「東鉄工業」相談役の須田征男《すだゆきお》氏（当時70歳）が就いた。

須田氏は、東大工学部土木工学科を卒業後の68年、国鉄に入社。国鉄分割・民営化後はJR東日本に入り、鉄道事業本部施設電気部長などを歴任した「設備の保守など、安全技術のエキスパート」（JR東日本関係者）だった。

98年の常務取締役昇格後も、鉄道事業本部設備部長などを務め、00年に東京支社長に就いた。02年にJR東日本退職後は、東鉄工業の社長、会長を歴任し、12年に相談役に退いた後も、一般社団法人「日本鉄道施設協会」の代表理事・会長を務めていた。

前述の通り、JR北海道は、国交省が所管する独立行政法人「鉄道建設・運輸施設整備支援機構」（旧「国鉄清算事業団」）が、株式の100％を保有する特殊会社で、社長など代表取締役の選任や解任をめぐっては閣議での了承が必要となる。このため同社の人事には、ときの政府の意向が反映されるのだが、前述の人事をめぐっても「官邸の意向が強く働いた」（同前）といわれている。

須田征男氏（JR北海道元会長）
写真：梅谷秀治

前出のJR東日本関係者はこう語る。

「レール異常問題や、検査データの改竄問題などで、（JR）北海道の経営問題が表面化した13年の秋以降、政府やJR関係者の一部から、『（JR）東（日本）が支援すべき』との声が上がっていました。これに対し、冨田《とみた》（哲郎《てつろう》）社長（当時。現会長）は『（JR）北海道の経営形態を抜本的に変える対策はすべきではない』として、北海道に対する財政支援や、現役役員の派遣など、北海道の『救済役』となることには、一貫して慎重な姿勢でした。

しかし官邸の強い意向を受け、10年以上前に常務を務めたOBの須田さんを北海道に送り込むことになった。北海道と距離を置きたい東としては、ギリギリの妥協点だったのでしょう」

菅官房長官と故・中島社長の親交

また政府関係者は次のように証言する。

「こと『島田社長の復帰』については、『官邸の意向』というより、菅（義偉）官房長官の『意志』と言ったほうがいい。というのも、菅さんは小此木（彦三郎）先生（故人）の秘書時代から、（11年に）亡くなったJR北海道の中島（尚俊）社長と親交があったそうだ」

小此木彦三郎氏（91年に死去）は、旧神奈川1区（横浜市中区、西区、港北区など）選出の自民党衆議院議員で、8期にわたって連続当選した、中曽根派（後に渡辺派）の実力派代議士だった。自民党の交通部会長、田中、三木両内閣で運輸政務次官を務めた後、衆議院運輸委員長に就いた、同派きっての「運輸族」として知られ、第2次中曽根内閣で旧通産大臣、竹下改造内閣で旧建設大臣を歴任した。

菅氏は75年から11年にわたってこの小此木代議士の秘書を務めていたが、87年に横浜市議選に出馬し、初当選。同市議を2期にわたって務めた後、96年の衆院選で、国政に鞍替えし、神奈川2区（横浜市西区、南区、港南区）から自民党公認で出馬。以降、師の小此木代議士と同様に8期にわたって衆議院議員を務めている。前出の関係者が続ける。

「菅さんが、小此木先生の秘書時代、小此木先生の地盤である横浜の鉄道管理局（東京南鉄道管理局）を取り仕切っていた若手幹部が、後の中島社長だった。当時、菅さんは中島さんに、小此木先生の選挙などで、たいそう世話になったそうで、2人の親交は、国鉄がJRになり、中島さんが北海道に行ってからも続いたそうだ。

それだけに中島社長の自殺は、菅さんにとっても痛恨の極みで、中島社長の自殺の背景に『組合問題』があるとみた菅さんは、それ以降、JR北海道、特に労使関係については徹底して厳しい姿勢で臨んでいる。中島社長時代の総務部長だった島田氏を子会社から呼び戻して、社長に据えたのも菅さんの意向だった」

つまり島田氏の社長復帰は、政府がJR北海道の労政改革と体質改善を期した人事だったわけだが、前出の総務部関係者はこう語る。

菅義偉官房長官
撮影：梅谷秀司

「確かに、島田さんの社長就任以降、合意文書に書かれた『トップ懇』や『月一懇』は開催されていないし、『現場協議』が横行しているという話も聞きません。

ただ、この状況は、中島社長が自殺される前に戻っただけ――という話で、過去に一組と癒着し、（他労組の組合員に対する）不当労働行為に手を染めてきた幹部が、揃って常務取締役に就いているような現（経営）体制をみても、この会社の労政が根本的に変わったとは思えないのです」

果たして島田氏は総務部長時代に、故中島社長の下で目指した、この会社の労政改革を諦めてしまったのだろうか。

ＪＲ北海道は14年度以降、毎年３００億円を超える営業損益を出し続け、17年度の赤字は、過去最悪の４１６億円に達した（３５９ページ、図表８－５）。このため同社は政府に、20年度には資金ショートに陥るとして、30年度までの長期支援を求めた。

これを受け、国土交通省は18年7月、19、20年度の2年間で、計約４００億円を支援する方針を決定した。だが、それと同時に、ＪＲ北海道に対し2度目となる、ＪＲ会社法に基づく「監督命令」を出し、「２０３１年度の経営自立」という目標達成に向け、19、20年度を「第１期集中改革期間」と位置づけ、目に見える成果を挙げるよう要請したのだ。

しかし、その後も同社の赤字体質は改善せず、18年度の営業損益は、台風や地震などの影響もあって、過去最悪を更新し、４１８億円にのぼった。

このためＪＲ北海道は19年5月10日、同年10月の消費税率引き上げに合わせ、国交省に運賃・

料金の変更認可を申請した。今回の運賃の値上げが認可されれば、96年以来23年ぶりで、消費税率引き上げ分の転嫁を除けば、国鉄分割・民営化以降、2回目となる値上げに踏み切るのは、JR旅客6社の中でJR北海道だけだ。

JR北海道は、今回の運賃改定によって年40億円の増収を見込んでいるが、同社が国に申請した「運賃値上げ」をめぐり7月1日、国交省運輸審議会の公聴会が、札幌市内で開かれた。「(運賃)値上げは、JRグループ各社間の格差を是正せず、(利用者に)新たな負担を求めるものだ」、「JR北海道の経営の行き詰まりは、経営安定基金の運用益が金利低下によって半減した結果であり、国策(国鉄分割・民営化)破綻のツケを、道民やJR北海道だけに強いるのは論外」——。

一般市民からの公募で選ばれた3人の公述人は全員、運賃値上げに反対の意見を述べ、国やJR北海道の姿勢を、厳しく批判したが、島田社長は「徹底した経営努力を行うことを前提に負担をお願いする」と理解を求めた。

島田社長のいう「徹底した経営努力」が、深刻な赤字体質からの脱却を目指すものだということは理解できる。が、国や自治体からの支援、すなわち国民や道民の税金投入を前提となる、その「経営努力」のなかには果たして、自らの会社が未だに抱え続ける、歪な労政の転換は含まれていないのだろうか。

第12章

「ATS破壊」「アル検拒否」「覚醒剤運転」——労政改革いまだならず

JR北海道への質問状

中島尚俊社長自殺の引き金になったとみられる、合意文書。そして、その合意に基づき作成され、島田《しまだ》修《おさむ》JR北海道・現社長が、総務部長時代の2012年1月に、JR北海道の管理職に向けて発信したという〈労働組合との対応に関する基本的考え方について〉。

この2つの文書によって、1987年の国鉄分割・民営化から四半世紀ぶりに、JR北海道労使の間で復活したとされる、国鉄時代の悪しき慣習、「現場協議」はその後、どのような経過をたどったのか。

それを当時、総務部のトップとして、社内に周知したとされる、島田社長本人に直接、確認したいと、私は、17年7月から18年2月にかけて複数回、札幌市内の彼の自宅を訪問した。しかし、朝晩、いずれの時間に伺っても、留守なのか、応答がなかった。その都度、名刺や書き置きを残したが、返信が来ることもなかった。

そこで私は、「公式取材」に切り替え、JR北海道に正面から取材を申し込むことにした。「現場協議」についての質問に加え、第9章で詳述した沢村明彦《さわむらあきひこ》氏の「畑違いの部署への異動」や04年の「釧路不当配転問題」、第10章で書いた、09年の学園都市線をめぐる「車両選定問題」、さらには、北海道旅客鉄道労働組合（JR北海道労組）の「革マル派疑惑」など計8項目について、事実関係と、同社の見解を確認する質問状を、18年2月21日、JR北海道広報部にFAXで送信した。

質問状送付から2日後の2月23日、広報部から電話で次のような回答があった。

「お問い合わせについては、以前の経営体制における事柄であり、お答え致しかねます」

「なお、人事については会社の専権事項であり、労働組合が介入できる事柄ではありません」

このうち、後段部分については、沢村氏の「畑違いの部署への異動」や、「釧路不当配転問題」についてのコメントであることは理解できる。だが、残りの質問について、「以前の経営体制における事柄であり、お答え致しかねます」とは一体、どういうことなのだろうか。

「現場協議」や「車両選定問題」、そして、JR北海道労組の「革マル派疑惑」もすべて、「以前の経営体制における事柄」なので、答える必要はないというわけか。また、そもそも「以前」とは、どの時点をもって、そう言っているのか。

私がかつて、ＪＲ東日本の労使関係を問う連載を「週刊現代」誌上で、半年間、24回にわたって展開したことは前述した（第９章参照）。その連載の回ごとに私は、ＪＲ東日本に、事実関係を確認する質問状を送付したが、当時のＪＲ東日本広報部からは、24回連続で〈貴殿には回答しません〉という〝回答〟をいただいた。

今回の質問状に対するＪＲ北海道の対応も、当時のＪＲ東日本のそれに勝るとも劣らず、同社の「体質」をよく現していた。

だが、実は、私はこのとき、「国鉄分割・民営化から30年」を機に、ＪＲ東日本とＪＲ北海道の労政の検証を試みていた、「産経新聞」東京本社社会部の取材班とともに、このＪＲ北海道の取材を行っていた。

このため、同社への質問状も、私と、産経の記者との連名でＦＡＸし、それに対する回答の連絡先も、産経新聞東京本社社会部に統一していた。

ところが、前述のＪＲ北海道の、木で鼻を括ったような回答から約２週間後、その産経新聞に一通の封筒が届いたのだ。

「合意文書」の全文

封筒の消印は３月９日。差出人は「ＪＲ北海道・ＪＲ北海道労組を良くする会一同」。

その名前は明らかに、第５章で触れた、ＪＲ革マルの首領、松崎明氏に反旗を翻し、東日本旅客鉄道労働組合（ＪＲ東労組）をパージされた同労組の幹部らが過去に結成した、「ＪＲ東労組を良くする会」の名称をなぞらえたものだった。

封筒の中には、前章で引用した〈合意【抜粋】〉と同じ文書に、その全文（Ａ４版、横書き、２枚）、そして、この合意に至るまでの、ＪＲ北海道内部の動向が、時系列で記された「備忘録」のようなメモ（同、４枚）が同封されていた。

これらの書類、特に合意文書の全文が同封されていたことなどから、ＪＲ北海道社内、しかも内部の情報に通じた人物が送ってきたものとみて、間違いなかった。

というのも、その封筒が、産経新聞に届く前の時点で、私が入手できていたのは、前述の〈合意〉の【抜粋】だけだったからだ。

抜粋と記されているからには、その元になった「全文」があるはずと、私にこれを提供してくれた前出の総務部関係者の協力を得て、複数のＪＲ北海道社員、ＯＢらを当たった。しかし、彼らによると、「（合意文書の）全文を持っているのは、経営側では当時の経営幹部か、総務部長クラス。組合側では（当時の）一組（ＪＲ北海道労組）の執行部ぐらい」（ＯＢの一人）とのことだった。

第９章で触れた、「週刊現代」に対するＳＬＡＰＰを例に出すまでもなく、ＪＲ北海道労組は、私が彼らを取材する、はるか以前から、私を敵視していた。このため彼らから、合意文書の全文を入手するのは、不可能に近かった。

よって前述の通り、「経営側」の社員や、ＯＢらを当たったのだが、残念ながら彼らの中で、全文を保有していた人は皆無だった。

このため、合意文書の内容について、JR北海道に質す際にも、この【抜粋】に基づいた内容の範囲でしか、質問することができなかったのだ。

合意文書の全文（図表12－1）は、抜粋にはなかった、このような一文から始まる。

「5／27事故」及び「36協定違反」を中心とする今日までの貴重な「労使協議」の経緯を活かし、今後の取り組みに引き継ぎ、実行するために以下について合意した。

5／27事故とは、11年に石勝線で起こった特急脱線・火災事故のことだ。この記述以降は、前章で引用した抜粋と同様に、【社長メモ】、【委員長メモ】と続くのだが、抜粋では2項目しか記されていなかった社長メモは、もともとは4項目で構成されていたことが分かった。

ここからは、前章462～466ページで引用した〈合意【抜粋】〉の内容と見比べながら、読み進めていただければ、分かりやすいと思う。

抜粋の【社長メモ】にある〈◯「36協定違反」をめぐる貴組合への背信行為……〉のくだりは、全文では〈1〉に位置付けられ、続く〈2〉として、次のような一文が記載されている。

2．国交省から求められている「命令」および「指示」への報告内容について、貴組合とは十分な議論を尽くせずかつ、議論の進め方について不信感を与えたことについてお詫びする。

図表12-1　JR北海道労使による「合意」文書の全文。事実上の現場協議に言及した異例の取り決め

合　　意

「5／27事故」及び「36協定違反」を中心とする今日までの貴重な「労使協議」の経過を活かし、今後の取り組みに引き継ぎ、実行するために以下について合意した。

【社長メモ】

1．「36協定違反」をめぐる貴組合への背信行為および「コンプライアンス違反」については、弁解の余地はなくあげて会社の責任である。深くお詫びするとともに再発防止はもちろんのこと、時間外労働の常態化解消への努力と仕事のあり方や適正な要員配置を目指し、誠意をもって協議していく。
　尚、「36協定締結」の際は今後、社長名で締結することとしたい。

2．国交省から求められている「命令」および「指示」への報告内容について、貴組合とは十分な議論を尽くせずかつ、議論の進め方について不信感を与えたことについてお詫びする。
　すでに作成された内容にもとづき報告させて頂くこととするが、今後の実行段階において貴組合からの貴重な「緊急提言」を含め、この間の「安全経協」「団体交渉」等で示された意見を安全風土づくり、企業体質改善、労使信頼関係の再構築に活かしていく決意である。今後も忌憚のない意見・アドバイスを頂きたい。

3．労使信頼関係の回復と再確立は、何にも増して重要であり、「労使対等」「車の両輪」「運命共同体」論にもとづき、社長が前面に立って貴組合とのコミュニケーションを図り、国鉄改革直後の真の労使関係を再現するために努力する。今後、社長－委員長、総務部長－書記長、専任部長－交渉部長を基本とした関係を深め、信頼関係を醸成していくこととする。

4．その他の「懸案事項」について
①「安全問題」等に関わる、いわゆる「窓口問題」については、特別な事情を除き総務部は関係主管部とともに説明・協議することとする。

②「アルコール検知器」について、労使間の認識の不一致と対応の違いについては速やかに協議することとし、改めて検知器の使用方について、労使一致した取
るよう会社も合意点を見出すべく努力する。

③主管部とのコミュニケーション形成は、日常業務の遂行と信頼関係構築の
あり、相互の自由な交流を奨励する。

【委員長メモ】

1．「社長メモ」は会社の新たな姿勢と受け止め評価するが、これまでの不信
夕では拭い去ることは困難である。「36協定締結」の可否は、会社の誠意
課題解決に向けた努力の推移を慎重に見極めながら判断することとする。
　今後の「36協定」締結に関しては、合意事項の遵守、会社の努力姿勢を
にも、「期間限定」協定（3ヶ月）とし、「特別条項」の協議はこれに同意

2．慢性的な超過勤務の常態化は、会社の構造的問題でもあり、時間をかけて解消せざるを得ないが、春季労使交渉での協議、業務のあり方（作業ダイヤ等）、ダイヤ改正時における要員の検証、列車運行計画と要員の問題等についても検討を加えていくこととされたい。

3．国交省提出のいわゆる「3点セット」は、いまだ組合とは確認・合意に至っていない。しかしながら時間が迫っていることに鑑み、今後も「社長メモ」にあるとおり、「安全性向上計画」や「避難誘導マニュアル」等の実行に当たっては組合案の採用のため、「安全経協」の開催をはじめ積極的に意見交換の場を確保されたい。

4．労使関係の再確立のために、これまで積み残しとなっている懸案事項の解決を図ること、「トップ懇」や「月一懇」の早期開催、本社主管部と本部（本部業職種別部会）とのコミュニケーション形成、支社と地本（直轄と地本）との関係確立、現場と分会との関係確立や「労働安全衛生委員会」の適正な開催と内容の見直し等々、これまでの状況克服のために会社は指導を強化することとされたい。

5．今般の一連の事実経過は全社員にあらゆる方法で説明し、みずからが厳正な勤務管理や不払い・サービス労働の根絶、「命と安全」は全てに優先するという安全哲学の徹底を職場の隅々まで浸透させることが極めて重要である。その先頭に会社と組合は立つべきである。

【共通メモ】

1．「社長メモ」「委員長メモ」は双方において了解・確認し実行する。今後は労使信頼関係の構築に一層の努力をする。

2．安全に関する会社へのお客様の信頼は大変厳しいものであることを認識し、信頼回復と安全な会社・職場を創るべく労使は真剣に現実に向かい合うこととする。とりわけ、会社経営陣と組合本部役員の責任は重大である。

3．会社の置かれている経営環境は予断を許せる状況ではなく、今後も労使は力を合わせ働きやすい職場環境の確立、会社の恒久発展のために今こそ「労使共同宣言」の精神を忘れず努力することとする。

【その他】

1．上記にかかわらず、特別条項の扱いについて労使で協議する。

2．この合意内容は、故中島社長と組合が議論を積み重ね合意に至ったものであり、故中島社長の意志でもある。

２０１１年9月１３日

代表取締役会長　小池　明夫

中央執行委員長　榎本　一夫

すでに作成された内容にもとづき報告させて頂くこととするが、今後の実行段階において貴組合からの貴重な「緊急提言」を含め、この間の「安全経協」「団体交渉」等で示された意見を安全風土づくり、企業体質改善、労使信頼関係の再構築に活かしていく決意である。今後も忌憚のない意見・アドバイスを頂きたい。

〈国交省から求められている「命令」および「指示」への報告〉とは、石勝線の事故で、JR北海道が国交省から「事業改善命令」に基づき、提出を命じられていた「改善措置報告書」のことだ。提出期限は11年9月17日となっていたが、実際には前日の16日、その時点で失踪中だった中島社長に代わって、小池明夫会長が提出したことは第10章で述べたとおりだ。

また〈すでに作成された内容にもとづき、報告させて頂くこととする〉ということは、この合意文書が作成された時点ですでに、「改善措置報告書」をめぐる労使協議に、組合側の協力が得られていたということなのだろう。文中の「安全経協」とは、JR北海道労使間に設けられた「安全経営協議会」のことである。

そして抜粋にあった〈○労使信頼関係の回復と再確立は、何にも増して重要であり……〉のくだりは、〈3〉に記載されており、続く〈4．その他の「懸案事項」について〉として、3点にわたって、次のような会社の〝決意表明〟が記されていた。【（ ）内は筆者補足、以下同】

①「安全問題」等に関わる、いわゆる（JR北海道とJR北海道労組との）「窓口問題」については、

特別な事情を除き総務部は（運輸部や工務部などの）関係主管部とともに説明・協議することとする。

②「アルコール検知器」について、労使間の認識の不一致と対応の違いについては速やかに協議することとし、改めて検知器の使用法について、労使一致した取り扱いとなるよう会社も合意点を見出すべく努力する。

③主管部とのコミュニケーション形成は、日常業務の遂行と信頼関係構築のため大切であり、（労使）相互の自由な交流を奨励する。【傍点部は筆者】

このなかでも特に、②に記載された「アルコール検知器」をめぐる問題は、JR北海道労使の〝常識〟が、いかに世間一般のそれから逸脱しているかを象徴するような事案なので、詳述することにする。

アルコール検査をボイコット

05年4月25日に起こった、JR西日本の福知山線脱線事故。乗客ら107人が死亡し、562人が負傷した、この「JR史上最悪の事故」を機に、鉄道を中心とした運輸業界では、運転士や車掌ら、乗務員の体調や、精神面での管理を強化する動きが始まった。

国土交通省は06年10月、「動力車（列車）を操縦する係員（運転士）は、酒気を帯びた状態又は薬物の影響により正常な操縦ができないおそれがある状態で列車に乗務してはならない」とする省令（鉄道に関する技術上の基準を定める省令第11条第3項）を追加した。

これを受け、JR各社をはじめ、全国の鉄道会社で、アルコール検知器を導入する動きが広がり、JR北海道も07年9月から試験的に取り入れ、08年11月に正式に導入したという。

ところが、である。

アルコール検知器での測定は通常、乗務前の点呼の際に、管理者立会いのもとで行われるのだが、他のJR各社が、それを乗務員全員に課していたのに対し、JR北海道だけが、「（アルコール検知器での測定は）乗務員の個々の意思に任せる」として、義務付けていなかった。いや、JR北海道労組の抵抗により、義務付けることが「できなかった」と言ったほうが正確だろう。

前章で証言した、JR北海道総務部関係者が再び語る。

「そもそも、アル検（アルコール検知器を使った検査）の導入は、『列車の安全運行』という、鉄道事業者にとって、経営の根幹にかかわる施策。本来ならば、会社の責任において実施するもので、組合に説明し、同意を得なければならない類いのものではない。

しかし、当時の（JR北海道）経営陣は、こんな基本的な施策ですら、組合に〝お伺い〟を立てなければ進められないほど、弱体化していました。しかも、当時の運輸部は、総務部に相談することなく、単独で、一組（JR北海道労組）に説明し、同意を得ようとしていたのです。

おまけに、その（運輸部の組合への）説明は、『いずれは国交省から、（アル検を導入せよという）

指導が出ますから、その前に導入しましょう』という、極めて腰が引けたものでした。当然のことながら、（会社の）足元を見た組合は、『ならば、国交省から指導が出てから、導入すればいいじゃないか』と居直り、導入に向けた協議はストップ。お手上げ状態になった運輸部は、総務部に泣きつき、以降、アル検の導入は、総務部案件になったのです。

運輸部に代わって、一組と（アル検導入について）折衝することになった、当時の総務部が、一組にその必要性を説き、説得した結果、義務化までには至らなかったものの、『会社はその（アル検の）必要性と重要性に鑑み、積極的に（社員に）慫慂《しょうよう》する（勧める）』、『組合はその重要性を認識し、反対しない』ということで、合意したのです」

このため、ＪＲ北海道が、アル検を正式に導入した08年11月の段階では、「任意」だったにもかかわらず、１００％に近い実施率に達していたという。関係者が続ける。

「ところが（アル検の正式）導入から半年以上が経った（09年）7月ごろ、札幌車掌所に勤務する（ＪＲ北海道労組の）青年部の連中が、突如として、『（検査を）受ける、受けないは個人の自由だ』などと騒ぎ始め、アル検をボイコットしたのです。

導入時は、前向きに検査を受けていたにもかかわらず、彼らがなぜ突然、拒否し始めたのかは今もって不明ですが、札幌車掌所は、佐々木（信正・ＪＲ北海道労組）委員長（当時）の子飼いで、青年部長を務めていた『Ｔ』という組合員の出身職場ということもあって、当時から過激な活動家が多い職場でした」

さらに札幌車掌所の青年部は、アル検を拒否するだけでなく、その導入をめぐって会社と合意した、JR北海道労組本部まで突き上げ始めたという。関係者が続ける。

「このままでは組合の内部対立にも発展しかねなかったことから、事態の鎮静化を図ろうとした佐々木委員長は、会社側に、『酒を飲まない社員は登録制にして、（アルコール）検査の対象から除外しよう』と、妥協案を提示してきました。

しかし当時の佐藤（和博）専務（取締役、第10章参照）は、『全社員を対象に（アルコール検査を）実施するのでなければ、一般社会の理解は到底、得られない』として、この組合側の提案を拒否。会社として、あくまで乗務員全員を対象に実施する姿勢を堅持したのです。

妥協案を出したにもかかわらず、それを拒否された組合側は、さらに反発し、（アルコール検査を）拒否する組合員は日を追うごとに増えていきました。が、それでも、佐藤専務は『このまま組合とのせめぎ合いを続ければ、いずれは国交省からの指導や、社会の批判を受けることになるだろうが、それもやむを得ない』と一歩も譲歩せず、当時の中島社長も、この佐藤専務の姿勢を支持したのです」

これによって、JR北海道におけるアル検の実施率は、60～70％まで落ち込んだという。関係者が続ける。

「一組の連中は、札掌の青年部を中心に『前日に飲んでいないなら、アル検は受ける必要は無い』などと、自らに都合のいい理屈を唱え、札幌車掌所では十数人がボイコット。さらに、佐々木委員長の出身母体である『釧路運輸車両所』もこれに同調し、一時は、（同車両所の）一組に所属する車掌のほとんどが、検査を拒否するという事態に陥りました。

その一方で、検査を受けた乗務員の中には、アルコールが検出されたため、『不参』（会社から承認を得ない欠勤）扱いとなる社員も出てきて、まさに『正直者が馬鹿を見る』状態となり、現場での、会社に対する不満は募る一方でした」

そしてJR北海道労組組合員によるボイコットが始まった約2カ月後の09年9月、札幌車掌所に、国交省鉄道局と北海道運輸局による、立ち入り検査（保安監査）が入った。

その立ち入り検査の結果、国交省鉄道局は、手前勝手な理由で、アルコール検査を拒否していたJR北海道労組組合員らの姿勢を、以下のような異例の文言で、厳しく批判したのだ。

【（ ）内は筆者補足】

〈世間は、バスやトラックの乗務員と同様、当然JR北海道もアルコール検査を全員行っているという認識である。ところが、一部の乗務員が前日飲んでいないことを理由に検査を受けないということについては到底理解出来ず、鉄道（JR北海道）には大勢のお客様に乗車していただいているという自覚がないのではないか〉

その内容はまるで、駄々をこねる子どもを説諭するかのようだが、前出の総務部関係者はこう続けた。

「まさに佐藤専務が懸念していた事態になったわけですが、それでも、中島社長は組合に妥協することなく、あくまで『完全実施』、つまりは、乗務員全員を対象にした、無条件での、アルコール検査の義務化を（社員に）求めました。

一方の組合側は、こんな、鉄道員として恥ずべき（国交省の）指導を受けても、その考えを改めることなく、（アル検をめぐる）会社と組合との膠着状態は、中島社長が亡くなるまで続いたのです」

しかし、このアルコール検査をめぐって、組合には妥協しないとした、JR北海道経営陣の姿勢は、中島社長の死を機に、一変したという。

それを端的に表しているのが、前述の合意文書の②の、〈改めて検知器の使用法について、労使一致した取り扱いとなるよう会社も合意点を見出すべく努力する〉の、一文である。関係者が続ける。

「中島社長の死後、坂本（眞一）相談役、小池社長、そして柿沼博彦副社長（肩書は全て当時）らが一組との間で見出したのは、〈合意点〉ではなく、妥協点でした。彼らは、アル検について、以前、組合側が出してきた『酒を飲まない社員は登録制にして、検査の対象から除外する』という条件を呑んだのです」

この合意文書が締結されたとする11年9月13日から、約1カ月後の10月8日、朝日新聞に次のような見出しの記事が掲載された。

「JR北海道　検知器義務化せず　酒気帯び　対面点呼で判断」

記事は、〈全国のほとんどの鉄道事業者がアルコール検知器の測定を乗員に課す中、JR北海道は義務化していないこと〉に疑問を呈する内容だった。ところが、JR北海道は、朝日新聞の取材に対し、「乗務員の自主性を重んじながら取り組みを進めたい。検知器の使用を全員に強制することは検討していない」とコメント。つまりは〈今後も見直す考えはない〉としたわけだが、当然のことながら、このJR北海道の姿勢は、利用客の猛反発を浴びた。

そして、これら世論の批判や、石勝線の特急脱線・火災事故の発生などを受け、JR北海道は、アルコール検知器の導入から約4年後の12年7月1日付でようやく、検査を「義務化」した。だが、その期に及んでも、JR北海道労組は、全社員を対象とした「完全実施」に抵抗したため、検査には、次のような「免除規定」が盛り込まれたのだ。

〈体質的に飲酒することが出来ない乗務員で、会社が定めた「申告書」（別紙）に氏名等を自署し、予め現場長に申し出て承認を受けた場合〉

〈未成年者（法律上、そもそも飲酒することができないため）〉

（12年6月付、JR北海道「乗務員に対するアルコール検知器による検査実施について」より）

免除規定の前段は、組合側が当初から示していた「妥協案」の内容と、ほぼ同じだ。つまりJR北海道の経営陣は、前出の総務部関係者が証言した通り、中島社長の死後、このアル検問題でも、組合側の言いなりになったわけである。

覚醒剤を打ちながら列車を運転

ところが、このアル検の「義務化」から約1年後の13年7月30日、JR北海道の現役運転士（当時30歳）が、北海道警札幌中央署に緊急逮捕された。容疑は「覚醒剤取締法違反（使用）」。同月中旬から末ごろのまでの間、道内で覚醒剤を使用した——というのが被疑事実だった。運転士はその後、同罪で起訴され、9月25日、懲役1年6カ月、執行猶予3年の有罪判決を受けた。

当時の報道などによると、運転士は09年4月に入社し、10年8月から運転士として勤務していた。逮捕当時は岩見沢運転所に所属し、千歳線や函館線などで運転を担当。札幌駅—旭川駅間の「特急スーパーカムイ」や、新千歳空港駅—小樽駅間の「快速エアポート」も運転していたという。

その一方で運転士は、数年前から覚醒剤を常用していたとみられ、使用の疑いがあった7月17日から27日の間にも「スーパーカムイ」など計22本の列車に乗務し、約4500人の乗客を運んでいたという。つまり酒気帯びどころか、覚醒剤を打ちながら、列車を運転していたわけだ。

事態を重く見た北海道運輸局は、前述の省令に基づき、13年8月、JR北海道に対し、全運転士約1100人（当時）に、薬物尿検査の実施も検討するよう提案した。ところが同社は「人権上の問題がある」として、これを拒否したというのである。

運転士によるATSの破壊に、アルコール検査の拒否、そして覚醒剤を打ちながらの列車運転……。JR北海道の労務管理体制はもはや、崩壊していた。

前章で述べた、当時の野島誠社長と小山俊幸常務が招致された、13年11月22日の衆議院国土交通委員会でも、委員の質問は、このJR北海道の労務管理の実態に集中し、前述のアルコール検査問題も取り上げられた。追及したのは前章と同じく、平沢勝栄議員である。【（ ）内は

筆者補足】

平沢議員　今、どこの、乗客を乗せる（鉄道）会社でも、乗組員に対してはアルコールの検査を義務づけています。ＪＲ北海道の場合はどうなっているんですか。

小山常務　弊社では、アルコール検知器を用いた検査を、平成20（08）年11月より導入をいたしました。当時は、対面点呼において、酒気帯びを含む健康状態の把握をすることを基本としておりまして、乗務員が自主的に体調管理をするよう指導していたため、アルコール検知器の使用は一応、任意という形で導入をさせていただきました。

その後、平成23（11）年5月27日、先ほど委員からお話しがありましたけれども、その発生させた石勝線列車脱線火災事故の反省、さらに世の中の状況も踏まえまして、アルコール検知器を用いた検査を義務化すべきものとの考えのもとに、平成24（12）年7月から義務化し、原則全員実施といたしました。

平沢議員　今、原則義務化と言われました。そもそも、もともと、どこの会社も義務づけているんです。ところが、ＪＲ北海道だけ義務づけていなかったんです。ところが、やはりこれじゃ通らないということで、平成24年7月になって原則義務づけたと言われました。原則ってどういう意味ですか。

小山常務　原則と申し上げましたのは、その際に、体質的に飲酒できない乗務員につきましては、自己管理ができるという判断のもとに免除をすることといたしました。私ども、乗務員、運転士、車掌を合わせますと約1600名の者がございますが、そのうち、こういった形で免除されていた者は11名でございます。

平沢議員 11名かどうか知りませんけれども、そもそも、免除ということ、原則というのはおかしいんじゃないですか。やはり全員に義務づけるのが当たり前で、ちなみに、ほかの会社はどこでも全員に義務づけているんですよ。そんな原則なんて言っているのはJR北海道だけですよ、私が調べた限りでは。

ちなみに、JR北海道、おととい全員に義務づけたんじゃないですか。違いますか。

小山常務 そのように委員の御指摘でございますが、確かに、こうした判断によりまして免除者を設けているという取り扱いに対しまして、一連の事故ですとか不祥事の発生を契機といたしまして、御利用されるお客様を初め、各方面から大変な御批判、御心配をいただく事態となりまして、委員御指摘のとおり、当社のルールでございますけれども、なかなか外部の方から、これで安全が担保できるのかという、理解されがたいというところもあるかというふうに考えまして、乗務員全員がアルコール検査を受けることといたしまして、遅ればせながら、一昨日の（11月）20日から、乗務員全員を対象としてアルコール検知器による検査を実施するということを決定させていただきました。

平沢議員 おとといから義務づけたんですよ。やはり今までおかしいと思っていた。今日、これで、国会で質問が出るだろうと思ったから、おととい慌ててやったんじゃないですか。そういうことでしょう。何でこんなにアルコールの検査の義務づけを遠慮していたんですか。組合に遠慮していたんじゃないですか。

ちょっともう一回答えてください。組合に遠慮していて、こういうことが今までずっと行われてきたんじゃないですか。

小山常務　御指摘のことでございますが、決して組合に配慮してということではなく、このアルコール検査は会社の考えでこれまで実施をさせていただきました。また、先ほど申し上げたように、昨今、いろいろな御批判を賜っているといったようなことも踏まえ、私どものルールがなかなか外部の皆様からは御理解いただけないということで、先ほども申し上げたように、1600名のうち免除されていたのは11名でございますので、実質100％と考えてございましたが、一応、今回、例外なしに実施をさせていただくということに特にさせていただいたものので、決して今回の当委員会への出席を意識して実施したものではございませんので、御理解を賜りたいと思います。

平沢議員　今の答弁を聞いていて、やはりJR北海道の再建は道がほど遠いなという感じがしたわけでございます。

今、労働組合じゃなくて会社の考えだと言っていましたけれども、会社はやりたいに決まっているじゃないですか。それに反対していたのは労働組合だと私は（JR北海道の）中から聞いていますよ。何でそんなことをこの場で言うんですか。何でそこまで労働組合をかばわなきゃならないんですか。

【傍点部は筆者、以下同】

ＪＲ北海道労組と革マル派の「関係」

そして平沢議員の質問は、この会社の労使関係の本質的な問題に踏み込んでいく。

平沢議員　ちなみに、ＪＲ北海道にはＪＲ北海道労組というのがあるでしょう。その上にはＪＲ総連（全日本鉄道労働組合総連合会）があるわけでしょう。その組合（ＪＲ北海道労組）が（ＪＲ北海道社員の）80数％の加盟率ですよ。そこが一番の大きな力を持っているんでしょう。

そこで、いろいろな報道等にも出ていますけれども、組合が言うことを聞かないとかということで、いろいろな問題があるということが、はっきりと報道にも出ていますよ。そういう問題があるんじゃないですか。

では、組合の問題について聞きますけれども、まず、社長にお聞きします。野島参考人にお聞きします。組合とはうまくやっていけると思いますか。

野島社長　労働組合と私ども経営側の関係でございますから、もちろん意見等の衝突といったようなこともございます。そういった課題が出た場合には、お互いに議論を尽くし、真摯な対応をし、事業の運営に当たっているところでございます。

平沢議員　今、言いましたように、報道では、経営幹部が何と言っているかというと、組合が言うことを聞かない、組合が強くてガバナンスがきかない、こういうことを言っているということが日本経済新聞に出ています。

それはあれとして、JR北海道労組、ＪＲ北海道の中で一番強い組合、この組合は、有名な話ですけれども、ほかの組合を一切、相手にしない。例えば、ほかの組合の者と休憩中でも話をしちゃいけない、ほかの組合の者とは飲食もしちゃいけない、ほかの組合の者の結婚式にも出ちゃいけない。これは大変厳しい規律がまかり通っているようですけれども、こういったことがまかり通れば、当然のことながら、職場での人間関係、あるいは、いろいろな連係プレーがうまくできるはずがないと思いますけれども、こういった組合の実態について、野島参考人は御存じだったですか。

野島社長　ＪＲ北海道労組が、そのような運動方針を掲げ、ごく一部の職場でそうした事象があるということは聞いてございますが、このことによりまして、現在、会社の業務遂行上、問題になるという事象はないと考えております。

仮に発生した場合には、厳正に対処していく所存でございます。

この野島社長の答弁は、ＪＲ東日本がまだ、「ＪＲ革マル」の呪縛に囚われていた01年当時の、大塚陸毅《むつたけ》社長のそれを彷彿とさせるが（第7章参照）、平沢議員は、この参考人招致で、ＪＲ北海道における「革マル問題」についても、次のように質すのだ。

平沢議員　まず、ＪＲ北海道の最大の組合、ＪＲ北海道労組、これは、上部団体はＪＲ総連です。JR総連については、政府が質問主意書の回答の中で何と言っているかというと、影響力を行使し得るそれぞれの立場に革マルが浸透している、こう言っているんです。

警察庁が来ていますけれども、警察庁、これは間違いないですか。

種谷良二・警察庁長官官房審議官（警備局担当、以降、種谷官房審議官）　警察としては、平成8(96)年以降、革マル派の非公然アジト27カ所を摘発し、これらのアジトの一部から押収した資料を分析するなどした結果、JR総連内に革マル派活動家が、影響力を行使し得る立場に相当浸透していると認識しておるところでございます。

平沢議員　JR北海道労組の上部団体のJR総連、それは、今、警察庁が言ったように、革マル派、革マル派というのは、今、警察庁は説明がなかったんですけれども、要するに、共産主義革命を究極の目的として、殺人事件を初めとして、さまざまな刑事事件を引き起こしてきた極左暴力集団です。この暴力集団が、その上部団体のJR総連には入り込んでいる。その下部団体がJR北海道労組なんですよ。

そのJR北海道労組には革マルはいないんですか、警察庁。

種谷官房審議官　お尋ねのJR北海道労組は、JR総連に加盟していることから、警察といたしましては、革マル派とJR北海道労組の関係について鋭意解明に努めているところでございます。

なお、解明状況につきましては、今後の警察活動に支障を及ぼすおそれがあることから、お答えは差し控えさせていただきます。

平沢議員　要するに関係があるんでしょう。

では、警察庁、もう一回聞きます。

ＪＲ北海道労組出身の者で革マルと確認された者はいないんですか。あるいは、現在、ＪＲ北海道労組の役員の中に革マルと、警察が断定できる人間はいないんですか。その辺はどうですか。

種谷官房審議官　先ほど申し上げましたとおり、革マル派とＪＲ北海道労組の関係について、現在、鋭意解明に努めているところでございます。

お尋ねの点につきましては、今後の警察活動に支障を及ぼすおそれがあることから、答弁は差し控えさせていただきます。

ここで警察庁は、ＪＲ北海道労組と革マル派との関係について、かなり踏み込んだ答弁をしているのだが、平沢議員はさらに明確な回答を求めるのだ。

平沢議員　警察庁、言いにくいんだろうことはわかりますけれども、ＪＲ北海道労組出身の中に革マルがいるなんということは誰でもが知っていることなんです。そして、そのＪＲ北海道労組の出身の者がＪＲ総連の主要なポストを占めている、これも周知の事実じゃないですか。何でそんなことを、今、解明に努めているなんということで言うんですか。事実を言ったらどうですか。

警察庁、もう一回。

種谷官房審議官　お答えいたします。

個人の情報にかかわることについては答弁を差し控えさせていただきますが、JR総連の執行役員の中にはJR北海道労組幹部であった者が含まれていると認識しております。

平沢議員　今はごく一部だけを言いましたけれども、まだほかにもいっぱいあるんですよ。

これは、野島参考人は御存じでしょう。要するに、JR北海道労組の中に革マルは入っているんですよ。そして、その出身者が今、JR総連の方に移って、そして枢要なポストを占めているんですよ。一体みたいなものですよ。

そういうJR北海道労組、革マルの関係者に指導されたような、そういった組合が、アルコールの検知には反対する、そして、先ほどハンマーでATSを壊したと言ったけれども、これも組合員ですよ。

先ほどらい、ずっと聞いていますと、組合を守ろう、守ろうとしているんじゃないですか、(野島)社長は、あるいは後ろの小山参考人。そうじゃないですか。それは違いますか。組合に気を使い過ぎているんじゃないですか。いかがですか。

小山常務　委員の御指摘でありますが、当然、労使は、それぞれの立場において意見を言い、また必要に応じて協力をし、会社を築いていかなくちゃならない部分があります。

労使の間では、きちっとした労働協約というルールがございまして、そのルールにのっとって、労使対等という観点から健全な労使関係を築いているというふうに認識をしてございます。

前章でも述べた通り、「労使対等」は、生前のJR革マルの首領、松崎明氏が好んで唱えたフレーズだ。さらに言えば、この「労使対等」という言葉は、本来、労働者側の言葉であって、経営者が自ら、口にするようなものではない。

そしてJR北海道では今なお、このような〈認識〉を持った人物が、副社長に就いているのである。

本当に「故中島社長の意志」だったのか

合意文書の全文に戻ろう。

前述の【社長メモ】の後は、抜粋と同様に、【委員長メモ】に続くのだが、この委員長メモも、もともとは5項目で構成されていた。

抜粋の委員長メモにあった〈○「社長メモ」は会社の新たな姿勢と受け止め評価するが……〉のくだりは〈1〉に記載され、〈2〉には次のように記されていた。

2．慢性的な超過勤務の常態化は、会社の構造的問題であり、時間をかけて解消せざるを得ないが、春季労使交渉での協議、業務のあり方〈作業ダイヤ等〉、ダイヤ改正時における要員の検証、列車運行計画と要員の問題等についても検討を加えていくこととされたい。

「36協定違反問題」で、会社側を屈服させたことを奇貨として、来期春闘での課題や、他の要求まで一気に呑ませようという、組合側の意図が透けて見えるようだ。また、それらのなかでも、〈ダイヤ改正時における要員の検証〉、〈列車運行計画と要員の問題〉など、こと運転士に関係する要求が目立つところが、いかにも「旧動労」らしい。

全文はさらに、〈3〉としてこう続く。

3．国交省提出のいわゆる「3点セット」は、いまだ組合とは確認・合意に至っていない。しかしながら時間（改善措置報告書の提出期限）が迫っていることに鑑み、今後も「社長メモ」にあるとおり、「安全性向上計画」や「避難誘導マニュアル」等の実行に当たっては組合案の採用のため、「安全経協」の開催をはじめ積極的に意見交換の場を確保されたい。

ＪＲ北海道が、国交省に提出した改善措置報告書は、「安全輸送の確保に関する事業改善命令」に対する改善措置、「保安監査の結果による当面の改善指示」に対する改善措置、そして「安全性向上のための行動計画」の3つで構成されており、ＪＲ北海道では、これを「3点セット」と呼んでいた。

ＪＲ北海道労組はここで、改善措置報告書をめぐる労使協議には協力したものの、報告書を構成する「3点セット」の内容にまで合意したわけではない、と釘を刺しているわけである。

また、前出の総務部関係者によると、この中の「安全性向上のための行動計画」は、当時の柿沼副社長が中心となって作成したものだというが、〈組合案の採用のため〉と書かれていることから、おそらく彼らの案を〝丸呑み〟したのだろう。

そして〈○労使関係の再確立のために……〉というフレーズで始まり、JR北海道労組が〈現場と分会との関係確立〉との表現で、「現場協議の復活」を要求した問題の一文は〈4〉に位置付けられていた。再掲しよう。

4．労使関係の再確立のために、これまで積み残しとなっている懸案事項の解決を図ること、「トップ懇」や「月一懇」の早期開催、本社主管部と本部（本部業職種別部会）とのコミュニケーション形成、支社と地本（直轄と地本）との関係確立、現場と分会との関係確立や「労働安全衛生委員会」の適正な開催と内容の見直し等々、これまでの状況克服のために会社は指導を強化することとされたい。

そして委員長メモはこう締めくくられる。

5．今般の一連の事実経過は全社員にあらゆる方法で説明し、みずからが厳正な勤務管理や不払い・サービス残業の根絶、「命と安全」は全てに優先するという安全哲学の徹底を職場の隅々まで浸透させることが極めて重要である。その先頭に会社と組合は立つべきである。

抜粋では、委員長メモに続いて、【共通メモ・その他】となっていたが、全文では【共通メモ】と【その他】にそれぞれ分かれていた。

そして、【その他】の末尾、つまりこの合意文書の最後には、抜粋にはなかった、こんな文言が記されていたのである。

この合意内容は、故中島社長と組合が議論を積み重ね合意に至ったものであり、故中島社長の意志でもある。

この一文を初めて目にしたという、前出の総務部関係者は、改めて怒りを露わにする。

「つまり、この合意に関与した、当時の（JR北海道）経営陣と、組合幹部は全員、合意内容に対する責任を、中島社長に負わせようとしたわけですね。

もし、この合意内容が、彼らの言う通り〈中島社長の意志〉だったとすれば、なぜ、その本人は、この合意文書にサインしないまま、失踪し、自ら命を絶つに至ったのか。

やはり、JR北海道労使双方が、中島社長を追い詰め、殺したのです」

また、JR北海道労組のいうところの〈議論〉の実態が、どのようなものであるかは、第8章で詳述した「結婚式問題」でもお分かりだろう。彼らのいう〈議論〉とはすなわち、「追及行動」のことなのだ。しかも、それを〈積み重ね〉られたというのだから、中島社長が当時、彼らから、どれほど激しい追及を受けたかは、想像に難くない。

ただ、この合意全文の締結日は〈２０１１年９月13日〉、締結者は、会社側が〈代表取締役会長　小池明夫〉、組合側が〈中央執行委員長　榎本一夫〉となっている。

ちなみにこの榎本氏は現在、ＪＲ北海道労組の上部団体、ＪＲ総連の委員長に就いている。

ただ、中島社長の遺体が見つかり、警察によって死亡が確認されたのは９月18日だ。この合意文書が締結された13日段階では、まだ行方が分からず、生死も不明の状態だった。にもかかわらず、彼らはなぜ、この文書に〈故中島社長〉と記しているのだろうか。

労組側が作成した合意文案

前述の通り、「ＪＲ北海道・ＪＲ北海道労組を良くする会一同」から、産経新聞に送られてきた封筒には、この合意文書の全文と一緒に、これが締結される前後の、ＪＲ北海道労使の動向が、時系列で記録された「備忘録」のようなメモが同封されていた。

備忘録にはこのほかにも、87年の国鉄分割・民営化以降の、ＪＲ北海道労使癒着の実態がＡ４版、４枚にわたって記されているのだが、その内容のほとんどが、本書がこれまで述べてきたものと重複する。よって、ここでは、合意文書締結前後の、ＪＲ北海道労使の動きに関する部分のみ紹介しよう。

備忘録は、11年の石勝線の特急脱線・火災事故後、「36協定違反」発覚に至るまでの経緯について、こう触れている。

・JR東日本の労務政策の変化に伴い、当社でも是々非々の機運が出てきた。
・2011年7月1日の経営協議会で、「労使関係の悪化は、総務部主導の嫌がらせが原因」と労組側は途中退席し紛糾した。
・2011年7月8日、札幌中央労基署が本社に長時間労働実態調査に入り、当社に是正勧告が発出された。

10年12月、JR東労組・JR総連の精神的支柱で、両組合の「人格的代表者」とまで称された松崎明氏の死去を機に、JR東日本が、JR東労組に対する攻勢を一気に強めたことは、第1章で詳述した。備忘録によると、このJR東日本の労政転換を受け、11年当時のJR北海道でも、JR北海道労組に対し〈是々非々の機運が出てき〉ていたというのだ。

また11年7月1日に、会社と組合との協議が決裂したくだりは、第10章で、前出の総務部関係者が証言した内容とほぼ、同じだった。

備忘録はこう続く。

・2011年9月1日、経営協議会で労組は、36協定違反の事実の公表と、協定の破棄を主張し、プレス発表を要請した。

第10章で述べた、9月7日に、ＪＲ北海道が、全社員に向けて発信した〈常務取締役総務部長　島田修〉名の〈36協定違反に対するお詫び〉と、報道機関への発表は、ＪＲ北海道労組の〈要請〉に基づいて、行われたものだったわけだ。

が、それに続く、備忘録の記述に、私は驚愕した。

・9月8日、中島社長と佐々木顧問会談で、労組側から「合意書」の文案が示され、12日に坂本相談役同席の下、再度、「覚書」について打ち合わせすることになった。

前述の合意書の文案を、中島社長本人に直接、突きつけていたのは、佐々木信正・ＪＲ北海道労組元委員長だった。

当時は顧問に退いていたにもかかわらず、こういった局面で、自ら乗り出してくるところが、彼が今なお、「ＪＲ北海道労組の首領」といわれる所以だろう。

そして、やはりこの合意の文案は、ＪＲ北海道労組側が作成したものだった。

どおりで、【社長メモ】の項目にもかかわらず、「労使対等」や「車の両輪」〈真の労使関係〉など、佐々木氏の師である松崎氏が生前、好んで口にしたフレーズが並んでいたわけである。

そして備忘録によると、その4日後の9月12日の〈13時〉から、中島社長と佐々木氏は、坂本氏の立ち会いのもと、再度、「覚書」＝合意文書の内容について、詰めることになっていたというのだ。

その場に、もはや代表権もなく、取締役でもなかった坂本氏が〈同席〉すること自体、当時のＪＲ北海道の労使関係の歪さを如実に表している。だが、その佐々木氏との再面談の、少なくとも４時間以上前には、中島社長は、札幌市内の自宅から真北に約15キロの、石狩浜へと車を走らせていた。

「故中島社長に責任を負わせている」

その日の様子について、備忘録は短く、こう記している。

・９月12日13時、佐々木顧問が来社し、「覚書」の合意文書が提示された。小池会長から中島社長失踪を伝えた。

果たしてこのとき、佐々木氏は、〈中島社長失踪〉の報を、どんな思いで受け止めたのだろうか。

第10章でも述べた通り、このとき、すでに中島社長の自宅には、十数通の遺書が残されていた。よって中島社長の失踪が、単なる「行方不明」でないことも、小池氏から伝えられたはずだ。

そして備忘録によると、当時のＪＲ北海道経営陣は、この12日から翌13日の間に、ＪＲ北海道労組から示された、前述の合意文書の文案を〈受諾〉することを決めたという。
・９月13日、小池会長、柿沼副社長が、榎本委員長に「合意」文案の受諾を伝えた。
だが、この時点での、合意文書の経営側の締結権者は、ＪＲ北海道のトップである中島社長だったはず。仮に当時、小池氏も代表権を持ち、柿沼氏が、中島社長不在時の職務代行者に指定されていたとしても、だ。締結権者の失踪中に、その意思をどうやって確認したのか。各々に宛てられた、中島社長の遺書に、そうするように書いてあったとでもいうのだろうか。

当時の事実関係を、淡々と記録しているだけの備忘録からは、そのときの様子は窺い知れないが、備忘録は、中島社長が遺体で見つかった９月18日以降の、ＪＲ北海道内部の動きについても触れている。
・９月下旬から10月上旬にかけて、島田常務から現場長に対し、「労使間のコミュニケーション不足」に関し、口頭説明を行う。
・10月17日、「トップ懇」を開催し、小池会長と榎本委員長で正式に「合意文書」を締結した。

締結月日は、9月13日に遡り、「合意文書」は、中島社長の意志であると追記した。故中島社長に責任を負わせている。

それまで一切の感情を挟まず、事実関係のみを記録していた備忘録の中で唯一、下線が引かれていたのが、この部分だった。

備忘録によると、合意文書が正式に締結されたのは、中島社長の死後、前述の【委員長メモ】で、現場協議の復活とともに組合側が求めていた「トップ懇」が開催された、11年10月17日のことだったという。

その「トップ懇」の席で、JR北海道労使は、小池会長と柿沼副社長が、榎本委員長に合意の受諾を伝えた〈9月13日〉にさかのぼり、合意を締結。その際、合意文書に、先ほどの〈この合意内容は、故中島社長と組合が議論を積み重ね合意に至ったものであり、故中島社長の意志でもある〉との一文を差し入れたというのだ。このため〈故中島社長〉となっていたわけである。

だが、繰り返すが、JR北海道労使が、合意文書を正式に締結した10月17日の時点で、中島社長はすでに泉下の客となっている。にもかかわらず、JR北海道労使はなぜ、この合意内容を故人の〈意志〉といえるのか。この合意文書を締結した労使双方に宛てられた、中島社長の遺書に、その旨が明記されていたのであれば、合意文書にそう付記すればいいだけの話だ。

この合意文書の内容、また、締結に至る経緯、さらには中島社長の自殺自体に、後ろ暗いものを感じていたからこそ、わざわざ、このような追記をしたのではないのか。

４枚にわたる記録の中で唯一、下線が引かれた〈故中島社長に責任を負わせている〉の一文には、現場協議の復活という、国鉄時代の労政に逆戻りするような合意を締結し、さらにはその責任を故人に負わせたＪＲ北海道労使に対する、この備忘録の「作成者」の憤怒の念が滲んでいるようだ。

備忘録はこう続く。

・この「合意」の内容に基づき、会社は２０１２年１月、「労働組合との対応に関する基本的考え方」を定め、現場長に対し周知・徹底を図った。この基本的考え方では、本社は社長と委員長、現場は現場長と分会長の間でコミュニケーション（意思疎通）を図ることとされた。

これによって12年1月以降、「現場では『労働安全衛生委員会』を中心に、現協（現場協議）が復活した」（ＪＲ北海道元幹部）ことは、前章で述べた。

ところが、備忘録の作成者はまるで、この元幹部の見解に〝反論〟するかのように、次のように記しているのだ。

・「合意書」の取り決め事項を検証すると、労組との会社窓口が社長＝委員長、支社長＝地本委員長とは必ずしもそうなっていない。また、現場の安全衛生委員会が現場協議化しているのではとの危惧があったが、そのような交渉行動は一切ないことが分かった。

【傍点部は筆者】

この備忘録と合意文書の全文の「送り主」が、私に最も伝えたかったのは、前述の、中島社長の自殺の〝真相〟ではなく、この傍点部のくだりなのではないだろうか。

ここで、あえて「送り主」というのは、この備忘録の「作成者」と必ずしも同一人物とは限らないからだ。というより、むしろ私は、別の人物である可能性が高いと思っている。

その理由については後述するとして、まずはこの匿名の「送り主」の〝意図〟を検証してみよう。

「『合意』文書の現状と解説について」

文中の他の記述から判断して、備忘録の「作成者」が、〈「合意書」の取り決め事項を検証〉したのは、14年7月前後とみられる。

この約3カ月前の14年4月には、相次ぐ事故や不祥事、さらには坂本相談役の自殺などを受けた政府が、JR北海道の労政改革と体質改善を図るため、人事を刷新。同社の子会社である、JR北海道ホテルズの社長に転出していた島田氏を呼び戻し、JR北海道の社長に据えた「島田体制」がスタートしていた。

つまり、合意の全文や備忘録の「送り主」は、備忘録の作成者と同様に、合意文書締結後の小池、それに続く野島体制では、現場協議が復活しているとの〈危惧があったが〉、14年4月に島田体制になって以降は、そのようなことは〈一切ない〉——と、いいたいのではないだろうか。

というのも、実は、前述の「JR北海道・JR北海道労組を良くする会一同」から送られてきた封筒の中には、合意の全文と備忘録のほかに、もう1通、A4版、横書きで、5枚綴りの文書が同封されていたのだ。

「『合意』文書の項目別の現状と解説について」（以下、「現状と解説について」と略）と題されたこの文書は、その書式や文体からみて、前述の備忘録とは、その性質を異にした、明らかに公式なものだった（本書巻末資料2参照）。文中の記述から判断して、14年4月以降、つまりはJR北海道が「島田体制」になった以後に作成されたとみられる。

そして文書は、その題名の通り、前述の【社長メモ】の〈1〉～〈4〉、【委員長メモ】の〈1〉～〈5〉に記載された合意内容の、14年4月以降の「現状」を、JR北海道社内、おそらく「島田体制」以降に管理職に就いた幹部向けに、「解説」している。

例えば合意文書【社長メモ】の〈1．「36協定違反」をめぐる貴組合への背信行為……〉については、次のような【解説】が付けられている。【（ ）内は筆者補足】

〈「合意」が結ばれた平成23（11）年9月13日以降、最初の36協定更新期を迎えた平成24（12）年4月から、会社側締結者をそれまでの総務部長から社長に変更し、36協定を締結してきてい

ます〉

さらに、この項の解説には〈36協定締結の推移〉として、12年4月1日〜14年9月30日の間に、JR北海道とJR北海道労組との間に締結された36協定の詳細が記されている。

また〈2．国交省から求められている「命令」および「指示」への報告内容について……〉の項目では、〈平成23年9月に国交省への報告は終わっており、本条項が現在の労使関係に及ぼしているものはありません〉と解説。そして〈3．労使信頼関係の回復と再確立は、何にも増して重要であり……〉については、次のような説明がなされている。

〈（合意締結）当時、労使間の信頼関係を熟成していくことを目的に、社長―委員長、総務部長―書記長、専任部長―交渉部長を基本として、それぞれのラインで関係を深めるとしていましたが、（14年4月以降の）現時点においては、それぞれのラインの関係が厳密に守られているわけではありません。現在は、委員長との基本的窓口は労務担当役員であり、社長はボーナス交渉におけるトップ交渉など、よほどの重要案件以外は基本的に接点を持っていません。

また、書記長との日常的な窓口は専任部長が行っており、重要案件の場合などに総務部長が対応しています。

更に交渉部長との日常的な窓口は労働担当課長が行っています〉

そして3点にわたって会社側の〝決意表明〟が記されていた〈4．その他の「懸案事項」について〉の〈①「安全問題」等に関わる、いわゆる「窓口問題」については……〉の項目には、以下のような解説が付けられている。

〈当時、労働組合と（運輸部などの）**主管部との接触を一切認めなかったことで会社への不信感を増長させたとの反省から、従前行っていたやり方に戻すこととしました。**

現在は、総務部が窓口となり、関係主管部と共同で労働組合への説明などの対応を行っています。

これは総務部単独での組合説明には限度があり、それぞれの専門分野の主管部から説明することで、不要な混乱を避けるとの考えから、今後も継続していく考えです〉

また先に詳述した〈②「アルコール検知器」〉問題については、**〈平成25**（13）**年11月からアルコール検知器の受検を義務化しており、問題は解決しました〉**と説明している。

さらに〈③主管部とのコミュニケーション形成〉については、**〈①で解説したように、**（14年**4月以降）現在、基本的に総務部が窓口になり主管部と共同して組合対応に当たっていますが、場合によって、総務部を入れず、主管部と組合間のみで説明・協議などをおこなっている実態が散見される状況があります〉**と、読む者に対し、注意を促している。その上で、**〈今後は、どんな場合にも総務部が関与した形で主管部と共同で組合対応することにし、本年**（14年）**7月に会社内の意思統一を図ったところです〉**としている。

一方、【委員長メモ】の〈1〉～〈3〉については、前述のように「島田体制」になって〝改善〟されたとみられる、14年4月以降の36協定の締結状況や、団体交渉での協議、「安全経協」の開催状況などについて、短い解説を付けているだけだ。

しかし、JR北海道労組が、JR北海道に対し、労使トップや幹部同士をはじめ、主管部と本部、支社と地本などの、各レベルでの〝労使癒着〟だけでなく、〈現場と分会との関係確立〉という名目で、「現場協議の復活」を要求していた〈4〉については、丁寧な説明が必要と考えたのだろう。「現状と解説について」では、約1ページを割いて、次のように〈詳述〉している。

〈本項の合意を受けて、会社は平成24(12)年1月、別添資料の「労働組合との対応に関する基本的考え方(について)」《以下、「基本的考え方」という》を作成し、平成24年1月11日、役員連絡会に諮り、今後はこの「基本的考え方」に則って具体的な組合対応を行っていくことについて社内の意思統一を行うとともに、現場長に対して資料を提示して説明を行っていくこととしました。

以下にそれぞれの項目毎に現状の取扱いについて詳述します。

●「トップ懇」「月一懇」

「トップ懇」とは、社長と委員長の間で行われる懇談のことを言うが、重要案件などについて意見交換を行うためや、懇親を深めることを目的として、不定期に設定されてきました。社長と委員長が一対一で行う場合や、社長と労務担当役員の二人と委員長が行う場合がある。しかし、平成26(14)年4月以降、新経営陣の体制となってからは、一度も開催していません。

「月一懇」とは、会社側が総務部長と総務部専任部長、組合側が書記長と企画部長というメンバーで、トップ懇同様、不定期に情報や意見交換を行っています。こちらも新(14)年度に入ってからの開催実績はありません。

●本社主管部と本部《本部業種別部会》とのコミュニケーション形成

本部業種別部会とは、営業部会、運転部会、工務部会など系統別の組織であるが、年1回開催される各部会の定期委員会に各主管部長ないし課長クラスが来賓として出席し、挨拶をして退席している実態にあります。懇親会等には参加していません。

●支社と地本《直轄と地本》との関係見直し

「基本的考え方」において、本社・本部間と同様に支社長—地本委員長、次長《企画》—書記長、企画ＧＬ（グループリーダー）—業務部長という対応窓口を決めたが、こちらも実態としては、支社長が（地本）委員長と直接やりとりをすることは希であり、実質的には主に次長《企画》が地本との窓口になっています〉

【傍点部は筆者、以下同】

そして、生前の中島社長が最も懸念していたといわれる「現場協議」の14年現在の状況を、「現状と解説について」はこう説明している。

〈●現場と分会との関係確立

「基本的考え方」において、分会大会や行事への参加要請には、基本的に出席するとの方針を定めたが、実態としては、出席要請があるのは、おもに分会大会であり、現場長が出席し、挨拶の後、退席という対応を行っています。懇親会等へは参加していません。

●「労働安全衛生委員会」の適正な開催と内容の見直し等々

「労働安全衛生委員会」が設置されている事業所は（JR北海道に）38箇所ある。主な現場12箇所に聞き取りを行ったが、委員会の主旨を逸脱した内容で議論を行っているような箇所はありませんでした。ただし、引き続き他箇所の実態把握を行う必要があると考えています〉

つまり「現状と解説について」は、前述の備忘録と同様に、これを読む者に対し、労働安全衛生委員会が現場協議化しているのでは、との懸念があったが、そのようなことはなかった――と説明しているわけである。

また合意文書では、【委員長メモ】に続き、労使共通の〝努力目標〟を掲げた【共通メモ】が記載されていたが、「現状と解説について」は、この共通メモに記載された3項目を列挙した上で、〈精神論的な項目であり、特に問題はないと考えています〉と軽く流している。

ただし、合意締結時に、会社側が最後までこだわり続けた【その他】の〈1〉、36協定の「特別条項」の扱いをめぐる協議について、「現状と解説について」は次のように説明するのだ。

〈本項（その他の1）は、当初の「合意」には、含まれていませんでしたが、会社側の要請で盛り込んだものです。

36協定更新時期の交渉において、特別条項の扱いをその都度、議論してきていますが、これまでの会社側の労働時間管理の取り組みが一定の効果、実績を上げていることから、適用する

事項を限定する形ではありますが、特別条項が含まれる協約内容になってきています。次期の締結交渉においては、従前どおりの内容での特別条項を復活させるべく取り組んでいるところです〉

36協定違反の発覚から約3年――。それまで同協定の締結を〝人質〟に、組合から、数々の要求を呑まされてきた経営側が、ようやく主導権を取り戻しつつあった、ということなのだろう。

そして問題の〈この合意内容は、故中島社長と組合が議論を積み重ね合意に至ったものであり、故中島社長の意志でもある〉との一文が、合意文書に盛り込まれた経緯について、「現状と解説について」は、次のように明らかにしている。

〈本項も、当初「合意」内容には含まれていなかった項目ですが、組合側の要請に基づき設けたものです〉

さらに合意文書締結の日付についても、**〈「合意」の締結が、平成23（11）年となっていますが、平成23年10月17日に労使で最終確認をし、遡りの日付としたものです〉**と、前述の備忘録に記述された内容を、裏付ける解説をしている。

そして、最後に「現状と解説について」は、合意文書の経営側の締結者について、こう明かすのだ。

〈締結者が小池会長となっていますが、当初は、中島社長の名前となっていました〉

「送り主」とニーロクヨン(264)体制

この「現状と解説について」が同封されていたことによって、同文書や備忘録の「送り主」の〝意図〟が、より明確になった。

「送り主」はつまり、11年9月に締結された合意文書や、その内容を社内に周知徹底させた12年1月の総務部発の文書によって、JR北海道の労使癒着や現場協議が一時的に復活したが、14年4月の「島田体制」以降は、そのようなことは一切なくなった——ということを、私や、産経新聞の取材班に伝えたかったのだろう。

そして、この「現状と解説について」と備忘録が、JR北海道内部の文書であることを〝証明〟する意味で、これらの文書に、同社内でも、それを持っている者が限られている、合意文書の全文を添付したのではないだろうか。

この「送り主」は、合意文書の全文だけでなく、書式や文体の違いから判断して、それぞれ別の人間が作成したとみられる2つの文書(「現状と解説について」と備忘録)も入手できる立場にあった。さらに、私と産経新聞の取材班が、中島社長の死後、JR北海道で復活したとされる労使癒着と現場協議を、問題視し、取材していたことも知っていた。つまり18年2月21日の時点で、我々が広報部を通じて、JR北海道に、取材を申し込んだことを知り得るポジションにいた人物であることは、間違いない。

しかし、である。

これらの文書が、いかに、中島社長が自殺し、合意文書が締結された11年9月当時のJR北海道労使の内情や、その後のJR北海道の労政に精通した人物しか書けないと思われる内容であったとしても、さらには、それらの文書に、私のような外部の人間には到底、入手し得なかった合意文書の全文が添付されていたとしても、だ。産経新聞に届いた18年3月の時点では、あくまで「JR北海道・JR北海道労組を良くする会一同」なる、正体不明の団体から送られてきた、〝出所不明の文書〟に過ぎなかった。

本書で詳らかにしたように、これらの文書の内容を公にするには、これらが間違いなく、「JR北海道の内部文書である」という〝裏付け〟が必要だった。

しかし、それができる人間は、JR北海道内部でも限られていた。少なくとも中島社長が自殺し、合意文書が締結された11年9月の時点で、JR北海道の経営中枢におり、かつ、その前後のJR北海道の社内、特に総務部に精通していた幹部でないと難しかった。

だが、私の頭の中には、1人だけ、それに該当する人物の顔が浮かんだ。

というのも、私は、これらの文書が送られてくる約7カ月前の17年7月26日、当時、入手していた合意文書の【抜粋】と、12年1月に総務部が発信した前述の文書の裏取り取材で、ある経営幹部の自宅に〝夜回り〟をかけたことがあったのだが、そのときの感触は決して悪いものではなかった。

そのときに彼からもらった携帯電話の番号に連絡し、前述の各文書が送られてきた経緯を説明した上で、改めて取材のお願いをしたところ、「匿名であれば」と応じてくれることになったので、18年5月7日、この経営幹部と再接触した。

同日午後3時、札幌市中心部の某所で、私が持参した前述の文書に、目を通した幹部はこう言った。

「結論からいえば、合意文書の全文は実物。『現状と解説について』については書式からして、(JR北海道)社内文書で間違いない。『備忘録』については、私的なメモのようなので(内部文書であるか否かは)何とも言えないが、ここに書かれてある、合意が締結された経緯は、当時、私が聞いていたことと一致する」

ここからは、私と幹部の一問一答でお送りする。

――「現状と解説について」を作成したのは?

「作成者は間違いなく総務部。しかも『ニーロクヨン』当時か、あるいはそれ以降の総務部だ。もっとはっきり言えば、総務部長か(総務)担当課長クラスだろう」

「ニーロクヨン(264)体制」。JR北海道社内では、政府の意向で、島田氏が社長に就任し、JR東日本から須田征男《すだゆきお》・元常務が会長に就いた「平成26年4月」発足の新体制、つまりは「島田体制」をこう呼ぶ。こんな特別な呼称が付けられていることからも、14年4月が、この会社にとって、あらゆる意味での「転換点」だったことが分かる。幹部が続ける。

「内容から見て、『現場長』レベルまで配付されたと思う。組合と直接対峙するのは現場長だから。(この文書は)ニーロクヨン体制になって、『あの当時の合意の内容はどうなった?』、『いままでも(合意内容が)生きているのか?』、『(合意内容が)どこまで生きているのか?』という、現場の疑問に応えるという性格のものだ」

――では、備忘録は?

「これが分からないんだなぁ……。誰が、いつ、作成したものなのか。内容（記述）を見ると、会社の発足当初から、ニーロクヨン以降の労政まで触れてるんだが、何のためにメモしていたんだろうねぇ……。けど、中島社長の失踪当時の状況はかなり詳しいし、何より正確。これは会社、総務の中枢レベルでしか把握できない内容だ。ただし、その他の内容を読むと、いまひとつ作成者の立ち位置が分からない」

――では、これらの文書の「送り主」は?

「う〜ん……。何らかの形で、総務部に関わりのある幹部か社員とは思うが……。ただ間違いなく、あなたと産経さんから（JR北海道に）質問状が届き、かつ、その（質問状の）中身も知っている人物だろうね。知ってないと、こんな文書（を産経新聞に）、送らないよ。少なくとも、『現状と解説について』は、明らかに、質問状に対する『非公式な回答』だから。けど、合意文書（の全文）を持っている人間は限られるんだがなぁ……」

――「非公式な回答」とは?

「あなたと産経さんから、合意文書に関係する質問（状）が（JR北海道に）届いた。しかし、それ（質問状）に、はっきり答えてしまうと、間違いなく組合とハレーションを起こすことになる。だから。広報はあんな回答しかできなかった」

我々からの質問状に対し、JR北海道広報部が、「以前の経営体制における事柄であり、お答え致しかねます」と回答したことは前述した。この回答の「以前」とはつまり、島田体制がスタートした「ニーロクヨン以前」という意味だったのだ。幹部が続ける。

「けれども、質問（状）の内容だけでなく、その（広報部の）答えまで、知っていたと思われる『送り主』は、あんな回答で、あなた方が納得するはずがないと考えた。

このままでは、あなたや産経さんに、合意（締結）当時の労使関係や現場協議が、今も続いているように書かれるかもしれない。そうなると、現在、会社が置かれている状況、（不採算路線の維持や経営難で）国や自治体からの支援を受けなければならない状況下での（JR北海道が受ける）ダメージは計り知れない。

ならば、せめて『現況は、合意文書当時とは違いますよ』、『もっとも、我々もこれで満足しているわけではありません』ということを伝えたい。だから、『非公式な回答』を送るので、ご理解ください──ということなんじゃないか。

合意文書（の全文）を付けてきたのは、『信用できる筋から送っているものですよ』ということを、暗にあなた方に分からせるためだと思う。

とにかく、路線維持問題や、国からの財政支援を受けなければならない状況下で、組合問題（労使問題）まで手が回らないし、組合問題で騒いで欲しくないというのが（文書の送り主の）本音だろう。

それは組合（JR北海道労組）側も然りで、この状況下で、会社やメディアと喧嘩すれば、世論の批判を浴び、彼らの存在自体が危うくなる。組合としても、あなたがたに騒いで欲しくないし、今はひたすら〝蛸壺〟に入っている」

この「蛸壺戦術」、あるいは「戦術的蛸壺論」は、組織防衛を重視する革マル派の基本戦略で、「権力が総力を挙げて攻撃して来るときは、蛸壺に入ってやり過ごす」という考え方だ。その革マル派の影響を受けた「JR革マル」もまた然りで、松崎氏も生前、「悪天候の中、メンツで山登りをするものは愚か者」と公言していた。

JR北海道労組だけでなく、JR革マル問題全般に精通しているとみられる、この経営幹部は、私が当然、それを理解していることを知っていて、あえて、この言葉を使ったのだろう。幹部が続ける。

「それにしても、(送り主は)送る文書をよく選んでいると思う。本来ならもっと組合の悪いところや、会社との癒着について具体的な指摘があってもいいはずなのに、それを最小限に止めた文書を送ってきている。いざ、表沙汰になっても、組合に噛みつかれないようにするために。つまり、あなたがたに、合意(締結)当時の状況が、ずっと続いているように書かれるのは避けたい、けれども、組合とはハレーションを起こしたくない。また中島さんや、坂本さんが自殺したときのように、組合の問題で、世論の批判を浴びるのは避けたい。ならばある程度、現状や事実を正確に伝えることによって、沈静化を図りたいと考えたのではないか。

いずれにせよ、中島社長失踪当時からニーロクヨンに至るまで、また今日の状況にもある程度精通していて、かつ、匿名で文書を送ることによって、沈静化を図ろうという、なかなかの芸当ができる人物だろうね。しかし、そんなのが島田社長の下にいるかな?　ちょっと思い当たらないな」

――では、送り主が「総務部の関係者」であると仮定して、その関係者は、これらの文書を産経新聞に送る際、島田社長を含む（ＪＲ北海道の）上層部に、内々にでも、「お伺い」を立てた可能性はないか？

「それはないな。（送り主が）島田社長の性格を知っていれば、『お伺い』を立てるようなことは、ありえない。島田社長の考え方は、『旧体制（坂本、小池体制）よりは、ましでしょう。新体制（島田体制）になって、我々は組合とは一切、癒着していませんよ。だから問題ないでしょう』というもの。『それでも（メディアから）批判されるなら、そんなものは無視しなさい』という姿勢だ。

だから（送り主は）少なくとも、島田社長には、お伺いを立てていないと思う。（批判するメディアは）『相手にするな』、『無視しろ』と言われるのが分かっているから。そもそも彼は〝いずい〟ことを嫌うタイプだから」

〝いずい〟とは、北海道や東北の言葉で「不快な」、「煩わしい」などを意味する方言だそうだが、この経営幹部がいうところの「島田社長の考え方」を、私も理解できないわけではない。

確かに、島田体制になった「ニーロクヨン」以降のＪＲ北海道では、坂本氏が社長、あるいは会長だった時代、また小池氏が社長、会長だった時代、さらには「技術の天皇」と呼ばれた柿沼氏が副社長に長く君臨していた「旧体制」のような、経営陣とＪＲ北海道労組との労使癒着は――少なくとも表面上は――みられない。

だが、これは、中島尚俊、坂本眞一という2人の歴代社長が、自らの死をもってこの会社に残した〝遺訓〟に従っているだけであって、島田社長以下、現在のJR北海道の経営陣が、故中島社長のような抜本的な「労政改革」を目指し、組合と真正面から対峙した結果ではない。

さらに言えば、この会社には――現時点において――その中島社長の遺志を継ぎ、労政改革を目指そうという意思すらない。それは、第9章で詳述した「釧路不当配転問題」で、4人の社員の人生を狂わせた挙げ句、行政や司法から〝断罪〟された、当時の運輸部管理課長や、人事課長が、然るべき処分も受けず、揃って常務取締役に就いていることからでも分かるだろう。

仮に、JR北海道の現経営陣が、あからさまな労使癒着がなくなったことをもって、「島田体制の労政は、旧体制のそれとは違う」というならば、だ。

なぜ、JR北海道労組から除名処分を受け、釧路港で亡くなった沢村明彦氏は、新体制下の16年当時に、彼が入社以来20年間、一度も経験したことのない、「畑違いの部署」に異動させられることになったのか。

18年6月、東京都内で開かれたJR関係者の集会に呼ばれた私は、歪な労使関係を抱えたままのJR北海道に、2年間で約400億円の財政支援、つまりは国民の税金が投入されることに疑問を呈した。ところが、JR北海道労組はこのときの私の発言を捉え、機関紙「ひびき」(同年9月18日付)で「会社倒産運動が始まった」などと批判した。

曲解してもらっては困る。

私は、JR北海道が「倒産」すればいいなどと毫も思っていない。むしろ、不採算路線によって生じる赤字を、経営安定基金の運用益によって補填することによって、鉄道事業を維持する――という、国鉄分割・民営化当時のスキームが破綻しているのは、もはや明らかなのだから、国が率先して支援すべきだと考えている。

しかし、国費を投入するからには、だ。JR北海道が、あなたがたのような、いまだに他労組との「平和共存否定」などという偏狭な運動方針を掲げ、社員の分断を惹起しているような異常な組合と、「労使共同宣言」を締結し、労使協調路線を歩む会社のままでいいのか、と問うているだけの話である。

最後になったが、私はこのJR北海道労使の取材を本格的に再開させた16年以降、一連の事実関係を確認するため、「JR北海道労組の首領」といわれる佐々木信正氏を、札幌市内の彼の自宅に、再三にわたって、訪ねたが、いずれのときも、不在なのか、応答がなかった。

また18年2月末から3月初めにかけては、産経新聞の取材班とともに訪問し、自宅マンションのポストに質問状を投函。同年5月9日夜には、インターホン越しに家人が応対してくれたので、佐々木氏に、取材に応じていただきたい旨、伝えて欲しいとお願いした。しかし、残念ながら、本書の締め切りに至る19年7月末まで、彼からの返信や返答は、一切なかったことを付記しておく。

第12章

終章

戦闘的国鉄労働運動の「完全なる死」

革マル「呪縛」からの解放と「労組不要論」

170億円に抑えられたJR貨物の「レール使用料」

最終章では、JR7社のうち、全日本鉄道労働組合総連合会（JR総連）系の組合が多数派を占める残りの1社、「日本貨物鉄道株式会社」（JR貨物）にも触れておこう。

1987年の国鉄改革で、「民営化」されたものの、「分割」されなかったのが、JR貨物だ。JR東日本と同じく、東京都渋谷区に本社を置き、北海道、東北、関東、東海、関西、九州と6支社を持ち、約5400人の社員を擁している。このうちの4割弱、約2000人を乗務員が占めている。

資本金は190億円で、発行株式は38万株。JR北海道、JR四国と同様に、その全ての株式を政府、独立行政法人「鉄道建設・運輸施設整備支援機構」が保有する、「特殊会社」だ。

国鉄末期、同社の貨物部門は毎年、約3000億円の赤字を生み出し、「国鉄の抱えた、37兆円もの累積債務の元凶は貨物だ」とする「貨物悪者論」や「貨物不要論」、果ては「貨物安楽死論」さえ唱えられた。分割・民営化で、旅客部門から切り離され、独立した際も、「3年で潰れる」とささやかれた。

このため当時の政府は、第7章で触れた「JR会社法」に基づき、JR北海道、JR四国、JR九州の「三島会社」に、数千億単位の「経営安定基金」を拠出したのと同様に、発足当初から膨大な債務を抱えていたJR貨物に、救済策を設けた。それが「アボイダブルコストルール」だ。

分割・民営化によって、国鉄が保有していた線路は、JR旅客6社の財産となり、JR貨物は、それらの線路を使用する際、旅客各社にそれぞれ「レール使用料」を支払うことになった。

そのレール使用料のうち、はじめに、貨物列車が走行しなかった場合の、摩耗したレールの交換などにかかる保守費用を計算。次に、貨物列車が線路を走行したことによって、その費用がどれだけ増えたかを算出し、その増加分＝アボイダブルコスト（回避可能経費）のみ、JR貨物が負担する——という仕組みだ。

これによってJR貨物は、通常のレール使用料の約3分の1の負担額で、旅客各社の線路を使用できることになった。現在も、JR貨物が、旅客各社に支払うレール使用料は、通常なら年間約500億円にのぼるとみられているが、このアボイダブルコストルールによって、約

170億円に抑えられているという。

さらに、これに加え、国鉄から継承した、不動産などの資産にかかる税金を軽減する特例や、これらの資産を圧縮記帳することによって、債務を減らす特別措置など、様々な支援策のもとで、JR貨物は、「民営会社」としてのスタートを切った。

株式上場と経営自立の兆し

発足当初は危ぶまれていたJR貨物の経営も、これらの救済策や、バブル経済の恩恵を受け、92年度までの6年間は順調に推移した。しかしその後は、バブルの崩壊と、90年に施行された「物流二法」（貨物自動車運送事業法と貨物運送取扱事業法）の影響で、鉄道事業が赤字に転落。以降、8年連続で経常赤字を記録した。

物流二法による規制緩和で、トラック事業への新規参入が相次ぎ、トラック業者は約4万から6万に増加。それに伴うトラック運賃の低下によって、貨物のシェアを、トラックに奪われたからである。

しかし99年、第11章にも登場した、故坂本眞一・JR北海道相談役の国鉄入社同期だった伊藤直彦氏（現名誉顧問、79歳）が、社長に就任。従来の鉄道輸送の主流だった「車扱い」から、「コンテナ」を主軸とした輸送へと、貨物事業の転換を図るとともに、国鉄から継承した、土地・建物などの不動産を活用した関連事業を推進し、01年度には同社を黒字回復させた。

「車扱い」とは、大量の貨物を、貨車を1車単位で貸し切って運ぶ、輸送形態のことだ。石油や石炭、セメントや化学薬品など、貨物に合わせた専用貨車を使って運ぶ。

これに対し、鉄道貨物における「コンテナ扱い」とは、鉄道事業者が貨物駅まで、貨物をコンテナに入れて運び、貨物駅から先は、運送事業者が荷を積み替えることなく、コンテナごとトラックで配送するという、鉄道とトラックの共同輸送をいう。

JR貨物が発足した87年度当時は、同社の総輸送量の7割以上を「車扱い」が占めていたが、トラックへの積み替えに手間がかかることなどから、同社ではコンテナ化を推進。17年度現在では、7割をコンテナが占めている。

だが、01年度に同社全体で「黒字回復」したとはいえ、本業の鉄道事業の赤字が無くなったわけではなく、関連事業の黒字でカバーするという経営が続いた。

このJR貨物の、鉄道事業における慢性的な赤字体質を改善するために、株主である政府が13年、同社の会長として、外部から招聘したのが、石田忠正氏（現相談役、74歳）。日本郵船の副社長や、日本貨物航空の社長などを歴任した海運・空輸のエキスパートだった。

さらに、この石田氏の会長就任とほぼ同時期に、JR貨物を取り巻く物流環境に変化が生じた。

インターネットショッピングの隆盛により、貨物輸送の需要が高まる一方で、それらを運ぶ、トラックの運転手が不足。それまで鉄道に対し、優位に立ってきたトラック輸送業界は、機能不全に陥り、メーカーや流通業界は、輸送手段を、トラックから鉄道に切り替え始めた。

このトラック業界の運転手不足を追い風に、石田氏が「民営化から四半世紀以上経っても、国鉄時代の古い体質を引きずっていた（ＪＲ貨物）社員の意識改革を行った」（ＪＲ貨物関係者）ことなどによって、16年度３月期、ＪＲ貨物は、93年から24年ぶりに、鉄道事業の黒字化を達成した。

国鉄分割・民営化から約30年にして初めて、ＪＲ九州に次ぐ株式の上場、つまりはＪＲ貨物の「経営自立」がみえてきたわけである。

「貨物悪者論」の復活

しかし、その一方で、ＪＲ貨物の経営を下支えしているアボイダブルコストルールが、前章までに述べてきた、ＪＲ北海道の経営を圧迫しているとの指摘もある。

北海道の鉄道網はもともと、富国強兵を目指した明治政府の積極的な炭田開発に伴い、主に石炭輸送を目的に整備された。その後は、豊富な農作物の輸送などにも用いられ、官営、民営の鉄道会社によって広げられた。それらの鉄路を引き継いだのが国鉄で、さらにそれを継承したのが、ＪＲ北海道だった。

根室線や石北線、室蘭線や函館線では、ＪＲ北海道の旅客列車の合間を縫うように、タマネギやカボチャ、馬鈴薯や豆類などの農産物や、青果物を載せたＪＲ貨物の貨車が走る。

ＪＲ貨物の総輸送量のうち、北海道でのシェアは約１割を占めるという。また、17年度の同社の〈駅別取扱量ベスト10〉でも、札幌貨物ターミナル駅の取扱量は7502トンと、国内の鉄道貨物輸送の中心である「東京貨物ターミナル駅」（8694トン）に次ぎ、2位についている（JR貨物「会社案内」）。

ゆえに北海道は「貨物王国」といわれ、第11章の末尾で触れた、経営難に陥ったJR北海道に対する支援や、不採算路線の維持に伴う負担について、国や自治体が話し合う、北海道の「6者協議」に、JR貨物が加わっているのも、このためである。

だが、通常ならば、JR貨物がJR北海道に支払う「レール使用料」は、年間約50億円前後に達するとみられるが、前述のアボイダブルコストルールによって、16億〜17億円に抑えられているのだ。

また「日経ビジネス」の吉野次郎記者は、第10章で紹介した著書の中で、12年から13年にかけてJR北海道で頻発した脱線事故の背景に、貨物列車の通行によるレール損傷の問題があると指摘し、次のように述べている。

〈現在、北海道で使われているコンテナ車は、標準的なタイプで1両当たり25トン。車両自体の重さを含めると、総重量は45トンに達する。これに対して、客車の積載量は平均的な大人の男女100人が乗っても5〜6トン程度だ。東京の山手線にそれだけの人数が乗ったとして、車両を含めた総重量は30トン程度に過ぎない。

貨車のほうが1.5倍重いだけでなく、乗り心地を考慮していないので、サスペンションが硬い。当然ながら、レールにかかる負荷も高く、損傷やズレが生じやすい。

元役員は、「ただでさえ重たい貨車が、たくさん連結されて走っている。貨物列車が通るたびに、旅客列車の何倍もレールが傷んでいる」と言う〉

さらに、相次いだ事故を受け、従来よりも多くの資本を、安全対策に投入せざるを得なくなったＪＲ北海道では、設備修繕費がかさみ、実際にＪＲ北海道が負担する線路の補修費用は、ＪＲ貨物が支払うレール使用料の「10倍以上にのぼる」（ＪＲ北海道関係者）という試算もある。

そして北海道新幹線と貨物列車が共用する青函トンネルをめぐっても、「（青函トンネルの）維持管理は当社がやっているが、当社が使わない貨物用設備の維持管理費用まで当社が負担するのはおかしい」（島田修・ＪＲ北海道社長）との指摘があり、国鉄分割・民営化から30年を経て、北海道においては、またぞろ「貨物悪者論」が復活しているのだ。

「外様」経営者への牽制

話を、そのＪＲ貨物に戻そう。

ＪＲ貨物が、24年ぶりに、鉄道事業の黒字を達成した17年6月25〜26日にかけて、同社の最大労組、「日本貨物鉄道労働組合」（ＪＲ貨物労組）の「第33回定期全国大会」が、群馬県内のホテルで開かれた。

ＪＲ貨物労組は、東日本旅客鉄道労働組合（ＪＲ東労組）、北海道旅客鉄道労働組合（ＪＲ北海道労組）と同様に、ＪＲ総連傘下の組合で、ＪＲ貨物社員の8割近くが加入するという、高い組織率を誇っている。

ＪＲの労使に関する情報誌「旬刊　ＡＣＣＥＳＳ」の「労組大会特集号」（17年7月20日〜8月1日付）によると、この大会で、相澤武志・ＪＲ貨物中央執行委員長（当時）は、来賓として招かれた、田村修二・ＪＲ貨物社長（当時、現会長、71歳）を前に、次のような挨拶をしたという。

〈鉄道事業の黒字化が実現したとは言え、鉄道貨物の復権は今からが正念場です。緊張感のある労使協力関係の下、ＪＲ貨物改革を推し進めなければなりません。その時に「経営自立」の名の下に国鉄改革の精神と目的を忘却し、働く者を足蹴にするなら、私達は職場と仕事と生活を守るために断固なる闘いを展開しなければなりません。（中略）

経営陣が経営自立を目指すなら、それにふさわしい労働条件や職場環境を、何よりも働く者の命を守る安全の確立を勝ち取るため、労働組合としての自立を目指して「いつでも、どこでも、どこからでも」闘える組織体制の確立と、財政基盤の確立を実現していこうではありませんか〉【傍点部は筆者】

この相澤委員長の挨拶が意味するものを、ＪＲ貨物労組関係者はこう解説する。

「24年ぶりに鉄道事業が黒字になったにもかかわらず、16年の『夏季手当闘争』での、会社側の回答は、基本給に諸手当をプラスした月額給与の『1・6カ月』という、極めて低調なものに終わり、17年連続でベア（ベースアップ）ゼロに耐え忍んできた組合員の間では、不満が鬱積していました。相澤委員長の挨拶は、これを代弁するものでした。

また会社が、外部から幹部を招聘し始めたころから、組合と距離を置き始めたこともあって、委員長の挨拶は、この会社側の姿勢を牽制する意味もあったのです」

ちなみにJR貨物の現社長、真貝康一《しんがいこういち》氏（64歳）も、旧「日本興業銀行」（現みずほ銀行）出身だ。07年にJR貨物入りし、東北支社長や営業部長、事業開発本部長などを歴任。16年に常務執行役員に就任し、18年6月から代表取締役社長を務めている。前出の石田氏とは違って、真貝氏の場合は、銀行からの出向だったが、〝外様〟であることには変わりない。

また、JR総連関係者によると、相澤委員長の挨拶にあった「いつでも、どこでも、どこからでも闘える組織体制の確立」というフレーズは、第1章で述べた、90年にJR総連が「加盟各単組におけるスト権の早期確立」と「JR総連へのスト指令権の委譲」を提起した際、JR革マルの首領、松崎明氏が唱えた「いつでも、どこでも闘える組織」というスローガンに、ルーツを持つという。

「JR東労組も、16年にスト権を確立した前後から、『いつでも、どこでも闘える体制の確立』という言葉を使っていました。相澤委員長の挨拶は、それに倣ったもので、つまりはJR貨物会社に対し、スト権の確立をチラつかせたわけです」（同前）

そこにJR貨物労組が「全国組織」であることを踏まえ、相澤委員長は「どこからでも」と付け加えたのだろう。が、そのJR東労組によるスト権行使通告が、JR東日本の労政転換を招き、組合員の大量脱退という打撃を受けた18年以降、JR貨物労組において、「いつでも、どこでも、どこからでも」なるフレーズは、すっかり鳴りを潜めている。

最大労組に偏向していた労政

一方、前出のＪＲ貨物労組関係者の言う通り、ここ数年、組合との距離を置き始めたＪＲ貨物だが、かつてはＪＲ東日本やＪＲ北海道と同様に、最大労組に偏向した労政をとっていたというのだ。

ＪＲ貨物には現在、ＪＲ貨物労組以外に「国鉄労働組合」（国労貨物、約３２０人）、「日本貨物鉄道産業労働組合」（貨物鉄産労、約３２０人）など、複数の少数組合が存在する。

このうち貨物鉄産労は92年5月、前述の「スト権委譲問題」をきっかけに、ＪＲ総連から脱退した、「ＪＲ西労組」や「ＪＲ東海ユニオン」などが新たに結成した、「ＪＲ連合」に加盟した。

これに対し、最大労組であるＪＲ貨物労組は、自らの上部団体（ＪＲ総連）と敵対するＪＲ連合に、自らの会社の少数組合（貨物鉄産労）が加盟し、力を持ち始めたことに危機感を募らせた。そして、それに伴い、ＪＲ貨物の、貨物鉄産労に対する姿勢にも変化が生じたという。大杉正美・貨物鉄産労中央執行委員長（56歳）が、当時を振り返る。

「87年の会社（ＪＲ貨物）発足当初は、ＪＲ貨物とＪＲ貨物労組、貨物鉄産労の3者が連名で『新生ＪＲ貨物発足にあたっての共同決意表明』に調印するなど、会社との労使関係は平穏で、ＪＲ貨物労組との間にも、さほど激しい対立はありませんでした。

しかし、ＪＲ連合が結成され、貨物鉄産労が加盟したことを機に、ＪＲ貨物労組は（貨物鉄産労に対する）敵対姿勢を強め、会社の（貨物鉄産労に対する）対応にも、変化が生じ始めたのです。

貨物鉄産労が、ＪＲ連合に加盟した1カ月後の（92年）6月、会社とＪＲ貨物労組は『第二次労使共同宣言』に調印し、発表したのですが、そこ（宣言）には、〈将来に生きる企業体質をつくるため、一企業・一組合の創造〉という新たな文言が盛り込まれていました。〈一企業・一組合の創造〉という言葉には、明らかに会社、ＪＲ貨物労組双方の、貨物鉄産労に対する『排除』の意志が表れていました」

その後、ＪＲ貨物は94年11月に、ＪＲ貨物労組との間に「新労使共同・協力宣言」を締結。さらに00年6月に「新労使協力宣言」、翌01年5月には「安全風土を根付かせるための共同アピール」と、立て続けに調印するのだが、この間、会社側は一貫して、貨物鉄産労の存在を無視し続けたという。

「そして、この『新労使協力宣言』締結以降、会社のＪＲ貨物労組に対する偏向ぶりが、より顕著になってきました。

00年7月、ＪＲ貨物労組関東地方本部（地本）の定期大会に来賓として出席した、当時の（ＪＲ貨物）関東支社長は『一企業一組合について、多少無理してもやるべきことはやるという決意を述べ、挨拶とさせていただきます』と発言。翌年の同大会でも『会社は一企（業）一組（合）を目指します』などと、挨拶したのです。

また会社では、毎年1月に『小集団活動全社発表会』を開催し、来賓として、ＪＲ貨物労組と貨物鉄産労を招いていたのですが、01年1月以降、貨物鉄産労は招待されなくなりました。会社側にその理由を質したところ、『ＪＲ貨物労組から、なぜ（貨物鉄産労を）呼ぶのかとの抗

議があったため、今回から招待しないことにした』とのことでした」（同前）

所属組合による待遇差別

そして01年6月、後にJR貨物関係者の間で「成績率2％増問題」といわれる、労使紛争が起こる。大杉委員長が続ける。

「01年度の『夏季・期末手当要求』に対し、会社側は『1・5倍』と最終回答したのですが、その際、口頭で突然、『現行協約の成績率は5、10、15％となっているが、01年度夏季手当における特別扱いとして、2％を増額適用したい』と提案してきたのです」

当時、JR貨物と貨物鉄産労との間に締結されていた労働協約には、「夏季・期末手当」、つまりはボーナスについて、勤務成績に応じて増額、あるいは減額するという「成績率」が定められていた。それは▽「勤務成績が極めて優秀な者」について15％▽「勤務成績が特に優秀な者」について10％▽「勤務成績が優秀な者」について5％の割合で増額する一方で、「出勤停止の処分を受けた者」について10％▽「減給、戒告、訓告（処分を受けた者）及び勤務成績が良好でない者」について5％の割合で減額する――というものだった。

前述の会社側の提案は、この既定の成績率とは別に、新たに「勤務成績が優良な者に2％を増額する」というものだったが、大杉委員長はこう続ける。

「『2％増』などという成績率の特別扱いはそれまで、JR貨物労組も含め、どこの組合も要求したことのない提案でした。このため貨物鉄産労としては、『なぜ唐突にそのような提案をするのか。特別扱いをする余裕があるならば、その分を支給額に上積みすべきではないか』と質したのですが、会社側は『（成績率による増額の）適用者を増やしたいからだ』と答えるに留まったのです」

この会社側の突然の提案に、不穏なものを感じた貨物鉄産労は、翌月の団体交渉で、会社側に対し「2％適用に適用者数を明らかにするとともに、適用にあたっては、公正・公平を期し、所属組合による差別を行わないこと」を申し入れた。だが、ＪＲ貨物は「適用者数について明らかにする考えはない。適用にあたっては公正・公平に行う」と回答したという。

「この会社側の回答には不満でしたが、夏季手当の支給日が近づいていることや、既に（最大労組である）ＪＲ貨物労組が（成績率2％増で）妥結してしまっていたことなどから、これ以上、この問題について交渉を続けても、会社側の姿勢は変わらないと判断し、『成績率2％増』の提案を受け入れることにしたのです」（同前）

そして、ＪＲ貨物と貨物鉄産労は、既定の5～15％の成績率とは別に、〈勤務成績が優良な社員に対して成績率2％増を適用できることとする〉とした「確認書」に調印。01年7月、ＪＲ貨物全社員に夏のボーナスが支給された。

「その後、我々は複数の職場で、01年7月の夏季手当について、既定の成績率5～15％増を適用された社員と、新たに設けられた『成績率2％増』を適用された社員の数を調べました。すると、ＪＲ貨物労組の組合員435人のうち、430人（98・8％）が、いずれかの成績率を適用されていたのに対し、貨物鉄産労の組合員171人のうち、成績率の適用者は25人（14・6％）と、所属組合によって著しく差があることが判明したのです」（同前）

この調査結果に基づき、貨物鉄産労は会社側を、「組合間に差別がある」と追及したが、JR貨物は「差別とは考えていない」と突っぱねた。貨物鉄産労はさらに、「今後は『成績率2％増』などという特別扱いは止めるよう」会社側に求めたが、JR貨物は「白紙としか言えない」と回答したという。

「しかし、会社は、01年の12月に支給された年末手当にも、この『成績率2％増』を適用してきました。この時は全職場で適用状況を調べたのですが、JR貨物労組組合員5500人（当時）のうち、既定の成績率5～15％増と、『成績率2％増』を適用された組合員は5400人（98％）に達していました。

これに対し、貨物鉄産労組合員802人（当時）のうち、既定の成績率15％が適用された組合員はわずか1人、10％の適用者にいたっては0（人）、5％の適用者は12人しかいませんでした。一方、『成績率2％増』を適用された組合員は151人いましたが、これら全員を合わせても適用率は、（貨物鉄産労）全組合員の20・4％に過ぎなかったのです」（同前）

しかも、貨物鉄産労の調査によると、この「成績率2％増」を適用されたJR貨物労組組合員の中には、無断欠勤を繰り返していた組合員や、ジャンパ線（車両に付属している、制御装置や冷房などの電源回路を繋ぐケーブル）の破損事故を起こした社員、停車駅の通過事故を起こした運転士など、到底、「勤務成績が優良な社員」に該当しないはずの組合員が含まれていたという。

「会社が、この『成績率2％増』で、所属組合によって待遇に差をつけ、貨物鉄産労からの脱退を促し、JR貨物労組の望む『一企業・一組合』にもっていこうとしていることは明らかでした」（同前）

貨物鉄産労に対する事実上の「謝罪」

そこで、貨物鉄産労は02年3月29日、01年度の夏季・年末手当支給における、JR貨物による「成績率2％増」の恣意的運用は、〈労働組合の運営を不当に支配、介入することを禁じた労働組合法第7条3号の不当労働行為にあたる〉として、東京都地方労働委員会に対し、「不当労働行為救済申立て」を行った。

これに対し、会社側は審査の中で、「成績率2％増」を導入した理由について、〈被申立人（JR貨物）としては、可能な限り社員の功労に対して報いるため、成績率による2％増額支給を提案、実施したのであるから、これを「申立人組合（貨物鉄産労）を弱体化させることを目的として導入し実施した」などといわれる余地はない〉と主張した。【（ ）内は筆者補足、以下同】

また所属組合の違いによって、成績率の適用に著しい差があることについて、会社側は、次のように反論したのだ。

〈被申立人の経営状況が著しく低迷していることは前述のとおりであるから、社員各人の積極的努力が一層必要な時期であるにもかかわらず、申立人及びその所属組合員はかかる客観的状況をよく理解することなく、（中略）小集団活動、提案、業務改善はもとより、安全発表会等にも積極的に参加することなく漫然と経過し、輸送障害における迂回輸送等の異例作業、除雪作業等に対しても消極的対応に終始し、（中略）業務貢献の程度はＪＲ貨物労組に比較して著しく低位にあることは明白といえるのである。（中略）

これを要するに、これら施策に積極的に参加する社員の集団と、これに公然と反対する中立人所属の社員の集団との間において、成績率の適用において差異が生じることは、合理的かつ公平な評定結果に基づく当然の帰結であって、これを「組合差別」などという余地のないことは明白である〉

さらに、「成績率2％増」を適用された、ＪＲ貨物労組組合員の中に、「勤務成績が優良な社員」に該当しないはずの組合員が含まれていた件についてはこう釈明した。

〈中立人組合が「勤務成績が優良な社員」に該当しないと主張する社員のうち、無断欠勤者については、現場長の報告遺漏のために誤って増額支給の対象とされたことが判明したので、これを戻入させており、他の事故惹起者等に関しては、その処分時期が平成14（02）年夏季手当の調査期間にあたるので、その際に評価されることとなるのであるから、これを「不公平」と問疑される余地はない〉

この会社側の主張に対し、貨物鉄産労は〈我々が、小集団活動や災害復旧などに非協力的であるなどとの（会社側の）主張は事実無根〉として、会社側の主張に逐一反論。両者はその後も約1年4カ月にわたって、都労委で激しく争ったが、03年8月5日に和解した。

和解に際し、ＪＲ貨物は貨物鉄産労に、以下の４点の「見解」を表明した。

〈１．会社は、本件における組合の主張を理解し、遺憾の意を表する〉

〈２．会社は、法の主旨に則り中立保持の立場を堅持する〉

〈３．会社は、人事運用にあたって、所属組合による差別を行わない〉

〈４．会社は、労労問題については関知しない〉

ＪＲ貨物による、貨物鉄産労に対する事実上の「謝罪」だった。ちなみに、当時の社長は、前出の伊藤直彦・現名誉顧問である。

「トラジャ」の介入が内部対立のきっかけ

話を再び、国鉄分割・民営化から30年にあたる、17年の６月に開かれた、ＪＲ貨物労組の第33回定期全国大会に戻そう。

同大会での挨拶の中で、組合から距離を置き始めた会社側の姿勢を、相澤委員長が牽制したことは前述した。が、その一方で、この大会では、ＪＲ貨物労組内部で、組合員同士の対立が起こっていることも明らかになったのだ。

前述の「旬刊　ＡＣＣＥＳＳ」は、その模様を次のように報じている。

〈他方、30年記念とはおよそ似つかわしくない新たな問題が顕在化し、議案書とは別に「総団結に向けた特別議案」が口頭で提起された。それによると、昨年の関東地本大会が顧問委嘱を巡って混乱し、大会後に解決に向けて話し合いの場が持たれたが、その中で組織破壊者と規定しているJR東労組一部OBが関東地本青年部役員を集めて「勉強会」を行っていたという組織介入が発覚、現在では地本役員間の内部対立に発展し、総団結に関わる組織問題になっていることから、真実を明らかにして総団結を図らなければならない、と呼び掛けた。約30分の集中質疑を経て「調査委員会」の設置が決定された。「仲間同士で腹を割った話ができていないことに問題の核心がある」と相澤委員長。組織の機微に通じる問題もはらみ、しばし落ち着きどころを探すことになりそうだ〉

この内部対立のきっかけは、「トラジャ」の介入——だった。

これまで説明してきたとおり、トラジャは、国鉄分割・民営化前後に、松崎氏によって革マル党中央に送り込まれた、国鉄出身の有能な革マル派同盟員で、同派の「労働者組織委員会」のメンバーとして、JRをはじめ、他産別組合の指導にあたってきた、「職業革命家」である。

そのトラジャのメンバーの一人が、旧国労内革マルによって結成された「真国鉄労働組合」（真国労《マコト》、第6章参照）初代副委員長の浅野孝氏だった。浅野氏は、第6章で述べた、JR革マルと革マル派党中央との「第一次対立」で、革マル派党中央に拉致され、その後の「第二次対立」では逆に、党中央側として、「坂入拉致事件」に関与したとされる人物である。

その浅野氏が、JR東労組が、スト権確立の動きをみせ始めていた14年7月2日、JR総連組合員の集会で、「JR東日本会社の労務政策の現状」と題した講演を行ったことは、第7章で触れた。浅野氏はその講演の中で、自ら〈革マル派に結集するという決意〉を固めた一人と明らかにした上で、当時のＪＲ東労組を、会社と闘っていない〈御用組合〉と批判した。

これに対し、ＪＲ東労組をはじめ、ＪＲ北海道労組などのＪＲ総連傘下単組は、翌15年6月の定期大会で、浅野氏の言動を「組織破壊攻撃」と位置づけ、「党派（革マル派）による介入を断固として認めない」ことを機関決定。また、浅野氏や、彼と同じく「真国労《マコト》」出身でＪＲ東労組ＯＢのＭ氏が主宰する「敬松《けいしょう》塾」も認めないとする方針を決めた。ＪＲ貨物労組も、同年6月の「第31回定期全国大会」で、同様の決定をした。

革マル派の著書が組合員の「学習教材」

現在の日本の労働界で、「党派による介入を認めない」ことを機関決定するような組合も、ＪＲ総連傘下単組以外にないと思うのだが、そのＪＲ総連関係者によると、Ｍ氏は国鉄時代、「大宮操駅」（大宮貨物駅）に勤務していたという。

大宮操駅は、もともと国鉄「大宮駅」の付属施設だったが、61年に大宮駅の「客貨分離」で、貨物取扱と操車場業務を担う貨物駅として開業し、関東の鉄道貨物輸送の拠点となった。しかし、鉄道貨物の衰退によって、86年に廃止。操車場は「大宮操車場」として、ＪＲ東日本に引き継がれ、残りの跡地が、現在の「さいたま新都心」として整備されたことからも、この駅がどれほど広大な面積を持っていたかが分かる。

この大宮操駅に勤務していたとされるＭ氏は、真国労加入後、同労組の書記長や、ＪＲ総連の書記長を歴任。現役引退後は、浅野氏と同様に、松崎氏が生前、会長に就いていた「国際労働総研」（第7章参照）で、主任研究員を務め、同総研の共同代表にも就任していた。

また敬松塾は、浅野氏とM氏が、「松崎明さんの遺志を受け継ぎ闘う」として立ち上げた「勉強会」だという。前出のJR貨物労組関係者が語る。

「JR総連や傘下単組が15年、彼らを『組織破壊者』と規定し、この勉強会も認めないとしたにもかかわらず、その後、M氏の名前を冠した新たな『勉強会』に、複数の、JR貨物労組関東地本の若手役員らが参加していたことが発覚しました。さらに、この『M勉強会』には、関東地本の前の委員長だったH氏が関与していたことも明らかになったのです」

ちなみにM氏は、18年に、組合員の大量脱退をめぐり、JR東労組で内部対立が起こった際にも、「JR東労組上野支部OB」として登場。「JR東労組の現状を糺し、国鉄改革の精神を忘れないためのJR東労組OBの連絡会準備会」という長い名前のOB集団を主宰し（第1章参照）、JR東労組の内部対立にも〝介入〟している。

一方、JR貨物労組では、翌16年に開かれた関東地本の大会で、同地本の執行部が、前出のH前委員長に「顧問」を委嘱しようとしたことをめぐって、出席した代議員から「規約諸規則にもない扱いだ」、「OB（浅野氏やM氏）らとのかかわりや、M勉強会の内容が明らかになっていない」などと疑問視する意見が続出し、紛糾した。このためJR貨物労組中央本部が、事実関係の確認を行ったが、「関東地本が1年近くにわたって（中央本部への）対応をうやむやにしていたため、業を煮やした本部が（関東地本に対する）糾弾に乗り出した」（同前）という。

それが、前述の17年6月のJR貨物労組の定期全国大会で、口頭で提起されたという「総団結に向けた特別議案」だったわけだが、この中央本部の提起に対し、関東地本の執行部は激しく反発。同地本のY委員長は、この間の中央本部の一連の対応を厳しく批判した上で、「爆弾発言」を行ったという。JR貨物労組関係者が続ける。

「Y委員長は、一昨年（15年）の（JR貨物労組の第31回定期）全国大会で、『一部OB（浅野氏やM氏）を組織破壊者と規定し、貨物労組として党派（革マル派）による組織介入を認めない』と機関決定しておきながら、（JR貨物労組）中央本部が主宰する『塾』（学習会）で、『社会観の探求』を〝教材〟として使っていたではないか、と暴露。その上で、それ（社会観の探求）をテキストとして使っていた理由についての答弁を求めたのです」

『社会観の探求』は、革マル派の創設者、黒田寛一《くろだひろかず》氏の代表作の一つで、「革マル派同盟員必読の書」とされているものだ。

そして、この全国大会での、Y関東地本委員長の暴露発言に対し、総括答弁に立ったJR貨物労組中央本部のS書記長は、次のように答弁したという。

「誰が書こうが、今の社会の見方や角度は分析に値するから、本部の教育教材として使用している。内容が正しければ、誰が書こうが、学習の教材にして問題ない」

つまり、JR貨物労組は、定期全国大会という公の場で、組合員の「学習教材」として、革マル派の著書を使っていることを認めたわけである。

このことはJR貨物をはじめ、多くのJR関係者に驚きをもって受け止められたが、実はJ

R貨物労組にも、JR東労組と同様に、JR革マルの〝母体〟ともいえる組織、「JR労研」(JR労働運動研究会、第5章参照)が現存しているという。

5年前までJR貨物労組北海道地本に所属していた元組合員(44歳、14年10月に脱退)は、こう証言する。

「私が労研のメンバーになったのは、(JR貨物)入社とほぼ同時に、JR貨物労組に加入してから6年後、00年のことでした。

当時、私は(JR貨物労組北海道地本の)支部の青年部長をしていたのですが、その支部の委員長から『組合を育てる、(組合よりさらに)ステージの高い組織がある』と誘われました。その時は、何か組合の関連組織だろう……程度にしか考えていなかったので、『(JR労研に)入ります』と返事をしたのです」

00年といえば、JR労研が結成されてから約1年後。JR労研が組織拡大、特に「平成採(用)」のメンバーの獲得に力を入れていた時期だ。ちなみにこの元組合員も「平成6(94)年」採用である。元組合員が続ける。

「私の(JR労研への)入会については、『講師団会議』という労研の役員クラスの集まりで、(その可否が)検討され、その年の6月に開かれた『北海道労研』の総会で、正式にメンバーとして認められました。

当然のことながら、北海道労研のメンバーは全員、(JR貨物労組)組合員で、『講師団』は、現役の(JR貨物労組北海道地本の中央執行)委員長や、委員長経験者、役員OBらで構成されていました。

けれども、（労研）メンバーになった後は、他労組はもちろん、同じ組合（JR貨物労組）の組合員にも、自分が労研メンバーであることは『決して明かしてはいけない』と厳命されました。このため、講師団や、『ユニオンスクール』で同席したメンバー以外は、組合の中で誰が労研メンバーなのかは、分かりませんでした」

この元組合員によると、JR労研内部では、「労研」という名称を口にすること自体がタブーとされ、メンバー内では「組合学校」、あるいは「学校」と呼んでいたという。これは第6章で記述した、かつてマングローブのメンバーだったJR東労組OB、X氏の「（JR労研は）組合員の〝学校〟のような組織」との証言（232ページ）とも符合する。

そして、元組合員は、その「学校」の〝授業〟ともいえる、「ユニオンスクール」の実態についても証言してくれた。

「ユニオンスクールには『（JR貨物労組北海道）地本ユニオンスクール』と『（JR貨物労組中央）本部ユニオンスクール』がありました。地本ユニオンスクールの〝先生〟は（JR貨物労組）OB、本部ユニオンスクールの先生は（JR貨物労組中央）本部三役（中央執行委員長、副執行委員長、書記長）でした。

私が（北海道労研に）所属していた当時は、地本ユニオンスクールが、支部ごとに、2カ月に1回のペースで開かれていました。ただ、組合（JR貨物労組）の会議だったら、ホテルの会議室や貸会議室を使うのですが、労研のユニオンスクールでは、区民センターや地区センターの一室を借り、会合の名称も『緑を考える会』とか、『環境セミナー』とか、労働運動とは関係のない名称を掲げ、偽装していました。

そこに昼頃に労研メンバーが集まり、夕方にかけて、OBを先生に〝学習〟する。教材は、松崎（明）さんの著書から抜粋したものや、『自然と人間』（松崎氏が96年7月に創刊したJR総連発行の月刊誌、第7章参照）などでした。それらを、段落ごとに、（ユニオンスクールに）出席したメンバーが音読し、先生が解説を加える――という『読み合わせ』を行うのです。

また年に4〜5回は、札幌（市白石区）の会社の研修所（JR貨物北海道社員研修所）で泊りがけの合宿もありました。

一方、本部のユニオンスクールは、『どんぐり塾』とも呼ばれており、これも2カ月に1回のペースで開かれ、全国の（JR貨物労組の各）地本から労研メンバーが参加していました。会場は、群馬県みなかみ町にあった元保育所を借り上げた施設で、1泊2日で行われました。私たちのような地方からの参加者は、初日の朝に『上毛高原駅』（上越新幹線）に集合し、そこから会場までは、地元の（JR貨物労組）関東地本の（労研）メンバーがマイカーで、会場まで送迎してくれました。

本部ユニオンスクールでは、先生の本部三役やOBらから、会社（JR貨物）や他労組の情勢、国内外の政治状況についての講義があり、地本ユニオンスクールと同じように、松崎さんの著書などの読み合わせを行いました。

講義や会議の間は、その内容が外に漏れないように、ラジオがずっと、かけっぱなしになっていました。食事の時にまで、動労時代の国鉄闘争のビデオを見せられ、うんざりしたのを覚えています」

前述の17年6月の、JR貨物労組の第33回定期全国大会で暴露された、革マル派の著書などの「学習教材」はおそらく、これらの「ユニオンスクール」などで使われていたものだろう。

そして、この大会で明らかになった、JR貨物労組中央本部と関東地本との対立は、今なお燻り続けている。

これほどの内部対立を抱えていれば、JR貨物労組も、「いつでも、どこでも、どこからでも……」などと言っている場合でもないのだろうが、松崎氏が存命ならば、このような内紛は起こりえなかった。また仮に起こったとしても、決して表沙汰にはならなかったはずだ。

◇　◇　◇

3万5000人の一般社員に愛想を尽かされたJR東労組

JR革マルの首領、松崎明氏の死後、JR東労組は崩壊し、JR貨物労組は内部対立に陥っている。そして、これらの動きは早晩、JR北海道の最大労組、JR北海道労組にも波及することだろう。

だが、「世界最強の労働組合」（第5章参照）を自任していた、JR東労組は果たして、「何」

に敗北し、崩壊したのだろうか。

もちろん一次的には、「会社」に負けたのだ。発足から30年にして初めて、労政転換に踏み切ったJR東日本との闘いに敗れたことが、組織の決壊に繋がった。

第1章で述べたようにJR東日本は、松崎氏の死去を奇貨として、人事制度の見直しに手をつけ、人事における会社の権限を強化した。また「自己啓発活動」を推し進め、社員の意識を組合から引き剥がし、さらには旧動労の本丸である「乗務員基地の再編」にまで着手した。これら組合の弱体化を図る施策を次々と繰り出し、彼らを「スト権の行使通告」という〝暴発〟にまで追い込んだ手法は見事であり、経営側の執念すら感じられた。

だが、二次的にはやはり、「社員」に敗けたのだ。この組合から脱退した約3万5000人の、JR東日本の一般社員に見捨てられ、崩壊したのである。

いくら会社が、国鉄分割・民営化から初めて、JR東労組との訣別を宣言したといっても、だ。JR東労組がもし、社員から本当に必要とされていた労働組合であったなら、わずか1年で、全体の3分の2もの組合員が脱退することなどなかったはずだ。

では、なぜ、JR東労組は、3万5000人もの組合員から、三下り半を突きつけられたのか。警察庁が繰り返し指摘しているように、JR東労組の〈影響力を行使し得る立場に革マル派活動家が相当浸透している〉からなのか。

もちろん、脱退した組合員の中には、そういったことを懸念して、組合から離れた社員も少なからずいるだろう。が、脱退者の中で、私の取材に応じてくれたJR東日本社員の大半は、もっと〝生理的〟な部分で、彼らのことを嫌っていた。

関東地方の私立大学を卒業後、一般職として、JR東日本に入社した40代前半の男性社員は、私のインタビューに次のように語った。

「もちろん、東労組が、世間からそう(革マル系労組と)みられていることは知っていました。(インター)ネットでも散々、書き込まれていますし、浦電の事件(浦和電車区組合脱退・退職強要事件、第4章参照)もありましたから。

けれども、組合が普段から、それ(党派色)を、あからさまに出しているかといえば、そんなことはない。だから正直、気にはなりませんでした。もっとも、組合の役員連中が、デモや沖縄(での反基地闘争)とかに行っていたのは、(機関紙などで)知っていましたが、別に自分が、それに無理やり誘われたわけでもないし、個々人の考え方(思想信条)は、それぞれ、自由ですから。

僕が嫌だったのは、そういうこと(組合の思想)ではなく、職場(分会)の(組合)役員連中でした。正直、ウザいというか。彼ら、はっきり言って、仕事できない奴が多いんですよ。それでいて組合のこと(活動)になると、目の色が変わるというか、急に生き生きするというか……。

高校の時にいたじゃないですか、クラスで目立たない存在。見た目からして冴えなくて、勉強ができるというわけでもなければ、不良というわけでもない、単におとなしいだけの奴。こういうのは、会社(JR東日本)に入ってからも、パッとしないんですが、組合は、そういう奴に目をつけ、(役員に)スカウトするのが、本当に上手いんですよ。メシに誘って、飲みに連れてって、私生活から丸ごと面倒を見る。それで『お前のような奴が、これからのJR東労組を背負っていくんだ』とかなんとか言って、彼らをその気にさせる。それで、その気になって、役員になった連中が、組合活動とか、左翼思想とかに目覚めちゃって、熱く語り始める。僕からすれば、『ネットで真実に目覚めました』とか言ってる、ネトウヨ(ネット右翼)と変わりない。思想は真逆なんでしょうが。

そうやって、分会とかの役員になる連中に限って、仕事もできないくせに、組合(活動)になると俄然張り切っちゃって、ああしろ、こうしろと偉そうに自分たちに指図して来る。それが何より嫌でしたね」

もっとも、このようなJR東労組のオルグの手法や、「分会役員」の言動にも、革マル派の思想が色濃く影響しているのだが、そんなことは、彼にとっては「よく分からないし、興味もないし、どうでもいい話」(前出・社員)なのである。

戦闘的国鉄労働運動の「完全なる死」

ただ、私が気になったのは、そのことではなく、JR東労組に対し、彼が抱いた生理的な嫌悪感が、「労働組合」という存在全体に向いてしまっていることなのだ。

この社員は、JR東労組の「スト権行使通告」後、約1万4000人という最も多くの脱退者を出した18年4月に、「職場の上司の勧めもあって、同僚約30人と一斉に脱退届を出した」という。社員の証言が事実なら、当時の彼の「職場の上司」は、不当労働行為に問われる可能性もあるが、それはさておき、彼は脱退当時の模様をこう振り返る。

「僕の職場では、まず区長、副区長以外の、助役レベルの管理者が『いっせのせ』で（JR東労組）を出ました。次に〝しがらみ〟のない新人（社員）、それから、職場で人望のある、リーダー格の人が出て、それに30人ぐらいがついていく……という感じでしたね。

ただ、（JR東労組の中核である）運転職場では、『指導』（教導運転士）との関係（第1章参照）や、先輩や同僚とのしがらみから、（JR東労組を）抜けたくても、抜けられない運転士が多いと聞いています。特に東京、八王子、大宮（地本）あたりには。

まぁ、入社から15年以上も経てば、どれだけ組合が嫌いだろうが、職場での人間関係はできていきますからね。彼ら（運転士）も、ものすごい葛藤を抱えているんだろうと思います」

この社員はJR東労組脱退後、どこの組合にも所属していないという。そして実は、現在のJR東日本では、JR東労組を含め、いずれかの労働組合に所属している社員は約3割にすぎず、約7割を、彼のような「非組合員」の社員が占めているのだ。

しかも、である。

JR東労組組合員の大量脱退後、JR東日本では、36協定締結のために、会社側が主導して、事業所ごとに「社友会」という親睦団体を作らせ、その代表と締結を進めたことは第1章で述べた。もっとも、会社側は「社友会は自然発生的にできたもの」として、それへの関与を否定しているが、その約3万5000人の非組合員のうち、「社友会に所属している社員は半数にも満たない」（JR東日本関係者）という。つまり、少なくとも約1万7500人以上が「無所属」状態にあるのだ。

これは、戦後日本に公共企業体としての「日本国有鉄道」が誕生した1949年以降、70年に及ぶ国鉄・JR史上、初めてのことだ。

87年の国鉄分割・民営化によって、「総評」（日本労働組合総評議会）の中核組織として、日本の労働運動を牽引してきた国労が、壊滅状態に陥ったことは、革マル派が当時、機関紙「解放」で指摘していた通り、「戦闘的国鉄労働運動の終焉」を表していた。

しかし、今回の、JR東労組の崩壊は、国労の瓦解後も、その形を変え、平成の30年をなんとか生き延びてきた、戦闘的国鉄労働運動の「完全なる死」を意味するのではないだろうか。

広がる「組合不要論」

それと同時に、国内最大の鉄道会社であるJR東日本における「3万5000人の非組合員の出現」は、労働界に衝撃を与えるとともに、現在の日本の労働組合、特にその6割以上を占める、従業員数1000人以上の大企業の「企業内労働組合」が直面する現実を、改めて浮き彫りにした。

第1章で述べたように、冨田哲郎・JR東日本会長をはじめとする同社の現経営陣は、脱退者を母体とした新たな「最大組合」ができることによって生じる、ＪＲ東労組との〝労労対立〟への懸念などから、当面のところは「脱退者を大母体とする新しい労働組合は作らないし、作らせない」（ＪＲ東日本関係者）考えだという。

そして、この経営陣の考えは、大量脱退から1年半が経ち、社内の隅々にまで浸透。ＪＲ東日本では今、中堅、若手社員を中心に、「組合不要論」が広がっているのだ。前出の社員が再び語る。

「東労組を辞めたからといって、他の組合に移るつもりはありません。僕からすれば、どこの組合も似たり寄ったりですし、わざわざ組合費を（給料から）天引きされるために入るようなものですから。組合に入らなくても、会社は（労働契約や就業規則で）それなりの待遇を保障してくれていますので」

もっとも、会社が、新しい組合を作って、それに入れというのなら、話は別ですが……」

そして「今のＪＲ東日本では、こんな考えの社員が大半を占めている」と嘆くのは、かつて、ＪＲ東労組の地本の委員長や、中央本部の役員を務め、定年後は「エルダー社員」として、ＪＲ東日本のグループ会社に勤務しているＪＲ東労組ＯＢだ。

ＪＲ東日本には、技術の継承などを目的に、60歳の定年を迎えた社員を「エルダー社員」として、5年間再雇用する制度があり、18年2月現在で、約５５００人のエルダー社員が働いている。このＪＲ東労組ＯＢも、その一人だ。

「平成も二桁に入ったころ（98年以降）から、（高卒より）大卒の社員が増え始めた。『大卒』っていったって、『キャリア』（総合職）じゃないよ。最近は、猫も杓子も大学に行くから、こう言っちゃ悪いが、聞いたこともないような大学を出た、若い奴らが入ってきた。

こいつらは、高卒の子と違って、擦れてるからさ。愛社精神はもちろん、組合（活動）への関心はゼロ。極めて内向き、保守的で、自分の生活や待遇、出世のことしか考えていない。ただ、会社が組合（ＪＲ東労組）に入れっていうから、入っただけで、会社と対立してでも、働く者の権利を守ろうとか、毛頭、考えていない。職場の仲間たちや、会社の将来を思っての（組合）活動は何もしない。それでいて、組合が勝ち取った成果には与る『フリーライダー』（ただ乗り）、まさに『今だけ、カネだけ、自分だけ』（という考え方の人たち）だ。

大卒の（一般職）社員っていうのは、こういうタイプがほとんどで、こういう奴らを〝教育〟するのは本当に難しかった。その点、高卒の子たちは、素直だし、純粋だ。だから、今の東労組の主力は平成一桁、平成５（93）年、６（94）年、７（95）年採用の高卒（社員）が占めている」

「ロスジェネ」に見捨てられた労働組合

前出の社員も、ＪＲ東日本が一般職で、大卒の採用を増やし始めたとされる98年以降に入社しているのだが、このＪＲ東日本における「平成二桁」前半の年代が、いわゆる「就職氷河期世代」、朝日新聞がいうところの「ロスジェネ（ロストジェネレーション）世代」と重なっているという点には、留意しなければならない。

ロスジェネ世代とは、93年から04年ごろまで、企業による新卒社員の募集が極端に低かった時期に、高校や大学を卒業し、社会に出た人びとだ。高卒と大卒で、就職した時期に違いはあるものの、19年現在でおおむね、33歳から48歳ぐらいの年齢層にあたる。

政府の経済財政諮問会議によると、ロスジェネ世代に該当する35歳から44歳の人口規模は1689万人（18年時点）。このうち非正規雇用が317万人、フリーターが52万人と、「非正規」状態におかれた人の割合が全体の2割（369万人）を超え、深刻な社会問題となっている（19年「第5回経済財政諮問会議」参考資料）。

前出のJR東日本の、「平成二桁」の大卒社員らは、そんな「就職氷河期世代」であるにもかかわらず、だ。人材情報サービスのポータルサイト大手「マイナビ」の、「大学生就職企業人気ランキング」で、文系、理系問わず男子学生の希望就職先として、絶えず上位10位内（20年卒版では、両方とも5位）にランク入りし、一般職での採用倍率は、十数倍ともいわれる難関を突破して、JR東日本に採用された人たちなのだ。

社会不安が広がり、先行き不透明なご時世に、そんな彼ら、彼女らが、必死の思いでつかんだ「正社員」の地位、「JR東日本社員」であり続けることのみに汲々とし、「内向き、保守的」な思考に陥るのも、ある意味、致し方ないのではないだろうか。

翻って言うなら、JR東労組が、「平成二桁」世代がこれまで置かれてきた状況や、それに影響された考え方などを把握することができず、彼らなりに持っているであろう悩みに、対応しきれなかったからこそ、彼らから見捨てられたのではないのか。さらに言えば、会社のほうがより細かく、彼らの気質や志向を把握していたからこそ、組合側に勝利することができたのではないのだろうか。

一方、私と同じ「バブル世代」の、ＪＲ東日本中堅幹部（総合職）は、社内に「組合不要論」が浸透した理由について、こう分析する。

「確かに、今の会社（ＪＲ東日本）では、経営側も、社員も、新しい（多数派）組合ができることを望んでいません。

その（新しい組合を望まない）理由は、経営側、社員側、それぞれにあるのですが、それはこれまでに（筆者が）取材されてきた通りなんだろうと思います。が、そういった我が社、というより、ＪＲ〝固有の事情〟とは別に、今回の（ＪＲ東労組からの）組合員の大量脱退では、『労働組合』という組織そのものの存在意義が問われた、とも思うんです。

ここ数年は政府が『官製春闘』で、経営側に賃上げを促し、『働き方改革』で、長時間労働の是正を進めてきた。さらに、過労死問題など、経営に対する監視機能は、労基署（労働基準監督署）が果たしている。これらの役割や機能は本来、労働組合が担うべきものですが、今ではすっかり、政府や行政にお株を奪われた感がある。じゃあ、一般社員からすれば『労働組合』は何のためにあるのか、と。今回の『東労組の崩壊』には、そういった側面もあると思います」

「官邸」「労基署」「SNS」に取って代わられた労働組合

もっとも、この中堅幹部の認識には、事実誤認とは言えないまでも、いくつかの誤解が含まれている。

確かに、第二次安倍政権発足後の13年9月、安倍晋三首相は、首相官邸で開催した「政労使会議」で、いわゆる「アベノミクス」実現のために「企業収益、賃金、雇用の拡大を伴う好循環に繋げられるかが勝負どころだ」と、経営側に賃金引き上げを促した。

そして、この〝儀式〟、すなわち、労働組合の中央組織、「日本労働組合総連合会」(連合、加盟団体48産別、組合員数約700万人)が春闘の方針を決める前に、首相が賃上げを公の場で求め、財界トップもそれに前向きに応じる——という、いわゆる「官製春闘」は、その後、5年にわたって続いた。

ただ、この「官製春闘」という言葉は、極めて誤解を招く表現だと言わざるを得ない。果たして、この5年間で、「政権からの要請」を理由に、あるいはそれに影響を受けて、賃上げを行ったという企業が、どこにあるというのか。

そもそも「春闘」とは、ベースアップなどの賃上げはもちろんのこと、労働時間の短縮などの労働条件や、労働環境の改善をめぐって、労使が正面からぶつかり合う、文字通りの「闘争」だ。労使がそれぞれの立場から、その時々の景気や、会社の経営状況を分析し、一つ一つの交渉を地道に積み重ね、妥結に至る取り組みで、時の政権の意向によって左右されるようなたぐいのものではない。

また、今や、安倍政権の看板政策のように報じられている「働き方改革」だが、そのなかでも〝目玉〟とされる「長時間労働の是正」や、正社員と非正社員との不合理な待遇差を解消するため、同じ労働には同じ賃金を払うべきとする「同一労働・同一賃金」も、もとはと言えば、前出の労働組合の中央組織、連合が長年にわたって、その時々の政府や、与野党に要請してきたことなのだ。

例えば、18年6月に成立した「働き方改革を推進するための関係法律の整備に関する法律」（働き方改革関連法）に基づき、改正された労働基準法には、原則〈月45時間・年360時間〉とする時間外労働の上限規制が、新たに盛り込まれたが、連合は97年から約20年にわたって、この上限規制の法制化の必要性を、政府や社会に訴え続けてきた。

また「同一労働・同一賃金」についても連合は、01年の「第7回定期大会」の時点ですでに、パートタイム労働者や、期間の定めのある労働契約により雇用されている労働者（有期契約労働者）の適正な労働条件や、「均等・均衡待遇」（同一労働・同一賃金）の確保を、法的に担保する「パート・有期契約労働法」の実現を提起している。

これらの取り組みが、パートや派遣など「非正社員」を含めた労働者と会社とが結ぶ雇用契約の基本ルールを定めた「労働契約法」の制定（07年成立、08年施行）や、今回の「パートタイム・有期雇用労働法」（短時間労働者及び有期雇用労働者の雇用管理の改善等に関する法律）の成立（20年4月施行。中小企業への適用は21年4月）に繋がったわけだが、こういった経緯は、ほとんど知られていない。

一方、大手居酒屋チェーン「ワタミフードサービス」で、入社2カ月の女性社員（当時26歳）が、過労を理由に自殺した事件（08年）などを受けて、厚生労働省がようやく、本格的な過重労働対策に乗り出したことは事実だ。

15年4月には、東京や大阪の労働局に、労働基準監督官の特別チーム「過重労働撲滅特別対策班」（通称「かとく」）を設置し、労働基準監督署による、違法な時間外労働や、長時間労働の監督、指導を強化した。

しかし、それら労基署による監督強化にもかかわらず、過労自殺は後を絶たず、同年12月には、大手広告代理店「電通」の新入社員の女性（当時24歳）が、過重労働や、上司からのパワハラを苦に、自ら命を絶った。

この事件を受け、16年10月、厚労省東京労働局などは労働基準法に基づき、電通本社に臨検監督（抜き打ち調査）を実施。翌11月には、「複数回にわたる是正勧告後も違法な時間外労働が全社的に常態化している」として、強制捜査に切り替え、労働基準法違反の疑いで電通本社と全国の3支社を家宅捜索した。

翌12月、東京労働局は「社員に違法な長時間労働をさせた上、勤務時間を過小に申告させた」として、法人としての電通と、自殺した女性社員の当時の上司を、労働基準法違反の疑いで東京地検に書類送検した。東京地検は、法人としての電通のみを略式起訴したが、東京簡裁は書面審理だけで量刑を決める略式命令を出すのは「不相当」と判断し、正式な刑事裁判が開かれたのだ。

裁判では、電通が、企業内労組「電通労働組合」と36協定を締結する際、電通労組が、従業員の過半数で構成されていなかったにもかかわらず、同組合と締結していたことが判明するなど、同社のずさんな労使関係が明らかになった。

結局、裁判自体は、労働基準法違反の罪で、法人の電通のみに罰金50万円を科して終結したが、従業員を過労死に追い込んだ電通とともに、それを防げなかった「企業内労働組合」の在り方が問われた象徴的な事件だった。前出のJR東日本中堅幹部が再び語る。

「今や、違法な長時間労働や賃金の不払いなど、労基法違反の疑いで送検された『ブラック企業』は、その規模の大小にかかわらず、厚労省のホームページで、名前を公表される時代です（公表は17年5月から）。さらにはFacebookやTwitterなどSNS（ソーシャル・ネットワーキング・サービス）の発達で、誰もが、特定の企業の過重労働や違法行為、セクハラやパワハラなどの実態を告発することが可能になり、ブラック企業として簡単に〝炎上〟させることができる世の中でもある。

本来、労働組合に求められる、経営に対するチェック機能はもはや、労基署だけでなく、SNSにまで、とって代わられている感すらあります。

一方、まともな企業、経営者なら皆、労働環境や条件において、またコンプライアンス（法令遵守）上、大きな問題や、不祥事が発覚すれば、瞬く間に社会の批判を浴び、当局の摘発や株価の下落、従業員の離反など、多大なリスクを招く時代であることは分かっている。

だからこそ、(企業や経営者)自らが、厳しく律しようとしているのですが、では、そういう時代に、労働組合は、働く人たちのために『何ができるのか』、働く人たちからすれば、『何をしてくれるのか』、そういうことを明確に示せなければ、衰退する一方だと思います」

神津連合会長の警鐘

2018年の厚生労働省による「労働組合基礎調査」によると、日本の雇用者(公務員を含む)5940万人のうち、労働組合員は1007万人。雇用者全体に占める組合員の割合(推定組織率)は、厚労省が調査を始めた47年以降、最低の「17・0%」を記録した(図表13－1)。

ちなみにこの推定組織率は、国労が結成された3年後、49年の55・8%をピークに下降の一途を辿り、国鉄分割・民営化が行われた87年には27・6%と半減。その後も、一度も盛り返すことなく、現在に至っている。

この労働組合を取り巻く状況、そして前述のJR東日本に広がる「組合不要論」に、危機感を募らせているのがほかでもない。日本の労働運動の総本山、ナショナルセンター「連合」だ。

今年、結成から30年を迎える連合も、国鉄分割・民営化とは決して無縁ではない。

連合は、前出の「総評」をはじめ、「全日本労働総同盟」(同盟)、「中立労働組合連絡会議」(中立労連)、「全国産業別労働組合連合」(新産別)の4労働団体が統一し、89年に結成された国内最大の中央組織だが、それに至るまでの過程には、紆余曲折があった。

図表 終-1　雇用者数・労働組合員数と推定組織率の推移

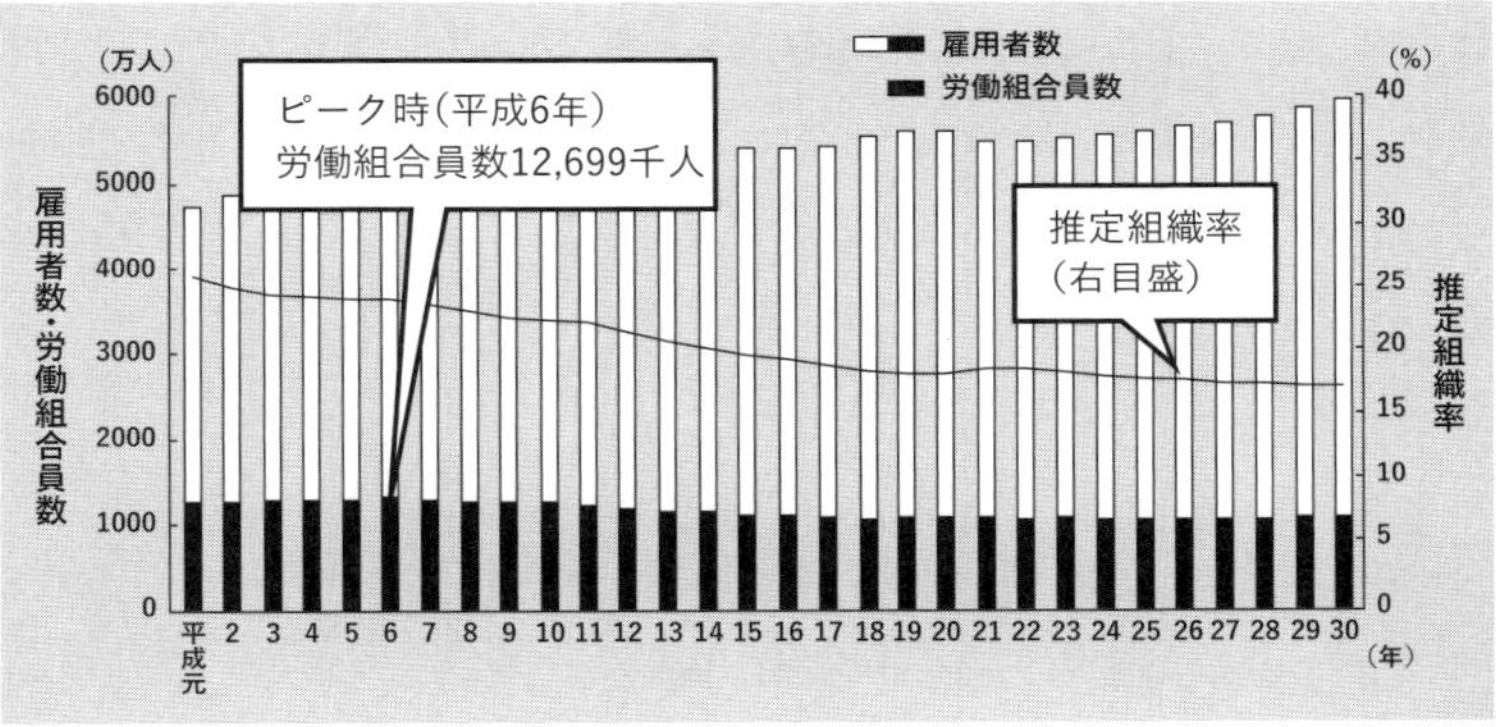

出所：厚生労働省「平成30年労働組合基礎調査の概況」

「労働戦線の統一」の試みは、70年代からすでに模索されていたが、当時の二大組織、「日米安保反対、非武装中立」を掲げる旧社会党系の「総評」（自治労や日教組など公務員労組が中心）と、「反共」を標榜し、当時から自衛隊や日米安保を容認していた旧民社党系の「同盟」（民間労組が中心）との、「水と油の関係」はいかんともし難く、労働界の再編は、遅々として進まなかった。

しかし80年代に入ると、民間労組を中心に統一の気運が盛り上がり、87年11月に同盟と、中間派だった中立労連、さらには総評の中の民間産別で55産別、組合員約540万人を集めた「全日本民間労働組合連合会」（民間連合、連合の前身）を結成。新産別も翌88年に合流した。

そして、この間、国鉄分割・民営化による国労の崩壊で、弱体化していた総評も、それまで激しく対立してきた同盟が主流派となった、民間連合への合流を余儀なくされ、89年に解散。

同年11月、総評系産別を加えた78産別、組合員約800万人が結集した「日本労働組合総連合会」、現在の連合が結成されたのだった。

また、連合は、今回のJR東労組の組合員大量脱退問題において、「当事者」組織の一つでもある。

というのも、JR東労組の上部団体である「JR総連」は、鉄道産別組合として、連合に加盟しており、なおかつ、JR東労組は、連合加盟産別の傘下単組の中で、最大勢力を誇っていたからだ。

ちなみに、連合にはJR総連と敵対する「JR連合」も加盟している。ここに連合が、発足当初から現在に至るまで抱え続ける、〝寄り合い所帯〟の苦悩が垣間見えるのだが、前述の厚労省の調査によると、JR総連は、対前年比で組合員〈マイナス3万1000人〉と、連合加盟産別の中で、最大の減少値を記録している。千人単位の数値のずれは、調査の時期によって生じたものだろうが、この〈マイナス3万1000人〉が、JR東労組の大量脱退を反映していることは間違いない。

この加盟産別の組合員の激減を憂慮する神津里季生《こうづりきお》・連合会長（63歳）は、私のインタビューに応じ、JR東日本のみならず、大企業に蔓延する「組合不要論」に対し、次のように警鐘を鳴らした。

「いわゆる『働き方改革』で、時間外労働の上限規制や、同一労働・同一賃金が、法制化されたことは、我々（連合）が20年近く前から要請し続けていたことでもありますし、働く人たちの環境、待遇の改善という観点からすれば、間違いなく一歩前進ではあります。しかし、問題は、それらの法律の施行後、36協定にしろ、同一労働・同一賃金にしろ、法に定められた制度が働く人たちに周知徹底され、その通りに、実践されるのか――ということなんです。それが無ければ『仏作って魂入れず』ということになってしまう。

神津里季生・連合会長
撮影：田所千代美

じゃあ、誰が、それらの法に定められた内容が、着実に履行されているかどうかを、継続的にチェックしていくのか。特に、来年4月から施行される「パートタイム・有期雇用労働法」には、解釈によっては、グレーな部分がたくさんあって、これこそ、（企業の中に）労働組合が無くて、労使関係が無い状態で、果たして適切に運用されるのですか――という話なんです。

『同一労働・同一賃金』と、分かりやすく表現していますけど、正確には『均等・均衡待遇』です。『均等』というのは例えば、同じ職場で、正社員が更衣室を使えて、非正社員が更衣室使えないのはおかしいとか、あるいは正社員には通勤手当が出るのに、非正社員には出ない、そんなバカな話はないとか、それはイコールにしましょう――ということです。

一方の『均衡』というのは、例えば、同じ仕事をしている社員でも、転勤など様々な（企業の）命令に従わなければならない正社員と、そういうことを前提としていない『ローカル社員』とでは、（企業側の）人事制度も育成計画も違う。しかし、それにしても、例えば、育成にかける会社の力の入れ方が『（正社員）10対（非正社員）5』みたいな極端な差はおかしいよね、と。『一定のバランスを持ってやりましょう』ということなんです。

しかし、これって、まさにグレーでね。企業と従業員の間にしっかりした労使関係がないと、そして、その労使関係に基づいた取り決めが無いと、具体的な事案が起こった場合、（法に違反するか否かの）判断ができない。

例えば『どうして私（非正社員）が、同じ仕事しているAさん（正社員）と待遇が違うんですか？』というケースが生じたときに、照らすことのできる基準、労使間の合意、お互いの了解に基いた労働協約や人事制度、賃金制度などがなければ、○か×かという判断ができないわけですよ。

確かに法律もできたし、（それを運用する際の厚労省の）ガイドラインも提示されている。けれども、これらはあくまで、いざ、法に反するような疑いのある事案が発生した時に、労働審判や訴訟で、裁判官に、これを基に判断してもらいましょうという基準に過ぎない。

実際にそのような差別的待遇に遭った際に、労働組合が無い（会社の）一労働者が、労働審判や訴訟を起こすのは、勇気もいるし、お金もいるし、時間もかかるし、そんなことは大変で、なかなか出来ないんですよ。

だからこそ、まずはそういう事態が起こらないように、これらの法に照らしながら、企業側と、労働条件や人事制度、賃金体系について合意を積み重ねていく。さらには、その時々の状況の変化に応じて、労使双方が改訂を重ねていく。一方で、そういう事態が起こった時には、一労働者の代わりに、前面に立って闘う——という組合が必要なんです。

『組合不要論』というのは、昔からあるものですし、別にJR東日本に限った話ではなく、従業員の人たちがある意味、非常に恵まれた環境にある大企業では往々にしてみられる。しかし、そのほとんどが残念ながら、近視眼的な考え方や、視界の狭さからくるものだと言わざるを得ません。

その人が働いている企業の経営が順調にいっている時はいいんですよ、それでも。けど、自分の勤めている企業が産業として厳しくなってきた時、立ち行かなくなった時はどうするのか。労働組合無しに、労使関係のないところで、一労働者が自分の雇用や生活を守ることができるのか、という話なんです。

自分の話をするのも恐縮なんですが、私は鉄鋼（産業）出身で、いわゆる『鉄冷え』の時代（73年の第1次石油危機以降の鉄鋼不況）、特に『プラザ合意』（85年9月）以降に急速に進んだ円高ドル安で、（鉄鋼）業界全体がこの先、産業としてやっていけるのかというところまで追い込まれたわけですよ。

（プラザ合意の時点では）１ドル２４０円だったのが、約2年後には１２０円になった。これまで（海外に）売っていた鉄の価格競争力が急に半分になったわけですから、業界は軒並み、大合理化をせざるを得ない。人員の出向や転出、『人員整理』の嵐ですよ。

そういう時に私たち（労働組合）は、経営側と毎日のように交渉を重ねて、どういう形（出向や転出）であっても雇用だけは守れ、仕事だけは確保しろとやってきたわけです」

神津氏は東大卒業後に「新日本製鐵株式会社」に入社。前述のプラザ合意の前年の84年に「新日鐵本社労働組合」の執行委員に就き、専従役員となった。その後、「日本鉄鋼産業労働組合連合会」（鉄鋼労連）の特別本部員を経て、02年に「新日鐵労働組合連合会」の会長に就任。10年に「日本基幹産業労働組合連合会」の中央執行委員長に就くと同時に連合副会長となり、15年に連合会長に就任した。神津会長が続ける。

「そういう経験を持っているだけに、やはり、労働者の雇用と生活を守るのには労働組合が必要不可欠だと考えているし、労使関係というのは、お互いが苦しい時にこそ、真価が発揮されると思うんですよ。

今は（勤めている会社の経営が）順風満帆だから、『労働組合なんか要らない』というのは、経営が大変になった時には、えらい苦労するというか、その時に組合の必要性に気がついても遅いということになりかねない。これは労働者側だけでなく、経営者側にも言えることです。

それともう一つ、これもＪＲ東日本に限らず、鉄鋼業界でも同じなんですが、大企業というものは、たくさんのグループ企業や、関連会社、協力会社を抱えているわけです。そして、どれだけ経営が順調な時でも、事業の見直しや、再編をやるわけですよ。

そういった時に、大企業〝本体〟の社員は、（本体の）労働組合があり、それに守られているから、または入っていなくても、あるいは組合が無くても、恵まれた状況にあるからいいかもしれません。けれども、それ（大企業本体による事業の見直しや、再編）で割を食うのは、グループ企業、関連会社の人たちですよ。

もし、それらの（グループ）会社に、労働組合が無かったとして、親会社から、様々な事業再編、見直しに伴って『あなたの会社はもういりません』と言われたら、どうするんですか。そこで働く人たちは、子会社から『明日から会社が無くなるのでオサラバです』といわれて、それで済まされてしまうわけですよ。会社自体が無くなるということは、『整理解雇の４要件』に当てはまるわけですから」

業績不振による経営や事業の見直しなど、使用者側の都合による、人員削減のための解雇を労働慣例上、「整理解雇」と呼ぶ。

この整理解雇を行うためには、過去の労働判例から確立された①人員整理の必要性②解雇回避努力義務の履行③被解雇者選定の合理性④解雇手続の妥当性——の４つの要件を満たさなければならないとされ、これを「整理解雇の４要件」という。

整理解雇は原則、この４要件すべてを満たさないと無効、すなわち「不当解雇」とされるのだが、実際の裁判では、人員整理の必要性のみで有効と判断する場合や、解雇手続の妥当性などから判断する場合が多く、４要件すべてを満たさなくても、整理解雇が認められるケースも多いという。このため、前述の「会社自体が無くなる」という場合も、人員整理の必要性などから、有効と認められる可能性が高いのだ。神津会長がさらに続ける。

「そういう時に、それぞれの（グループ）会社に、労働組合があるか、労使関係があるかどうかなんです。

企業である以上、経営の再編や事業の見直しは避けられない。しかし、いざ、そうなった時に、それらの会社に労働組合があれば、会社側に対して、そこで働く人たちの立場で交渉し、『職種が変わって大変かもしれないけど、なんとか他の仕事がある』とか、『転勤は面倒かもしれないけど、ここならあなたの適性に応じた職場がある』とか、その人たちの雇用と生活を守るために動くことができる。逆にそれら（労働組合や労使関係）が存在しなければ、そこの従業員は解雇も当たり前で、会社の言いなりにならざるを得ない。

そして、それ（グループ会社の労組）を作るのは、〝本体〟の労働組合の務めだと思うんです。大企業の労働組合は、同じグループ（企業）、あるいは同じサプライチェーンの中で働いている人たちが、『生き生きとやりがいを持って、働く環境にあるか』ということに思いを致さなければいけない。職場に労働組合が無ければ、そういうことにさえ考えが及ばないでしょうが、仮に大企業の本体に組合があったとしても、『自分のところさえ良ければいいや』という組合だと、『あなたは意識していないかもしれないけど、格差社会を是としているんですよ』ということなんです。

人生なんて巡り合わせですから、あなたは、たまたま大企業に就職できて良かったですね、と。けれども、たまたま、そういうところに就職できなかった同じグループの人、同じサプライチェーンの人たちは、どうなってもいいと思っているのと一緒ですよ——ということですから。

労働組合というものは、〝横〟に繋がってこそ価値を発揮するものなんです。また本来、『社会的公正』を追求するべき組織なんです。それが『自分たちさえ良ければいいや』という集団になってしまうと、『御用組合』になってしまうだけでなく、社会的公正をも阻害する存在になりかねない。ましてや組合が無いと、そういう意識すら生まれない。

一方、企業を経営する側も、『持続的な発展』という観点から考えると、経営が順風満帆じゃない時のことこそ、考えなければいけない。その時に、（会社側に）耳の痛いことを言ってくれる従業員がいてくれるというのは、ものすごく大切なんですよ。『まともな労働組合』があって、『まともな労使関係』があるというのは、本来ならば企業にとっての強みだと、私は思います」

今後の労政のモデルケースとなるＪＲ東日本

ＪＲ東労組の崩壊は、ＪＲ東日本の30年に及ぶ「革マルの呪縛からの解放」と、「戦闘的国鉄労働運動の死滅」を意味しているだけでなく、今後の日本の企業内労組の在り方、さらには「労働組合」そのものの、存在意義をも問うている。

今や、非正規雇用者は２１２０万人に達し、前述の厚労省の調査で示された組合員総数の倍以上、働く人の4割近くが「非正規」という不安定な地位に置かれている。

また政府は19年4月、新たな在留資格「特定技能」を設けた改正入管法を施行し、「今後5年間で最大34万5０００人」の外国人労働者を受け入れるとしている。

さらには「24時間営業」を余儀なくされ、人手不足や過重労働に喘ぐ、コンビニエンスストア店主ら「名ばかり事業主」の労働環境も社会問題化している――。

こんな時代だからこそ、だ。あらゆる法律を駆使して、経営側と対峙し、正規、非正規の違い、国籍の別を問わず、すべての労働者の権利と生活を守る「労働組合」という組織が求められているのではないのか。そして、そのすべての労働者の「願い」に応える〝責務〟は、「正社員」を中心に構成され、国内の組合の６割以上を占める、大会社の「企業内労働組合」にもあるはずだ。

ＪＲ革マルと訣別したＪＲ東日本は今後、どのような労務政策を展開していくのか。

それは間違いなく、今なお革マル系労組を「最大組合」として抱える、ＪＲ北海道やＪＲ貨物の、今後の労政のモデルケースとなるはずだ。他のＪＲ各社をはじめ、政府や公安当局の関係者だけでなく、労働界全体が、日本最大の鉄道会社の今後の動向を注視している。

あとがき

あっけないものだな……。

それが、２０１８年の春、ＪＲ東労組から3万人以上の組合員が脱退し、瓦解していく様を目の当たりにした感想だった。

無論、ＪＲ東日本が腹を括って労政転換に踏み切れば、ＪＲ東労組がいくら、「世界最強の労働組合」などと嘯《うそぶ》こうが、崩壊することは目に見えていた。だが、こんな短期間に、これほど大量の組合員が一気に脱退するとは正直、予想していなかった。

13年前の夏、私は「週刊現代」誌上で、当時のＪＲ東日本の歪な労使関係を問う連載キャンペーンを展開し、翌年には、その連載を基にした単行本『マングローブ――テロリストに乗っ取られたＪＲ東日本の真実』(講談社)を上梓した。が、この間、ＪＲ東日本の堅牢な労使関係は、びくともしなかった。

それが、会社側が「労使共同宣言」の実質的な破棄を表明した途端、3万人超の組合員が、まさに雪崩を打つように脱退。そして、脱退者は今や(19年8月現在)、3万6０００人に達している。

結果的には、約20年前に、大塚陸毅氏（現相談役）や清野智氏（現顧問）ら、当時のJR東日本経営陣が内に秘めていた、「あの連中（JR革マル）にはアメ玉を食わせ、時間を十分にかけ、次第に牙がなくなるように対応し、ついには牙がなくなってしまう——という遠大な計画」、「JR東日本の対革マル戦術」が奏功したということなのだろう。

JR東労組が崩壊した理由については、本文で述べたとおりだが、最後にあと二つ、その「遠因」について、私見を付け加えておきたい。

一つは、JR革マルの首領で、「戦闘的国鉄労働運動」における稀代の指導者、さらには人並み外れた策略家でもあった、松崎明氏の〝限界〟である。

松崎氏は「積極攻撃型組織防衛論」によって、マル生闘争に勝利し、「コペルニクス的転換」によって、「国鉄改革」における労働側のイニシアチブを握り、JR東日本だけでなく、一時はJR7社全社の最大労組を支配することに成功した。

しかし、彼は、それら過去の、強烈な成功体験に拘泥するあまり、時代の変化についていけなかったのだ。

それが91年のJR総連の分裂、勢力の半減という事態を招き、さらには00年の「浦和電車区組合脱退・退職強要事件」を引き起こし、結果的に、JR東日本の労政転換を招来した。

つまり、松崎氏は、時代の変化に則した、第二の「コペ転」ができなかったわけである。

もっとも、「国鉄改革」という過去の成功体験に囚われているという意味では、井手正敬《まさたか》・JR西日本元相談役、松田昌士《まさたけ》・JR東日本元相談役、葛西敬之《よしゆき》・JR東海元名誉会長の「改革三人組」をはじめとする、ＪＲ本州３社も同じなのかもしれない。

それは、05年の「福知山線脱線事故」で明らかになったＪＲ西日本の企業体質や、ＪＲ東日本による「週刊文春キオスク販売拒否事件」（94年）、そして、この低成長・人口減少時代に到底、即しているとは思えない、ＪＲ東海の「リニア中央新幹線計画」などに如実に表れている。

そして、この「昭和の大改革」の無謬性に囚われ続けているという点では、政府もまた然り、だ。

ＪＲ北海道は16年、全路線の約半分に当たる10路線13区間を「当社単独では維持することが困難」と表明し、このままの状態では「20年度末にも資金ショートに陥る」と発表した。同社がこれほどの経営危機に追い込まれたのは、経営安定基金の運用益で、鉄道事業における赤字を補填する――という国鉄分割・民営化当時のスキームが、既に破綻しているからにほかならない。にもかかわらず、政府はこの事実を、頑なに認めようとしない。

さて、ＪＲ東労組が崩壊した「二つ目の遠因」である。

実はこれは、逆になぜ、ＪＲ東日本で30年もの間、革マル系労組が最大組合であることができたのか、さらにＪＲ北海道や、ＪＲ貨物で今なお、それが最大組合であり続けることができるのか――という疑問にも通じるのだが、私は、ＪＲ社員の持つ〝鉄道員気質〟が、多分に影響しているのではないかと思っている。

いかなる過酷な状況に置かれても、乗客の安全、列車の安定運行を守る。そして、そのための命令には（時に、それが理不尽なものに思えたとしても）必ず従う――。〝鉄道員魂《ぽっぽや》〟と言い換えてもいいこの気質は、それ自体、称賛に値するもので、ＪＲに限らず、人命を預かる鉄道事業者には必須の条件だ。鉄道員が、私のような「右向け左」の天邪鬼《あまのじゃく》では、そもそも、列車の運行自体が成り立たない。

しかし、その実直で、従順な気質は多分に、組合であろうが、会社であろうが、「その時の力ある者」になびく傾向にある。ゆえに、松崎氏が存命だったころの、強力なＪＲ東労組には、（不満を持ちながらも）従っていたにもかかわらず、松崎氏の死後、弱体化したＪＲ東労組が、会社と対立関係に陥ると、より「力ある」会社側に一気に流れる――という現象が起こるのだ。

本書の第1部では、その内容の多くを前著『マングローブ』から再録した。今回の労政転換が、ＪＲ東日本30年の歴史において、いかに画期的な出来事だったかを、読者に分かっていただきたかったからだ。また、第3部で詳述した、今なお続く、ＪＲ北海道の歪な労使関係の現状を理解してもらうためには、国鉄分割・民営化から30年の歴史を振り返る必要があったからでもある。

しかしその『マングローブ』の上梓から、本書を執筆するまでの12年間に、私は大切な取材協力者を3人も喪った。

第3章に登場する、「ＪＲ東新労」副委員長の吉田正良氏はその後、「ＪＲグリーンユニオン」と合流して結成された「ＪＲ東日本ユニオン」（現在の「ジェイアール・イーストユニオン」の前身）の中央執行副委員長などを歴任したが、退職後の13年11月13日に急逝された（享年62）。

実は私が、この「ＪＲ革マル問題」を取材し始めた04年、最初に会って、話を聞いたのが、吉田氏（当時はＪＲ連合組織部長）で、この問題のイロハから教えていただいた。以降、彼が亡くなるまでの9年間、その時々に的確なアドバイスをいただき、私にとっては、この問題の取材における「師」ともいうべき存在だった。

その吉田氏の逝去から4年後の17年9月11日、第5章、第7章に登場する「ＪＲ東労組を良くする会（良くする会）」のメンバーで、その後、本間雄治氏らとともに「ＪＲ労組」を結成した小林克也氏も急逝された（享年59）。

ＪＲ東労組高崎地本の書記長として、「高崎の組織を作った」といわれる小林氏は、千葉地本の委員長時代、松崎氏の独善的な組織運営に異を唱え、ＪＲ東労組から除名された。かつては、マングローブの中でもトップクラスのメンバーだった小林氏はその後、ＪＲ革マルの実態や内部構造、革マル派党中央との関係について、詳細に語ってくれた。

そして本書を執筆中の19年2月8日、小林氏と同じく、良くする会のメンバーで、ＪＲ労組の立ち上げにもかかわった、新妻和裕氏が亡くなられた（享年60）。

新妻氏はＪＲ東労組新潟地本の出身で、同地本の中心メンバーの一人だった。ＪＲ総連本部企画部長に就いていた02年、小林氏と同様に、松崎氏に異を唱え、パージされた。私は「マングローブ」の取材中、度々、新潟に出向き、新妻氏や、第5章で登場する阿部克幸氏から、新潟の「組織」の成り立ちや、「東京動労」との〝体質〟の違いについてレクチャーを受けた。新取材後は決まって酒を酌み交わし、新潟の美酒に酔い潰れ、二人に宿泊先のホテルまで送り届けてもらったこともあった。

本書の取材中、良くする会の元メンバーから、新妻氏が病床にあることは聞いていたので、脱稿したら見舞いに行こうと思っていたが、それも叶わぬこととなった。

前述の吉田氏と、小林、新妻両氏は、思想信条も所属組合も違い、時には激しく対立していたが、双方とも「松崎に支配されたＪＲ東日本の歪な労政を変えたい」という思いは同じだった。自らの信念に基づき、私の取材に実名で応じるというリスクを冒して下さった3人に、この場を借りて、心からの感謝と哀悼の意を表したい。

そして、新たに本書を著すに際しては、ジャーナリストの牧久氏、「日経ビジネス」記者の吉野次郎氏、そして産経新聞東京本社社会部の記者で、ＪＲ取材班のメンバーだった市岡豊大氏にお世話になった。

87年の国鉄分割・民営化に、「日経新聞」社会部の国鉄担当記者として立ち会われた牧氏（78歳）は、当時の国鉄、ＪＲ労使双方の当事者を直接、取材されていた。記者にとって「当事者取材」、「直接取材」に勝るものはないが、この大先輩は、当時の話を惜しげもなく、不肖の後輩に教えて下さった。その豊富な取材経験と、蓄積された膨大な情報に基づく考察や分析は到底、私のような浅学の徒の及ぶところではなかった。

吉野氏は、ＪＲ北海道の中島尚俊社長が自殺した11年当時から、ＪＲ北海道の歪な労政に注目し、坂本眞一相談役自殺後の14年1月から「日経ビジネス」誌上で、シリーズ検証「ＪＲ北海道、腐食の系譜」を9週にわたって連載。同年4月にはその連載を基に、『なぜ2人のトップは自死を選んだのか――ＪＲ北海道、腐食の系譜』（日経ＢＰ社）を上梓していた。16年にＪ

R北海道の取材を再開するにあたって、私はまず、彼に教えを乞うたのだが、吉野氏は、JR北海道の労政だけでなく、同社が抱える鉄道運行や、経営全般にかかわる問題を広く取材しており、彼の多角的なアドバイスは本当に参考になった。

そして、17年から本格化したJR北海道の取材を共にしてくれたのが、市岡氏だった。彼をはじめとする、産経新聞東京本社社会部の協力がなければ、JR北海道の取材を、これほど深化させることはできなかった。

また北海道での現地取材では、「財界さっぽろ」の酒井雅広・常勤顧問をはじめ、前田圭祐編集長、松田尚也記者ら同誌編集部の皆さんに大変、お世話になった。彼らからは、JR北海道の内情や、地元財界とJR北海道との関係性など、地元誌しか知り得ない貴重な情報を教えてもらっただけでなく、同誌のバックナンバーをはじめ、様々な資料を提供していただいた。

そして、本書の編集を担当してくれた東洋経済新報社出版局編集第一部の渡辺智顕・副編集長、また、本書の基となる「週刊東洋経済」での集中連載「JR　歪んだ労使関係」（18年6月16日号〜6月30号）を執筆する機会を与えてくれた西村豪太・前編集長、デスク作業だけでなく、取材にまで付き合ってくれた長谷川隆・編集委員の3人にも感謝を申し上げたい。

渡辺氏は、前述の「福知山線脱線事故」の遺族の13年に及ぶ、JR西日本の企業体質を変える取り組みを追い、第41回「講談社本田靖春ノンフィクション賞」を受賞した『軌道　福知山線脱線事故　JR西日本を変えた闘い』（松本創著、東洋経済新報社）の担当編集者でもある。ちなみに著者の松本氏は、私の「神戸新聞」時代の同僚で、同じ編集者が、同じ新聞社出身の、二人のノンフィクションライターの、ともに「ＪＲ」をテーマにした著書を担当するということも、そうあることではないだろう。

ただし、本書の性質上、お名前を挙げて謝辞を述べるのは、残念ながらここまでとしたい。今回の取材では、多くのＪＲ東日本、ＪＲ北海道、ＪＲ貨物の現役社員、幹部、ＯＢ、そして各社の組合関係者にお世話になった。というより、そもそも、彼らの協力がなければ、本書を世に出すことはできなかった。

なかでも特に、中島尚俊社長の自殺の真相、そしてＪＲ北海道の異常な労政の実態を証言し、貴重な内部資料を提供してくれたＪＲ北海道の現役社員、幹部、ＯＢの方々に対する感謝の気持ちと、「自らの会社を立て直したい」という彼らの思いに対する尊敬の念は、あまりに深く、言い尽くせない。

最後まで読んで下さって、お分かりいただけたかと思うが、本書の主たる目的は、今なお続く「ＪＲ北海道の異常な労使」の姿を、白日の下に晒すことにある。12年前、「マングローブ」で、当時のＪＲ東日本にそうしたのと同様に、この「トラジャ」で、ＪＲ北海道が一日も早く、「ＪＲ革マル」の呪縛から解き放たれることを願い、筆を擱くこととする。

西岡 研介

２０１９年盛夏

主要な引用・参考文献

【国鉄分割・民営化、ＪＲ東日本関係】

有賀宗吉著、鉄労友愛会議編『国鉄民主化への道――鉄労運動30年の歩み』（鉄労友愛会議、１９８９年）

住田正二『鉄路《レール》に夢をのせて――トップが語る21世紀』（東洋経済新報社、１９９２年）

住田正二『官の経営　民の経営』（毎日新聞社、１９９８年）

葛西敬之『未完の「国鉄改革」――巨大組織の崩壊と再生』（東洋経済新報社、２００１年）

松田昌士『なせばなる民営化　ＪＲ東日本――自主自立の経営15年の軌跡』（生産性出版、２００２年）

葛西敬之『国鉄改革の真実――「宮廷革命」と「啓蒙運動」』（中央公論新社、２００７年）

秋山謙祐『語られなかった敗者の国鉄改革――「国労」元幹部が明かす分割民営化の内幕』（情報センター出版局、２００９年）

牧久『昭和解体――国鉄分割・民営化30年目の真実』（講談社、２０１７年）

【動労、ＪＲ総連、ＪＲ東労組関係】

松崎明、谷恭介『国鉄動力車――順法闘争と労働運動』（三一書房、１９７２年）

福田博幸『狙われる国民の足――21世紀への検証』（全貌社、１９８９年）

福田博幸『過激派に蹂躙されるＪＲ――経営をおびやかすＪＲ総連の実態』（日新報道、１９９２年）

ＪＲ問題研究会『誰も書かなかったＪＲ東日本の真実――ＪＲ東日本が労組に支配される日』
（あっぷる出版社、１９９３年）
矢沢修太『ＪＲ 歪んだ鉄路――「ＪＲ東日本」の不可解な労使関係』（日新報道、１９９５年）
嶋田邦彦編著『虚構からの訣別――心貧しき者たちへの挽歌』
（「虚構からの訣別」編集委員会、非売品、２００３年）
四茂野修『「帝国」に立ち向かう！――動労〜ＪＲ総連 職場からの挑戦』（五月書房、２００３年）
四茂野修『甦れ！ 労働組合――「もうひとつの世界」を求めて』（社会評論社、２００５年）
西岡研介『マングローブ――テロリストに乗っ取られたＪＲ東日本の真実』（講談社、２００７年）
鈴木均『何するものぞ!! ＪＲ東日本民主化・新潟の闘い』（非売品、２００８年）
ＪＲ連合『奪われたハンドル――ＪＲ東日本・浦和電車区事件の真実』（ＪＲ連合、２００８年）

【松崎明関係】

21シンクタンク・未来派グループ編『鬼の挑んだ賭け 人間・松崎明』（弘済出版社、１９８７年）
松崎明『鬼が撃つ――もう一人のＪＲ牽引者として』（ＴＢＳブリタニカ、１９９２年）
小林峻一『ＪＲの妖怪――かくて男は巨大組織に君臨した』（イースト・プレス、１９９６年）
松崎明『国鉄改革――正々堂々と我が道を行く』（上・下、ぴいぷる社、１９９８年）
松崎明『鬼の紙礫《かみつぶて》――さまよう国のリーダーたちへ』（西田書店、２０００年）
松崎明『鬼の咆哮《ほうこう》 暴走ニッポン！』（毎日新聞社、２００１年）
松崎明『鬼が嗤う――ひとよ人たれ ひとは民たれ』（西田書店、２００２年）

福原福太郎『記録　「国鉄改革」――一労組役員の備忘録から』（非売品、２００３年）
福原福太郎『――「記録」発刊以後――限定出版、限定贈呈の「記録」はいかにして〝有名〟になり〝評判〟となったか」
（非売品、２００３年）
谷川忍『小説　労働組合』（非売品、２００５年）
福原福太郎『――問題の核心はなにか――「小説労働組合」発刊以後』（非売品、２００６年）
松崎明（聞き手、宮崎学）『松崎明　秘録』（同時代社、２００８年）
松崎明追悼集編集委員会『松崎明――心優しき「鬼」の想い出』（非売品、２０１１年）
福原福太郎『「スパイ」にされた男の――糾明「組織の私物化」――闘いの軌跡』（非売品、２０１６年）
牧久『暴君――新左翼・松崎明に支配されたＪＲ秘史』（小学館、２０１９年）

【ＪＲ革マル問題関係】

前原茂雄編著『連合型労働運動に抗して』（解放社、２００１年）
宗形明『もう一つの「未完の『国鉄改革』」――ＪＲ東日本革マル疑惑問題を検証する』
（月曜評論社、２００２年）
宗形明『続　もう一つの「未完の『国鉄改革』」――ＪＲ東日本革マル疑惑問題を再検証する』
（高木書房、２００５年）
宗形明『ＪＲ東日本労政「二十年目の検証」――未だ完結しない「国鉄改革」』（高木書房、２００５年）
宗形明『「国鉄改革」の完成に向けて――「ＪＲ東日本革マル問題」の整理』（高木書房、２００６年）
宗形明『「ＪＲ総連・東労組」崩壊の兆し!?――「ＪＲ東日本革マル問題」の現状』（高木書房、２００７年）

宗形明『異形の労働組合指導者「松崎明」の誤算と蹉跌――「ＪＲ東日本革マル問題」の真相と現状』（高木書房、２００９年）
宗形明『異形の労働組合指導者「松崎明」の〝死〟とその後――「ＪＲ東日本革マル問題」の現状』（高木書房、２０１１年）

【革マル派関係】
立花隆『中核VS革マル』（上・下、講談社文庫、１９８３年）
高知聰『孤独な探求者の歩み――評伝　若き黒田寛一』（現代思潮新社、２００１年）
野村旗守『Ｚ（革マル派）の研究』（月曜評論社、２００３年）

【ＪＲ北海道関係】
吉野次郎『なぜ２人のトップは自死を選んだのか――ＪＲ北海道、腐食の系譜』（日経ＢＰ社、２０１４年）

【労働運動関係】
中西五洲『労働組合のロマン――苦悩する労働組合運動からのレポート』（労働旬報社、１９８６年）
神津里季生『神津式　労働問題のレッスン』（毎日新聞出版、２０１８年）

【トラジャ族関係】
桃木至朗ほか編『新版　東南アジアを知る事典』（平凡社、２００８年）

「世界大百科事典　第2版」（平凡社、1998年）
細田亜津子「伝統社会の適用と社会変容――インドネシア・南スラウェシ州トラジャ族の事例研究」（長崎国際大学論叢、第1巻、2001年）
細田亜津子「トラジャ農村社会の構造分析」（長崎国際大学論叢、第5巻、2005年）

【新聞、雑誌、WEBサイト、機関紙・誌】（順不同、引用記事の発行日付・月号は本文中に記した）

「朝日新聞」、「毎日新聞」、「読売新聞」、「産経新聞」、「日本経済新聞」、「北海道新聞」、「週刊文春」、「週刊現代」、「週刊朝日」、「サンデー毎日」、「週刊東洋経済」、「日経ビジネス」、「東洋経済オンライン」、「日経ビジネス電子版」、「Tana Toraja official website」、「治安フォーラム」（立花書房）、「旬刊　ACCESS」（交通経済社）、「公益企業レポート」（官公通信社）、「解放」（革マル派機関紙）、「前進」（中核派機関紙）、「解放」（革労協機関紙）、「緑の風」（JR東労組機関紙）、「ひびき」（JR北海道労組機関紙）、「われらのインター」（国際労働総研）、「民主化闘争情報」（JR連合）

※その他の引用資料の出典は、本文中に明記した。

年	ＪＲ東日本・労組	ＪＲ北海道・労組
1987年	2〜3月 鉄道労連（ＪＲ総連の前身）結成 4月 国鉄分割民営化。ＪＲ東日本発足 8月 ＪＲ東日本、ＪＲ東労組と改めて労使共同宣言を締結	2月 国鉄動力車労働組合（動労）や鉄道労働組合（鉄労）など5組合が「北海道旅客労働組合連合」（結成当初の略称は「北鉄労」）を結成 4月1日 ＪＲ北海道営業開始。初代社長は大森義弘氏 8月 分割・民営化後、「北海道旅客鉄道労働組合」（結成当初の略称は「北鉄労」）は現場管理者を中心とした「鉄輪会」と統一
1988年		3月13日 青函トンネル開通で海峡線開業。ダイヤ改正。青函連絡船廃止
1989年		「北海道旅客鉄道労働組合」が「ＪＲ北海道労組」と改称
1991年	7〜11月 ＪＲ総連が分裂 9月 ＪＲ東労組「ユニオンスクール」で、当時副社長だった松田氏が松崎氏をはじめとするＪＲ東労組組合幹部の前で、いわゆる「癒着」発言挨拶	
1992年	5月 ＪＲ総連を脱退した労組などが「ＪＲ連合」を結成	

1993年	6月 松田昌士氏、ＪＲ東日本代表取締役社長に就任 10月 ＪＲ東日本が東証一部などに株式上場 12月 仙台支社で約１００人の旧鉄労組合員がＪＲ東労組仙台地本を脱退し、新組合「ＪＲ東新労」（後の「ＪＲ東日本ユニオン」。現在の「ジェイアール・イーストユニオン」の前身）を結成	
1995年	12月22日 新潟支社を中心に、旧鉄労系組合員がＪＲ東労組から集団脱退し、新組合「ＪＲグリーンユニオン」（後に前出のＪＲ東新労と合併し、「ＪＲ東日本ユニオン」となる）を結成	9月4日 深名線廃止
1996年	8月10日 警視庁公安部は革マル派の非公然アジト「綾瀬アジト」を捜索	6月26日 2代目社長に坂本眞一専務が就任
1999年		佐々木信正氏がＪＲ北海道労組本部の中央執行委員長に就任
2000年	6月 ＪＲ東日本社長に大塚陸毅氏、会長に松田昌士氏、相談役に住田正二氏就任 11月3日 松崎氏に次ぐナンバー2の大幹部で、ＪＲ労研中央幹事会事務局長・坂入充氏が埼玉県内の自宅近くで拉致される事件が発生。同日、ＪＲ総連は埼玉県警に坂入氏の捜索願を提出	

	ＪＲ東日本・労組	ＪＲ北海道・労組
2001年	6月 完全民営化に向けた「ＪＲ会社法改正法」成立 8月 労使で、第4次「21世紀労使共同宣言」を締結	2月4日 函館線の江部乙駅構内で除雪作業員と旭川発札幌行きの特急列車との接触事故発生
2002年	11月 警視庁公安部が「浦和電車区組合脱退・退職強要事件」で革マル派活動家を含むＪＲ東労組組合員7人を逮捕	
2003年		3月6日 札幌駅新駅ビル「ＪＲタワー」開業 6月24日 3代目社長に小池明夫専務が就任 10月26日 北海道鉄道産業労働組合（鉄産労）と国鉄労働組合（国労）の一部が統一し、新組合「ＪＲ北海道労働組合」（ＪＲ北労組）を結成
2004年		1月28日 道路・線路両用車「ＤＭＶ」の開発成功発表 2月12日 4人のＪＲ北労組組合員が札幌地裁に転勤命令無効の仮処分申請を行い、約1カ月後には本訴に切り替え。同地裁に、転勤命令無効の確認を求める訴訟を起こす
2005年		1月 ＪＲ北労組組合員3人が北海道労働委員会に救済請求 6月9日 道労委は、ＪＲ北労組組合員3人に対する転勤命令を「不当労働行為」と認定

年	JR東日本	JR北海道
2006年	4月 ＪＲ東日本社長に清野智氏、会長に大塚陸毅氏、相談役に松田昌士氏就任 6月 ＪＲ東労組からパージされた嶋田氏ら9人の元幹部らが「ＪＲ東労組の正常化と革マル派支配からの脱却」を目指す「ＪＲ東労組を良くする会」（以下、「良くする会」と略）を結成し、「ＪＲ革マル43人リスト」を暴露	6月22日 柿沼博彦氏、副社長に就任 6月22日 ＪＲ北海道、ＪＲ北労組双方が中央労働委員会に再審査請求
2007年	6月 ＪＲ総連の「第23回定期大会」に来賓として出席した冨田哲郎常務が「是々非々の立場で対応する」と挨拶 6月 「良くする会」を母体とした新組合「ジェイアール労働組合」（ＪＲ労組）を結成（結成当初の組合員数は約６８０人）	6月21日 4代目社長に中島尚俊専務が就任 8月1日 中労委もＪＲ北労組組合員３人に対する転勤命令を不当労働行為と認定し、ＪＲ北労組組合員３人の「原職復帰」を命じる 9月 ＪＲ北海道は中労委の命令を「極めて遺憾」として、その取り消しを求め、東京地裁に中労委を相手に行政訴訟
2008年		12月8日 東京地裁はＪＲ北海道の請求を棄却し、中労委が求めていた「緊急命令」を決定 12月17日 3人のＪＲ北労組組合員は、釧路への転勤命令発令から4年10カ月ぶりに、札幌車掌所に復帰
2009年		9月24日 東京高裁は会社側の請求を棄却。ＪＲ北海道は上告を断念し、同社の不当労働行為を認定した中労委命令が確定。会社側はＪＲ北労組と3人の組合員に「謝罪文」を交付するとともに、本社と札幌車掌所にそれを掲出

JR東日本・労組

2010年

12月29日　松崎明氏死去

2011年

1月　人事制度の見直しに着手。人事における会社の権限を強化

JR北海道・労組

2011年

5月　石勝線トンネルでの特急脱線炎上事故

5月29日～　石勝線脱線炎上事故で国土交通省の特別保安監査を受ける

6月6日　「スーパー北斗」のエンジンから白煙が上がる

6月9日　千歳線の運転士が居眠り運転

6月14日　石勝線追分駅構内の信号が誤表示。国土交通省は「重大インシデント」認定

6月18日　石勝線脱線炎上事故で国土交通省から事業改善命令を受ける

7月5日　「スーパー宗谷」でタンクが破損

8月17日　学園都市線の列車で白煙

9月2日　システム障害で「快速エアポート」など29本運休

9月7日　JR北海道は〈36協定違反に対するお詫び〉という文書を全社員に向けて発信し、報道機関にも「36協定違反」の事実を公表

9月12日　中島社長が失踪

9月16日　石勝線脱線炎上事故などの改善措置報告書を国土交通省に提出

9月18日　中島社長の遺体が小樽市オタモイ海岸沖で発見される

11月25日　小池会長が社長に復帰。柿沼氏、代表権のない取締役会長に就任

2012年

4月1日 冨田哲郎氏が社長就任

4月 定期昇給を等級ごとに金額で管理する「所定昇給額」を新設。所定昇給額をベースアップの算出基礎にする新賃金制度を導入

4月 「運転士見習」の技能訓練にあたる「教導運転士」の選任に際し、会社側が「組合色」という調査項目を設けていたことが発覚

2013年

2月 JR東日本の「組合色調査」が組合活動に対する介入であり、不当労働行為に当たるとして、東京都労働委員会に救済申し立て（16年3月に会社側、組合側双方が和解）

12月 JR東日本本社はJR東労組本部に対し、「京浜東北・根岸線および横浜線の乗務員基地再編成」についての施策説明

12月 「ジェイアール労働組合」（JR労組）はJR連合傘下の「ジェイアール東日本労働組合」（JR東日本ユニオン）と統一し、解散

2月12日 函館線の特急がトンネル内で発煙、緊急停止

4月〜7月 特急列車のエンジンから出火、同様の事例が相次ぐ

6月21日 野島誠専務が社長就任。柿沼氏、会長から「特別顧問」に就任。技術職の最高位である「技監」にも就任

7月30日 JR北海道の現役運転士が「覚醒剤取締法違反（使用）」の容疑で北海道警札幌中央署に緊急逮捕

9月〜11月 大沼駅構内で貨物列車が脱線。レール幅の異常放置やデータ改竄が発覚

9月7日 運転士がミス隠しのためにATSをハンマーで破壊

10月1日 ATSを破壊した運転士を「出勤停止15日間」の懲戒処分とし、除雪作業に配置転換

10月9日 国土交通省が2度目の特別保安監査を開始

11月11日 国土交通省の監査を妨害することを目的に、JR北海道が「レール検査データの改竄」を長年にわたって行っていたことがNHKのスクープで発覚

JR東日本・労組

1月 JR東日本東京支社がJR東労組東京地本〈地方本部〉に対しても同様の「京浜東北・根岸線および横浜線の乗務員基地再編成」概要提案

5月 東京地本が〈同業罷免〈ストライキ〉の戦術行使でたたかう〉と執行委員会で確認

6月 JR東労組の定期大会で〈同業罷免方針の決定〉を要請することを決定

9月 東京地本の組合員13人が「組合色調査」によって不利益を被り、団結権を侵害されたなどとして、会社を相手取り損害賠償請求訴訟を起こす

2014年

JR北海道・労組

11月14日 国土交通省が3度目の特別保安監査を開始

1月 坂本眞一・元社長が自殺

1月15日 2代目社長の坂本眞一・相談役が行方不明に。余市港で遺体を発見

1月21日 レール異常の改竄問題で役員、社員75人を処分

国土交通省から再発防止策「JR北海道の安全確保のために講ずべき措置」を提示される

1月23日 ATSを破壊した運転士を刑事告訴

1月24日 国土交通省から事業改善命令と監督命令を受ける

2月10日 国土交通省がデータ改竄問題で法人としてのJR北海道と社員を告発

ATSを破壊した運転士の免許を国土交通省が取り消す

2月12日～ 改竄問題で本社など関係5カ所が道警の家宅捜索を受ける

3月 当月を最後に、DMVの試験運転を凍結

4月 経営トップが交代、島田修氏が社長に

9月 「次世代特急」開発中止を決定。試作車3両は、17年3月に解体

9月 DMV導入断念を発表

2015年

10月3日 最高裁上告棄却で、会社側の処分の正当性を認めた高裁判決確定

11月 乗務員基地再編成計画を労使妥結

2017年

2月 2月の臨時大会で「代議員による直接無記名投票」を実施し、96％の賛成で「格差ベア反対」に限定したスト権の確立

6月 「第32回定期大会」で沢村明彦氏（仮名）の「除名処分」を満場一致で決定

2018年

1月 労使は2月以降の「36協定」についての交渉を開始

1月11日 JR東労組、異例の「破棄条項」付きの36協定締結を要求。会社は態度を硬化させ、同月25日の勤務指定日までに翌2月以降の36協定が締結できないという異常事態が発生

1月26日 JR東日本、JR東労組が求める「破棄条項」付きの36協定締結を改めて拒否する姿勢を示す

2月6日 JR東労組がJR東日本に対し、スト権行使の通告

2月24日 JR東労組「スト予告の解除」を会社側に通告

2月26日 JR東日本、JR東労組に対し、「労使共同宣言」の失効を通知

2月下旬 JR東日本管内の駅構内の備品が何者かに持ち去られ、壊されるなどの不審事象が50件近く発生

3月 JR東労組から約1万3000人が脱退

1月12日 JR北海道釧路支社（技術）運輸グループ輸送指令員、沢村明彦氏（仮名、41歳）釧路港埠頭に遺体で発見

7月 国土交通省が19、20年度の2年間で計約400億円を支援する方針を決定。同時に、JR北海道に対し2度目となる、JR会社法に基づく「監督命令」を出し、「2031年度の経営自立」という目標達成に向け、19、20年度を「第1期集中改革期間」と位置づけ、目に見える成果を挙げるよう要請

JR東日本・労組

3月	東京総合車両センター（大井工場）と大宮総合車両センター（大宮工場）に所属する車両系統の社員が中心となって新組合「JR東日本新鉄道労働組合」（新鉄労）を結成（同年7月時点で約470人が加入）
3月16日	春闘妥結
4月	JR東労組から約1万4000人が脱退
4月1日	冨田哲郎氏、会長就任
4月6日	JR東労組、臨時執行委員会を開き、中央執行委員長と執行副委員長（東京地本執行委員長）の制裁申請と執行権停止および組合員権の一部停止の緊急措置を決定
4月10日	JR東労組、スト戦術を主導し、大量脱退を招いたとされる東京、八王子、水戸の3地本選出の執行委員12人に対する制裁申請と、執行権・組合員権の停止を決定
4月12日	JR東労組、「第35回臨時大会」で前述の計14人に対し「制裁審査委員会」を設置することを賛成多数で可決
4月12日	郡山駅（福島県郡山市）構内で、停車中の車両の車輪止めが何者かに外され、約500メートル先の別の車両に衝突
4月21日	小山駅（栃木県小山市）で停車中の列車から発車ベルが何者かに盗まれる

2018年

JR北海道・労組

4月下旬 内房線の車内トイレで、トイレットペーパーが燃える火災が相次いで起こる

4月26日 複数のJR東労組OBが「JR東労組を憂う会」という団体を結成。同日付で発行した「憂う会」通信で、スト戦術を主導した前・中央執行委員長と執行副委員長、東京・八王子・水戸の3地本選出の執行委員計14人を支持し、彼らに対し、制裁委員会を設置するとしたJR東労組の決定を〈制裁のための制裁〉、〈出鱈目極まりない〉と批判

5月 新潟支社管内で、元JR東労組新潟地本の役員らを中心に約30人の新組合「JR東日本新潟労働組合」が誕生

6月 高崎支社(群馬県)管内で、元JR東労組高崎地本の組合員ら百数十人が「JR東労働組合」(JRひがし労)を結成

6月12日 「JR東労組の現状を糺し、国鉄改革の精神を忘れないためのJR東労組OBの連絡会準備会」(JR東労組OBの連絡会)が〈結成声明〉

6月13日 JR東労組、「第36回定期大会」で、執行部をはじめとする役員人事を刷新

9月 JR東労組からの脱退者が累計約3万4000人に。7カ月で約4万6900人から約1万2800人まで、約7割も組合員が減少

2019年

5月10日 JR北海道は国土交通省に運賃・料金の変更認可を申請

巻末資料 1

労働組合との対応に関する基本的考え方について（JR北海道総務部）

労働組合との対応に関する基本的考え方について

平成２４年１月
総　務　部

平成23年９月13日にＪＲ北海道労組と合意書（別紙【抜粋】参照）を締結したところであるが、労使信頼関係の回復と再確立に向けて、合意書に基づき以下のとおり対応することとする。

１　３６協定について

(1) 現　状

○労働組合からは、『「３６協定」締結の可否は、会社の誠意ある対応と課題解決に向けた努力の推移を慎重に見極めながら判断することとする。』とされている。

○10月25日開催の団体交渉において、会社側は今後の課題として、①「特別条項」適用手続きの確立②３３発動適用の具体的対応方法の検討を提起しているが、労働組合からは過去３年における違反の徹底した原因究明、長期的対策と現段階での対策がまず必要であることから、２点の課題はその後の協議という理解であると言われている。従って労働組合としては、「特別条項」について現状受け付けられないということが基本的な考え方となっている。

○９月以降、月の時間外労働が45時間に近づいた場合は、その都度事前に労働組合に報告していたが、３３発動などにより、結果として45時間超は発生していない。なお労働組合は、当該報告を事前協議として認識していない。

○一方で会社側は、「特別条項」に関する取扱いについては、暫定的に存在していると認識しているなど、労働組合と意思統一ができていない現状にある。

○このような状況の中、札幌車掌所において、９月に公休日労働を３日間させていたことが12月22日に判明した。原因は、管理者による命令ではなく、追認の形式をとっていたことにある。なお、この違反発覚により、労働組合の姿勢がより硬化することになった。

○平成24年２月11日開催予定の定期中央委員会までに、「３６協定」締結に向けた整理を労働組合と行う必要がある。

－ 1/3 －

(2) 今後の対応

○当面の課題として、今冬期を乗り切ることが絶対条件であり、会社としての努力姿勢を示しながら、あらゆる工夫を施す必要がある。なお、３３発動の申請が必要な場合は、迅速な申請方法の確立も必須となる。

○あわせて「特別条項」については、今年度はその適用が受けられないという認識で業務命令をしてもらうこととする。

○今後の「３６協定」締結に向けて、時間外労働の常態化を解消するためには、各主管部・職場において仕事のあり方を不断に見直し・実行してもらうこととする。なお、要員配置については、平成24年度初の社員数はすでに決定しており、すぐには解決できないことから、今後取り組むべき緊急・短期・中長期的な観点からの対策プログラムを策定し、労働組合と協議していくこととする。

2　コミュニケーションについて

労働組合との間におけるコミュニケーションについては、今後、以下の基本的スタンスのもと、会社幹部が共通認識を持ち、会社一体となって良好な労使関係の再構築を図っていくこととする。

(1) 本社・本部間

○社長－委員長、総務部長－書記長、専任部長－交渉部長を基本として関係を深め、信頼関係構築に全力をあげる。また、関係構築に向けては、会社内における迅速な情報共有化が必須であることから、内容に応じた各ラインでの時機を逸しない素早い情報伝達を心がける。

○労働組合への情報提供にあたっては、特段の配慮を要する場合を除き情報開示を基本とし、意図的・恣意的な情報操作は行わない。特に安全に関わる情報提供は、より積極的に行うこととし、労働組合の視点からの厳しい指摘・意見の具申に対しては、謙虚にこれを受け止め、対処していくこととする。

○情報開示及び労働組合からの問い合わせに対しては、これまで主管部との接触を一切閉ざしてきたことが、会社への不信感を増長させたとの反省に立ち、総務部を基本窓口とし、主管部と共同で行っていくこととする。

- 2/3 -

(2) 本社主管部・本部間

○本社主管部と本部業種別部会（営業部会、運転部会、工務部会など）とのコミュニケーション形成については、各業種別部会との意見交換会（年１～２回程度）及び定期委員会への来賓としての参加要請に対して、主管部部長・課長レベルで対応することとする。

(3) 支社・地本間

○本社・本部間において、３月までは月１回のペースで開催している経営協議会に対応する形で、２月上旬を目途に支社・地本間において、安全を題材とした経営協議会地方部会を開催する。（安全に対する支社・地本レベルでの意見交換）
○４月以降の経営協議会については、本社・本部間における考え方が明確となった時点で、それに準ずる形での地方開催を検討する。
○日常におけるコミュニケーション形成については、総務部と連携をとりながら、支社長－地本委員長、支社次長（企画）－地本書記長、支社企画ＧＬ－地本業務部長での意思疎通を図り、支社・地本レベルでの良好な労使関係確立を図る。

(4) 現場・分会間

○分会大会及び行事への参加要請に対しては、基本的に出席することとする。
○「労働安全衛生委員会」をコミュニケーションの場として積極的に活用し、意見の吸い上げを図る。
○分会役員から現場長に対する話し合いの申し出については、基本的に話しを聞く方向で対応することするが、この場合、現場長権限で対応できない内容については、その旨を伝え、関係機関（主管部及び支社等）に伝えるとの返答をする。なお、現場長権限で対応可能な内容については、積極的に対応することとする。
○現場で対応に迷ったり困った場合は、現場から主管部経由で総務部が連絡を受け、総務部と主管部が協議して、すみやかに対処方針を決めることとする。

－ 3/3 －

巻末資料 2

「合意」文書の項目別の現状と解説について（JR北海道）

「合意」文書の項目別の現状と解説について

「５／２７事故」及び「３６協定違反」を中心とする今日までの貴重な「労使協議」の経過を活かし、今後の取り組みに引き継ぎ、実行するために以下について合意した。

【社長メモ】

１．「３６協定違反」をめぐる貴組合への背信行為および「コンプライアンス違反」については、弁解の余地はなくあげて会社の責任である。深くお詫びするとともに再発防止はもちろんのこと、時間外労働の常態化解消への努力と仕事のあり方や適正な要員配置を目指し、誠意をもって協議していく。
　尚、「３６協定締結」の際は今後、社長名で締結することとしたい。

【解説】
「合意」が結ばれた平成23年9月13日以降、最初の36協定更新期を迎えた平成24年4月から、会社側締結者をそれまでの総務部長から社長に変更し、36協定を締結してきています。

＜36協定締結の推移＞

○平成24年4月１日～6月30日（3ヶ月）　特別条項なし
○平成24年7月１日～9月30日（3ヶ月）　特別条項なし
○平成24年10月１日～平成25年3月31日（6ヶ月）　特別条項なし
○平成25年4月１日～9月30日（6ヶ月）　特別条項なし
○平成25年8月30日～11月30日（3ヶ月）特別条項一部あり
※　平成25年11月にダイヤ改正を控え業務の輻輳が予想されたことから、「ダイヤ改正等の作業に従事する場合」に限定し特別条項を設け再締結
※　同年11月、特別条項適用事由に「特別保安監査等の対応に従事する場合」を追加した

○平成25年12月１日～平成26年3月31日（4ヶ月）特別条項一部あり
※　特別条項適用事由を「平成26年3月ダイヤ改正」「特別保安監査対応」に限定して締結

○平成26年4月１日～9月30日（6ヶ月）　特別条項一部あり
※　特別条項適用事由を「ダイヤ改正等の作業に従事する場合」「事業改善命令及び監督命令に関わる業務を行う場合」に限定して締結

２．国交省から求められている「命令」および「指示」への報告内容について、貴組合とは十分な議論を尽くせずかつ、議論の進め方について不信感を与えたことについてお詫びする。
　すでに作成された内容にもとづき報告させて頂くこととするが、今後の実行段階において貴組合からの貴重な「緊急提言」を含め、この間の「安全経協」「団体交渉」等で示された意見を安全風土づくり、企業体質改善、労使信頼関係の再構築に活かしていく決意である。今後も忌憚のない意見・アドバイスを頂きたい。

【解説】
平成23年9月に国交省への報告等は終わっており、本条項が現在の労使関係に及ぼしているものはありません。

- 1 -

3．労使信頼関係の回復と再確立は、何にも増して重要であり、「労使対等」「車の両輪」「運命共同体」論にもとづき、社長が前面に立って貴組合とのコミュニケーションを図り、国鉄改革直後の真の労使関係を再現するために努力する。今後、社長－委員長、総務部長－　書記長、専任部長－交渉部長を基本とした関係を深め、信頼関係を醸成していくこととする。

【解説】

当時、労使間の信頼関係を醸成していくことを目的に、社長－委員長、総務部長－書記長、専任部長－交渉部長を基本として、それぞれのラインで関係を深めるとしていましたが、現時点においては、それぞれのラインの関係が厳密に守られているわけではありません。

現在は、委員長との基本的窓口は労務担当役員であり、社長はボーナス交渉におけるトップ交渉など、余程の重要案件以外は基本的に接点を持っていません。

また、書記長との日常的な窓口は専任部長が行っており、重要案件の場合などに総務部長が対応しています。

更に交渉部長との日常的な窓口は労働担当課長が行っています。

4．その他の「懸案事項」について

①「安全問題」等に関わる、いわゆる「窓口問題」については、特別な事情を除き総務部は関係主管部とともに説明・協議することとする。

【解説】

当時、労働組合と主管部との接触を一切認めなかったことで会社への不信感を増長させたとの反省から、従前行っていたやり方に戻すこととしました。

現在は、総務部が窓口となり、関係主管部と共同で労働組合への説明などの対応を行っています。

これは、総務部単独での組合説明には限度があり、それぞれの専門分野の主管部から説明することで、不要な混乱を避けるとの考えから、今後も継続していく考えです。

②「アルコール検知器」について、労使間の認識の不一致と対応の違いについては速やかに協議することとし、改めて検知器の使用方について、労使一致した取り扱いとなるよう会社も合意点を見出すべく努力する。

【解説】

平成25年11月からアルコール検知器の受検を義務化しており、問題は解決しました。

③主管部とのコミュニケーション形成は、日常業務の遂行と信頼関係構築のため大切であり、相互の自由な交流を奨励する。

【解説】
①で解説したように、現在、基本的に総務部が窓口となり主管部と共同して組合対応にあたっていますが、場合によって、総務部を入れず、主管部と組合間のみで説明　・協議などをおこなっている実態が散見される状況があります。
今後は、どんな場合にも総務部が関与した形で主管部と共同で組合対応することとし、本年7月に　会社内の意思統一を図ったところです。

- 2 -

【委員長メモ】

1．「社長メモ」は会社の新たな姿勢と受け止め評価するが、これまでの不信感は一朝一夕では拭い去ることは困難である。「３６協定締結」の可否は、会社の誠意ある対応と課題解決に向けた努力の推移を慎重に見極めながら判断することとする。
今後の「３６協定」締結に関しては、合意事項の遵守、会社の努力姿勢を見守るためにも、「期間限定」協定（３ヶ月）とし、「特別条項」の協議はこれに同意しない。


【解説】

36協定の締結状況については、前述したとおりです。

2．慢性的な超過勤務の常態化は、会社の構造的問題でもあり、時間をかけて解消せざるを得ないが、春季労使交渉での協議、業務のあり方（作業ダイヤ等）、ダイヤ改正時における要員の検証、列車運行計画と要員の問題等についても検討を加えていくこととされたい。

【解説】

労働組合との間では、36協定更新期を迎えた時の団体交渉などを通じて、労働時間管理の厳正化に向けた取り組みなどを継続的に協議してきており、現在、特に問題が発生している事柄はありません。

3．国交省提出のいわゆる「３点セット」は、いまだ組合とは確認・合意に至っていない。しかしながら時間が迫っていることに鑑み、今後も「社長メモ」にあるとおり、「安全性向上計画」や「避難誘導マニュアル」等の実行に当たっては組合案の採用のため、「安全経協」の開催をはじめ積極的に意見交換の場を確保されたい。

【解説】

当時、「安全経協」を開催し、労使間での意見交換を行うとともに、以降、「安全経協」については、月１回の頻度で開催していくこととしました。

＜安全経協の開催実績＞
・平成23年7月1日　安全について(石勝線車両脱線事故を受けて)
・平成23年7月25日　安全について(石勝線車両脱線事故を受けて)
・平成23年8月9日　安全について(石勝線車両脱線事故を受けて)
・平成23年9月1日　安全について(石勝線車両脱線事故を受けて)
・平成23年9月5日　安全について(石勝線車両脱線事故を受けて)
・平成23年10月11日　安全について(石勝線車両脱線事故を受けて)
・平成23年12月13日　「安全基本計画」策定について
・平成24年1月31日　「安全基本計画」骨子について
・平成24年3月2日　今冬期の主な輸送障害について
・平成24年4月5日　安全について
・平成24年5月11日　安全について
・平成24年6月29日　安全について
※平成24年7月以降、重大事故がたびたび発生し、それら対応のため安全経協の月1回開催が困難となった。
・平成25年1月22日　安全について
・平成25年9月2日　安全確保に向けた取り組みについて
・平成25年12月9日　レールデータ改ざんの進捗状況について等
・平成26年5月26日　安全の取り組みの状況について
・平成26年7月24日　「講ずべき措置」について

※(参考)「3点セット」とは
①「安全輸送の確保に関する事業改善命令」に対する改善措置
②「保安監査の結果等による改善指示」に対する改善措置
③「安全性向上のための行動計画」

4．労使関係の再確立のために、これまで積み残しとなっている懸案事項の解決を図ること、「トップ懇」や「月一懇」の早期開催、本社主管部と本部（本部業職種別部会）とのコミュニケーション形成、支社と地本（直轄と地本）との関係確立、現場と分会との関係確立や「労働安全衛生委員会」の適正な開催と内容の見直し等々、これまでの状況克服のために会社は指導を強化することとされたい。

【解説】

本項の合意を受けて、会社は平成24年1月、別添資料の「労働組合との対応に関する基本的考え方」（以下、「基本的考え方」という。）を作成し、平成24年1月11日、役員連絡会に諮り、今後はこの「基本的考え方」則って具体的な組合対応を行っていくことをついて社内の意思統一を行うとともに、現場長に対して資料を提示して説明を行っていくこととしました。

以下にそれぞれの項目毎に現状の取扱いについて詳述します。

●「トップ懇」「月一懇」
「トップ懇」とは、社長と委員長との間で行われる懇談のことを言うが、重要案件などについて意見交換を行うためや、懇親を深めることを目的として、不定期に設定されてきました。社長と委員長が一対一で行う場合や社長と労務担当役員の二人と委員長が行う場合がある。しかし、平成26年4月以降、新経営陣の体制となってからは、一度も開催していません。

「月一懇」とは、会社側が総務部長と総務部専任部長、組合側が書記長と企画部長というメンバーで、トップ懇同様、不定期に情報や意見交換を行っています。。こちらも新年度に入ってからの開催実績はありません。

●本社主管部と本部（本部業職種別部会）とのコミュニケーション形成
本部業職種別部会とは、営業部会、運転部会、工務部会など系統別の組織であるが年1回開催される各部会の定期委員会に各主管部長ないし課長クラスが来賓として出席し、挨拶をして退席している実態にあります。懇親会等には参加していません。

●支社と地本（直轄と地本）との関係見直し
「基本的考え方」において、本社・本部間と同様に支社長－地本委員長、次長（企画）－書記長、企画GL－業務部長という対応窓口を決めたが、こちらも実態としては、支社長が委員長と直接やりとりをすることは希であり、実質的には主に次長（企画）が地本との窓口となっています。

●現場と分会との関係確立
「基本的考え方」において、分会大会や行事への参加要請には、基本的に出席するとの方針を定めたが、実態としては、出席要請があるのは、おもに分会大会であり、現場長が出席し挨拶の後、退席という対応を行っています。懇親会等へは参加していません。

●「労働安全衛生委員会」の適正な開催と内容の見直し等々
「労働安全衛生委員会」が設置されている事業所は38箇所ある。主な現場12箇所に聞き取りを行ったが、委員会の主旨を逸脱した内容で議論をおこなっているような箇所はありませんでした。ただし、引き続き他箇所の実態把握を行う必要があると考えてます。

5．今般の一連の事実経過は全社員にあらゆる方法で説明し、みずからが厳正な勤務管理や不払い・サービス労働の根絶、「命と安全」は全てに優先するという安全哲学の徹底を職場の隅々まで浸透させることが極めて重要である。その先頭に会社と組合は立つべきである。

【共通メモ】

1．「社長メモ」「委員長メモ」は双方において了解・確認し実行する。今後は労使信頼関係の構築に一層の努力をする。

2．安全に関する会社へのお客様の信頼は大変厳しいものであることを認識し、信頼回復と安全な会社・職場を創るべく労使は真剣に現実に向かい合うこととする。とりわけ、会社経営陣と組合本部役員の責任は重大である。

Q．会社の置かれている経営環境は予断を許せる状況ではなく、今後も労使は力を合わせ働きやすい職場環境の確立、会社の恒久発展のために今こそ「労使共同宣言」の精神を忘れず努力することとする。

【解説】

精神論的な項目であり、特に問題はないと考えています。


【その他】

1．上記にかかわらず、特別条項の扱いについて労使で協議する。

【解説】

本項は、当初の「合意」内容には、含まれていませんでしたが、会社側からの要請で盛り込んだものです。

36協定更新時期の交渉において、特別条項の扱いをその都度議論してきていますが、これまでの会社側の労働時間管理の取り組みが一定の効果、実績を上げてきていることから、適用する事柄を限定する形ではありますが、特別条項が含まれる協約内容になってきています。次期の締結交渉においては、従前どおりの内容での特別条項を復活させるべく取り組んでいるところです。

2．この合意内容は、故中島社長と組合が議論を積み重ね合意に至ったものであり、故中島社長の意志でもある。

【解説】

本項も、当初「合意」内容には含まれていなかった項目ですが、組合側の要請に基づき設けたものです。

２０１１年９月１３日.

【解説】

「合意」の締結が、平成23年9月13日となっていますが、平成23年10月17日に労使で最終確認をし、遡りの日付としたものです。

Q．代表取締役会長　小　池　　明　夫
　　中央執行委員長　榎　本　　一　夫

【解説】

締結者が小池会長となっていますが、当初は、中島社長の名前となっていました。

【著者紹介】

西岡研介（にしおか　けんすけ）

ノンフィクションライター。1967年、大阪市生まれ。90年に同志社大学法学部を卒業。91年に神戸新聞社へ入社。社会部記者として、阪神・淡路大震災、神戸連続児童殺傷事件などを取材。 98年に『噂の眞相』編集部に移籍。則定衛東京高等検察庁検事長のスキャンダル、森喜朗内閣総理大臣（当時）の買春検挙歴報道などをスクープ。２年連続で編集者が選ぶ雑誌ジャーナリズム賞を受賞した。その後、『週刊文春』『週刊現代』記者を経て現在はフリーランスの取材記者。『週刊現代』時代の連載に加筆した著書『マングローブ――テロリストに乗っ取られたJR東日本の真実』（講談社）で、2008年、第30回講談社ノンフィクション賞を受賞。他の著書に『スキャンダルを追え！――「噂の眞相」トップ屋稼業』（講談社、01年）、『襲撃――中田カウスの1000日戦争』（朝日新聞出版、09年）、『ふたつの震災――［１・17］の神戸から［３・11］の東北へ』（松本創との共著、講談社、12年）、『百田尚樹「殉愛」の真実』（共著、宝島社、15年）などがある。

トラジャ　JR「革マル」30年の呪縛、労組の終焉

2019年10月３日　第１刷発行
2019年10月22日　第２刷発行

著　者――西岡研介
発行者――駒橋憲一
発行所――東洋経済新報社
〒103-8345　東京都中央区日本橋本石町 1-2-1
電話＝東洋経済コールセンター　03(5605)7021
https://toyokeizai.net/

装　丁……………………………秦浩司（hatagram）
カバー・表紙・本扉イラスト……タダジュン
本文レイアウト・DTP……………小林祐司
印　刷……………………………ベクトル印刷
製　本……………………………ナショナル製本
編集担当…………………………渡辺智顕

©2019 Nishioka Kensuke　Printed in Japan　ISBN 978-4-492-22391-8